CERDDED Y CAEAU

Rhian Parry

y lolfa

1. Map tua 1630 o Bentref Gwynfryn sydd yn cynnwys Penarth. Casgliad Maesyneuadd B 393. Gyda chaniatâd Archifau a Chasgliadau Arbennig, Prifysgol Bangor.

Argraffiad cyntaf: 2022

Dymuna'r cyhoeddwr gydnabod
cymorth ariannol Cyngor Llyfrau Cymru.

Rhif Llyfr Rhyngwladol: 978 1 78461 949 7

Cyhoeddwyd ac argraffwyd yng Nghymru
ar bapur o goedwigoedd cynaliadwy gan
Y Lolfa Cyf., Talybont, Ceredigion SY24 5HE
e-bost ylolfa@ylolfa.com
gwefan www.ylolfa.com
ffôn 01970 832 304
ffacs 01970 832 782

CYNNWYS

DIOLCHIADAU

Ymgais yw'r llyfr hwn i rannu peth o'r dystiolaeth a ddeilliodd o'm hymchwil ar enwau ffermydd a chaeau Ardudwy a'r hyn maent yn ei ddatgelu am dirwedd, hanes, a diwylliant cymdogaeth. Ceisiaf ddangos ffordd newydd o edrych ar enwau a sut mae datgloi'r hanes sy'n celu ynddynt.

Nid astudiaeth ieithegol o enwau sydd yma, yn hytrach, ymdrech i ddatgelu lleoliadau cymunedau hanesyddol drwy enwau tiroedd, ffermydd a chaeau. Gosodwyd ar gopïau o fapiau'r Degwm, enwau ffermydd a chaeau naw o blwyfi hen gwmwd Ardudwy sydd wedi eu cofnodi yn Rhestr Pennu'r Degwm. Ychwanegwyd enwau'r ffermydd yn y chwech plwyf oedd weddill. Crëwyd cronfa ddata o'r holl enwau hyn ac ychwanegwyd enwau tiroedd o gofnodion hynafol a'u ffynonellau, o 1209 hyd at y Degwm. Datgelodd yr enwau yn y gwaith mapio batrymau unigryw nad oeddynt i'w gweld yn y gronfa. Daeth yn amlwg fod arwyddocâd arbennig i glystyrau o enwau a'u perthynas â'r dirwedd ai chymunedau hynafol.

Defnyddiwyd y Degwm fel man cychwyn y chwilio, a dyma'r enwau a ddadansoddwyd, dros 16,000 i gyd. Mae ffurfiau'r enwau yn bell o fod yn rhai safonol ac, fel llawer o gofnodion mewn dogfennau hŷn, cofnodwyd rhai enwau yn wallus gan glerc di-Gymraeg. Yr oedd tri chopi o Restrau Pennu'r Degwm a'r mapiau, un gan y plwyf, un gan yr esgob ac un gan y llywodraeth ac mae mân wahaniaethau rhyngddynt. Mae'r casgliad ar-lein yn Llyfrgell Genedlaethol Cymru yn cynnwys o leiaf ddau fersiwn. Mae'r Degwm yn feincnod eang o enwau a gofnodwyd tua 1840, cyn i'r newidiadau mwyaf ddigwydd. Ar y cyfan, cedwais enwau ffermydd a chaeau fel ag y maent yn y Degwm, drwy'r ymchwil yn Ardudwy, a hefyd yn y llyfr hwn. Mae manteision o wneud hyn gan fod ambell sillafiad o gymorth i glywed cynaniad lleol enw a hefyd i olrhain enw o'r Degwm i ddogfennau hŷn o lawer. Byddai safoni enwau'r Degwm yn dibrisio'r cofnod hwn. Felly, mae'r enwau'n cael eu dyfynnu fel unrhyw gofnod mewn dogfen hŷn. Gellir gweld y gwreiddiol ar-lein drwy hen brosiect Cynefin ar: www.https://lleoedd.llyfrgell.cymru. Gosodir enwau caeau mewn italig i'w gwahaniaethu oddi wrth enwau ffermydd, ac mae cofnodion o enwau tiroedd hynafol hefyd mewn italig. Fy mwriad yw creu cyfrol i'w mwynhau gan bawb sydd â diddordeb mewn enwau lleoedd a thirwedd. Gall fod yn werslyfr i eraill. Anelaf i'w hysgrifennu'n syml fel y bydd yn hawdd taro i mewn i ambell ran yn achlysurol, fel bo'r angen.

Cydnabyddaf fy niolch i'r diweddar, annwyl Athro Gwyn Thomas am ei arweiniad ysgolheigaidd yn ystod cyfnod yr ymchwil academaidd a wnaed yn ardal Ardudwy. Heb ei anogaeth a'i frwdfrydedd, ni fyddai'r gwaith wedi ei gychwyn na'i orffen.

Gwerthfawrogaf gefnogaeth Barry, John Barlow, golygu gofalus Dyfed Elis-Gruffydd a chyngor gwerthfawr drwy'r broses olygyddol olaf a'r cyhoeddi gan Alun Jones. Mynegaf fy niolch i'r Athro Gruffydd Aled Williams am ei sylwadau manwl ac adeiladol. Hoffwn gydnabod hefyd gydweithrediad a chyfraniadau Archifau a Chasgliadau Arbennig Prifysgol Bangor, Llyfrgell Genedlaethol Cymru, yr Athro J Beverley Smith a Dr Llinos Beverley Smith, Dr Colin Thomas, Llandre, Cymdeithas Enwau Lleoedd Cymru (CELIC), Gwenda Griffith a Chwmni Teledu Fflic, Nia Thomas, Boom Cymru am nawdd, Dr Peter Wakelin a Dr Toby Driver o Gomisiwn Brenhinol Henebion

Cymru, Archif Melville Richards (AMR), yn ogystal â llawer o gyfeillion caredig. Diolch i Iestyn Hughes am addasu a gwella'r lluniau a'r mapiau a grëwyd yn gyntaf ar gyfer yr ymchwil ac am rai newydd. Yn olaf, diolch i wasg y Lolfa, yn enwedig i Meleri Wyn James, golygydd y wasg, y golygydd copi a'r dylunydd am eu gwaith gofalus a phroffesiynol. Y fi sy'n gyfrifol am unrhyw lithriadau.

Llun y clawr: Rhan o blwyf Llanbedr a chymer afonydd Artro a Nantcol yn Ardudwy yn 1630. Casgliad Maesyneuadd B 393. Gyda chaniatâd Archifau a Chasgliadau Arbennig, Prifysgol Bangor.

DECHRAU'R DAITH

Beth yn y byd sydd i'w gyfrif am y diddordeb rhyfeddol mewn enwau ffermydd, caeau a mân enwau eraill? Does bosib eu bod o dragwyddol bwys yn y Gymru gyfoes? Beth sy'n arbennig yn *Rhos y Groom*, *Gafael Crwm, Acre Magdalen, Cnwc y Llygod* neu *Llain y Pryfed Bach?* Cawn weld yn y man bod mwy iddynt nag enwau tlws. A beth fyddai'r golled petaem yn eu colli?

Mae enwau o bob math yn gwegian dan fygythiad newidiadau cymdeithasol ac yn diflannu'n gyflym iawn. Maent yn rhan o'n hiaith, ein diwylliant a'n hunaniaith, a dim ond yn gymharol ddiweddar y dangoswyd diddordeb cyffredinol ynddynt. Ystyr a tharddiad enw yw diddordeb pennaf y rhai sydd â chefndir ieithegol academaidd. Ond mae diddordeb mewn enwau lleoedd yn rhywbeth cynhenid a Chymreig iawn hefyd. Y cwestiwn cyntaf a ofynnir i ddieithryn yn aml yw, 'Un o ble'r ydych chi?' Mae enw ardal, fferm neu bentref yn tynnu sylw at ein gwreiddiau ac mae hyn o bwys enfawr i ni'r Cymry. Felly hefyd yn yr iaith Wyddeleg, lle mae'r cyfarchiad yn gofyn, 'O le y deuwch?' ac 'Oddi wrth bwy y dewch?'

O ganlyniad i'r diddordeb cynyddol mewn olrhain enwau cafwyd y canlynol: cyfrol gan Hywel Wyn Owen a Richard Morgan, *Dictionary of the Place-Names of Wales*; Glenda Carr, *Hen Enwau o Arfon, Llŷn ac Eifionydd,* a *Hen Enwau o Ynys Môn*; D Geraint Lewis, *Y Llyfr Enwau: Enwau'r Wlad*; Gwynedd O Pierce, *Place-Names in Glamorgan*; Richard Morgan (addasiad Dai Hawkins), *Enwau Lleoedd ym Maldwyn;* Richard Morgan, *A Study of Radnorshire Place-Names*; Iwan Wmffre, *The Place-Names of Cardiganshire*; Hywel Wyn Owen a Ken Lloyd Gruffydd, *The Place-Names of Flintshire*, ymysg eraill. Ym myd amaeth gwelir casgliad cyfoethog o enwau a ddefnyddir ar dir a chaeau yng nghyfres ragorol Huw Jones, *Cydymaith Byd Amaeth*.

Mae eraill hefyd wedi cyfrannu at gofnodi ac egluro enwau lleoedd. Mae cyfoeth o lyfrau a chasgliadau safonol a lleol gan Syr Ifor Williams, Bedwyr Lewis Jones, Tomos Roberts, B G Charles, Elwyn Davies, Gwilym T Jones, Deric John, Elfed Gruffydd a Terry James, heb anghofio archif arlein ragorol Melville Richards. Dyma seiliau cadarn i unrhyw un sy'n ymddiddori mewn enwau.

Mae llyfryddiaeth helaeth i'w chael yn llyfr Hywel Wyn Owen a Richard Morgan. Mae'n tanlinellu'r angen am greu cronfa ddata genedlaethol a map digidol, gweledol a syml, sy'n fynegai i ffynhonnell yr holl waith ymchwil i enwau lleoedd a wnaed yng Nghymru. Byddai hwn yn dangos y bylchau lle mae gwaith eto i'w wneud ac yn fodd i osgoi dyblygu ymdrechion.

ENWAU UNIGOL YN Y DREFN Y CÂNT EU TRAFOD YN Y LLYFR

Nodweddion	**Enghreifftiau**
Mesurau hynafol ar dir âr	Erw, Cyfer, Rhwd
Mesur ac enw estron ar dir	*Acre*
Darnau o dir hynafol	Llain, Maes, Talar/Dalar
Clytiau bychain	Arloes, Cotel, Dryll, Gwndwn, Sinach, Sling/Slang, Swch
Tu draw i'r hendref	Ffriddoedd, Tir comin, y Diffaith a'r Gwyllt
Ffiniau tir	Cefnfaes, Cefn, Clawdd, Rhwng y Comin a'r Ffridd
Rhaniadau o dir	Parsel, Parth, Traean
Anheddau	Hendref, Hafod, Meifod, Llety, Lluest, Tyddyn, Muriau, Gardd, Arddlas, Pant
Gwaith, cynhaliaeth ac offer	Gefail, Cynhyrchu haearn, Mawnog a Chors, Melin, Odyn, Pandy, Pladur
Perchnogaeth a Hawliau ar dir	Enwau unigolion, sefydliad neu swyddogaeth
Coedydd	Coed Ardudwy, Cae'n y Coed, Gwern, Llwyn
Henebion a Hanes	Bedd, Caer, Carnedd, Cromlech, Hanes, Llestr

CYMDEITHAS ENWAU LLEOEDD CYMRU (CELIC)

Ymateb arall i'r diddordeb cynyddol mewn enwau oedd sefydlu Cymdeithas Enwau Lleoedd Cymru yn 2010 ym Mhlas Tan-y-bwlch, Maentwrog o dan adain Cymdeithas Edward Lhwyd a Llên Natur. Gwelais innau'r cyfle i ddefnyddio fy ymchwil i enwau ffermydd a chaeau i gefnogi'r datblygiad hwn. Lansiwyd y gymdeithas ar 1 Hydref 2011 yn Llyfrgell Genedlaethol Cymru, yng nghwmni Alun Ffred Jones, Aelod Cynulliad Arfon ar y pryd. Cyfeiriodd at yr angen i warchod enwau hynafol ac i godi ymwybyddiaeth o'u gwerth ieithegol, hanesyddol a diwylliannol. Gwelai gyfle gwych i greu fforwm cenedlaethol i drafod ac i lefaru ag un llais cryf ac yna i ddwyn pwysau ar y llywodraeth i greu deddfwriaeth i'w gwarchod.

Un o dri brif nod y gymdeithas, o dan lywyddiaeth yr Athro Gwynedd O Pierce a'i chadeirydd doeth, yr Athro David Thorne, yw hybu ymwybyddiaeth, astudiaeth a dealltwriaeth o enwau lleoedd a'r hyn maent yn ei ddatgelu am dirwedd, hanes a diwylliant Cymru. Ceisia hyrwyddo a chefnogi unigolion a grwpiau i gofnodi a gwarchod enwau lleoedd Cymru. Mae diddordeb y cyhoedd mewn enwau a'u hymateb i weithgareddau'r gymdeithas yn dangos bod y syniad wedi cydio.

Bydd y gymdeithas hefyd yn cydweithio gyda sefydliadau a chymdeithasau yng Nghymru i gofnodi a dehongli enwau. Hwyluswyd y gwaith hwn yn sylweddol gan arian a dderbyniwyd oddi wrth Gronfa Dreftadaeth y Loteri yn 2013. Cychwynnodd prosiect *Gwarchod* a thrwyddo llwyddwyd i godi ymwybyddiaeth o bwysigrwydd enwau lleoedd a'r angen i'w gwarchod. Roedd yr arian yn caniatáu i'r gymdeithas gynnal gweithdai ledled Cymru, i gofnodi enwau pyllau pysgota mewn afonydd, cilfachau, creigiau ac ogofâu ar hyd y glannau ar fap digidol, a hwyluswyd drwy weledigaeth Emyr Roberts, Cyfoeth Naturiol Cymru (CNC). Y nod yn y pen draw yw cynnwys y mân enwau hyn ac eraill i greu adnodd unigryw i Gymru am y tro cyntaf, un fydd yn hygyrch i bawb yn y man. Yn fwy na dim, bydd yn codi ymwybyddiaeth y cyhoedd a sefydliadau ac o gymorth i warchod enwau sydd yn rhan o'n hunaniaeth lleol a chenedlaethol.

Mae ceisio dylanwadu ar rai sefydliadau cenedlaethol yng Nghymru yn dalcen caled pan fo'r Gymraeg a Chymreictod yn brin. Prin hefyd yw'r ddealltwriaeth o elfennau creiddiol treftadaeth Cymru. Pwysleisir y pethau gweledol, henebion, tai a chestyll ond anfynych y caiff tirwedd y sylw dyladwy heb sôn am edrych ar yr elfennau hynny yn eu cyd-destun cymdeithasol ehangach. Yn aml iawn, deillia hyn oherwydd cefndir personol swyddogion a'r hyfforddiant a gawsant, na wnaeth ystyried y cynfas Cymreig. Mae modd newid hyn fel y gwneir drwy hyfforddiant ym Mhrifysgol Bangor, ac mae trafod enwau lleoedd yn cynnig cyfle i egluro a dehongli'n amgenach.

Bydd y gymdeithas yn cyfathrebu â'r aelodau drwy anfon Bwletin o leiaf ddwywaith y flwyddyn, diolch i olygiaeth Gareth Bevan, ac yn gyfredol yr Athro Ann Parry Owen. Trefnwyd naw cynhadledd flynyddol dan arweiniad yr Athro Hywel Wyn Owen, trefnu gwych Dr Angharad Fychan ein hysgrifenyddes ac Ifor Williams ein trysorydd. Ceir llawer o weithgareddau hefyd a phresenoldeb mewn gwyliau cenedlaethol er mwyn creu cysylltiadau a chodi ymwybyddiaeth o bwysigrwydd enwau. Yng Nglynebwy, mae'n ymwneud ag enwau lleol sydd yn datgelu hanes amaethyddol y cwm yn y ddeunawfed ganrif a'r cyfnod diwydiannol a'i dilynodd. Bu'r gymdeithas yn cydweithio gydag Archifau Gwent ac Ymddiriedolaeth Archif Gwaith Glynebwy. Pwrpas y cydweithio yw annog pobl leol i edrych ar eu milltir sgwâr a thrwy hynny sylweddoli bod enwau lleoedd yn cynnwys hanes a diwylliant eu bro. Gwelwyd fod y syniad hwn yn cydio yn nychymyg pobl ac yn eu cymell i ymchwilio ymhellach. Gobeithio y bydd y diddordeb mewn enwau lleol yn fodd i ailgydio yn yr iaith a gollwyd yno.

Pan ddechreuodd Merched y Wawr ar eu cynllun cenedlaethol o gasglu enwau caeau yn bennaf yn 2010, rhoddwyd cefnogaeth iddynt. Hefyd, cefnogwyd Mynyddoedd Pawb er mwyn dwyn perswâd ar ganolfannau awyr agored i ddefnyddio enwau Cymraeg cynhenid daearyddol yn lle'r Saesneg. Dehonglwyd rhai o enwau nodweddion sydd i'w gweld o Fryniau Clwyd gan Hywel Wyn Owen, fe'u rhoddwyd yn Ap Tro a gall defnyddwyr weld y cyfan a'u defnyddio yn yr awyr agored. Cydweithiodd y gymdeithas gyda chynllun Cynefin yn Llyfrgell Genedlaethol Cymru a bu'n falch o gefnogi cynllun sy'n digido mapiau a Rhestr Pennu'r Degwm a'u gosod ar y rhyngrwyd. Da yw dod ati o wahanol gyfeiriadau. Mae gwarchod enwau yn fater o frys ac yn fwy o faich nag y medr un gymdeithas ei ysgwyddo. Heb gydweithio a chydfrwydro, ni fydd unrhyw lwyddiant.

Wedi i brosiect Gwarchod ddod i ben, aed ati i gynllunio ar gyfer y dyfodol. Er mwyn ceisio ehangu'n gweithgareddau ac ymestyn at grwpiau newydd, aed ati i drafod gyda Menter Fachwen, Amgueddfa Lechi Cymru, Planed ym Mhenfro, cymunedau Dyffryn Ogwen, cylch Caernarfon, Cyngor Sir Ynys Môn (Llwybr yr Arfordir), unigolion a chymdeithasau yn Awstralia a de Cymru sydd yn rhannu cysylltiadau hanesyddol rhyngddynt a'r diwydiant copr, ac eraill, i greu cynlluniau byrion ar y cyd. Tyfodd hwn i fod yn gynllun loteri, ar thema *Llwybrau* ac ym Mai 2019 clywsom i ni fod yn llwyddiannus yn denu cyllid at y gweithgareddau penodol hyn.

Yn ôl y galw, bydd y gymdeithas yn cynnig cefnogaeth a gwybodaeth arbenigol am enwau i sefydliadau, cwmnïau ac unigolion. Drwy hyrwyddo cywirdeb wrth ddefnyddio a thrin enwau, y gobaith yw y gellir dylanwadu ar sefydliadau ac unigolion a'u hannog i drin enwau yn ystyrlon a chywir.

Gwaetha'r modd, nid oes unrhyw ddeddf na chanllaw i warchod enwau hynafol. Mae'r diffyg dealltwriaeth neu anfodlonrwydd gwleidyddol i sylweddoli bod enwau yn rhan o hunaniaeth a chymeriad bro, tref a gwlad yn rhwystredig. Fel y dywed David Thorne, 'Caiff adeiladau, henebion, yr amgylchedd ac ystlumod eu gwarchod. Da hynny. Ond ni ystyriwyd erioed bod angen gwarchod enwau hynafol, boed yn enwau pentrefi, ffermydd neu gaeau. Bellach, mae newidiadau cymdeithasol yn ein gwthio i weithredu ac i geisio sicrhau deddf fydd yn gwarchod enwau.'

Mater cyfreithiol yw hwn, nid ymateb gwleidyddol.

HYNODRWYDD ENWAU FFERMYDD A CHAEAU

Dewiswyd enwau ffermydd a chaeau'n ofalus a phwrpasol i ddisgrifio eu lleoliad, ffurf, ansawdd y tir, a pherchenogaeth neu ddigwyddiad hanesyddol lleol. Fel y dirwedd, maent yn esblygu, yn erydu ac yn datblygu'n naturiol ymhen amser. Gwelir amrywiadau yn sillafiad enwau mewn hen gofnodion, neu weithiau fe'u llygrwyd gan gofnodwr di-Gymraeg ganrifoedd yn ôl. Ond, yn rhyfeddol, gellir eu hadnabod gan amlaf drwy eu hynganu. Bellach, mae newidiadau llawer mwy niweidiol yn eu bygwth.

Wrth eu trafod heddiw, y demtasiwn yw dotio at enwau caeau unigol, lliwgar, heb ystyried eu cyd-destun hanesyddol, y dirwedd o'u cwmpas a'u cysylltiad â'r enwau cyfagos. Collwn y cyfle i'w hadnabod a'u gwerthfawrogi, heb sôn am ddeall eu harwyddocâd mewn perthynas â'i gilydd.

Mae enw'n fwy na label. Yn wir gallwn gyffwrdd â 'hen bethau anghofiedig dynol ryw' mewn enw. Bydd rhai enwau hynafol yn gyrru ias i lawr asgwrn fy nghefn, teimlad tebyg iawn i'r hyn a gaf wrth gyffwrdd â maen hir yn uwchdir Ardudwy. Teimlad anghyfarwydd, diflanedig a bron iawn bellach na fyddaf yn cyffwrdd ag atgof *rhywbeth*. Dyna i chi *Ffridd y Gryniau, Ffridd y Cymylau, Bryn Llestri Cynfal, Pant Cadwgan Ddreiniog, Buarth Cynyddfa, Cae Nws Llechau, a Chae Pwll y Glabach,* y cyfan yn Ardudwy.

Yn cynnal yr ychydig enwau hynafol a dieithr hyn, ceir miloedd o enwau cyfarwydd fel *Cae Hir, Cae Tŷ, Cae Lloi* a *Chae Bach*. Yn amlach na pheidio, y rhain yw'r enwau amlwg a ddewisir gan deulu newydd ar y tir pan fo'r hen enwau wedi eu colli. Maent hwythau felly ag arwyddocâd hanesyddol ac yn dangos bod toriad wedi digwydd mewn olyniaeth deuluol.

Mae enw digon syml fel *Ffridd Pennant*, Llanfihangel-y-Pennant (Meirionnydd) yn dal yn fyw yn y cof – un o brif ffriddoedd y tywysogion Cymreig. Felly hefyd *Ffriddoedd Gwanas* a *Penantigi*, y tair yn gysylltiedig â llys Castell y Bere a'r tiroedd âr o'i gwmpas. Cawn atsain o'r gair Gwyddeleg yn yr elfen *cnwc* fel yn *Cnwc y Llygod*, yn Nhremarchog, Penfro a hen stori yn *Cae Christmas*, Llanllwni. Pwy na fyddai'n dotio at yr enw hyfryd *Rasol Gwm*, gerllaw? Ond, mae perygl mewn dotio weithiau! Fel hyn yr eglura'r Athro David Thorne yr enw hwn yn Llanllwni:

> Mae 'asol, (y)r asol yn dalfyriad llafar o *atsofl,* sef tir âr a adwyd heb ei droi am flwyddyn neu ragor. Dyma'r elfen a adlewyrchir mewn enwau caeau megis *Cae Rasol, Y Rasol, Rasol y Banc* yn y plwyf. Mi geir yr un elfen mewn enwau caeau yn Llanfihangel-ar-arth. Yn Llanwenog mae *Cae Rasol Felen*, *Rasol* yng Nghellan a *Pant Rasol* yn Llanarth ac ym Mhumsaint. Hefyd mae *Parc Rasol* yn Llanegwad.

Dim ond drwy gerdded y caeau y gallwn sylwi ar nodweddion y tir a sylweddoli bod yr enw a ddewiswyd yn hollol addas. Weithiau, mae enw hynafol yn ein cyffwrdd oherwydd cyd-destun ei leoliad, fel *Cae Saffrwn* yng Nglynebwy. Pwy fyddai'n disgwyl gweld crocws mewn dyffryn mor ddiwydiannol?

Mae *Cae Saffrwn* yn dal yno heddiw, wedi osgoi dinistr y diwydiant haearn a'r saffrwn yn dal i godi eu pennau'n flynyddol. Drwy hap a damwain y darganfuwyd yr enw ar fap ystad y meistri haearn, Harfords, Croker and Company, map cywrain a ddyluniwyd gan Thomas Pride yn 1816. Gwyrth yn wir a symbol

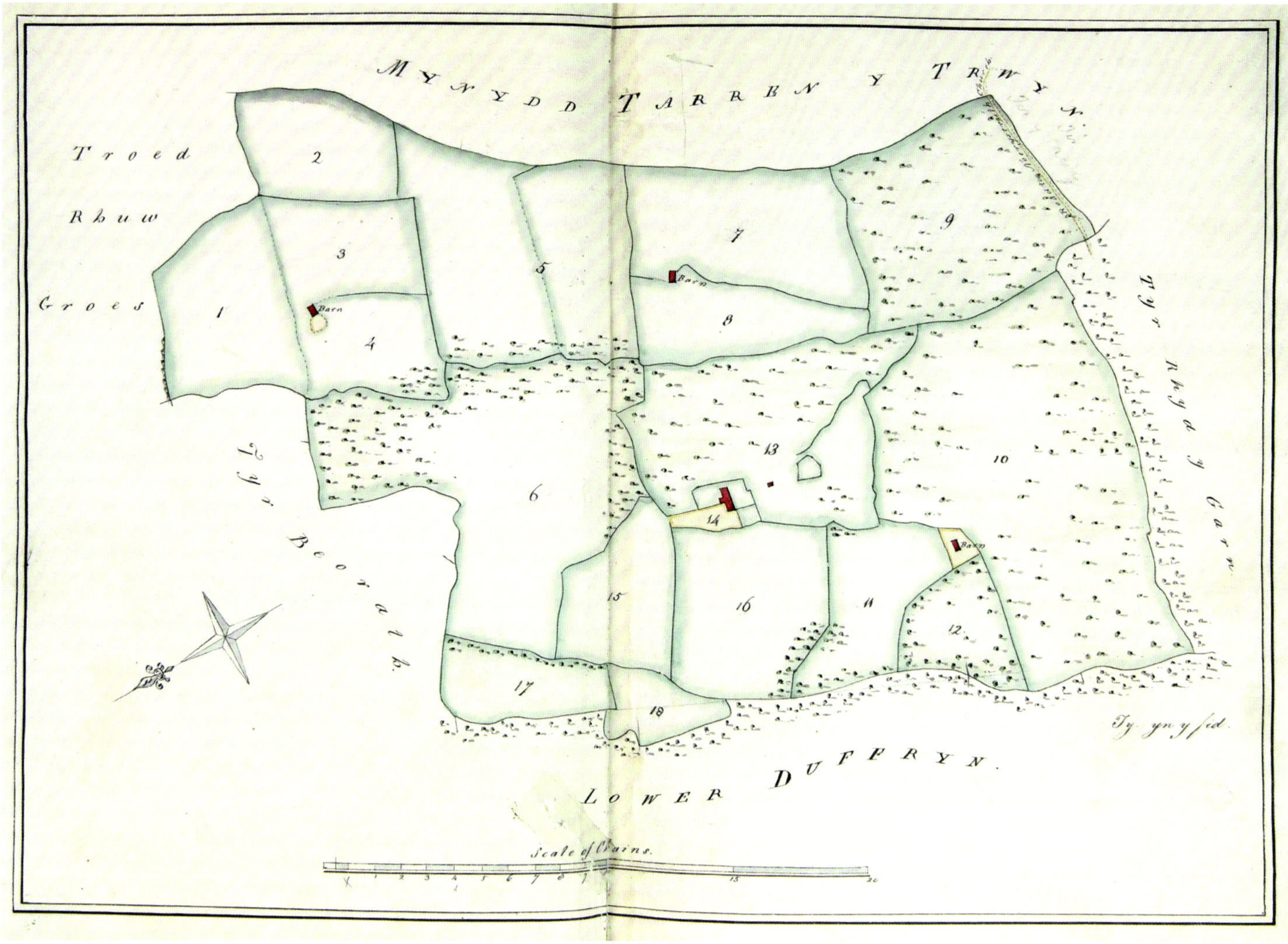

2. Map Thomas Pride yn 1816 o fferm Dyffryn Uchaf, Glynebwy, Casgliad Harfords, Croker and Company. Gyda chaniatâd EVWAT (Ymddiriedolaeth Archif Y Gwaith, Glynebwy).

o'r gobaith lleol am weld tir y cwm yn cael ei adnewyddu.

Wrth ymbalfalu drwy ddogfennau hynafol am enwau tiroedd, gallwn ddarganfod enwau melinau ac odynau, cymunedau bychain hynafol, enwau hen drefgorddau neu ganfod pa bryd yr amgaewyd y tir. Anfynych y caiff lleoliad yr enw ei nodi ac yn absenoldeb mapiau rhaid chwilota am fwy o wybodaeth ac am ychwaneg o fanylion. Weithiau, ceir yr enw yn celu yn y Degwm tua 1840, neu mewn map ystad yn niwedd y ddeunawfed ganrif.

Mae rhai enwau'n debycach o fod wedi eu cofnodi yn ystod cyfnod cythryblus. Er enghraifft, yn fferm Hafodwen, Trawsfynydd, darn o ystad Gelli Iorwerth gynt, mae'r enw *Cae'r Helbul*. Pa helbul tybed fyddai'n ddigon pwysig i gael ei gofnodi fel hyn? Mae'n rhaid mynd yn ôl dros 400 can mlynedd i ganfod hanes a dyddiad yr ysgarmes. Yn 1590 fe gofnodwyd

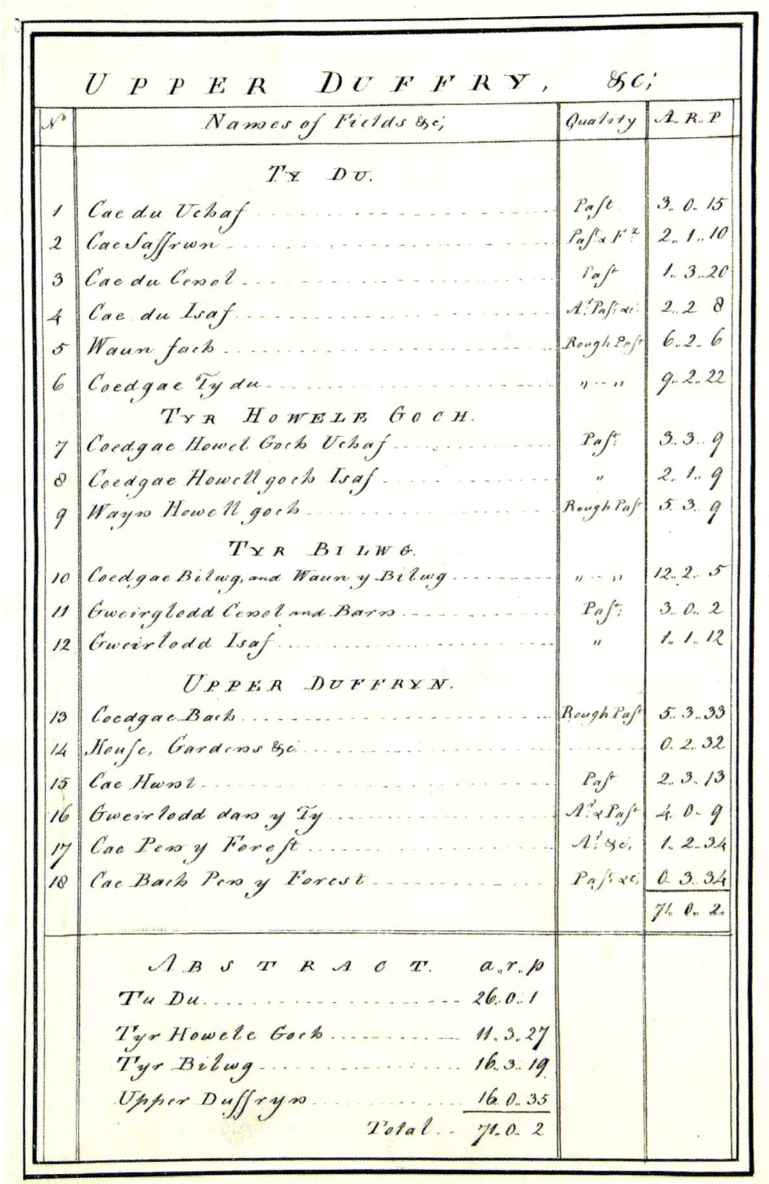

UPPER DUFFRY, &c;

Nº	Names of Fields &c;	Quality	A. R. P
	Ty Du.		
1	Cae du Uchaf	Past	3. 0. 15
2	Cae Saffrwn	Past & F^x	2. 1. 10
3	Cae du Cenol	Past	1. 3. 20
4	Cae du Isaf	A: Past &c	2. 2. 8
5	Waun fach	Rough Past	6. 2. 6
6	Coedgae Ty du	" "	9. 2. 22
	Tyr Howele Goch.		
7	Coedgae Howel Goch Uchaf	Past	3. 3. 9
8	Coedgae Howellgoch Isaf	"	2. 1. 9
9	Wayn Howell goch	Rough Past	5. 3. 9
	Tyr Bilwg.		
10	Coedgae Bilwg, and Waun y Bilwg	" "	12. 2. 5
11	Gweirglodd Cenol and Barn	Past:	3. 0. 2
12	Gweirlodd Isaf	"	1. 1. 12
	Upper Duffryn.		
13	Coedgae Bach	Rough Past	5. 3. 33
14	House, Gardens &c		0. 2. 32
15	Cae Hwnt	Past	2. 3. 13
16	Gweirlodd dan y Ty	A: & Past	4. 0. 9
17	Cae Pen y Forest	A: &c	1. 2. 34
18	Cae Bach Pen y Forest	Past &c	0. 3. 34
			71. 0. 2.

Abstract	a. r. p
Tu Du	26. 0. 1
Tyr Howele Goch	11. 3. 27
Tyr Bilwg	16. 3. 19
Upper Duffryn	16. 0. 35
Total	71. 0. 2

3. Rhestr o enwau caeau fferm Dyffryn Uchaf yn 1816 Harfords, Croker and Company. Gyda chaniatâd EVWAT.

yr helynt lleol tra sylweddol hwn fel *riotous assembly upon Brynaprowgwydd* [Hendref Bryn Crogwydd] *and Caeiorwedd* [Cae Iorwerth], Prysor yn Llys y Seren. Mae'n amlwg mai clerc di-Gymraeg a gofnododd yr enwau, gan ysgrifennu'r hyn a glywai, nodwedd sy'n ddigon cyffredin. Mae cofnodion y llys o'r helbul yn darllen fel drama gyffrous a'r cyfan yn ymwneud â hawliau ar dir hynafol y tywysogion yno, sef *Ffridd Prysor*. Diolch i'r drefn roedd y Goron yn cadw cofnodion gofalus o'r tiroedd Cymreig a aeth i'w dwylo ac a osodwyd ar brydles i ddynion lleol ar hyd y canrifoedd, gan wneud y gwaith o olrhain hanes y tiroedd hyn yn haws i ni heddiw.

Wrth reswm, mae'n amhosibl profi oed enw. Gwyddys bod y traddodiad llafar, ein barddoniaeth a'n llên yn hŷn na'r cofnodion ysgrifenedig. Felly hefyd, enwau. Ond, mae'n amlwg bod rhai enwau'n llawer hŷn na'r cofnod cyntaf a ddarganfuwyd ac o leiaf cyn hyned â'r dyddiad cyntaf a gofnodwyd. Wrth i ni ddilyn yr enwau a'u hanes drwy gofnodion a llawysgrifau hynafol, fel dilyn ôl troed, gallwn synhwyro amgylchiadau bywyd ein cyndeidiau.

Er gwaethaf y newidiadau cymdeithasol ac economaidd dros chwe chan mlynedd, ceid sefyllfa gymdeithasol eithaf sefydlog yn y Gymru wledig hyd at ddechrau'r ugeinfed ganrif. Adlewyrchir hynny yn enwau'r ffermydd a'r caeau a dyma wir werth y Degwm yn 1840, gan fod y rhan fwyaf o'r enwau a gofnodwyd ynddo yn gymharol sefydlog. Ond, mae gwahaniaeth sylweddol yn hanes ac enwau caeau darnau helaeth o Gymru, sef yn y Mers, ar y ffin â Lloegr ac ar hyd siroedd y de hyd at yr hen Sir Benfro a gogledd Ceredigion. Gwelir yno olion patrymau amaethu ffiwdal yn null y Normaniaid. Yn ogystal, mae un enw amlwg iawn ar gaeau yn yr ardaloedd lle sefydlodd Edward I ei fwrdeistrefi, sef yr enw estron *Acre*. Ond, er gwaethaf yr holl ddylanwadau dieithr hyn, goroesodd nifer sylweddol o enwau Cymraeg ar gaeau yn y cylchoedd hynny hefyd. Yn rhyfeddol, gwelir hyn hyd yn oed mewn siroedd fel Amwythig, Stafford ac yn enwedig yn swydd Henffordd.

NEWID ENWAU A CHUDDIO HANES

Hyd at ganol y bedwaredd ganrif ar bymtheg a chyfnod y Degwm, roedd enwau'n esblygu'n raddol a naturiol. Gwelwn fân lygriadau mewn cofnodion ysgrifenedig ac ambell enw sydd wedi ei ddisodli oherwydd digwyddiad anarferol, ond mae cofnodion y Degwm yn rhoi blas i ni o'r enwau hanesyddol a fu'n gymharol ddigyfnewid am ganrifoedd lawer. Prysurodd y broses o erydu enwau rhwng dechrau'r ugeinfed ganrif a heddiw. Yn y trefi, daeth datblygiadau economaidd a thwf cymunedau ag enwau newydd yn eu sgil, gan ddisodli'r hen enwau.

Yn y Gymru wledig heddiw mae rhesymau eraill dros golli enwau. Daeth yn anodd cynnal teulu ar fferm deuluol draddodiadol. Bellach, mae tuedd i gydio fferm wrth fferm i greu uned fwy cynaliadwy ac yn aml gwneir hynny heb ystyried trosglwyddo enwau caeau. Yn ogystal, mae llai o angen defnyddio enwau caeau nag a fu. Prin bod eu hangen wrth anfon pobl i weithio mewn cae penodol nac ar gyfer llenwi ffurflenni'r llywodraeth. Mae amgylchiadau yn gwthio pobl ifainc i droi cefn ar y wlad wrth iddynt chwilio am fywoliaeth addas, neu er mwyn cael cyfle i flasu bywyd dinas. O ganlyniad, mae'r gymdeithas yn heneiddio, cymdogaeth yn dlotach a'r cyfle i drosglwyddo'r dystiolaeth lafar hynafol i genhedlaeth newydd yn prinhau. Cymdogaethau clòs a theuluoedd sefydlog yw'r gorau am ddefnyddio a gwarchod enwau ffermydd a chaeau. Ysywaeth, prin iawn yw'r teuluoedd hynny ac mae brys felly i ddiogelu enwau rhag iddynt newid neu gael eu hanghofio.

Hefyd, daeth enwau lleoedd hynafol dan fygythiad newydd a sylweddol erbyn heddiw. Denwyd llawer o ddieithriaid i'n hardaloedd gwledig gan brydferthwch y dirwedd a thawelwch bywyd cefn gwlad. Yn aml, nid oes ganddynt unrhyw ddealltwriaeth nac ystyriaeth am ddiwylliant nac iaith eu hamgylchfyd. Weithiau gwelir agweddau eithafol a dirmygus at enwau hanesyddol hyd yn oed. Yn ychwanegol, gwelir yr un agwedd negyddol a'r diffyg dealltwriaeth gan lawer iawn o'n sefydliadau cenedlaethol. Does dim o'i le mewn newid enw a chreu enw newydd os yw'n frand masnachol, meddai rhai gweinidogion gwleidyddol. Drwy'r arweiniad gwan hwn, agorir drws cefn a rhoddir rhwydd hynt i newid enwau sy'n rhan o'n hunaniaeth. O ganlyniad, caiff enwau ffermydd, cymoedd a chartrefi hanesyddol eu diosg ar fympwy ac yn sgil hyn collir yr hen hanes. Gwan hefyd yw'r ddadl wleidyddol y byddai'n anodd rheoli deddf o'r fath. Ond ystyriwch, mae pawb yn cadw at ochr chwith y ffordd wrth yrru gan mai dyna yw'r ddeddf a phrin y bydd unrhyw un yn ddigon anystyriol i yrru ar yr ochr dde. Os na cheir arweiniad clir a chadarn gan ein gwleidyddion mewn deddf gwlad i warchod enwau, ni fydd adferiad.

Casglwyd a chofnodwyd nifer o enghreifftiau o newid enwau hynafol gan CELIC. Cafodd y rhai isod eu dethol gan yr Athro David Thorne, fel rhan o'n tystiolaeth i'r pwyllgor craffu yn y Senedd yng Ngorffennaf 2015 ar Fesur yr Amgylchedd Hanesyddol. Rhybuddiwyd hwy fod enwau hynafol mewn perygl a bod angen deddf i'w gwarchod. Er i ni synhwyro bod llawer o gydymdeimlad, ni lwyddwyd i ddarbwyllo a sicrhau mwyafrif i weithredu. Dyma'r enghreifftiau:

- Y Faerdre Fach yn nyffryn Teifi ar gyrion Llandysul, yn cadw ar gof y drefn weinyddol Gymreig yn yr Oesoedd Canol. Bu'r enw'n rhan o dreftadaeth hanesyddol y rhan honno o'r wlad er y bedwaredd ganrif ar ddeg.

Bellach, mae'n cael ei fygwth gan yr enw gwamal *Happy Donkey Hill*. Bu ymgais i drafod hyn gyda'r perchnogion. Cyfieithwyd yr enw ar yr arwydd ar eu gwefan i Fryn yr Asyn Hapus er mwyn tawelu ofnau'r gymdeithas!

- Aeth Cwm-march, ym Mhren-gwyn, ger Llandysul eisoes yn *Stallion Valley*. Roedd yr enw March yn enw hanesyddol eiconig yng Nghymru ac mae wedi ei ddiddymu ar fympwy.

- Aeth fferm Cefn Bryn Sarth (a gofnodwyd yn 1184), tir a fu'n rhan o waddol yr Arglwydd Rhys ac a fu'n rhan o Abaty Talyllychau, heddiw dan ofal Cadw, bellach yn *Emerald Valley*. Dyma golli enw sy'n rhan o'n treftadaeth.

- Aeth enw tlws a disgrifiadol Llwybr Gwregys ar fynydd Tryfan yn *Heather Terrace* mewn llyfrau a baratowyd ar gyfer cerddwyr.

- Pan werthir eglwysi gan yr Eglwys yng Nghymru, yr arfer yw gosod cymal fel na ellir defnyddio enw'r cysegriad. Gweler achos Batel, Sir Frycheiniog ac Eglwys Cynog Sant. Meddai David Thorne, 'Mae colli eglwys yn fater o dristwch mawr: mae ewyllysio colli enw, sy'n gymaint rhan o'n treftadaeth hanesyddol, yn amod ar y gwerthiant, yn ergyd bellach.'

Pan fyddwn angen gwybodaeth heddiw, byddwn yn troi at gyfrifiadur, tabled electronig neu ffôn clyfar. O roi gair yn y porwr, cawn fynediad at filoedd o gofnodion cysylltiol, rhai yn amlwg iawn ac eraill yn annisgwyl – a'r cyfan yn ddifyr. Felly hefyd wrth roi enwau a manylion amdanynt mewn cronfa ddata. Maent yn gweithredu fel cerrig camu yn ein harwain yn ôl drwy'r oesoedd. Medrwn ddilyn hanes yr enw drwy'r canrifoedd mewn dogfennau, mewn casgliadau ystadau a chofnodion llys. Gwelwn fod hanes ynghlwm wrth yr enw, a hwnnw weithiau'n ganrifoedd oed. Os collwn enw, byddwn yn torri'r cysylltiad ac yn colli'r hanes sy'n guddiedig ynddo.

Dangosodd yr ymchwil yn Ardudwy a thu hwnt fod y mwyafrif o'r enwau ar ffermydd a chaeau'n hynafol iawn, hyd at chwe chanrif oed a mwy. Dengys yr ychydig enghreifftiau ar y dudalen flaenorol fod enwau'n trosglwyddo i ni ein hanes a'n hetifeddiaeth, ym mhob rhan o Gymru. Dyma waddol na allwn ei golli, rhaid ei warchod ac i lwyddo mae'n rhaid wrth ddeddf.

Hawdd iawn yw digalonni, rhoi'r ffidil yn y to a derbyn yr anorfod ond mae pob gweithred fach yn gwneud gwahaniaeth yn y filltir sgwâr. Byddaf yn mynd yn lloerig wrth glywed pobl leol, a Chymry'n aml, yn cyfeirio at Ddolgellau fel Dol a hyd yn oed mor hy â'i roi ar boster yn 2019. Clywir Pwll am Bwllheli, a Mach am Fachynlleth ar y stryd ac yn rhan o enw cwmni. Ychydig iawn a glywaf yn herio'r defnydd o'r enwau diog hyn. Ydyn ni mor llipa a diymadferth, dwedwch?

4. Llun o Lwybr Gwregys, Tryfan sy'n dangos mor addas yw'r enw Cymraeg. Rhian Parry (© RhP)

DEALL ARWYDDOCÂD FFURFIAU AC ENWAU TIRWEDDAU HYNAFOL

Yr hen diroedd amaethyddol

Cyn dechrau ymdrin ag enwau ffermydd a chaeau unigol, mae'n rhaid deall sut roedd y tir a'r ffordd o amaethu'n ymddangos cyn creu'r hyn a welwn heddiw. Ymhell cyn oes y tywysogion, yn wir dros fil o flynyddoedd ynghynt, gadawodd ein cyndeidiau ôl eu llafur ar y dirwedd, ond hyd at yn ddiweddar iawn, roedd yn guddiedig. Daeth y dechnoleg o dynnu awyrluniau yn ystod yr Ail Ryfel Byd a'r datblygiadau a ddilynodd â ni gam yn nes atynt. Mae'r awyrluniau a dynnwyd gan archaeolegwyr fel Chris Musson a Toby Driver yn y Comisiwn Henebion wedi agor ein llygaid ac mae'r olion a welsom wedi'n cyfareddu. Gallwn ryfeddu fod darn sylweddol o rych a grwn i'w gweld dan wyneb y dywarchen ar dir uchel. Mae'r rheini, o bosibl, yn dyddio o'r Oes Haearn. Dyma wir werth archaeoleg i mi, nid dod o hyd i drysor ond y cyfle i ailgyffwrdd a phrofi rhithyn o'r hyn a fu.

Gwyddys mai'r iaith Frythoneg a siaredid ym Mhrydain cyn i'r Rhufeiniaid gyrraedd ac o hon y deillia'r Gymraeg a Llydaweg. Y bobl a'i siaradai oedd yn byw ac yn amaethu yma, a chyfeirir atynt gan archaeolegwyr heddiw fel *Romano British.* I ni, mae'n swnio'n chwithig. Cyfeiria C E Stevens at achos cyfreithiol ynglŷn â hawliau brodorion ar dir Prydeinig yng nghyfnod y Rhufeiniaid. O'r cofnodion, mae'n amlwg bod hawl frodorol ym Mhrydain i etifeddu tir hyd at y nawfed genhedlaeth, yn bur wahanol i gyfraith Rhufain, a rhaid oedd trosglwyddo'r achos i lys yr Ymerawdwr er mwyn cael dyfarniad hwnnw. Casglwn felly y bodolai cyfraith Brydeinig frodorol yn y flwyddyn 319 Oed Crist yn ymwneud â hawliau etifeddol tiroedd tylwythol. Nid hanes brenhinoedd a brwydrau sydd yma, ond hanes y bobl gyffredin a'r tir a roddai gynhaliaeth iddynt. Mae'r peth yn rhyfeddol. Yn ddiweddarach, cawn dystiolaeth o gyfraith frodorol ym Mhowys a'r Fflint yn ymwneud â hawliau ar dir, ac mae cyfeiriadau at aredig a chylchdroi trin y tir yng Nghanu Llywarch Hen tua 850 ac yn Llyfr y Farn (Domesday) yn 1086.

Cawn fwy o dystiolaeth a gwybodaeth am statws a pherchnogaeth tir yr hen dywysogaeth mewn dogfennau amrywiol o gyfnod yr Oesoedd Canol. Gwelir ynddynt nifer sylweddol o dermau dieithr sy'n cyfeirio at diroedd yn y cyfnod hwnnw a chanrifoedd ynghynt, o bosib. Mae o gymorth i ni ddeall y gwahaniaethau rhyngddynt os am olrhain hanes enwau hen diroedd. Gwelir y tabl gyferbyn.

Olrhain rhai o hen diroedd Cwmwd Ardudwy

Yn ucheldir Cymru, mae cwmwd hynafol Ardudwy yn nodweddiadol o nifer o gymydau gwledig yr hen Dywysogaeth. Mae'n cynnwys nifer o dirweddau archaeolegol, olion amaethu dros ddwy fil o flynyddoedd yn ôl ac mae'n enghraifft o sefydlogrwydd a pharhad poblogaeth yn yr uwchdir. Heddiw, ceir yno gymunedau a theuluoedd bonheddig yn dal i weithio'r tir, er bod eu niferoedd yn lleihau. Dewiswyd y cwmwd hwn i wneud ymchwil i enwau ffermydd a chaeau oherwydd bod yr ardal yn gymharol ddigyfnewid a'r enwau'n gyfoethog. Wrth ymchwilio ac wrth ystyried nifer o enwau ochr yn ochr â'i gilydd mewn clwstwr ar fap, canfuwyd y rhesymau dros ddewis enwau a'u harwyddocâd. Yn bwysicach, datgelwyd fod y dull yma o ymchwilio yn trosglwyddo'n llwyddiannus i ardaloedd eraill yng Nghymru.

Termau sy'n dynodi gwahanol fathau o dir:

Gweler hefyd *Geiriadur Prifysgol Cymru* sydd bellach ar-lein.

Tiroedd	Diffiniad o'r term
Gafael	Tir rhydd yn wreiddiol, maint tyddyn rhwng 4 ac 11 erw. Roedd gafaelion caeth hefyd yn y man.
Gafael *Dominicales*	Tir yr arglwydd. Tir bwrdd wedi ei ailddosbarthu, fel yn Ystumgwern, Ardudwy.
Tir bwrdd	Tir y llys (*demesne*). Tiroedd y tywysogion Cymreig a aeth i'r Goron Seisnig ac a roddwyd at gynnal bwrdeistrefi neu unigolion.
Tir comin	Tiroedd lle câi'r gymuned yr hawl i dorri mawn, yr hawl i gael coed tân, a'r hawl i adael i'w hanifeiliaid bori. Hawliau a fodolai cyn 1282. Dyma fyddai cynhaliaeth teulu tlawd.
Tir corddlan	Cyfeirir at hwn yn Llyfr Iorwerth. Tir ar y cyd a rennid yn lleiniau neu erddi, gyda chyfraith lem i'w rheoli. Cyferbynnir y gerddi hyn â'r '*In field*' a oedd yng nghalon amlwd neu drefgordd.
Tir cyfrif	Tir ag amodau caeth iawn lle rhennid y cyfrifoldebau a'r holl drethi ar y tir, hyd yn oed pan fyddai nifer y taeogion wedi lleihau yn dilyn rhyfel neu farwolaethau ar ôl y Pla Du.
Tir gwely	Tir rhydd yn wreiddiol ac etifeddol, yn eiddo teulu estynedig; maint nifer o ffermydd heddiw.
Tir mâl	Tir personol y tywysog a osodid ar rent i rydd-ddeiliaid ar ôl 1282.
Tir prid	Dull o drosglwyddo tir rhydd i unigolion y tu allan i'r teulu heb dorri cyfreithiau tir Cymru – yn debyg i forgais am gyfnodau o bedair blynedd. Defnyddid hwn ymysg Cymry a rhyngddynt a bwrdeiswyr Harlech, cyn 1536 pan gyfreithlonwyd prynu a gwerthu tir yng Nghymru.
Tir y mynachlogydd	Gwaddolwyd tiroedd pori gwerthfawr i fynachlogydd gan amrywiol arglwyddi a thywysogion, llawer ohonynt yn yr uwchdir*. Gwelir siarteri niferus Ystrad Marchell ar-lein yn y Llyfrgell Genedlaethol ac mae modd adnabod enwau tiroedd heddiw ynddynt. Gweler tudalen 174 am Siarter Llywelyn Fawr i Abaty Cymer. Mi werthwyd y tiroedd hyn gan y Goron ar ôl 1536, yn aml i deuluoedd blaengar lleol, a thrwy hyn daethant yn rhan bwysig o ddatblygiad ystadau.
Tir sied	(*escheat*) Tir rhydd a aeth i ddwylo'r Goron pan nad oedd aer (Tir Diffoddiedig GPC), neu o ganlyniad i achos o frad, llofruddiaeth neu wrthryfel. Collwyd y tiroedd hyn i'r teulu am byth. Wrth i'r arferiad hwn gael ei drosglwyddo i ddwylo'r Goron Seisnig, yn dilyn 1284, bu'n gyfrifol am brysuro'r broses o chwalu'r drefn deuluol Gymreig o ddal tir a newid y drefn gymdeithasol. Erbyn yr 1580au, penodwyd Siedwr y Goron ym mhob cwmwd i'w gosod i rydd-ddeiliaid er enghraifft, Robert Edwards, Llwyn Du, Llanaber yn Ardudwy.
Tir stent	Tir a fu unwaith yn eiddo i'r tywysogion ac a aeth i ddwylo'r Goron Seisnig. Fe'i gosodid ar brydles i unigolion.

Defnyddir yr enw *uwchdir** drwy'r gyfrol hon i ddynodi tir llethrog rhwng y fferm a'r mynydd (*lowlands* yn yr Alban). Cyfeirir at dir mynydd fel *ucheldir* (*highlands* yn yr Alban).

Ymestynnai cwmwd Ardudwy o ffin eithaf trefgordd Nanmor yn y gogledd, i lawr afon Glaslyn ac ar hyd glannau'r gorllewin i Abermaw (y Bermo ar lafar) ac i fyny afon Mawddach i'r dwyrain. Afon Mawddach yw'r ffin hynafol rhwng Ardudwy a hen gwmwd Tal-y-bont i'r de o'r afon ac yn uwch i fyny, rhwng Ardudwy a Phenllyn. Byddai'r cwmwd

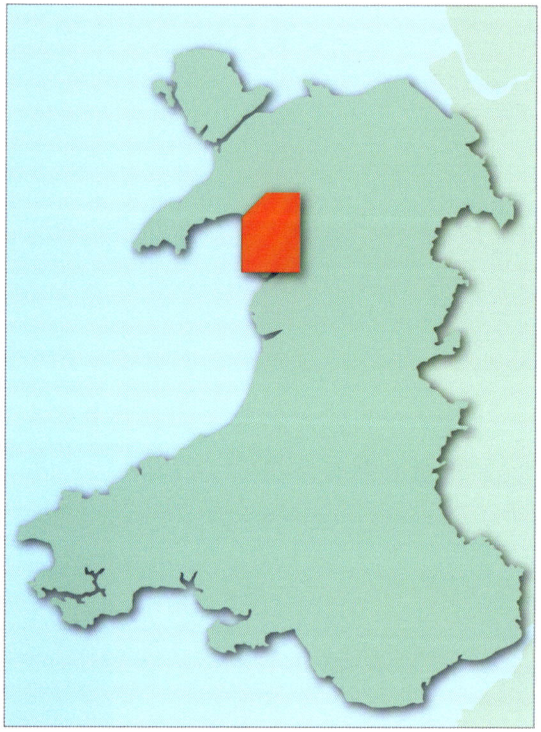

5. Map graffeg sy'n dangos lleoliad cwmwd hynafol Ardudwy. Adran Cartograffeg, Daearyddiaeth a Thechnoleg, Llywodraeth Cymru (CDT LlC)

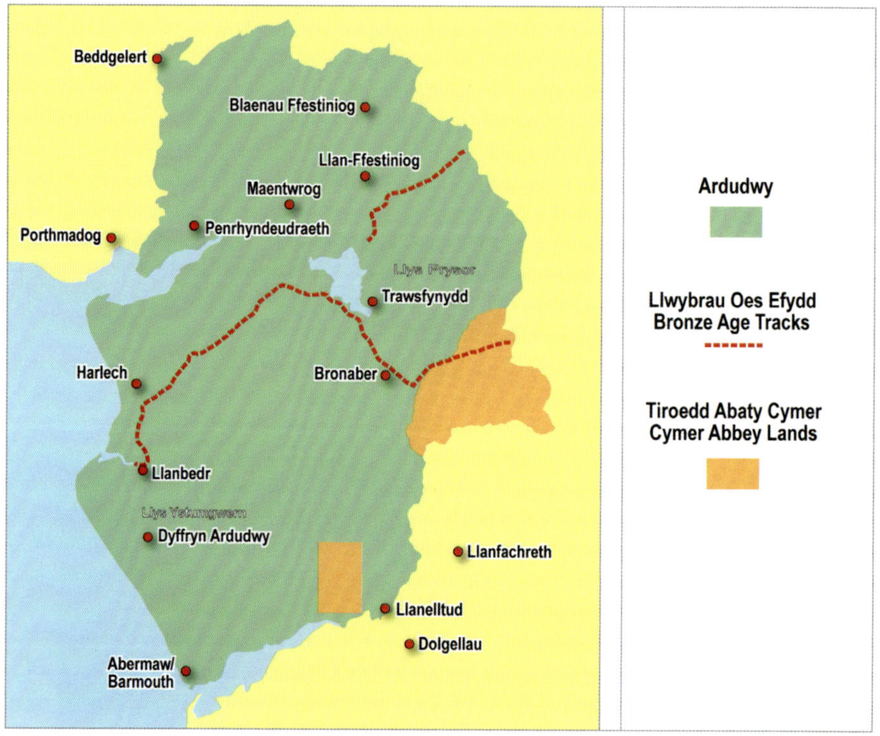

6. Map graffeg o Ardudwy yn dangos tiroedd Abaty Cymer a'r llwybr masnach Oes Efydd rhwng Iwerddon a de Lloegr sy'n eu croesi. (CDT LlC) a © RhP

yn cynnwys plwyfi Trawsfynydd a Ffestiniog yn y gogledd-ddwyrain. Ffurfiai cwmwd Ardudwy, ynghyd â chwmwd Eifionydd, gantref a oedd yn rhan o Wynedd, tan ffurfio Sir Feirionnydd a siroedd eraill Cymru yn 1284. Defnyddid nodwedd dirweddol, fel afon neu grib mynydd, yn derfynau i gymydau a phlwyfi yn gyffredinol, gan osgoi rhannu tiroedd rhydd hynafol. Yn Oes y Tywysogion, er hwylustod gweinyddol ac oherwydd ehangder ei thirwedd a'i herwau, rhennid Ardudwy'n ddwy ran, sef Uwch Artro ac Is Artro. Afon Artro, sy'n llifo o Lyn Cwm Bychan i'r môr ger Mochras, a rannai'r cwmwd yn naturiol ar ochr orllewinol y Rhinogydd. I'r dwyrain, âi'r ffin drwy Fwlch Tyddiad tua Chraig Ddu Isaf ac yna dilynai afon Crawcwellt i afon Eden ac i afon Mawddach. Yn Ystumgwern, plwyf Llanenddwyn yn Is Artro, roedd prif lys y tywysogion, a'r llys lleiaf ym Mhrysor, plwyf Trawsfynydd, yn Uwch Artro. Pan ychwanegwyd at faint plwyf Llanbedr yn dilyn y Diwygiad Protestannaidd, Afon Nantcol a rannai'r cwmwd. Gwelir y map ar dudalen 94.

Rhannwyd cymydau eang eraill yng Nghymru, gan ddilyn y patrwm Uwch ac Is o flaen yr enw. Parhaodd enwau rhaniadau cwmwd Ardudwy hyd at ddechrau'r bedwaredd ganrif ar bymtheg gan ddangos teyrngarwch y boblogaeth iddynt ac fe'u cofnodir mewn dogfennau cyfreithiol wrth gyfnewid tiroedd, rhentolion y Goron a rhestri rhent ystadau.

Sefydlwyd y plwyfi eglwysig yn y ddeuddegfed ganrif ac yn Ardudwy parchwyd ffiniau'r hen drefgorddau a buont yn sylfaen i gymdeithas wledig a phob cofnod llys a gwlad am ganrifoedd wedyn.

7. Plwyfi Ardudwy a lleoliad llysoedd Ystumgwern a Phrysor. (CDT LlC) a © RhP

Gallwn weld fod cymunedau amaethyddol wedi bodoli yn uwchdiroedd Cymru fil o flynyddoedd cyn hyn. Mae tirweddau archaeolegol, nad ydynt yn denu ond ychydig iawn o sylw, yn ddigon amlwg o chwilio amdanynt. Enghraifft glasurol yw'r ardal uwchben Harlech, sef Muriau Gwyddelod ar ffin plwyfi Llandanwg a Llanfair. Mae'r enw *Muriau* yn llawer mwy addas na'r enw israddol braidd a ddefnyddir ym Môn, sef *Cytiau*. Gwelir isod olion tai crynion, waliau a buarthau cynhanesyddol, prawf o barhad amaethu yn yr ardal hon sydd wedi bodoli ers dros ddwy fil o flynyddoedd o leiaf, a hynny ochr yn ochr â therfyn fferm gyfoes, Brwynllynnau. Hefyd yn y llun mae olion ffordd o gyfnod Oes Efydd Uwch Artro, ffordd a ddefnyddid gan fasnachwyr rhwng Iwerddon a de Lloegr. Clywodd Steffan ab Owain, Blaenau Ffestiniog hi'n cael ei galw yn Ffordd Hen ar lafar yn lleol.

Byddai datblygiad fel hyn yn gofyn am gydweithio a chydberchnogaeth mewn cymdeithas ac iddi drefn eithriadol. Nid enghraifft o *Huws a'i Fab* sydd yma ond cymdogaeth o faint sylweddol a ddibynnai ar weinyddu gofalus a disgybledig.

Yn ôl yr archaeolegwr Richard Kelly, mae'r dirwedd hon yn Ardudwy o bwys archaeolegol Ewropeaidd ac o'r herwydd caiff ei gwarchod. Yn y fan hon, mae milltir sgwâr o olion cymunedau sylweddol eu maint, rhai a fu yma dros gyfnod hir iawn – yn ymestyn o fferm Brwynllynnau (SH585297) i gyfeiriad fferm Tyddyn Du (SH592298).

8. Awyrlun lliw yn dangos lleoliad Muriau Gwyddelod a ffermydd yr uwchdir ar y cefn sy'n ymestyn o Faentwrog yn y gogledd i Harlech yn y de. 93-CS-1055. Gyda chaniatâd Comisiwn Brenhinol Henebion Cymru.

9. Awyrlun du a gwyn o Furiau Gwyddelod, Llandanwg. Neg. 895014/14 Gyda chaniatâd CBHC.
Mae llun tebyg iawn yn y gyfrol Eryri o'r Awyr: Patrymau yn y Tirlun *(Peter Crew a Chris Musson), llyfr gwerthfawr a phrin iawn bellach.*

Bu'r awyrlun du a gwyn hwn o Furiau Gwyddelod yn ysbrydoliaeth ac yn anogaeth i fwrw ati i ymchwilio i'r parhad mewn amaethu yn Ardudwy. Ceir yr hynafol a'r cyfoes, y gwarchod a'r chwalu ochr yn ochr â'i gilydd. Am y clawdd â'i gilydd mae olion cloddiau terfyn igam ogam ('waliau da i ddim' ar lafar), buarthau bychain a thai crynion swmpus sydd dros ddwy fil o flynyddoedd oed. Dyma ôl troed hanesyddol a waddolwyd i ni gan ein hynafiaid. Collwyd rhai darnau o ganlyniad i wella safon y borfa ond mae eraill wedi eu gwarchod a'u cadw. A dyma un o'r deuoliaethau cyfoes sydd rhwng byw a bod, ddoe a heddiw. Prin iawn yw tirweddau o'r fath.

Yn ogystal, mae rhai olion o aredig cynnar sef rhych a grwn (lluosog: rhychau a gryniau) i'w cael mewn mannau anghysbell megis yn *Ffridd y Siglen* ar fferm Bod y Fuddai, Trawsfynydd. Olion aredig cynnar iawn yw'r rhain. Gellir eu gweld yn hawdd wedi i haenen o genllysg neu gawod o eira ysgafn ddisgyn, a hefyd pan mae'n hwyrhau a'r haul yn isel. O'r awyr, pan fo'r golau'n ffafriol, y gwelir hwy yn eu holl ogoniant. Maent yn rhyfeddol.

Y rhychau a'r gryniau cul sydd hynaf a'r rhychau a'r gryniau lletach o bosibl yn perthyn i'r Oesoedd Canol.

Mae hanes y llecyn diarffordd hwn yn odidog. Daethpwyd o hyd i lyfr pren o'r cyfnod byr pan fu'r Rhufeiniaid gerllaw yn Nhomen y Mur ac mae'r hanes i'w gael gan y Parc Cenedlaethol mewn arddangosfa barhaol ym Mhlas Tan-y-bwlch.
Mae'n rhyfeddol gweld olion tir âr a thystiolaeth o dyfu cnydau tua 300 metr uwchlaw lefel y môr, ond rhaid cofio y bu cyfnodau pan fyddai'r hinsawdd yn sefydlog brafiach nag ydyw heddiw. O ganlyniad, gallai teuluoedd ennill bywoliaeth yma, nid yn unig drwy gadw anifeiliaid ond drwy aredig a chodi cnydau. Er bod tywydd gwlyb diweddarach wedi creu haenau o fawn ar y llethrau, mae'r rhychau i'w gweld o hyd o dan yr wyneb lle mae'r pridd yn denau.

Yr hyn sy'n fy nharo i wrth weld olion amaethu fel hyn yw'r ymdeimlad o barhad gwaith dyn ar y tir. Islaw, ar fferm yr Ysgwrn, gwelir enghraifft o'r parhad hwn – yr un grefft, yr

10. Awyrlun. Ffridd y Siglen, fferm Bod y Fuddai, enw sydd i'w weld yn Negwm plwyf Trawsfynydd. 2001-CS-1998. Gyda chaniatâd CBHC.

un llafur. Mae cae yn y Degwm o'r enw *Rhos y Groom*, enw a lygrwyd wrth i'r cofnodwr di-Gymraeg ysgrifennu'r hyn a glywsai, sef *Grwm/n*. Disgrifiodd Gerald Williams fel y byddai'n ifanc, yn agor rhesi efo rhaw lle'r oedd y pridd yn denau. Cyfeiriodd atynt fel paliau rhaw. Cofnodwyd hyn oll ar ffilm yn un o raglenni *Caeau Cymru* a ddarlledwyd yn 2014. Cawn rywbeth tebyg sy'n gyffredin yn Iwerddon, sef y *lazy beds* ar ddechrau'r bedwaredd ganrif ar bymtheg.

Mae rhychau eraill wedi eu nodi gan y Comisiwn ond heb dderbyn fawr o sylw hyd yn hyn. Ar lethrau Mynydd Pencoed, ychydig uwchben Nant Pencoed ar dir Rhiwogof yn ardal Tal-y-llyn, mae dau glawdd sylweddol eu maint yn creu ffin a chysgod i ddarnau o dir digon garw. Gellir eu gweld ar ambell fap lloeren digidol ond mae ansawdd y rhain yn amrywio o dro i dro. Pan fo'r lluniau wedi eu tynnu yn y gaeaf, ceir lluniau clir iawn o'r rhychau a'r cloddiau. Adnewyddir y lluniau o flwyddyn i flwyddyn ac yn 2020 dirywiodd yr ansawdd yn sylweddol ym Mhencoed. Serch hyn, mae'n werth cadw'r cyfarwyddiadau mewn cof.

Gosodwch Abergynolwyn yn y blwch chwilio (Chwilio am le modern) a thremio i'r gorllewin i Lanfihangel-y-Pennant (Meirionnydd). Newidiwch y map i Lloeren a dilyn afon Cader i'r gogledd. Yn gyfochrog â hi mae ffordd i fferm Pencoed. Gadewch afon Cader a dilyn Nant Pencoed sydd yn ymuno o'r dwyrain (anwybyddwch yr enw camarweiniol Afon Cader ar yr awyrlun). O fewn dim gwelwch i'r gogledd gae sgwarog, sef *Parc*, a fu ar hyd y canrifoedd yn lloc i gadw'r anifeiliaid a grwydrodd o'u cynefin. Daliwch ati tua'r dwyrain gan ddilyn y nant. Chwyddwch y llun. Pan welwch wal a chlawdd enfawr yn gadael y nant i'r gogledd, byddwch hefyd yn gweld y darnau cyntaf o'r tir sydd ag olion aredig arno. Cewch wybod eich bod yno pan welwch y cyfeiriad grid 52.676692.–3.94169 yn y blwch ar waelod chwith, isaf y map. Ychydig i fyny'r nant mae ail ddarn ac mae'r rhych a chrwn yn hawdd ei weld yma hefyd dan gysgod clawdd sylweddol (52.67559.–3.93978). Os am droi'r cyfeiriad hwn yn Rhifau Grid Cenedlaethol (NGR) ewch i Street Map am gymorth, ond dyma fras gyfeiriad (SH689104).

Os ewch yno, wedi i chi gael caniatâd, cewch weld gerllaw Garreg yr Enwau, nodwedd arbennig y cafwyd ei hanes gan Goronwy Williams a fu'n amaethu yn fferm Pennant. Heddiw mae'n dal i gynorthwyo Ken a Lisa Markham ac wedi trosglwyddo ei wybodaeth leol iddynt, gan gynnwys stôr o enwau hanesyddol. Digalon yw gweld cofnod Ymddiriedolaeth Archaeolegol Gwynedd yn defnyddio'r enw gwamal, Devil's Rock.

Eto i gyd gellwch weld clawdd hynafol heb dechnoleg wrth deithio ar hyd yr A487 o Cross Foxes (SH766167) ar hyd Cwm Hafod Oer am Fwlch Tal-y-llyn yn ystod misoedd y gaeaf a chyn i'r rhedyn ddechrau tyfu. Cyn dod at y tro cyntaf ym mhen y ffordd syth, lle mae fferm Cefn Naw Clawdd (Cefneclo ar lafar

11. Darn o'r clawdd ar dir Rhiwogof sydd yn amlwg hyd heddiw. © RhP

a Cefn y Clawdd yn y Degwm), sylwch o'ch blaen ac ychydig i'r dde. Does dim man diogel i aros a pharcio. Ar y llethr ac yn ymestyn am y copa, mae clawdd sylweddol iawn (SH756144). Er nad oes rhychau i'w gweld yma, gall fod yn glawdd amaethyddol, neu efallai'n glawdd terfyn dau gwmwd. Yn y fan hon roedd terfyn cymydau Tal-y-bont ac Ystumanner. Does dim map yn dangos y terfynau hyn mewn manylder, er y byddai'r clawdd hwn, sy'n ymestyn at y grib ar hyd ymyl y dyffryn, yn derfyn credadwy. Mae enw'r fferm Cefn Naw Clawdd hefyd yn awgrymu atgof o derfynau a chloddiau hynafol o bwys. Mae angen mwy o ymchwil.

12. Yr hen glawdd ger Cefn Naw Clawdd, Cwm Hafod Oer. Llun: Jean Napier

Gwelwn wrth syllu'n ofalus ar y dirwedd nifer o olion ffermwyr yr Oesoedd Canol a chyn hynny. O dipyn i beth fe ddown i adnabod olion a sylweddolwn beth gaiff ei amlygu. Gallwn wneud rhywfaint o hyn o'n cartrefi, wrth ddefnyddio technoleg gyfoes fel y we. Gallwn amgyffred y bywydau diwyd a'r crefftau cywrain a drosglwyddwyd gan dadau i'w meibion dros y canrifoedd.

Daw'r rhan helaethaf o'n gwybodaeth gyfreithiol am diroedd cynnar yng ngogledd Cymru o lawysgrifau cyfraith sy'n dyddio o'r drydedd ganrif ar ddeg, sef llawysgrifau hynaf y dosbarth a adwaenir fel Llyfr Iorwerth. Yr hyn a geir ynddynt yw cysgod o gyfundrefn hŷn. Gwelwn fod:

pedair erw mewn tyddyn;
pedwar tyddyn mewn rhandir;
pedwar rhandir i'r afael;
pedair gafael mewn tref/treflan/trefgordd;
pedair tref mewn maenol;
deuddeg maenol a dwy dref mewn cwmwd, y ddwy dref ar gyfer y tywysog, un yn dir bwrdd, neu faerdref (*demesne*) a'r llall yn hafod a gwast neu ddiffaith.

Rhennid pob cantref yn ddau gwmwd.

Estynnai'r manylder hwn at fwyd a thaliadau eraill i'r tywysog. Am fwy o fanylion difyr, dylid darllen ymhellach waith Glanville R J Jones a T Jones Pierce. Gwelir diffiniad o dermau am ddarnau tir yn yr Oesoedd Canol yn y tabl ar dudalen 19. Gwna i ni sylweddoli mor gaeth a manwl oedd dulliau amaethu yn ystod y canrifoedd cynnar hyn er mwyn amaethu'r tir ar ei orau a chadw'i ffrwythlondeb.

Mwy na thebyg, nid oedd fawr o wahaniaethau rhwng bywydau na gorchwylion dyddiol gweithwyr y tir drwy Gymru yn yr Oesoedd Canol, boed yn rhydd-ddeiliaid neu'n daeogion i dywysog neu arglwydd. Doedd bywyd ddim yn fêl i gyd. Llafurus a heriol oedd hanes pob tymor, heb sôn am effeithiau afiechydon, newyn a rhyfeloedd arnynt. Cynhaliaeth i'r teulu oedd y prif nod ac roedd yn hanfodol bod yn berchennog ar dir neu'n denant. Tir oedd cyfoeth teulu bonedd a thenantiaeth sefydlog oedd cynhaliaeth teulu cyffredin ar hyd y canrifoedd.

Stentiau

Yn ogystal â'r gwaith llafurus, rhaid oedd cyflawni nifer o wasanaethau a thaliadau'n flynyddol i'r tywysogion Cymreig neu i'r arglwydd. Talai pob teulu rhydd yn y Dywysogaeth rent bychan blynyddol fel arwydd o'u gwrogaeth (rhywbeth yn debyg i *ground rent* heddiw) yn ogystal â nifer o daliadau penodol eraill. Tebyg hefyd oedd y drefn i'r gafaelion caeth. Mabwysiadwyd y drefn hon gan y Goron Seisnig ar ôl cyfnod y tywysogion a bu swyddogion yn ddiwyd yn hel tystiolaeth leol a chofnodi enwau etifeddion y tiroedd a'r arian oedd yn ddyledus i'r Goron. Gelwid y dogfennau hyn yn stentiau (*extents*) ac weithiau'n arolygon (*surveys*). Ymhen amser, ffafriwyd arian parod dros ddyletswyddau yng Nghymru fel yn Lloegr. Ond, ceir atgof o'r traddodiad hwn hyd at y bedwaredd ganrif ar bymtheg, pan arferid talu'r Degwm mewn cynnyrch, megis mêl neu anifeiliaid.

Mae mapiau trawiadol yn llyfr John Davies, *Hanes Cymru*, tudalen 141 (Cymru yn 1267) a thudalen 223 (Cymru yn 1536) yn dangos y siroedd a oedd yn rhan o'r Dywysogaeth a'r gweddill yn rhan o'r Mers Normanaidd, lle ceid nifer fawr o gymunedau bychain, Cymraeg eu hiaith. Yn gyfansoddiadol, unwyd Cymru a Lloegr yn 1284 ond roedd gan y Mers gyfran helaeth o annibyniaeth, un a edwinodd yn ddirfawr erbyn 1536.

Unwyd y cyfan a rhannwyd y Mers yn siroedd newydd, sef Dinbych, Trefaldwyn, Maesyfed, Brycheiniog, a Mynwy. Ychwanegwyd darnau dwyreiniol y Mers at siroedd Amwythig a Henffordd, sydd yn egluro'n rhannol pam bod cymaint o enwau Cymraeg ar ffermydd a chaeau yno. Adlewyrchir hyn hefyd mewn enwau *gwelyau*, *gafaelion* a'r enw *acre* fel y gwelir yn Archif Melville Richards a dogfennau'r Goron ar hyd y canrifoedd.

Cawn gipolwg ar y trefniadau hyn mewn nifer o ystentiau (stentiau ar lafar) o eiddo'r Goron Seisnig. Lluniwyd Stentiau Caernarfon a Môn yn 1284 ac 1352 a Meirionnydd yn 1284–6 ac 1420. Cyhoeddwyd trawsgrifiadau o Stentiau 1352 ac 1420 ar gyfer y tair sir, yn Lladin, fel *The Record of Caernarvon* yn 1838 ac mae'r gwreiddiol yn Archifau a Chasgliadau Arbennig Prifysgol Bangor. Ynddynt nodwyd enw ac etifeddion pob gwely a gafael, rhydd a chaeth. Rhestrwyd hefyd eiddo'r tywysogion Cymreig, bellach yn eiddo'r Goron Seisnig. Gwelir cyfieithiad o Stent gyntaf Meirionnydd 1284–6 a sylwebaeth fanwl gan yr Athro Tony Carr yn *History of Merioneth volume II*. Hefyd, gwelir ei gyfieithiad o Stent 1352 Môn yn TCHNM (T.A.A.S.) yn 1973. Ceir trawsgrifiad o Stent 1284 Môn, a sylwebaeth arni, gan yr Athro G Rex Smith yn TCHNM 2009.

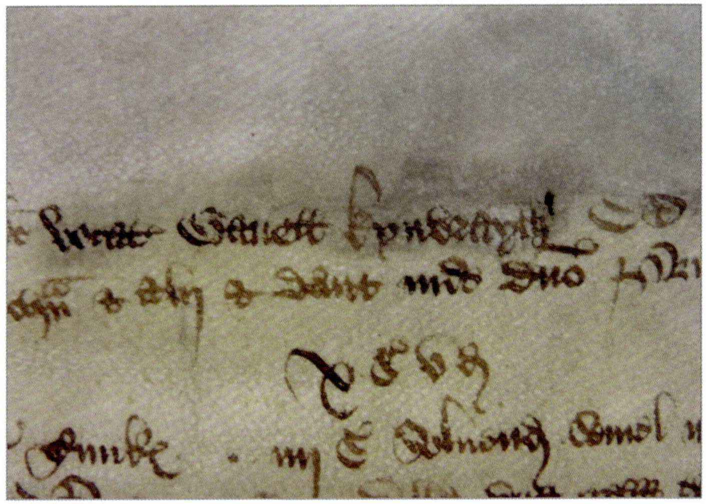

13.Darn o Stent Meirionnydd 1420, sy'n dangos Gavell Kynvrayth, plwyf Llanbedr, Baron Hill 6714. Gyda chaniatâd Archifau a Chasgliadau Arbennig, Prifysgol Bangor.

Rhestrwyd y tiroedd yn ôl y plwyf. Ysywaeth, ni cheir lleoliad y tiroedd hyn ond mae'n bosibl dirnad nifer sylweddol o enwau gafaelion sydd bellach yn enwau ffermydd. Ceir *Gafael Ieuan Vichan vocat Ygornant*, sef fferm Gornant heddiw a *Irosdyffrwde, Caer y thvblvog, Rryd yr Eirin*, sef y Rhos Ddwy Ffrwd, Gerddi Bluog a Rhydyreirin heddiw. Diflannodd amryw eraill fel *Gavell Kynvrayth*, plwyf Llanbedr a *Gavell y Pedestr*, Llanfihangel-y-traethau. Gellir olrhain hanes ambell enw coll drwy gofnodion llys a chytundebau a phrydlesi mewn dogfennau ystadau neu gofnodion llys.

Gwnaed stentiau tebyg mewn siroedd y tu allan i'r Dywysogaeth. Ceir manylder anghyffredin yn Arolwg Dinbych (*Survey of the Honour of Denbigh*) 1334; yn Arglwyddiaeth Swydd y Waun (*The Extent of Chirkland* 1391–3) yn Arglwyddiaeth Brwmffild ac Iâl yn 1315; Arglwyddiaeth Croesoswallt yn 1393;

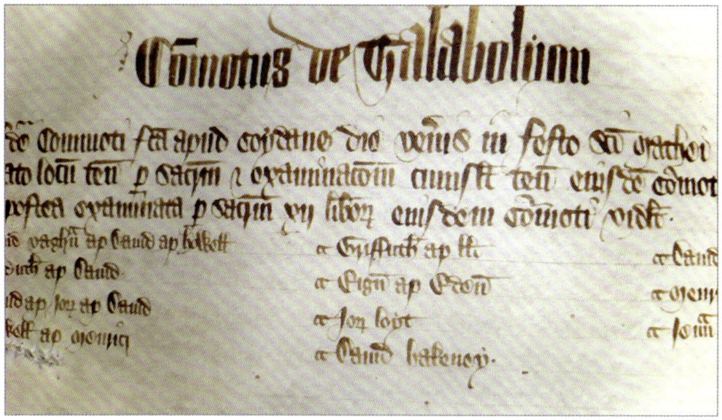

14. Darn o Stent Môn yn 1352 yn dangos mai ar dir Coedan y cofnodwyd y dystiolaeth leol yn 1352, Baron Hill 6714. Gyda chaniatâd Archifau a Chasgliadau Arbennig, Prifysgol Bangor.

a thiroedd Esgobaeth Tyddewi yn 1326. Rhaid peidio anghofio bod darnau dwyreiniol o Gymru'n ymddangos yn Llyfr y Farn, 1086. Mae felly ddigon o ffynonellau lleol cynnar iawn i'w chwilio am enwau tiroedd ym mhob rhan o Gymru. Yn achos yr olaf, ceir enwau Cymraeg o gyfnod cynnar iawn yn siroedd cyfagos Lloegr. Mae Hywel Wyn Owen yn egluro bod enwau Cymraeg Sir Gaer wedi *rhewi* yn ffurfiau hŷn na'r rhai yn Sir y Fflint, lle datblygodd yr iaith a'r enwau.

Y stentiau hyn yw sylfaen ein gwybodaeth am enwau'r gwelyau a'r gafaelion.

Mae amryw i'w cael mewn cylchgronau yn Lladin canoloesol y cyfnod a rhai megis Môn wedi eu cyfieithu. Cyfieithodd Susan Passmore ran Ardudwy o Stent 1420 Meirionnydd i'r Gymraeg a'r Saesneg ar gyfer ei gweithdy i brosiect Adnabod Ardudwy. Bu'n gymorth mawr i ni oll ddeall y gwreiddiol. Mae'r stentiau'n drysorfa o enwau cynnar i ran helaeth o Gymru. Casglwyd y dystiolaeth o gwmwd i gwmwd gan swyddogion y Goron fel yng Nghoedan, Môn lle daeth ardalwyr cwmwd Talybolion ynghyd i roi tystiolaeth am eu hawliau. Mae fferm sy'n dwyn yr enw hwnnw yno heddiw a bu'n destun rhaglen yn y gyfres *Caeau Cymru* yn 2015.

Trosglwyddwyd y taliadau hyn i'r Goron Seisnig yn ddidrafferth ac fe'u talwyd, fel y gwnaed gynt i'r tywysogion, gan mai dyna oedd y drefn. Roedd yn ddull craffach na'r cledd i gadw Cymru dan reolaeth hir dymor.

Rhentolion y Goron (Chief Rents/Crown Rentals)

Rhestri blynyddol oedd y rhain o'r holl diroedd rhydd a thiroedd y Goron yn yr unfed ganrif ar bymtheg a'r ail ganrif ar bymtheg, rhai a ddilynodd gyfnod y stentiau. Maent yn allweddol gan iddynt gamu i'r bwlch rhwng yr arferion traddodiadol Cymreig o ddal tir yn yr Oesoedd Canol a'r cyfnod wedi i'r tiroedd syrthio i ddwylo sefydlwyr ystadau ac unigolion blaengar eraill. Dyma drothwy effeithiau Deddfau Cymru yn 1536 ac 1543. Ar ôl cofnodi tiroedd y Goron yn y bedwaredd ganrif ar ddeg a'r bymthegfed ganrif, aed ati i'w hailosod ar rent ac weithiau eu rhannu'n ddarnau llai. Cofnodwyd hyn yn Rhentolion y Goron sy'n enwi perchennog neu denant pob darn o dir, a gwelir mai i'r Goron y caiff y taliad gwreiddiol ei drosglwyddo. Deilliodd o'r arferiad o dalu'r union

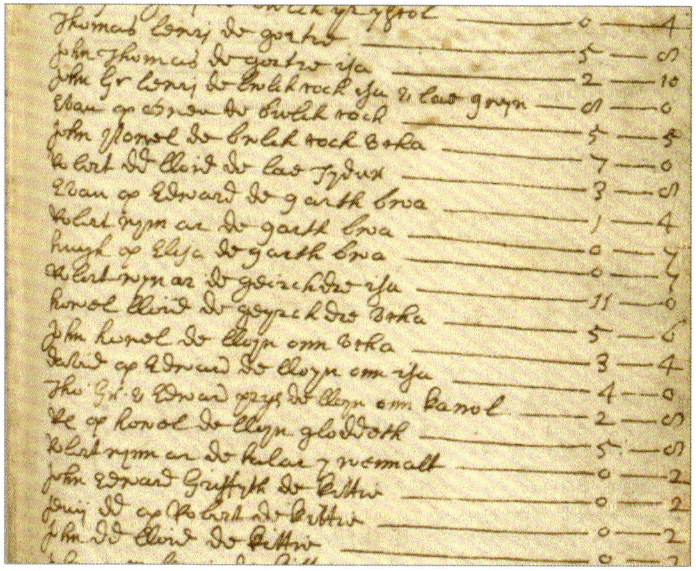

15. Darn o Rentol y Goron Llanaber 1637 sy'n dangos enwau ffermydd yn ardal Sylfaen (oedd yn dal yn rhan o ystad y Glyn yn 1840), E12731E. Gyda chaniatâd Llyfrgell Genedlaethol Cymru (LlGC).

swm, yn wrogaeth i'r tywysogion Cymreig.

Goroesodd nifer go lew o gopïau sy'n enwi tiroedd a oedd ar brydles i deuluoedd blaengar a datblygodd y rhain yn ystadau yn y man. Gellir cael rhestri ar-lein yng nghatalog y Llyfrgell Genedlaethol. Bydd yn rhaid gosod y term Saesneg *Chief Rents* yn y blwch chwilio i ddod o hyd i'r mwyafrif ohonynt a hefyd y term *Crown Rentals* i gael y gweddill. Mae'n hwylus eu trefnu yn ôl Teitl a'u cael yn nhrefn yr wyddor ac yna rhoi *yn y llyfrgell* yn y blwch.

Dyma adnoddau gwerthfawr iawn i rai sy'n ceisio olrhain enwau tiroedd neu hanes teulu. O gymharu cyfanswm y rhenti hyn â chyfanswm y taliadau yn y stentiau ym mhob plwyf, gwelir mai'r un taliadau oeddynt yn y bôn. Gwelwn mor gyfrwys ac effeithiol oedd y Goron Seisnig yn dal i hawlio'r union daliadau a fu'n ddyledus i'r tywysogion a hynny, yn achos rhai gafaelion, dros gyfnod o bedwar can mlynedd o leiaf.

Yn Ardudwy, ceir rhentol pwysig yn 1623 ac mae hwnnw bron yn gyflawn. Canfuwyd bod y darn coll, sef plwyf Llanaber

16. *Map Arolwg Ordnans (AO) 1:25,000 yn 1953 sy'n dangos Sylfaen a rhai o'r ffermydd a welir yn Rhentol Llanaber 1637. Gyda chaniatâd Llyfrgell Genedlaethol yr Alban.*

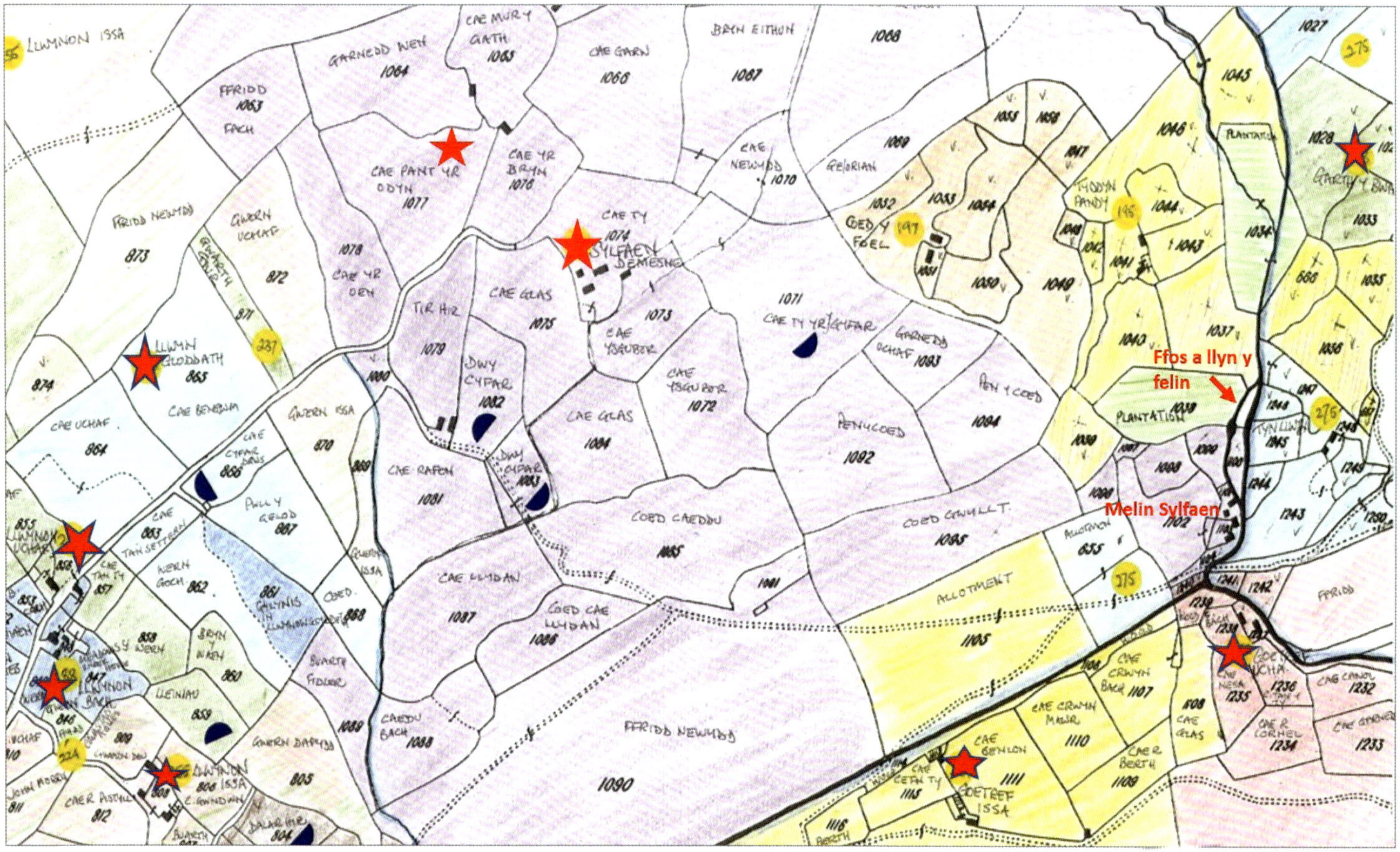

17. *Map Degwm ardal Sylfaen yn 1840. ©RhP. Mae'r sêr yn dangos lleoliad y ffermydd a enwir yn Rhentol 1637.*

yn gyflawn, wedi ei gofnodi yn 1637. Mae trawsgrifiad yn CCHChSF 2009. Fodd bynnag, mae'n drawiadol bod bwlch mawr arall yn ardal Harlech a dychwelir at hyn ar dudalen 54. Er nad ydynt yn disgrifio'r lleoliadau, cofnodwyd enw pob darn o dir a'i berchennog yn systematig ddaearyddol yn y rhentolion. Er enghraifft, gellir dechrau yn y dwyrain ar ochr ogleddol afon Mawddach ac olrhain y rhan fwyaf o'r tiroedd a enwir hyd at y môr yn Abermo a thu draw am Harlech.

Ar y map gyferbyn gellir gweld ffermydd Bwlch Coch Canol, Cae Tudur, Goetre, Garth y Bwa, ffermydd Llwyn Onn Uchaf, Llwyn Onn Bach a Llwyn Onn Isaf, yr ardal a enwyd Cutiau (*Kittie* yn Rhentol 1637), Llwyn *Gloddath* yn y Degwm a *Llwyn Gloddeth* yn Rhentol 1637). Gellir adnabod yr enwau hyn yn Rhentol Llanaber yn 1637 . Mae hefyd yn bosibl lleoli unrhyw enwau coll rhwng y ffermydd yma. Gellir awgrymu lleoliad bras i Ceirchdre, enw tir a gollwyd, sef rhwng Garth Bwa a Llwyn Onn. Yma roedd melin hynafol Sylfaen.

Yn Rhentol y Goron 1637 gwelir fod y *Geirchdre Isaf* gan Robert Wynne, Sylfaen am rent o 11 swllt a *Geirchdre Uchaf* gan Hywel Lloyd ar rent o 5 swllt 5 ceiniog. Mae Robert Wynne yn talu'r rhent am Sylfaen a Phant yr Odyn yn Rhentol y Goron 1623. Ceir rhentol yn 1740 ymysg casgliad Llanfair Brynodol, ysywaeth heb Llanaber, ac mae'n werthfawr iawn gan ei fod, mewn ambell achos, yn cofnodi'r un enwau hynafol ynghyd ag enw mwy diweddar (*Also/Als.*). Gallwn adnabod yr olaf heddiw. Er enghraifft, ceir y canlynol:

Plwyf	Enw'r tir yn Rhentol 1623 E12731E	Enw'r tir yn Rhentol 1776, Llanfair a Brynodol M45
Llandecwyn	Garth yr Oerfa	Garth yr Yrfa, Als. Allt y Calch
Llanenddwyn	Kae Maes Morganwg	Maes Morganwg, Als. yr Allt goch
Llanfair	Tir Richard ap Rheinallt	Tir Richard ap Rheinallt, Als. Tyddyn yr Huddyg
Llanfrothen	William ap Richard of Tyddyn Du	William Williams, Gentleman pro Tyddyn Du, Als. Brondanw Isaf
Llanfrothen	Tyddyn Thomas ap Ieuan ap David	Tyddyn Thomas ap Evan ap Dafydd, Als. Hendre Gwenllian

Dyma dystiolaethau hynod o bwysig sy'n ein galluogi i gamu dros fwlch tra chwithig.

Ceir Rhentol y Goron manwl iawn yn 1592 ar gyfer gweddill Meirionnydd a darn o Rentol y Goron yn 1633 yn ardal Tywyn a Thal-y-llyn yng nghwmwd Ystumanner. Enwir nifer fawr o ffermydd a'u perchnogion. Gwelir trawsgrifiad T Jones Pierce o rentol ym Môn yn 1549 a'i gyflwyniad gwych iddo yn *Medieval Welsh Society*, golygydd J Beverley Smith. Anaml iawn y ceir rhentol yn Gymraeg, ond dyma a gawn yng ngogledd-ddwyrain Môn. Ceir darnau o rentolion amrywiol cymydau eraill mewn dogfennau ystadau. Maent yn enwi tiroedd ac yn llenwi'r bwlch yn ein gwybodaeth am enwau, rhwng y stentiau cynnar yn 1286, 1352 ac 1420, a'r rhai diweddaraf yn cynnwys enwau ffermydd yr ydym yn gyfarwydd â hwy heddiw.

Tir Rhydd

Yn yr Oesoedd Canol, roedd teuluoedd rhydd breintiedig yn byw ochr yn ochr â thenantiaid caeth nad oedd ganddynt yr hawl i adael y plwyf na phriodi heb ganiatâd eu harglwydd. Roedd gwahaniaethau mawr rhwng statws yr unigolion hyn a'r modd y gweinyddid ac y rheolid amaethu a'r gymuned. Yr oedd y rhan fwyaf o dir Ardudwy yn dir rhydd.

I'r teuluoedd rhydd, y tir gwely tylwythol oedd yn hollbwysig. Gallai hwn fod o faint fferm sylweddol heddiw neu'n gyfystyr o ran maint â nifer o ffermydd. Weithiau, yr oedd hefyd ddarnau o dir ar wasgar mewn plwyfi eraill. Er ei bod hi'n arferiad rhannu'r tir rhwng etifeddion, cedwid yr uned yn gyfan ac nid oedd modd gwerthu. Rhoddid tyddyn (gafael) a phedair erw, sef *cyfran*, i'r meibion fel arfer, fel gwregys ar gyrion tir âr yr hendref. Disgrifiodd Glanville R J Jones enghraifft yn nhrefgordd rydd Llysdulas, Môn yn TCHNM 1956. Arferid cydaredig a chydgynaeafu ar y tiroedd âr tylwythol, neu ar y rhandir ger yr hendref a sefydlid gwregys o dyddynnod y meibion o'u cwmpas.

Un nodwedd ddiddorol o'r dull hwn o fyw ar y cyd oedd y gegin gymunedol, lle hwylusid crasu bara a mwy mewn adeilad bychan ger yr hendref. Mae enghraifft dda yn Coety Mawr, Llandecwyn, Coety Mawr yn y Degwm, lle mae'r ardalwyr yn dal i gofio'r enw Pentref Coety. Roedd Ieuan Jones, Tyn y Coed, Dyffryn Ardudwy yn cyfeirio at yr hen dref mor ddiweddar â 2004, sef fferm Coety Mawr, Cegin Coety, Glanrafon Gaerau a Maes y Caerau. Enwyd Cotye yn Stent 1420 a Coytie yn Rhentol 1623. Mae hefyd ar dir y fferm nifer fawr o gylchoedd cerrig ac adfeilion tyddynnod sydd yn llawer mwy diweddar, *Llwyn y Meibion*, a Bryn Melyn (gweler llun tudalen 147). O gerdded y tir hwn gyda'r annwyl ddiweddar Megan Williams, un a wyddai enwau'r holl anheddau, gellid yn hawdd gredu i bentref a chymuned fodoli yma dros ganrifoedd lawer.

Oherwydd y dull hwn o gydlafurio ar y tiroedd gorau, mae enwau'r tiroedd yn adlewyrchu'r ffordd o drin neu fesur y tir âr. Gwelid *erw*, *talar*, *llain*, *maes* a *cyfer* mewn clwstwr oddi

18. Cegin Coety Mawr, Llandecwyn. © RhP

19. Megan Coety Mawr gyda'r ffordd i Faes y Caerau, Y Gyrn, a Bryn Cader Faner yn y pellter. © RhP

amgylch yr hendref. Yn rhyfeddol, gellir dod o hyd i amryw o enghreifftiau yn Negwm 1840 ac mae'r clystyrau enwau creiddiol hyn yn ein galluogi i ail-greu y dirwedd hanesyddol. O'u darganfod a'u gosod ar fap, maent yn dangos i ni leoliadau'r hen welyau a'r gafaelion ac yn datgloi hanes y tir. Mae fferm Penarth (SH598287), Llanbedr, Meirionnydd yn enghraifft glasurol o hyn.

Penarth

Ar fferm Penarth ceir wyth o dyddynnod yn wregys o'i chwmpas, yn enghraifft o balimpsest archaeolegol ac ieithyddol. Dyma hefyd yr hyn a ddisgrifia Glanville R J Jones ar dudalen 30. Wrth gymharu'r fferm ar fapiau o gyfnodau gwahanol, gallwn amgyffred y newidiadau amaethyddol a chymdeithasol a fu dros bron i 400 mlynedd.

Saif Penarth ar lechwedd sy'n codi o lan ogleddol afon Artro i gyfeiriad yr uwchdir ac ychydig i'r de o Harlech. Fe'i cysgodir gan graig fawr Arllef 180m uwch y môr ac sydd yn disgyn yn glogwyn ar ei hochr ogleddol. Y clogwyn hwn hefyd yw ffin plwyf Llanbedr. I'r gogledd mae plwyf Llanfair. Yma, ar y copa gwastad mae olion caer amddiffynnol o'r Oes Haearn. Gellir ymchwilio ymhellach drwy gofnodion Ymddiriedolaeth Archaeolegol Gwynedd ar www.heneb.com, a Chomisiwn Brenhinol Henebion Cymru ar https://coflein.gov.uk ac E G Bowen a C A Gresham, *History of Merioneth Volume 1 From the earliest times to the Age of the Native Princes*. Ceir llun ohono yn yr olaf a chyfeirir ato fel Clogwyn Arllef.

Fymryn i'r gorllewin mae fferm Gwern Einion, lle mae cromlech neolithig bellach yn rhan o wal corlan. Ger Hafod y Llyn i'r gogledd mae nifer o gylchoedd cerrig cynhanesyddol.

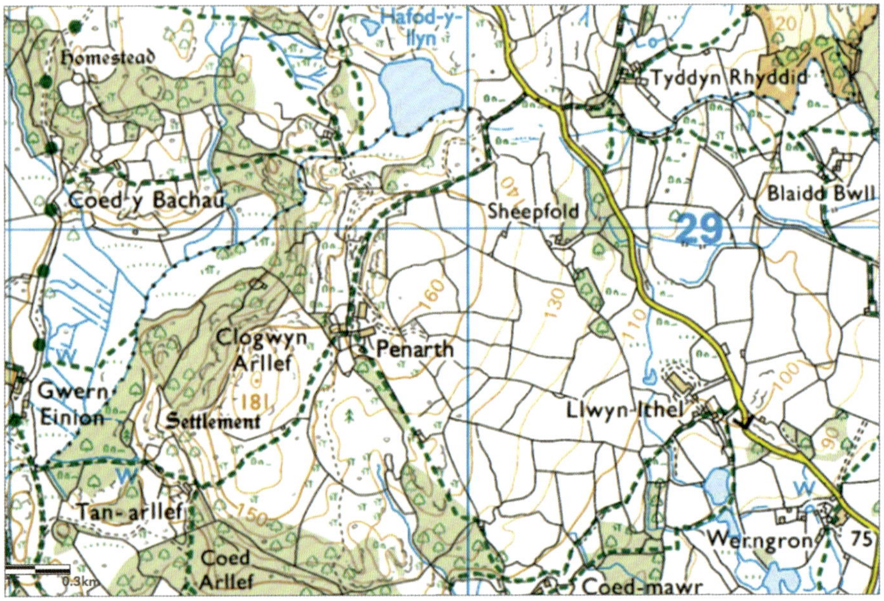

20. Map 1:25,000 sy'n dangos lleoliad Penarth a nifer o dyddynnod o'i amgylch.
© OpenStreetMap contributors under Open Database Licence.

Mae'r olion yn tystio i deuluoedd fodoli yma ers miloedd o flynyddoedd yn ennill bywoliaeth oddi ar y tir ac maent yn dal i wneud. Ceir yma ddigon o ddŵr, tir ffrwythlon, porfa dda a ffyrdd hwylus.

Mae hyd yn oed rhestr enwau caeau Penarth a'i chymdogion agos yn sawru o hynafiaeth. Ond, wedi iddynt gael eu gosod ar fap, fel y gwelir gyferbyn, mae'r patrymau'n llawer mwy trawiadol, a daw arwyddocâd yr enwau yn amlycach.

I'r dwyrain o'r tŷ mae'r caeau gorau bron i gyd a'r rheini'n dir âr. Wrth ymestyn i'r fferm nesaf, Llwyn Ithel, mae'r un patrwm enwau i'w weld. Ymddengys y ffin rhwng y ddwy fferm bresennol yn un fwy diweddar na'r un y mae patrwm yr enwau yn ei awgrymu. Yr un nodwedd bron sydd i'w gweld i'r de ar dir fferm Coed (Coed Mawr heddiw). Mae awgrym bod yma gysgod patrwm hŷn na'r hyn a welir yn 1840, un sy'n anwybyddu ffiniau'r ffermydd presennol.

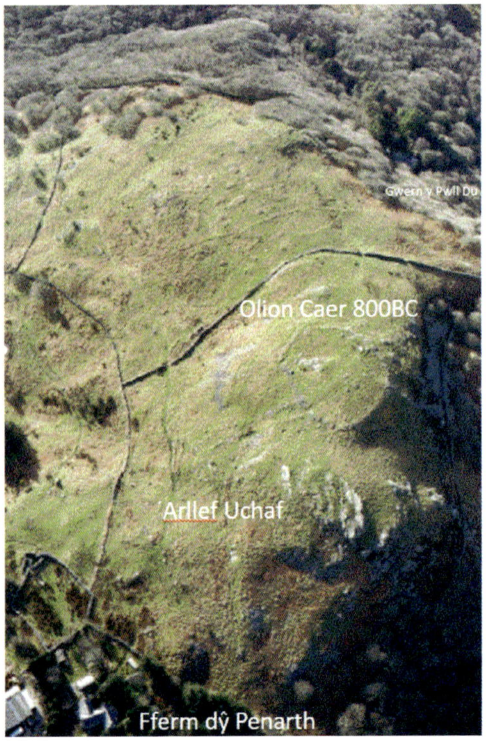

21. Awyrlun o Glogwyn Arllef. Gyda chaniatâd CBHC. AP_2005_0078

Mae cyfanswm o 128 erw (*acre* statudol) o dir âr, neu dir coch fel y'i gelwir yn lleol. Ceir 44 erw yn fferm Penarth, 42 erw yn Wern Gron, 25 erw yn Llwyn Ithel ac 17 erw yn Coed, y cyfan yn ffurfio darn sylweddol o dir. Ystyrid hwn yn dir gwerthfawr iawn yn yr Oesoedd Canol. Byddai angen nifer fawr o unigolion i'w drin yn effeithiol neu deulu estynedig yn rhannu'r baich i'w drin a'i gynaeafu. Gallwn amgyffred pwysigrwydd yr hen arferion a'r deddfau a oedd yn ymwneud â gwrteithio, trin a gadael y tir yn fraenar. Roedd yr amaethu ym Mhenarth yn ddwys a disgybledig.

O gwmpas y tir âr hwn, ceir dros gant a hanner o erwau o dir pori creigiog, ond gwerthfawr, gyda mynediad i dir comin tua'r gogledd ac felly porfa ychwanegol. Mae chwe erw o dir coediog ym Mhenarth a phedair erw o dir mawnog, y ddau ddarn o dir yn ddefnyddiol iawn i uned deuluol, hunangynhaliol.

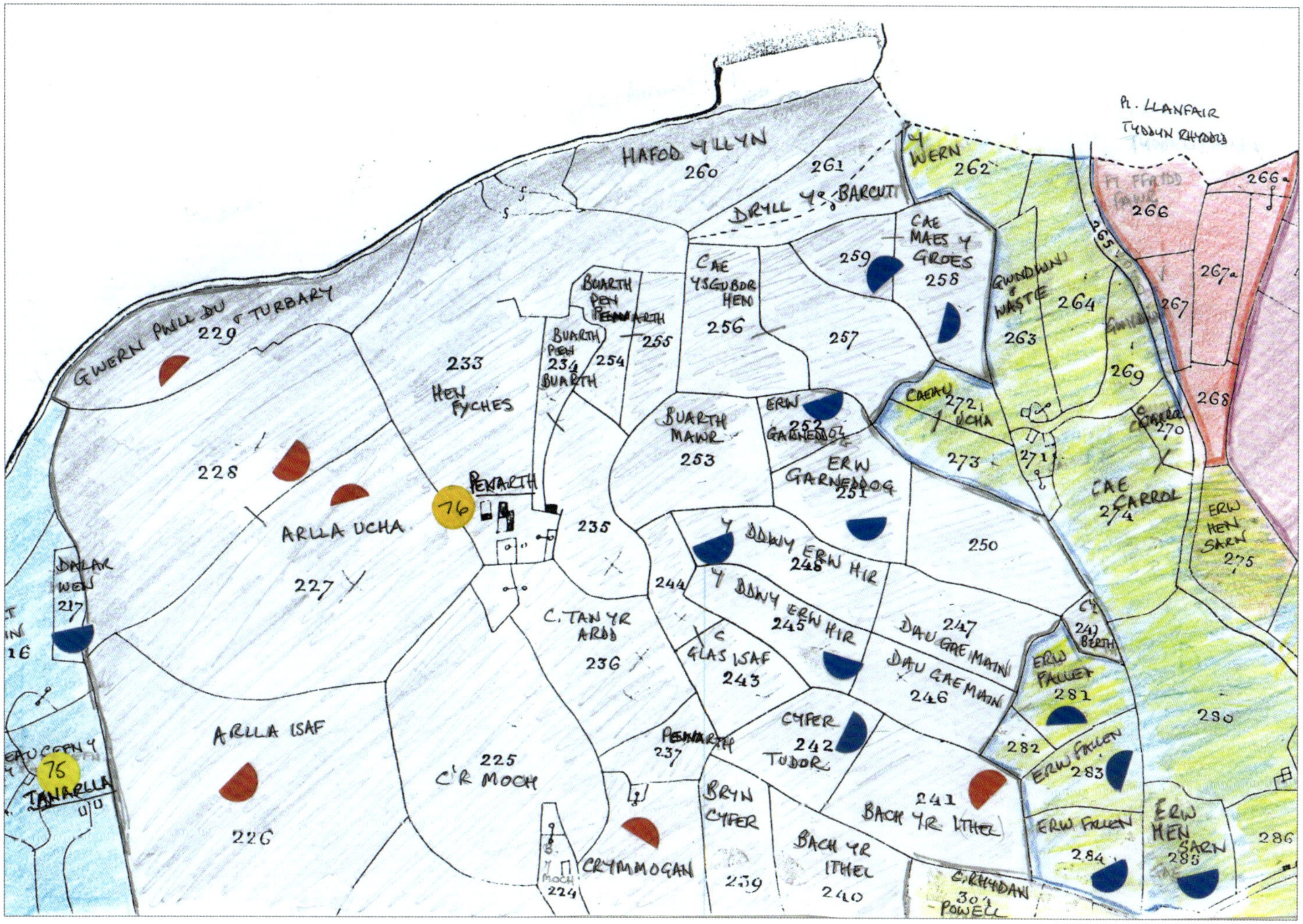

22. Rhan o fap Degwm 1840 ardal Penarth. © RhP

Trafodir arwyddocâd yr enwau unigol *erw*, *cyfer*, *llain* a *maes* yn y man. Ym mhlwyf Llanbedr (yn rhydd yn 1420) y mae'r nifer a'r ganran uchaf o'r caeau *erw* yn Ardudwy gyfan. Ym Mhenarth, Llwyn Ithel a Wern Gron y gwelir y clwstwr mwyaf sylweddol ohonynt o bell ffordd. Yn yr enghraifft hon, gwelir y dystiolaeth gryfaf yn Ardudwy o gysgod hen drefn.

Y peth mwyaf trawiadol ar y darn hwn o fap y Degwm yw ailadrodd enwau mewn caeau cyfochrog. Ceir yr enw *Y Ddwy Erw Hir* ar dri chae. Cofnodwyd *Yr Erwey Hyreion* yn 1542 yng nghasgliad Maesyneuadd 215 ac *Erw Garneddog* ar ddau gae ar dir Penarth. Yn Llwyn Ithel, gwelir *Erw Hen Gae*, *Erw Fallen* (afallen/coeden afal) ar bedwar cae sy'n cyffwrdd â'i gilydd, ynghyd ag *Erw Hen Sarn* yn enw ar bedwar cae arall. Gwelir yma gysgod o hen enwau ar ddarnau sylweddol o dir, cyn codi

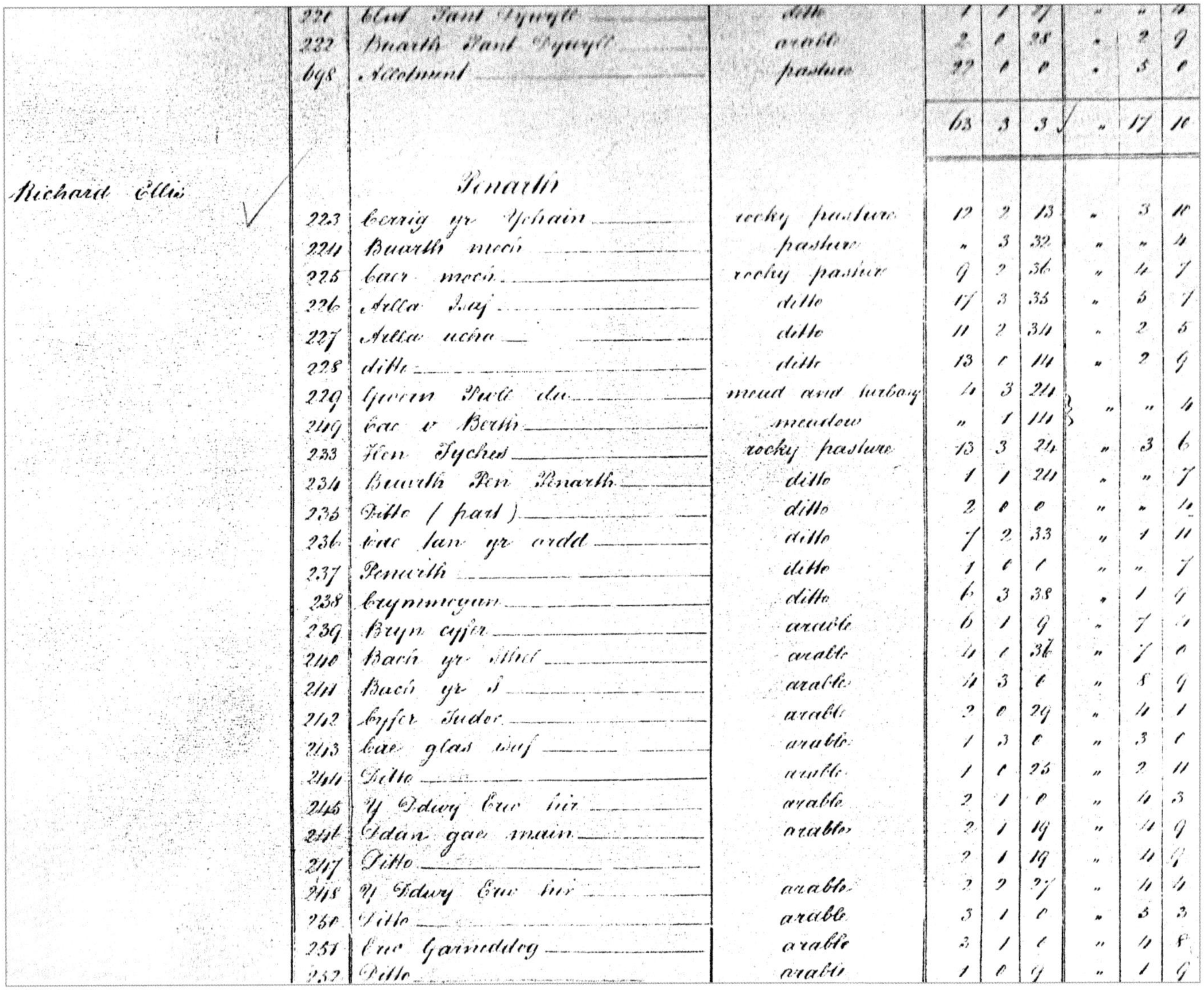

	No.	Name	Description	A.	R.	P.	£	s.	d.
	221	Cae Pant Dywyll	ditto	1	1	27	"	"	11
	222	Buarth Pant Dywyll	arable	2	0	28	"	2	9
	698	Allotment	pasture	22	0	0	"	5	0
				63	3	3	"	17	10
		Penarth							
Richard Ellis	223	Cerrig yr Ychain	rocky pasture	12	2	13	"	3	10
	224	Buarth moch	pasture	"	3	32	"	"	4
	225	Cae'r moch	rocky pasture	9	2	36	"	4	7
	226	Allt Isaf	ditto	17	3	35	"	5	1
	227	Allt ucha	ditto	11	2	34	"	2	5
	228	ditto	ditto	13	0	14	"	2	9
	229	Gwern Pwll du	mead and turbary	4	3	24	"	"	4
	249	Cae'r Berth	meadow	"	1	14			
	233	Pen Tyched	rocky pasture	13	3	24	"	3	6
	234	Buarth Pen Penarth	ditto	1	1	24	"	"	7
	235	Ditto (part)	ditto	2	0	0	"	"	4
	236	Cae lan yr ardd	ditto	7	2	33	"	1	11
	237	Penarth	ditto	1	0	1	"	"	7
	238	Brynmeyan	ditto	6	3	38	"	1	9
	239	Bryn cyfer	arable	6	1	9	"	7	[illegible]
	240	Bach yr Ithel	arable	4	0	36	"	7	0
	241	Bach yr [illegible]	arable	4	3	0	"	8	9
	242	Cyfer Tudor	arable	2	0	29	"	4	1
	243	Cae glas isaf	arable	1	3	0	"	3	0
	244	Ditto	arable	1	0	25	"	2	11
	245	Y Ddwy Erw hir	arable	2	1	0	"	4	3
	246	Odan gae main	arable	2	1	19	"	4	9
	247	Ditto		2	1	19	"	4	9
	248	Y Ddwy Erw hir	arable	2	2	27	"	4	4
	250	Ditto	arable	3	1	0	"	5	3
	251	Erw Gameddog	arable	3	1	1	"	4	8
	252	Ditto	arable	1	0	9	"	1	9

23. Darn o Restr Pennu'r Degwm ar gyfer Penarth, Gyda chaniatâd LlGC.

waliau'r caeau sydd i'w gweld heddiw.

Yn ogystal â'r caeau *erw*, mae yma enwau eraill sy'n gysylltiedig â thir âr, sef yr enwau *maes,* a *cyfer*. Ceir y caeau *Bryn Cyfer; Cyfer Tudor; Yr Erwau Hirion a Maes y Groes* ym Mhenarth, y ddau enw wedi eu cofnodi yn 1542; *Cyfer Common* yn Llwyn Ithel; *Dalar Wen* yn fferm Coed ac yn Nhanarlla wrth droed clogwyn Arllef; a *Talar Goch, Llain Tan y Ffordd ac Erw* yn Wern Gron. Unwaith eto mae'r llygaid yn cael eu denu y tu hwnt i ffiniau ffermydd unigol lle gwelir patrwm amaethyddol hŷn.

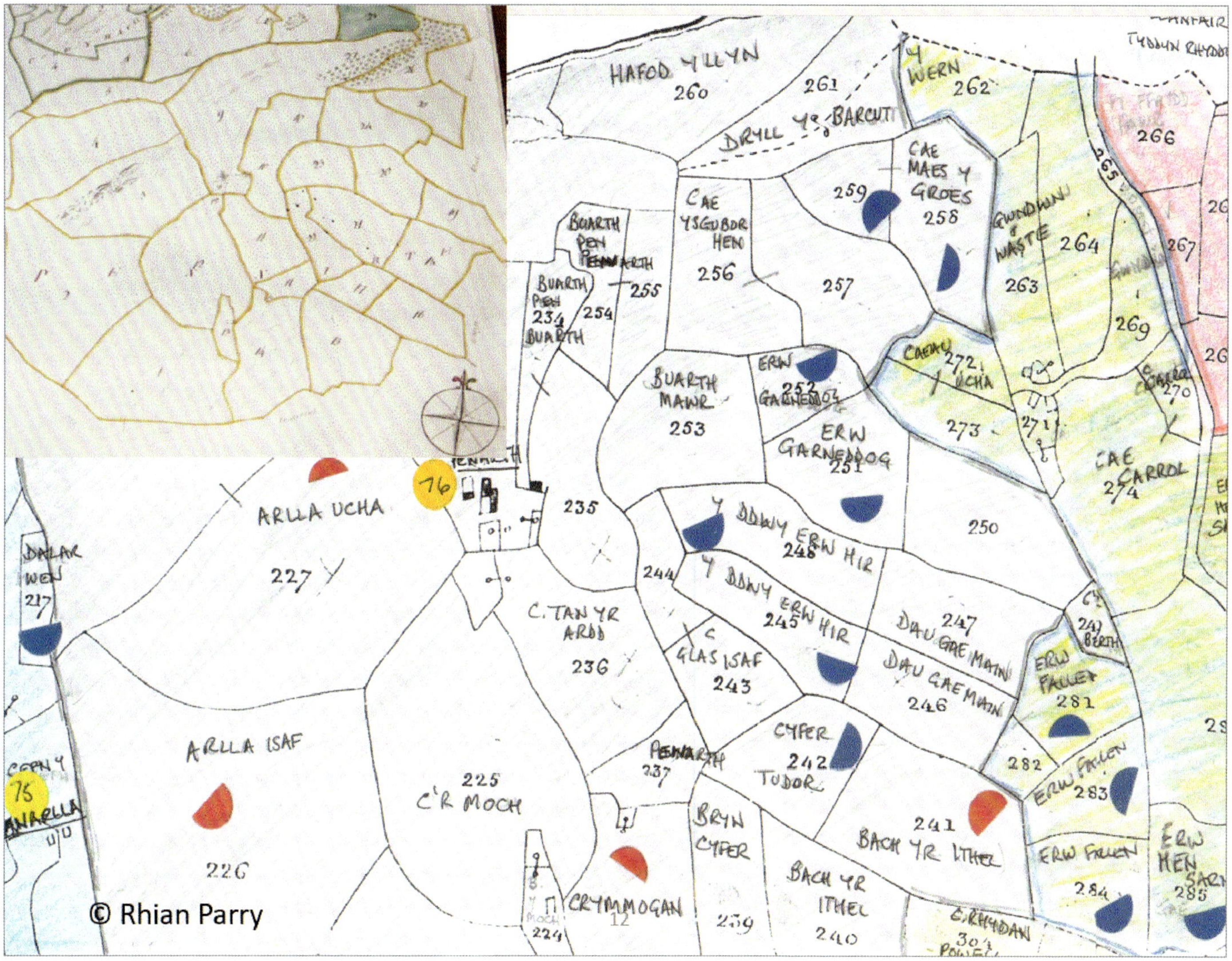

24. Darn Penarth o fap Degwm plwyf Llanbedr yn 1840, © RhP a map ystad Maesyneuadd FS 394 yn 1790 arno i ddangos na fu newid ffurfiau caeau ers 1790. Gyda chaniatâd Archifau a Chasgliadau Arbennig, Prifysgol Bangor.

Ni ellir ond rhyfeddu at yr enwau hyn ac at eu parhad. Beth tybed yw arwyddocâd yr enw *Maes y Groes* ar ddau gae? Cofnodwyd yr enw yn 1542 (casgliad Maesyneuadd). Ai croesffordd oedd yma, neu frwydr, neu ynteu a oedd cysylltiad crefyddol?

Yng nghasgliad ystad Maesyneuadd, Llandecwyn mae cyfrol o fapiau ystad a wnaed gan Richard Owen yn 1790 mewn cyfnod pan oedd yn ffasiynol a doeth comisiynu i dirfesurydd fapio ffermydd yr ystad. Dyma gychwyn oes aur y proffesiwn newydd, sef y tirfesurwyr ac mae gwaith cywrain Richard Owen i'w gael ar hyd a lled y gogledd. Rhestrir enwau'r caeau hefyd. Mae eu tri chwarter wedi goroesi adeg y Degwm ond eraill wedi erydu rhywfaint, fel *Cyfer Gruffydd Tudur* sydd erbyn y Degwm wedi byrhau'n *Cyfer Tudur*. Yr hyn sy'n amlwg yw nad oes gwahaniaeth o ran ffurf nac o ran ffiniau'r caeau rhwng 1790 ac 1840 a dyma'r ffurf a welir heddiw mewn awyrluniau diweddar.

25. Map tua 1630 o Bentref Gwynfryn sydd yn cynnwys Penarth. Casgliad Maesyneuadd B 393. Gyda chaniatâd Archifau a Chasgliadau Arbennig, Prifysgol Bangor.

Hefyd yng nghasgliad Maesyneuadd mae map godidog y clawr, dyddiedig 1630, un sy'n debyg iawn o ran ei wedd i fap Speed o dre Harlech yn 1610. Mae'n amhrisiadwy yng nghyd-destun cylch Penarth a'r Dywysogaeth oherwydd yr hyn a ddengys am y newidiadau cymdeithasol sylweddol a datblygiad ffermydd a chaeau a ddigwyddodd, mae'n amlwg, rhwng 1630 ac 1790. Mae'n werth cofio ei fod yn cyfoesi'n weddol agos â Rhentol Ardudwy yn 1623.

Ychydig dros 11 modfedd (28cm) sgwâr yw'r map gwreiddiol. Mae ar felwm (croen llo) ac wedi ei liwio. Saif Penarth yng nghanol cylch o dyddynnod. Does fawr o debygrwydd rhwng ffurf y caeau a'u terfynau gwiail yn 1630 a'u ffurf ar fap ystad 1790 ac yn wir, map y Degwm yn 1840.

Gwelir ar fap 1630 ddarn mawr o dir i'r gorllewin o ffermdy Penarth sydd wedi ei nodi ar y Degwm yn borfa ar dir caregog. Cawn wybod mai enwau rhai o'r tiroedd hyn yn 1840 oedd *Buarth Pen Buarth*, *Cae'r Moch*, *Arlla Isaf* ac *Arlla Uchaf*, *Hen Fuches*, *Crymmogan* a *Cerrig yr Ychain*. Mae'r enwau'n awgrymu tir pori a man lle câi'r fuches ei godro yn yr haf. I'r dwyrain, man lle nodir *Maes y Groes* ar fap y Degwm, mae darn sylweddol o dir agored sydd wedi ei aredig a'i rannu'n lleiniau croes. Tybed nad dyma'r rheswm am yr enw *Maes y Groes*? Dyma dystiolaeth brin o faes agored ac ynddo nifer fawr o leiniau, gweddillion patrwm hen randir teuluol.

Cawn ychwaneg o wybodaeth wrth graffu'n ofalus ar y map. Ar ochr orllewinol y map, gwelir yr enwau *Garth y Gynadl* (cynnadl, o'r Hen Lydaweg, sef man cyfarfod, GPC), darn o dir *parcell of a joint turbino* (mawnog gyd), *Rhiwr Coytn* a *Rhyd y Llyffant* a nodir ei fod yn *joint not enclosed*, y cyfan yn weddillion rhandir teuluol yn y bymthegfed ganrif. Collwyd yr enwau *Rhyd y Llyffant* a *Garth y Gynadl*, er bod yr enw *Garth* yn dal ar dri chae yn yr un lle ac yn fferm Coed yn 1840. Cofnodir nifer o enwau sydd hefyd yn ddigyfnewid yn y Degwm, fel y caeau *Y Wern Feriog*, Gwern y

26. Darn o fap Penarth tua 1630 sy'n dangos Maes y Groes a thyddyn Llwyn Ithel Bach. Gyda chaniatâd Archifau a Chasgliadau Arbennig, Prifysgol Bangor.

Pwll Du, *Garlle* (Arlla), *Cerrig Rychen* (Cerrig yr Ychain), Penarth a'r tyddynnod Coed a Hafod y Llyn,

Ar waelod chwith y map ar lan afon Artro a gamenwir yma, *A river called afon Lanbed*, mae tyddyn dienw a'i ddeiliad, Piers Thomas. Llety Walter yw'r enw yn y Degwm. Fe'i cofnodir yn *Tethyn llety Walter* yn 1535 mewn dogfen yng nghasgliad Mostyn, Bangor. Yn 1594, gosodwyd y tyddyn hwn ar brydles am dair blynedd gan Edward Piers, iwmon, i Eigian ap Ieuan ap David ap Meredudd, iwmon, ar rent o *two hens or pullets at Christmas*. Cofnodir dan yr enw Tyddyn Walter yn Rhentol Ardudwy yn 1623. Roedd y tir yn dal gan stad Corsygedol yn 1840.

Amgaewyd *Cae Croon*, ond fel *Cae Crwm y Coed* y'i cofnodir yn Rhentol Ardudwy yn 1623, tir sydd hefyd yn perthyn i Robert Lloyd, Penarth. Yn 1569 cofnodwyd fod *Y Kae Krwn yn y Koed* yn ôl yn nwylo David Lloyd ap Owen, Penarth, yn dilyn prydles ganddo i rydd-ddeiliad arall yn y plwyf. Gwelir yng nghornel gogledd-ddwyrain y map bwll melin Gwern Einion, tir a berthynai yn 1623 i Gruffudd Lloyd.

Mae map 1630 yn dangos o leiaf wyth tyddyn a darnau o dir rhydd yn amgylchu Penarth a gellir lleoli nifer fawr ohonynt heddiw drwy gymorth mapiau cyfredol, sef Coed, Hafod y Llyn, Tyddyn y Felin, Tyddyn Rhyddid, Wern Gron, Llwyn Ithel, Llety Cethin a Llety Walter. Gwelir fod yr enwau arwyddocaol, *tyddyn* a *llety* yn amlwg ac yn gydnaws â'r patrwm hynafol o

27. Darn o fap Penarth tua 1630 sy'n dangos afon Artro a'i chymer gydag afon Nantcol, Llwyn Ithel Bach, Y Cae croon (crwn) a thyddyn Piers Thomas. Gydu chaniatâd Archifau a Chasgliadau Arbennig, Prifysgol Bangor.

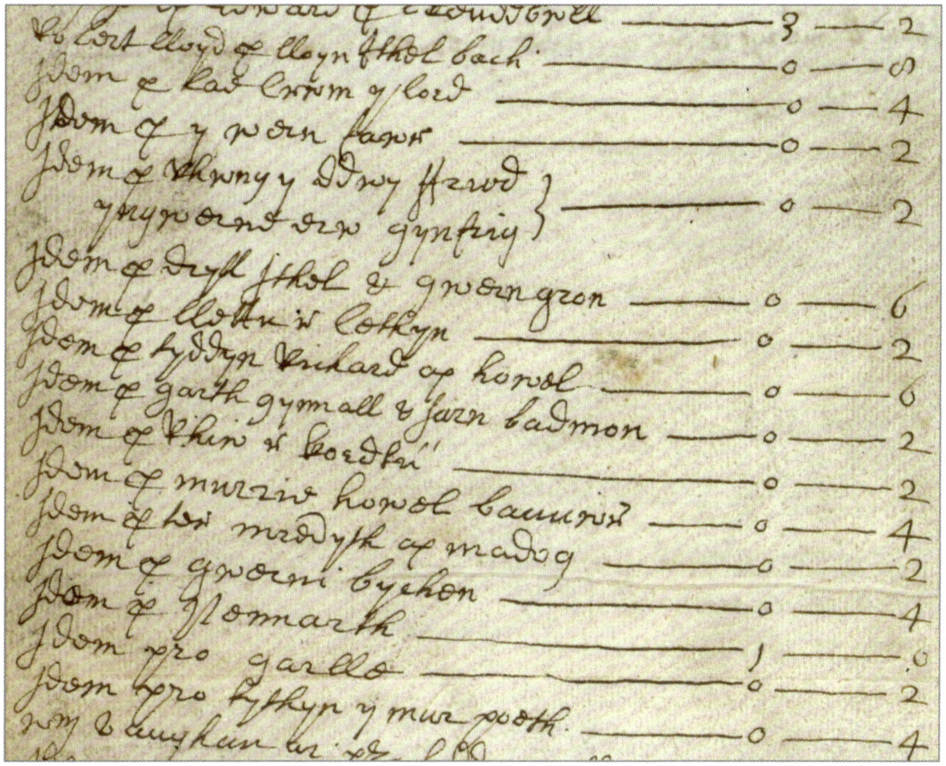

28. Darn o Rentol Ardudwy yn 1623 sy'n dangos y tiroedd oedd yn eiddo i Robert Lloyd, Penarth. E12731E. Gyda chaniatâd LlGC.

gylch o dyddynnod o amgylch yr hendref. Ychydig dros y ffin ym mhlwyf Llanfair mae pymtheg darn o dir cyfagos, ar wahân i Benarth, sy'n perthyn i Robert Lloyd ac a restrwyd yn Rhentol y Goron, Ardudwy yn 1623.

Sylwer fod pob tyddyn ar fap Penarth, 1630 yn dir rhydd. Enwir eu deiliaid, un ferch, sef *Elen verch John Gruffydd*, a nifer o rydd-ddeiliaid. Enwir nifer o dyddynnod ar y map sydd hefyd yn ymddangos yn Rhentol 1623 Ardudwy. Yn eu mysg mae un o'r enw *Tythyn Howell Panoor*, enw a gofnodwyd yn Nhreth Leyg Meirionnydd (MLSR 1292–3), sef *Murrie Howel Bannwr*. Cofnodir yn y Rhentol o Amgaeadau yn 1592 fel *Mury Hoell Banner*.

Enwau'r deiliaid sydd ar y map, nodwedd addas mewn cyfnod pan wyddai pawb pwy oedd pwy. Mae'r rhan fwyaf o'r tyddynnod yn nwylo Robert Lloyd, Penarth yn 1623, fel roeddynt gan ei dad John Lloyd, Penarth gynt. Gellir enwi penteulu tylwyth Robert Lloyd hyd at saith cenhedlaeth ac olrhain cysylltiadau teuluol yn ôl i sefydlwr ystad Maesyneuadd yn y bymthegfed ganrif.

Trosglwyddo'r etifeddiaeth

Gan mai'r tir oedd unig gyfoeth teulu, a gwerth y tir yn cyd-fynd â statws cymdeithasol, gellir gweld mor bwysig oedd priodasau buddiol rhwng dau deulu lleol i ddal gafael ar y tir. Yn achos Penarth, câi'r cysylltiadau teuluol lleol eu gwau'n dynn drwy'r cwmwd a thu hwnt, ym mhob cenhedlaeth. Gwelir sawl enghraifft o hyn yng nghyfrol J E Griffiths, *Pedigrees of Anglesey and Carnarvonshire Families*. Wrth gymharu ynddo achau teuluoedd Corsygedol a Maesyneuadd yn unig, gwelir y cysylltiadau cyson rhwng teuluoedd lleol ym mhob cenhedlaeth. Gellir olrhain teulu Osbwrn Wyddel, oedd yn fyw yn 1293, hyd at Gruffydd ap Llywelyn (*c.* 1330–99). (Ei frawd Einion a sefydlodd gangen Gelli Iorwerth, Trawsfynydd.) Oedwn gyda'i fab, Einion ap Gruffydd, Chwilog, Eifionydd (*c.* 1369–97). Sefydlodd ei fab yntau, Gruffydd, gangen Corsygedol a'i fab iau, Einion, gangen Maesyneuadd. Priododd Mali, eu chwaer â Hywel Sele, Nannau (*c.* 1390–1401). Dyma genhedlaeth sy'n dangos sut yr ymledodd un teulu i nifer o ystadau yn ddiweddarach. Mater bach wedyn oedd trefnu priodasau pellach rhyngddynt, fesul cenhedlaeth, gan adnewyddu'r cysylltiadau cymdeithasol a thynhau'r gafael ar y tir. Roedd y patrwm hwn yn gyffredin drwy Gymru mewn sawl haenen gymdeithasol.

Yn ogystal â'r prif diroedd a etifeddwyd gan y meibion yn

Ardudwy, roedd gwaddol etifeddol y fam gan ei theulu wrth iddi briodi, yn aml yn mynd i fab iau. Mewn rhai plwyfi, y traddodiad oedd i'r mab hynaf briodi aeres a chymryd yr eiddo ac i'r mab iau etifeddu'r cartref. Gwelir felly mor glòs oedd cysylltiad teuluol Maesyneuadd â Chorsygedol dros gyfnod o ddau gan mlynedd cyn dyddiad map Penarth. Erbyn 1776, Robert Wynne, Maesyneuadd sy'n talu rhent y Goron ar y tiroedd rhydd hyn i gyd.

Roedd Penarth yn dal yn nwylo ystad Maesyneuadd yn ôl Degwm 1840. Dyma dystiolaeth o barhad teuluol a ffrydiodd o uned rydd hynafol, un a oedd yn ddigon gwydn i wrthsefyll amgylchiadau economaidd a chymdeithasol heb ddatgymalu cyn 1623 ac yn wir hyd at 1840. Ochr yn ochr â pharhad y teulu mae parhad enwau eu tiroedd. Yn ffodus i ni, cofnodwyd hefyd yn nogfennau'r ystad, enwau'r tiroedd sied ac eraill a ddaeth i'w dwylo.

Mae tystiolaeth y mapiau yn 1630, 1790 ac 1840 hefyd yn dangos y newidiadau yn ffiniau'r tiroedd a phryd yr amgaewyd hwy. Gwelir y newid o diroedd agored yr Oesoedd Canol, sydd i'w gweld ar fap 1630, i'r caeau bychain a welir ym map 1790. Dyma'r adeg y ffurfiwyd y caeau a welwn heddiw. Yr unig ychwanegiad oedd y tir mynydd a'r ffriddoedd a amgaewyd ddechrau'r bedwaredd ganrif ar bymtheg. Gwelir hwy'n glir, yn ddarnau enfawr o dir rhwng waliau syth hyd at gopaon y mynyddoedd. Y patrwm hwn yw'r un a welir hefyd yn Negwm 1840 ac yn 2021. Yn ogystal, mae enwau'r tiroedd, yr anheddau a'r caeau yn dangos haenau o enwau o gyfnodau gwahanol, a rhai ohonynt yn bodoli ers o leiaf bum canrif. Tybed na allwn ddefnyddio enwau caeau Penarth ac enwau'r tyddynnod o'u cwmpas yn 1630 ynghyd â thystiolaeth hanes teulu yn nogfennau casgliad Maesyneuadd, i fynd ymhellach yn ôl mewn amser?

Camu'n ôl i'r Oesoedd Canol ym mhlwyf Llanbedr

Yr un nodweddion ffafriol sydd i'w cael mewn ffermydd yng Nghymru heddiw ag oedd ganrifoedd yn ôl. Mae Penarth yn enghraifft. Mae'n hendref ganolog, cyfanswm y tir âr yn sylweddol ac wedi ei lleoli mewn man cysgodol rhag gwyntoedd y gorllewin. Mae digon o ddŵr a ffyrdd hwylus i Harlech, Trawsfynydd a'r glannau. Gwelsom eisoes fod yr un teulu o rydd-ddeiliaid ym Maesyneuadd a Phenarth ers 1542 o leiaf. Ond, a ellir camu'n ôl dros y bwlch rhwng 1542 a Stent Meirionnydd yn 1420, sydd i'w gael mewn trawsgrifiad yn *The Record of Caernarvon*? Mae hyn yn dipyn mwy o her. Dechreuwn gyda'r Stent.

Plwyf bychan iawn oedd Llanbedr yn 1420 yn ôl y Stent, y cyfan i'r gogledd o afon Artro. Nid oedd ynddo dir caeth. Doedd dim ond un afael rydd, sef *Gavell Kynvrayth*, sydd gyda'r etifeddion, *Dd.(Dafydd) Vichan, Rerit ap hoell, Rerit Vichan ac eraill.* Anodd dod o hyd i'r cysylltiad rhwng stent 1420 a dogfen Penarth yn 1542. Enwau dau fab i un o'r enw Robert Fychan a enwir yn nogfen Maesyneuadd 215 sy'n cofnodi'r enw Penarth, a'r tyddynod o'i gwmpas yn 1542. Er nad oes tystiolaeth glir o leoliad yr enw *Gavell Kynvrayth*, mae cyfeiriad niwlog at *Keven Gwenvrythe* ym mhlwyf *cyfochrog* Llanenddwyn, yng nghasgliad Mostyn yn 1595. Gall y cefn hwn fod ar ffin y plwyf yn ôl yr enw. Byddai'n afael felly i'r gogledd o'r *cefn*, ym mhlwyf Llanbedr, fel y mae Penarth. Ar sail y tiroedd âr sylweddol a'u henwau a'r manylion ym Mhenarth, oni ellir awgrymu mai'r fan hon oedd safle'r unig afael rydd, sef *Gavell Kynvrayth*? Rhaid ymchwilio'n bellach.

Roedd hefyd barsel bychan o dir rhydd yn Llanbedr ac yn anghyffredin, cofnodwyd yr enw, sef *Tir mab Gwenllian ferch Atha ap Asser*. Roedd gan y teulu eu melin eu hunain ac roedd hynny'n fraint sylweddol. Os awn yn ôl i 1292–3, cawn mewn treth leyg restr o enwau trethdalwyr ar ddarn o dir ger Llanbedr. Rhestrir *Yorwerth ap Asser* a Gwenllian gwraig Madog. Collwyd yr enw erbyn 1840.

Dyna enghraifft brin a gwerthfawr o batrwm enwau caeau tir rhydd yn yr Oesoedd Canol. Mae'n gosod cynsail ac yn dangos bod clwstwr sylweddol o enwau sy'n ymwneud â thir âr, sef erw, cyfer a maes, yn dynodi tir gwely neu afael rydd o faint sylweddol.

Etifeddu'r tir gwely a'r afael rydd oedd y traddodiad

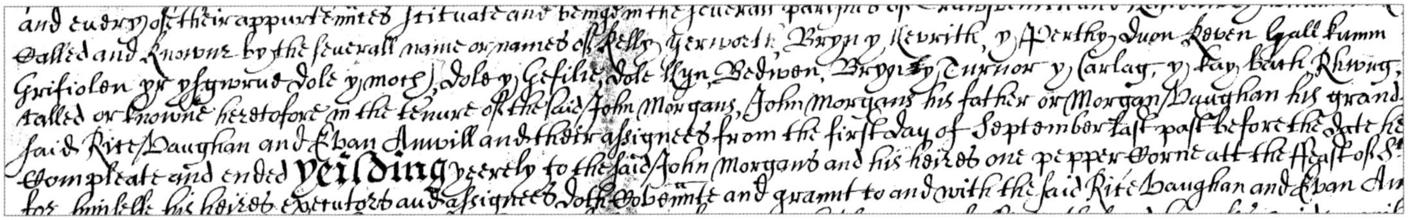

29. Darn o ddogfen Peniarth DA286, sy'n dangos enwau rhai o ffermydd ystad Gelli Iorwerth yn 1653. Gyda chaniatâd LlGC.

cyfreithiol yng Nghymru. Er gwaethaf deisebau rhydd-ddeiliaid i'r Goron cyn 1536 am yr hawl i werthu a throsglwyddo eu tiroedd yn ôl yr arfer Seisnig, doedd dim prynu na gwerthu tir cyn 1536. Llwyddwyd i oresgyn hyn drwy ddefnyddio trefniadau tir prid. Drwyddynt, llwyddwyd i drosglwyddo rhai tiroedd lleol am gyfnodau o bedair blynedd ar y tro, rhywbeth yn debyg i osod morgais heddiw. Ceir enwau tiroedd ymysg y cytundebau hyn ac fe'u ceir mewn casgliadau ystadau.

Tir a roddai gyfoeth a statws i deulu. I deulu, tir oedd eu cynhaliaeth, eu cyfalaf a'u cynilion. Y teuluoedd bonheddig hyn oedd sylfaen y dosbarth canol newydd, sef yr iwmyn a ddatblygodd yn yr unfed ganrif ar bymtheg ac a barhaodd yn sefydlog yn eu cynefin tan yr ugeinfed ganrif. Mae rhai ohonynt yn dal i amaethu yn Ardudwy.

Ond, yn dilyn Deddfau Cymru yn 1536 ac 1543, gwelodd rhai'r cyfle i godi eu golygon hyd yn oed yn uwch. Wrth brynu tir, gallent ehangu gorwelion eu statws cymdeithasol a ffiniau eu tiroedd. Does ryfedd bod y rhan fwyaf o'r teuluoedd hyn wedi bod yn geidwadol eu gwleidyddiaeth. Rhwng 1537 ac 1660, effeithiwyd hyd yn oed ar gwmwd anghysbell Ardudwy gan drobyllau a grëwyd gan wleidyddiaeth a chrefydd yn Lloegr. Gwelir hyn yn hanes Sant John Roberts, offeiriad Pabyddol o deulu Rhiw-goch (ac o bosibl Gelli Goch), Trawsfynydd, (o'r un cyff â Morgan Llwyd, Cynfal yn ôl Bob Owen Croesor.) Fe welir hyn hefyd, ym mywyd John Jones, Maesygarnedd, Piwritan, brawd yng nghyfraith Oliver Cromwell a chyfaill mynwesol i Morgan Llwyd, Cynfal. Cafodd y ddau eu crogi, eu diberfeddu a'u chwarteru am eu daliadau cadarn, hollol groes i'w gilydd o fewn hanner canrif. Prin chwe milltir sydd rhwng Maesygarnedd a Rhiw-goch.

Enw fferm neu gae yn Pen. DA286 a DA299 yn 1653–4	Enw'r fferm yn 1840
Bron y voyle	Bron y foel
Bryn y grifiolen	Tyn y griafolen 32 erw
Bryn y Lleverith 45 erw	Bryn llefrith 197 erw
Dole Gefilie	Degwm Llanddwywe
Dole Moch 3 erw	Doly moch 33 erw
Ffreth Vach 15 erw	Heb oroesi
Havod Wenn 100 erw	Hafodwen 301
Hen Davarn	Heb oroesi
Kay Glase	Cae Glas
Kelly Yerworth	Bu'n Plas Captain ers 1771, 263 erw
Keven Gall Cwmm 44 erw	Cefn gellgwm 64 erw
Pen y Bryn 40 erw	Pen y Bryn 90 erw
Perth Ddu/Y Perthy Duon 115 erw	Berthddu isaf/uchaf 94 erw/47 erw
Y Tu yn y llan	Heb oroesi
Yr Yskwne 115 erw	Ysgwrn 168 erw
Cyfanswm bras yr erwau: tua 477	Cyfanswm bras yr erwau: tua 1289

Roedd llawer i'w golli o newid y drefn. Dyma hefyd brofiad chwerw teulu ystad Gelli Iorwerth, Trawsfynydd, dair milltir o Rhiw-goch, yn 1653, pan fu'n rhaid i'r Capten Morgan enwog fforffedu'r ystad helaeth i'r Werinlywodraeth, yn dilyn ei wasanaeth milwrol i Siarl y Cyntaf, y brenin a gafodd ei ddienyddio. Prynwr yr ystad oedd Thomas Jones, *girdler* yn Llundain ac o bosibl un o deulu John Jones, Maesygarnedd. Talodd £1,013, 13 swllt a 7 ceiniog ac fe aeth yr arian i'r llynges. Roedd colli tiroedd teulu'n dranc i'r cenedlaethau a ddilynai, hyd yn oed yn waeth na dienyddiad unigolyn, er gwaethed hynny. Mae dogfennau cyfreithiol gwerthiant Gelli Iorwerth yn rhoi manylion gwerthfawr am holl gaeau'r dwsin neu fwy o ffermydd, eu henwau a'u mesuriadau. Ceir y dogfennau difyr hyn yng nghasgliad Peniarth, ynghyd â chopi o weithred yn cyhuddo John Morgan o frad yn erbyn y Werinlywodraeth.

Gellir gweld o'r tabl ar dudalen 40 fod cryn ychwanegu erwau wedi bod yn y rhan fwyaf o'r ffermydd lle ceir tystiolaeth, rhwng 1653–4 ac 1840. Diau fod y mwyafrif o'r perchnogion wedi manteisio wrth i'r tir comin gael ei gau.

Mae Ardudwy fynyddig yn weddol gynrychioliadol o diroedd y Dywysogaeth, er y bu ychydig yn fwy ceidwadol ac felly'n arafach i newid, ond cawn yma ddarlun o'r patrwm cymdeithasol ac amaethyddol. Yn 1420, cofnodwyd 28 enw ar dir â'r elfen gwely ac 113 enw yn cynnwys yr elfen gafael, y mwyafrif yn rhydd a'r gweddill yn gaeth.

Tir Caeth a Thir sied

Roedd yn ogystal afaelion caeth a gofnodwyd yn Stent 1420. Roedd gan y rhain denantiaid a chredir i'r tenantiaid da drosglwyddo eu tenantiaeth i genhedlaeth newydd. Fe'u ffermid yn debyg iawn i'r gafaelion rhydd. Roedd hefyd yng Ngwynedd diroedd caeth eraill, sef tir bwrdd a thir mâl y llysoedd a berthynai gynt i'r tywysogion. Caent eu hamaethu gan daeogion a hynny dan amodau caeth iawn. Yn 1284, aethant i gyd yn eiddo i'r Goron Seisnig. Fe'u gosodwyd i fasnachwyr yn Llundain ac yn y man i wŷr rhydd lleol. Mewn cyfnod o anhrefn gymdeithasol yn dilyn gwrthryfeloedd Glyndŵr, dihangodd llawer o'r tenantiaid caeth o'u gafaelion gan eu gadael yn wag a gwelir tystiolaeth o hyn yn Stent Meirionnydd 1420. Gosodwyd y tir hwn hefyd ar brydles i deuluoedd rhydd blaengar, lleol oedd am ehangu eu tiroedd a sefydlu ystad. Ganrif a mwy ynghynt, fe'u gosodwyd i swyddogion y Goron Seisnig, neu fwrdeistref megis Harlech. Pan nad oedd etifedd i dir rhydd, neu pan fyddai'r perchennog wedi ymladd yn erbyn y brenin, neu wedi ei gosbi am lofruddiaeth, âi ei dir rhydd etifeddol yn sied i'r Goron. Fe'i dyrennid wedyn i unigolion dieithr ac yn aml collid rhai enwau yn ogystal. Chwalwyd yr hen drefn Gymreig o ddal y tir. Yn amlach na pheidio, cofnodwyd yn y stentiau enwau etifeddion y gwelyau a'r gafaelion, boed rydd neu gaeth. Anaml iawn y ceir enw lle ynghlwm wrth y tir ac mae'n golygu cryn ymchwil i'w lleoli heddiw.

Yn Nyffryn Clwyd, rhan o Arglwyddiaeth Dinbych, roedd y drefn yn wahanol. Yno, roedd yn rhaid i bob achos a oedd a wnelo â thir fynd drwy broses gyfreithiol y llys lleol ac yn ffodus i haneswyr heddiw, cofnodwyd y cyfan. O ganlyniad mae cofnod gwych o enwau ar gael rhwng 1294–1422. Ceir casgliad enfawr a difyr o enwau gafaelion yn AMR yn bennaf yn siroedd Dinbych, Fflint a'r bwrdeistrefi yn y gogledd. Prin yw'r enwau yn y de ac mae rhyw ddwsin yn Swydd Amwythig.

Yn Ardudwy, cofnodwyd hanes amryw o'r gafaelion caeth o'r unfed ganrif ar bymtheg mewn amryw o ddogfennau prydles. Mae eu henwau'n codi'r awydd ar rywun i wybod mwy am y cymeriadau hyn. Ac enwi dim ond ychydig, cawn *Gafael Ieuan Sionc, Gafael Ieuan Goch a Gafael y Pedestr yn Llanfihangel-y-traethau, Gafael Hwlcyn*, sef fferm Maesgwm heddiw yn Llanddwywe-uwch-y-graig, ger Ganllwyd a *Gafael Gwenllïan Dew*, y greadures, ym mhlwyf Llanenddwyn, yn ardal Dyffryn Ardudwy. Ychydig iawn o'r enwau hyn ac fe dybir y tiroedd hyn yn eu crynswth, a oroesodd fwy na chanrif yn ddiweddarach.

CHWALU'R HEN DREFN

Tir caeth *Gafael Ieuan Goch*, Llanfihangel-y-traethau

Mae hanes *Gafael Ieuan Goch*, tir caeth a gofnodwyd yn Stent 1420 gyda thaliad i'r Goron o 6 swllt ac 8 ceiniog y flwyddyn, yn hir a chymhleth. Ond, mae'n ein galluogi ni i ddeall rhywfaint am natur tir caeth. Ni wyddom hynt yr etifeddion gan fod yr afael yn wag, ond cafodd y tir ei osod yn ddiweddarach gan y Goron i wŷr masnach yn Llundain, dynion a gyfnewidiai brydlesi tiroedd caeth y wlad yn gyfalaf iddynt hwy eu hunain. Gellir dilyn hynt yr afael rhwng 1504 ac 1633 mewn dogfennau yng nghasgliad Brogyntyn, sef ystad y Glyn, ger Talsarnau. Cofnodir yr enw *Tethyn y Glyn* ynddynt a hefyd mewn dogfen yng nghasgliad Brogyntyn yn 1501 pan drosglwyddodd Gwenhwyfar ap Gryffydd, Sylfaen, ger Abermaw, *Tethyn y Glyn* a *Terra maes yn kefddyn* drwy tir prid i Ieuan ap Rees, ei thad yng nghyfraith a sefydlydd ystad y Glyn. Yn 1566 rhoddwyd hanner *Gafael Ieuan Goch,* ynghyd â gafaelion lleol eraill, ar brydles gan y Goron i Richard Poole, Cae Nest, plwyf Llanfair. Bu cryn ymrafael yn lleol rhwng teulu Cae Nest a'r Glyn, serch cysylltiadau teuluol. Ceir yn y dogfennau cyfreithiol enwau'r tiroedd o fewn yr afael a'r rhai'n agos at y ffiniau. Ceir ei therfynau'n fras mewn dogfen sy'n trosglwyddo prydles rhwng Anthony Poole a William Wynn, y Glyn, yn 1597:

> *Commonly called Gavel Ievan goch often to be called gwern evel – in length from certaine river called Rhyd Talybont unto a certayne common or diffaith grounde called y voile goydog and in bredth from a certaine place called frith y fedw unto a certain place called meer kay yr skybor.*

Collwyd yr enwau *Rhyd Tal-y-bont a Mur Cae'r Sgubor*, ond gwelir ar y map isod Moel Goedog a Ffridd y Fedw. Cofnodwyd *Gavel Ieuan Goch* yn Rhentol 1623 a rhent o 6 swllt ac 8 ceiniog.

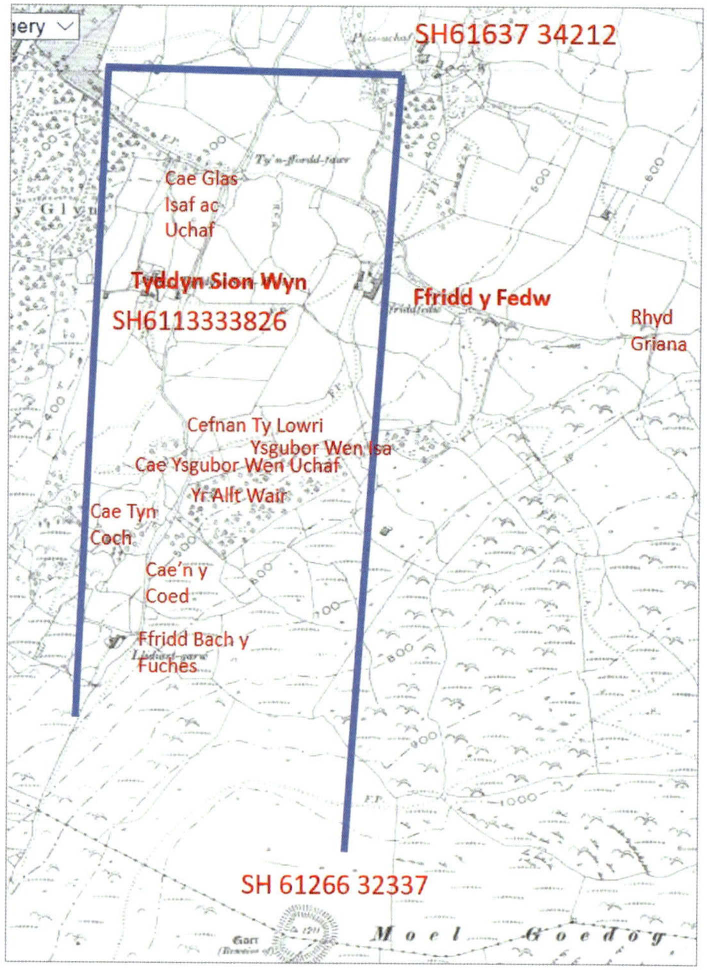

30. Map Arolwg Ordnans 1889 sy'n dangos lleoliad Moel Goedog a bras leoliad Gafael Ieuan Goch. Gyda chaniatâd Llyfrgell Genedlaethol yr Alban.

Gallwn ddilyn ei thrywydd ymhellach mewn dogfen arall yng nghasgliad Brogyntyn yn 1633 sydd yn enwi naw darn o dir yng *Ngafael Ieuan Goch*.

Enwau tiroedd sydd yn nogfen Brogyntyn 1633	Enwau caeau sydd yn Negwm 1840	Fferm yn 1840
Allt Wair	*Allt Wair*	Tyddyn Shone Wynne
Kay Bach y Fuches	Ffridd Bach y Fuches	Tyddyn Shone Wynne
Kay Glas	*Caeau Glas Uchaf a Caeau Glas Isaf*	Tyddyn Shone Wynne
Kae Tŷ Coch	*Cae Tŷ Coch*	Tyddyn Shone Wynne
Kae y Foty	*Cae'r Hafod ?*	Plas Uchaf
Kae y Gwair	COLLWYD	
Kay Ysgubor	*Cae Ysgubor Wen Uchaf ac Isaf*	Tyddyn Shone Wynne
Tŷ Lowri	*Cefnan Tŷ Lowri*	Tyddyn Shone Wynne
Y Dalar Bach	COLLWYD	
Y Ffridd Bach	COLLWYD	
Y Kay yn y Coed	*Y Cae yn y Coed*	Tyddyn Shone Wynne

Yn rhyfeddol, mae wyth o'r enwau hyn i'w cael yn Rhestr Pennu'r Degwm 1840, plwyf Llanfihangel-y-traethau (ewch i www.https://lleoedd.llyfrgell.cymru). Gwelir saith cae yn fferm Tyddyn Siôn Wynne (Tyddyn Shone Wynne yn y Degwm) a Tyddyn John Wyn (Brogyntyn 1441) ac yn Festri Llanfihangel-y-traethau yn 1796) (SH611337) ac un gerllaw ym Mhlas Ucha. Mae pedwar enw yn cynnwys yr elfen *cae* sydd yn dangos bod yr arfer o amgáu wedi cydio yn yr ardal hon erbyn 1633. A dyna ddangos gwerth cronfa ddata fanwl, a gwerth y Degwm, yn cofnodi enwau mân diroedd sy'n cuddio mewn enwau caeau! Gellir gweld yr afael yn dechrau dadfeilio a'r newid o'r afael i'r fferm yn digwydd yn gyflym. Cawn yn ogystal yr hen enw ar y llecyn, sef *Gwern Efail*. Collwyd yr enwau *Dalar Bach* a *Chae'r Gwair*.

Ceir mewn amryw o ddogfennau cynnar yng nghasgliad Brogyntyn ac yn Rhentol 1623 Ardudwy fwy o enwau hynafol yn yr amlwd hwn. Mae *Rhyd y Griana a Thyddyn y Bondo* yn ddwy enghraifft, a'r rheini hefyd yn celu mewn enwau caeau yn y Degwm. Gallwn eu hychwanegu at ein map ac o dipyn i beth, daw terfynau *Gafael Ieuan Goch* i'r amlwg. Er i'r afael gael ei rhannu, cadwyd yr enw'n fyw yn yr ardal am o leiaf ganrif arall. Cawn gofnod yn Rhentol y Goron yn 1776, '*Gavel Evan Goch Als. Evan Swyddog*' ar rent o ddim ond 4 ceiniog, sy'n cadarnhau bod newid wedi digwydd yn ffiniau'r afael a'i bod wedi crebachu dipyn o ran maint a gwerth ers 1420. Yna, diflannodd yr enw.

Ymddengys fod yr arferiad o chwalu tir gwely a gafaelion o faint sylweddol yn gyffredin yn y cyfnod hwn ac yn digwydd mewn cyfnod gweddol fyr. Dim ond chwe enghraifft o'r enw *gafael* a dim un enw *gwely* sy'n bodoli yn Rhentol 1623.

31. Llun o'r hen ffordd drwy dir hynafol Gafael Ieuan Goch ger Ffridd y Fedw. © RhP

Mae un, sef *Gafael Glewgrath*, yn agos iawn i safle *Gafael Ieuan Goch*. Cofnodwyd *Wele y Glewgrath* yn Stent 1420 yn rhestr Uwch Cefn y Clawdd, yn ddarn ar wasgar yn *Cotye*, Llandecwyn. *Gafel Glewgrach* a gofnodir yn Llandecwyn yn Rhentol y Goron 1623 ac mae wedi ei gyplysu â Caen y Bwlch, yn ardal *Coety*. Erbyn hynny, collwyd pob arwyddocâd i'r enw *gwely* yn y gymdeithas leol. Dim ond un cae digon di-nod ei olwg heddiw sy'n cadw'r enw hynafol, *Gors y Gwely* yn Negwm plwyf Llandecwyn, yn atgof o'r cyfan a fu. Mae nifer sylweddol o enwau *gwely* yn AMR ac mae dosbarthiad ehangach dros Gymru na'r enw *gafael*.

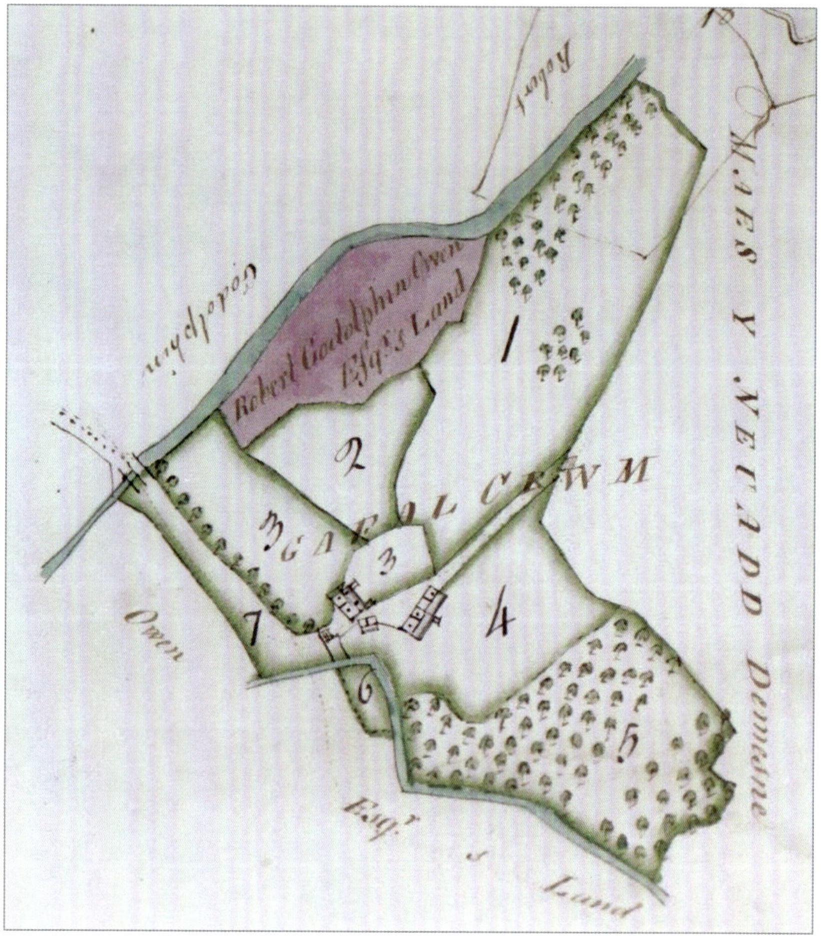

32. *Map hyfryd Richard Owen o Gafal Crwm (sylwer), yn 1790 Casgliad Maesyneuadd 394. Gyda chaniatâd Archifau a Chasgliadau Arbennig, Prifysgol Bangor.*

Ychydig yn arafach ond yn ystod yr un cyfnod, chwalwyd y gafaelion, collwyd eu henwau a hyd yn oed yr elfen *gafael*. Dim ond naw sy'n weddill yn Rhentol y Goron 1623 o'r 113 a gofnodwyd yn 1420. Mae wyth ym mhlwyf Llanenddwyn, wedi goroesi hyd at Rentol y Goron yn 1776, sydd yng nghasgliad Llanfair Brynodol. Dim ond *Gafael Crwm,* Llanfihangel-y-traethau sydd yn Rhentol 1623. Mae tair o'r gafaelion, sef *Gafael y Mygliw*, Dôl y Myglyw bellach, *Gafael y Gornant*, ffermydd Gornant Uchaf a Gornant Isaf, *Gafael Gwion*, fferm Llwyn Gwion, sy'n hawdd eu lleoli gan fod ffermydd wedi cadw'r enwau. Nid yw mor hawdd darganfod lleoliad *Gafael Iorwerth Vaughan* a *Gafael Madog ab Ieuan Goch*. Erbyn Degwm 1840, collwyd pob un enw *gafael,* heblaw am *Gafael Crwm*, Llanfihangel-y-traethau (*Gafal* ar lafar). Cofnodir *Tir y Crwm* nid *Gafael Crwm* yn Rhentolion 1623 ac 1776. Ystyriwyd y gair *crwm/crwn* eisoes (*ridge and furrow* yn Saesneg), sef arwydd o aredig tir âr yn yr Oesoedd Canol a chynt. Cafodd *Gafal Crwn* ei gofnodi yn y Degwm.

Mae'r enw Gafal Crwm yn dal ar lafar yn lleol yn 2021. Ymhen cenhedlaeth, bydd wedi ei golli. Gan nad oedd perchnogion newydd y tyddyn yn deall ystyr yr enw a gamsillafwyd yng ngweithredoedd y tyddyn, ac nad oedd neb lleol yn gallu egluro iddynt, maent wedi ei newid i G*efail y Cwm* a'i osod ar lechen, nad yw'n erydu, ar bostyn y giât. Mae'n gwneud synnwyr arwynebol gan y bu gefail yn uwch i fyny'r cwm, ond eto, clamp o golled. Dilëwyd hanes y tir wrth newid enw a chollwyd yr allwedd i olrhain ei hanes mewn dogfennau sy'n ei gofnodi ers 1420. A dyna i chi beth yw fandaliaeth ddiwylliannol, er ei fod yn anfwriadol. Ond, gan bwyll, ychydig wythnosau cyn cyhoeddi'r llyfr hwn derbyniais air gan yr un perchennog. Mae'n fwriad ganddo i adfer yr enw Gafael Crwm. Gyda chymorth un o swyddogion hynaws Cyngor Gwynedd, hwyluswyd ei gamau at gael y maen i'r wal (yn llythrennol!).

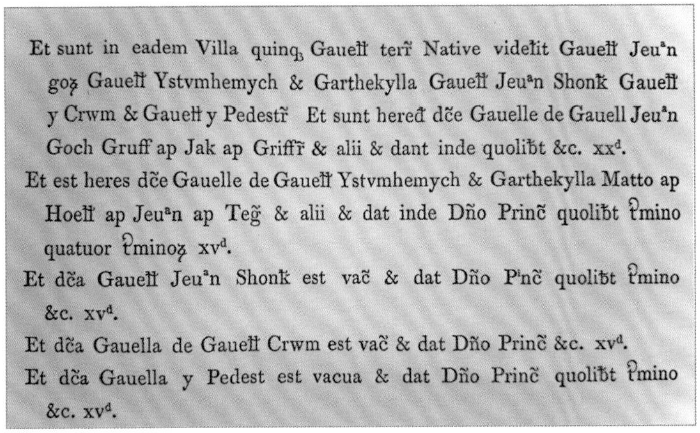

Et sunt in eadem Villa quinq; Gauell terr̃ Native videlit Gauell Jeu[a]n goȝ Gauell Ystvmhemych & Garthekylla Gauell Jeu[a]n Shonk Gauell y Crwm & Gauell y Pedestr̃ Et sunt hered dc̃e Gauelle de Gauell Jeu[a]n Goch Gruff ap Jak ap Griffr̃ & alii & dant inde quolibt &c. xx[d].
Et est heres dc̃e Gauelle de Gauell Ystvmhemych & Garthekylla Matto ap Hoell ap Jeu[a]n ap Teg̃ & alii & dat inde Dño Princ̃ quolibt t̃mino quatuor t̃minoȝ xv[d].
Et dc̃a Gauell Jeu[a]n Shonk est vac̃ & dat Dño P[i]nc̃ quolibt t̃mino &c. xv[d].
Et dc̃a Gauella de Gauell Crwm est vac̃ & dat Dño Princ̃ &c. xv[d].
Et dc̃a Gauella y Pedest est vacua & dat Dño Princ̃ quolibt t̃mino &c. xv[d].

33. Darn o'r Record of Caernarvon yn 1420 a'r enw Gavell Crwm. H Ellis (gol.) Registrum Vulgariter Nuncumpatum, Llundain 1938.

34. Yr enw Gefail y Cwm ar lechen yn 2021.

Profiad chwerw ac ysgytwol yw gweld yr enw hynafol wedi ei ddileu'n ulw yng nghofnodion Cadw a'u partneriaid, Comisiwn Brenhinol Henebion Cymru, Ymddiriedolaethau Archaeoleg a'r Amgueddfa Genedlaethol. Disodlwyd yr hen enw ganddynt drwy iddynt gofnodi Gefail y Cwm yn ddiofal a difeddwl. Nid oes sôn am ei gofnodi yn 1420 nac am ystyr yr enw na'i arwyddocâd. Ewch i: www.cymruhanesyddol.gov.uk os ydych am weld mor hawdd yw diddymu enw hanesyddol.

Gafael Gwyn y moch

Enw arall a ddiflannodd yw *Gafael Gwyn y Moch*. Yn ôl Stent Meirionnydd yn 1420 roedd yn un o bedair gafael a elwid yn afaelion *Dominicales* (tir yr arglwydd neu'r tywysog yma). Ond, drwy fod yn amyneddgar, gallwn ei olrhain o gyfnod Stent 1420 hyd at heddiw. Mae'n werth egluro'r daith er mwyn dangos sut i fynd ati i ddarganfod lleoliad enw coll mewn ardaloedd eraill.

Mae'r trywydd yn cychwyn yn Harlech lle roedd tiroedd âr y tywysogion wrth droed y castell. Pan symudwyd y taeogion oddi yno i safle llys drylliedig Ystumgwern i hwyluso sefydlu'r fwrdeistref, dyrannwyd iddynt bedair gafael yn y faerdref. Yn ôl Stent 1284–6, roedd yno *carucate* (tua 120 *acre*) o dir âr yn Ystumgwern ac mae'r dyraniad yn awgrymu bod tir o'r un maint wedi ei roi i'w digolledu am dir o'r un maint yn Harlech.

Enwir y pedair *gafael Dominicales* ym mhlwyf Llanenddwyn, sef *Gafael Gwyn y Moch*, *Gafael Ieuan ap Grono y Lloc*, *Gafael Ifan ap Grono y Lloc* a *Gafael y Cocholyn* (llysenw) yn Stent 1420 a thalai pob gafael 8s 10c yn flynyddol. Nid oes awgrym o'u lleoliadau. Ond, gan mai tiroedd y Goron oeddynt bellach, gellir olrhain eu henwau, eu tenantiaid a'u hanes drwy ddogfennau a phrydlesi amrywiol dros gyfnod hir. Daethant i sylw Llys yr Ychwanegiadau yn 1548 gan fod cyfrannau o dir y pedair gafael, cyfanswm o chwe *acre*, wedi eu gwaddoli i gynnal offeiriad *Capel y Teulwyd*, sef capel llys Ystumgwern. Tiroedd eglwysig a'r mynachdiroedd oedd prif ddiddordeb y llys hwn yn yr unfed ganrif ar bymtheg. A dyma achos o dresbasu ar dir y Goron, lle'r oedd capel. Nodir yn y llys na fu offeiriad yma ers o leiaf ddeng mlynedd. Awgrymir lleoliad y capel gan enw cae ar fferm Ystumgwern, plwyf Llanenddwyn (Dyffryn Ardudwy), sef *Gwern y Capel*, ac mae'r enw yn un adnabyddus yn y fro heddiw. Mae dogfen Mostyn B 3730 yn ei enwi cyn ei drosglwyddo i Richard Vaughan, Corsygedol yn 1574:

> *Gift of a free chapel called Capel Temelwydd, in the township of Llanenddwyn, together with three acres of arable land and three acres of meadow – granted by Letters Patent dated 21 March 1572/3 to Hugh Owen and Thomas Jones and purchased from them by the said Richard ap Robert. Consideration £9.*

Braintlythyrau yw *Letters Patent,* sef dogfen gan y Goron yn trosglwyddo tiroedd sylweddol y Goron i unigolyn. Dyma arwydd sicr o'r chwe *acre* o dir hynafol a hawliwyd gan y Goron ynghyd â disgrifiad manwl o fesur ac ansawdd y darn tir a waddolwyd i'r capel. Ond beth am weddill y pedair *gafael Dominicales*, a thua *carucate* namyn chwe *acre* o dir rhyngddynt? Does neb wedi llwyddo i'w lleoli. Ceir ychydig o arweiniad yn y disgrifiad yn nogfen Llys yr Ychwanegiadau (*Augmentations*) 6/9/5 tua 1548. Mae'r ddogfen yn nodi bod, ar gyfartaledd, 17 *acre* o dir âr, 6 *acre* o weirglodd a 6 *acre* o goed yno am yr un rhent ag yn Stent 1420, am 8s 10c ym mhob un o'r pedair gafael.

Yn 1559 ac 1591 gwelwn brydlesi'r pedair gafael am rent o 8s 10c yr un – yr un swm yn union â'r rhent yn 1420. Yn 1591/2, daw ymrafael ynglŷn â *Gafael Gwyn y Moch* ynghyd â gafael

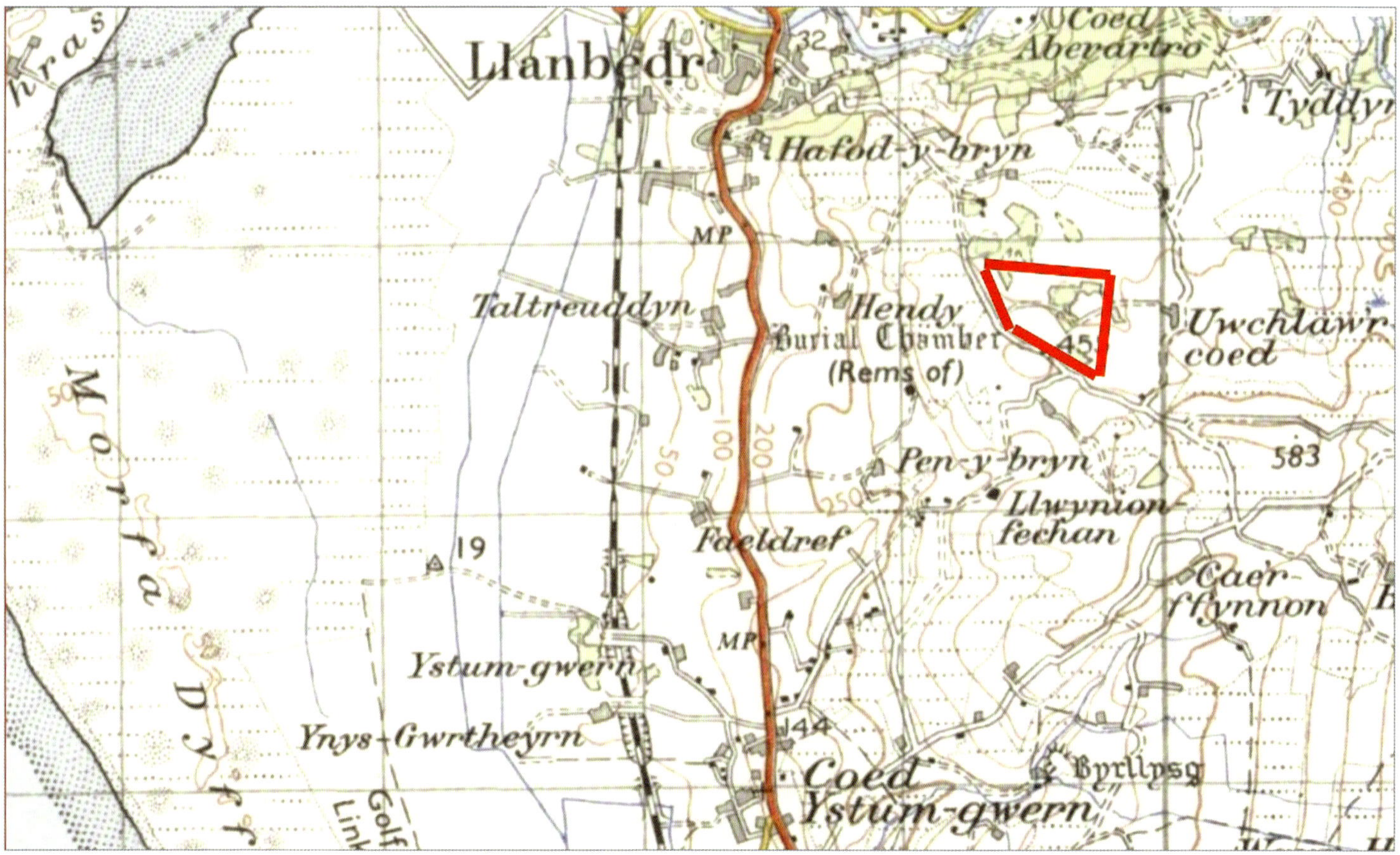

35. *Map yn dangos lleoliad Ystumgwern, Gwern y Capel, Uwchlaw'r Coed a Gafael Gwyn y Moch. Map AO modfedd i'r filltir, 7fed gyfres, 1955-61.45 Gyda chaniatâd Llyfrgell Genedlaethol yr Alban.*

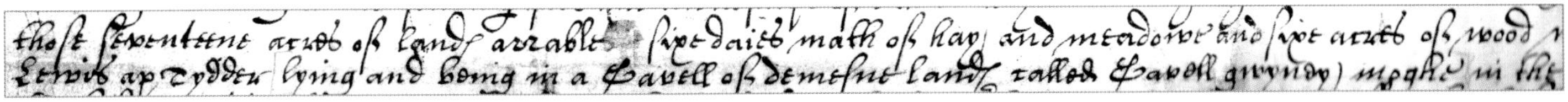

36. *Darn o ddogfen Chirk MS 691 yn 1633 yn dangos Gafael Gwyn y Moch a'i faint. Gyda chaniatâd LlGC.*

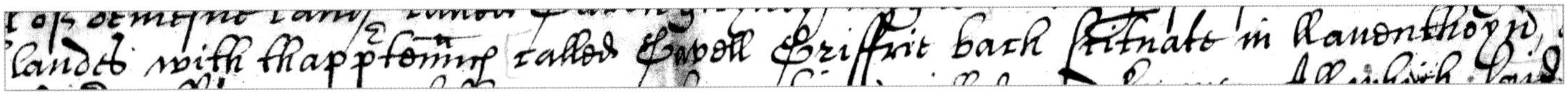

37. *Darn o'r un ddogfen sy'n enwi Gafael Griffri Bach. Gyda chaniatâd LlGC.*

gaeth arall, sef *Gafael Griffri Bach*, Llanenddwyn i sylw Llys y Syllty (*Exchequer*) y tro hwn. Yma gwelir achos llys rhwng John Lloyd, Bodidris, yn erbyn John ap David Lloyd ap Owen, Penarth a'i ail wraig, Margaret Stanley.

Yn 1597, ceir dogfen yng nghasgliad Chirk (Y Waun) sy'n dangos bod y tiroedd hyn bellach yn nwylo'r masnachwr Thomas Myddelton. Erbyn Rhentol 1623, John ap Rhydderch, Crafnant, Llanfair sy'n dal tir *Gafael Gwyn y Moch* ac yn talu rhent i'r Goron o 8s 10c.

Yn 1633 gwelir dogfen Chirk MS 691 sy'n rhestru nifer sylweddol iawn o diroedd ym mhlwyfi Llanenddwyn a Mallwyd. Fe'u gwerthwyd gan Thomas Myddelton i'w ffrind, John Jones, Maesygarnedd am swm o £1,000. Enwir *Gafael Gwyn y Moch* a rhydd fanylion am ansawdd ei thiroedd yn union fel yng nghofnod y llys yn 1548:

> *those seventeen acres of lands of arable, six dais math of hay and meadowe and six acres of wood – being and lying in Gavell of demesne lands called Gavell gwyney moghe in the parish of Llanenddwyn.*

Sylwer ar y term *demesne lands*, sef tir y llys ac yn sicr, llys Ystumgwern sydd dan sylw yma. Nodir fod Thomas Myddelton wedi eu prynu gan 'Syr John Lloyd, Yale' sef teulu Bodidris. Gwelwn dystiolaeth yma fod unigolion cyfoethog yn prynu a gwerthu tir fel rhan o fusnes gwneud elw, yn union fel y gwneir heddiw ym myd cyfranddaliadau, ac nad oedd y tir bellach ym mherchnogaeth person o'r ardal leol. Yr arferiad oedd gosod y tir i iwmyn lleol ac ymhen amser, deuai yn ôl i'w perchnogaeth neu denantiaeth hirhoedlog.

38. *Llofnod John Jones, Maesygarnedd ar waelod yr un ddogfen. Gyda chaniatâd LlGC.*

Ar waelod y ddogfen gyfatebol yn yr un casgliad gwelir llofnod unigryw John Jones, yr un llofnod sydd ar ddogfen cytundeb i ddienyddio'r brenin, Siarl 1af.

Yn 1660 dienyddiwyd John Jones ei hun, a chytunwyd i'w diroedd fynd i'w fab, John Jones, Uwchlaw'r Coed, Llanenddwyn. Dyma gartref ei dad a gwaddol ei nain, cartref a thir a derfynai ar *Gafael Gwyn y Moch* a *Gafael Griffri Bach.* Gwerthodd y mab y tiroedd i gyd i William ap Gruffydd Vaughan, Corsygedol yn 1708 ac mae rhestr yn ei law yn nodi'r holl ddogfennau cyfreithiol perthnasol i'r gwerthiant. Yn naturiol felly, yn 1776 rhestrir *William Vaughan Esq per Gafel Gwyn Moch Als. Cae Uwchlaw'r Coed* mewn Rhentol y Goron, a geir yng nghasgliad Llanfair Brynodol, gan ddal i dalu 8s 10c.

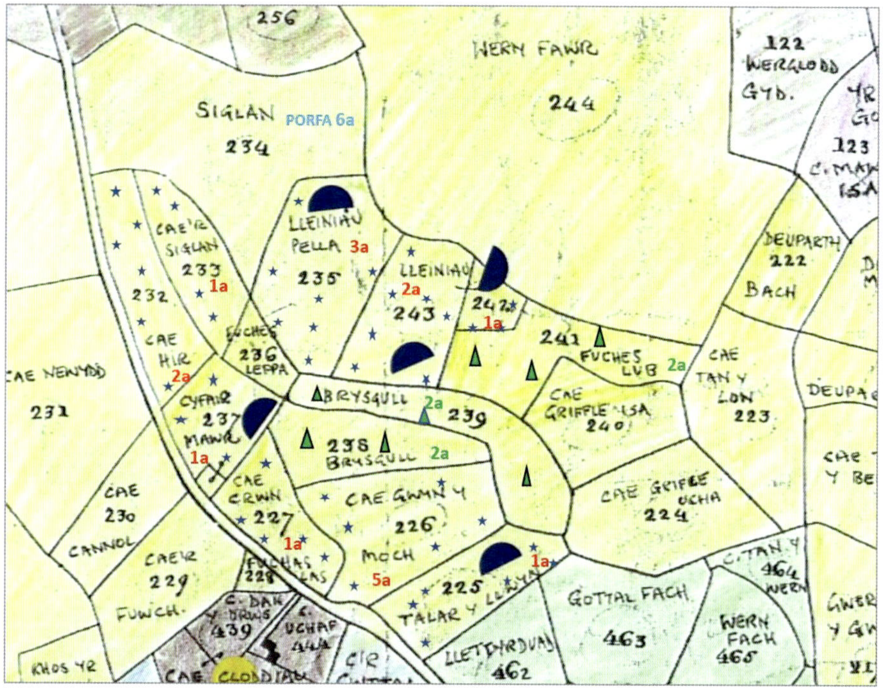

39. *Darn o fap Degwm Llanenddwyn sy'n dangos lleoliad Gafael Gwyn y Moch ar dir fferm Uwchlaw'r Coed. © RhP*

40. *Map Degwm Gafael Gwyn y Moch ar ben awyrlun cyfoes o'r un fan. Gyda chaniatâd LlGC a Google Earth.*

Cawn yr em hanesyddol eglur wedi ei gwau i mewn i'r frawddeg, sef mai Uwchlaw'r Coed yw'r enw bellach ar *Gafael Gwyn y Moch* fel heddiw.

Gellir lleoli *Gafael Gwyn y Moch* a'i 17 *acre* o dir âr (coch), 6 *acre* o weirglodd (glas) a 6 *acre* o goedlan (gwyrdd). Mae *Gafael Griffri Bach* gerllaw.

Dyna'r cofnod olaf, hyd y gwyddys, o enw'r afael ond mae un em arall i'w chael yn Negwm 1840 a'r map ar dudalen 48. Enw cae rhif 226 yw *Cae Gwyn y Moch* a gerllaw iddo mae dau *Cae Griffle* (sef llygriad o Griffri), y cyfan yn eiddo ystad Corsygedol fel y maent heddiw. Lleolwyd hefyd ddwy o'r tair *gafael Dominicales* arall.

Mae'r enghraifft hon a hanes *Gafael Ieuan Goch* yn dangos gwerth enwau caeau a'u gallu i ddatgelu hanes hynafol iawn. Dengys hefyd werth y Degwm, yn adnodd sy'n gallu datgloi hanes a lleoli tystiolaeth dogfennau hynafol. Yn eironig, yr unig reswm pam bod enwau'r gafaelion wedi goroesi fel hyn yw eu bod yn diroedd y Goron, rhai a aeth yn sied pan gymerwyd hwy gan y Goron Seisnig yn 1284 ac a osodwyd ar brydles am ganrifoedd. Felly, rhaid oedd cofnodi'r enwau'n gyson ynghyd â'u tenantiaid. Gwnaed hyn mewn cytundebau cyfreithiol ac fe'u nodir hefyd yn rhentolion y Goron. Mae'r cofnodion hyn ynghyd ag enwau'r caeau yn amhrisiadwy i haneswyr. Heb gofnod o enwau'r caeau, ni fyddem yn gwybod am leoliadau'r tiroedd diddorol hyn, heb sôn am allu olrhain hanes y tir, gam wrth gam. Barn Dr Colin Thomas yw mai'r arfer o dir rhydd yn mynd yn sied i'r Goron oedd y prif reswm am ddadfeilio'r patrwm o berchnogaeth tir. Yn araf a thawel, chwalwyd traddodiad a diflannodd yr hen drefn Gymreig.

41. Llun ger Uwchlaw'r Coed yn edrych at Eifionydd. © RhP

42. Tir helaeth Cae Gwyn y Moch yn haul Ionawr a'r prysglwyni yn ei ffinio (Brysgyll ar fap Degwm). Ar y gorwel mae Rhinog Fawr, Drws Ardudwy, Rhinog Fach a Llethr. © RhP

Yr enw Tir

Wrth i'r mwyafrif llethol o'r elfennau gwely a gafael erydu, fe gryfhaodd yr arferiad i ddefnyddio'r elfen hynafol a gofnodwyd fel *terra/terrae* (yn Lladin y dogfennau), sef *tir* ynghyd ag enw tiriogaethol hynafol. Gwelir *Tir y Pedestr, Tir y Crwm* ac eraill yn cael eu defnyddio'n aml am yr elfen gafael. Ond, ni ddiflannodd y cyfan. Gwelir olion canran sylweddol o enwau hynafiaid, y gwelyau a'r gafaelion a gofnodwyd yn Stent 1420 yn enwau ffermydd a chaeau'r Degwm. Ceir *Cae Griffri Bach a Chae Gwyn y Moch* yn eu plith ac yn ardal Uwch Cefn y Clawdd, Trawsfynydd, ceir *Welle Dittris* (Allt Ddyrys), *Wele Daywyn* (Tyddyn Dewin) a *Wele Atha Bach* (Cangen Adda) yn enwau ar ffermydd, er eu bod wedi eu llygru ychydig. Ond, nid ydynt yn amlwg ac mae'n rhaid llafurio i ddilyn trywydd yr enwau dros gyfnod o bedwar can mlynedd neu fwy.

Mae'r enw tir yn awgrymu darn tipyn yn fwy o ran hyd a lled na chae ac fe'i defnyddid weithiau'n gyfnewid am gwely neu afael. Mae'n hen enw sydd wedi goroesi. Cofnodwyd *Tir Pyrsyn* yn 1465 a *Tir Bedo ap Iorwerth in Bron y Voile*, ym mhlwyf Llanenddwyn yn 1562, a *Tir Merched David ap Humphrey* yn Llanfair yn 1623 – merched, sylwer! Mae'r enw tir hefyd i'w gael yng nghymoedd y de. Hyd yn oed mewn cwm diwydiannol fel Glynebwy, ceir enwau fel *Tir Evan ap Llywarch* (1637), *Tir y Knyppw'* (1697) ac amryw eraill am ganrif a mwy, hyd at *Tyr Thomas Llewellen* yn 1871.

Pan welir enwau fel *Hirdir, Tir Morfudd verch Iolyn, Tir y Diacon a Tir Mair, Terra y Crwm, Terra y murie gwinie,* yn Ynys Llanfihangel-y-traethau, a'u cyffelyb, gellir ystyried yr enwau hyn yn rhai hynafol ac amryw efallai'n bum can mlwydd oed.

Wrth astudio'r gronfa o enwau ffermydd a chaeau, daw'n amlwg iawn bod rhai enwau yn perthyn i gyfnod hanesyddol penodol. O ddeall rhywfaint am hanes cwmwd neu blwyf dros y canrifoedd, gwelwn fod yr hanes hwn yn cael ei adlewyrchu mewn nifer sylweddol o enwau ffermydd a chaeau. Mae hanes yn perthyn i bob cae yng Nghymru ac mae'r enw yn aml yn datgelu'r hanes hwnnw. Ond, pa mor hen yw ffermydd a chaeau Cymru? Cawsom awgrym cryf yn achos fferm Penarth.

Creu Ffermydd

Diflannodd yr elfennau gwely a gafael i bob pwrpas, fel y gwelsom, ac aeth enw unigolyn ar dir yn ddi-fudd. Gwyddom fod yr arferiad hwnnw wedi encilio cyn 1623 gan fod Rhentol y Goron y flwyddyn honno'n rhestru 880 enw ar ddarnau o dir yn Ardudwy. Roedd y mwyafrif helaeth ohonynt yn enwau disgrifiadol a rhai y gellir eu hadnabod fel enwau ffermydd heddiw. Gellir dweud gyda sicrwydd, bod ffermydd a chaeau fel yr adwaenir hwy heddiw wedi eu henwi erbyn chwarter cyntaf yr ail ganrif ar bymtheg. Mae enghraifft Penarth yn ategu hyn. Mae enwau'r ffermydd yn debygol o fod yn dra hynafol am eu bod yn enwau ar diroedd a berthynai i'r trefgorddau, yr hendrefi, y tir gwely a'r gafaelion a chwalwyd. Fel y gwelwyd, mae enwau caeau hefyd yn hŷn na'r terfynau yn 1790, gan eu bod weithiau yn dwyn enwau'r tiroedd hynafol lle y'u ffurfiwyd.

Cychwyn y caeau cyntaf

Drwy'r llyfr hwn, defnyddir cae/caeau *acre / erw / cyfer / llain / talar a maes* i gyfeirio at enwau caeau sydd yn cynnwys yr ail elfennau hyn.

Mae tuedd i ni feddwl bod caeau wedi bodoli yma erioed. Er bod ychydig o enghreifftiau'n hynafol iawn, mae eraill yn llawer mwy diweddar a dim ond archaeoleg a chronfa enwau sy'n gallu datgelu hyn.

Mae map y clawr o Benarth a luniwyd tua 1630 yn dangos nad oedd y caeau wedi eu creu yn gyflawn a bod peth tir agored yn dal i gynnal lleiniau unigol. Defnyddid cloddiau gwiail bregus, gan gau'r bylchau pan fyddai angen. Gwelir rhai ar y map. O dipyn i beth, ar ôl 1630, amgaewyd y tir a ffurfiwyd y caeau a welir heddiw. Mae hyn yn amlwg ym mapiau ystad Penarth yn 1790. Felly, er bod yr enwau'n hynafol iawn a nifer dda wedi goroesi, ychydig dros ddau gan mlwydd oed yw terfynau'r caeau.

Chwalu terfynau caeau a welwyd gan amlaf yn ystod y blynyddoedd diwethaf wrth i ffermwyr hwyluso'r defnydd o beiriannau enfawr. Diolch byth, heddiw mae mesurau amgylcheddol yn annog ffermwyr i ddiogelu cloddiau. Wrth gydio cae wrth gae, collir un neu ddau hen enw. Ond, nid rhywbeth newydd yw hyn. Mewn traethawd yn Eisteddfod Meirion yn 1878, gwelir cyfeirio at gydio fferm wrth fferm a theuluoedd ifainc wedi eu hamddifadu o gartref a chynhaliaeth. Gwelir tystiolaeth o'r dadfeilio yn cael ei hamlygu wrth gymharu mapiau ystad a mapiau Degwm a hefyd enwau'r Degwm gydag enwau heddiw. Dyma brofi gwerth y gwaith o gofnodi hen enwau caeau ar fap digidol fel y gwnaed ym mhlwyfi Llanbedrog ac Aberdaron yn 2016 ac yn Llangefni, Nefyn, Bethesda, Llanberis, ardal Llanrhuddlad, Llanfihangel-yng-ngheri, Powys a Threfdraeth, Sir Benfro. Llwyddwyd i nodi lleoliad tri neu bedwar enw cae hynafol gynt mewn un cae anferthol sy'n bodoli heddiw, a gwarchodwyd yr enwau hynafol.

Cawsom gipolwg ar sut y datblygodd ffermydd heddiw a chofnodwyd nifer sylweddol o enwau caeau, ond mae llawer iawn mwy i'w ddysgu am enwau unigol. Gellir rhannu enwau mewn gwahanol gorlannau er mwyn deall yr amrywiaeth a'r gwahaniaethau rhyngddynt. Didolir hwy yma mewn modd a all fod yn addas i bob ardal yng Nghymru ac mae mynegai yn y cefn.

ENWAU FFERMYDD A CHAEAU CYMRU

Cae a'r caeau hynaf

Mae'r enw cae ei hun yn ddifyr a'r defnydd ohono'n tyfu wrth i drefn hynafol y gwely a'r afael ddadfeilio. Ystyr gwreiddiol cae yn ôl Syr Ifor Williams oedd gwrych ond bellach daeth i olygu *y maes y tu mewn i'r gwrych*, hynny yw, tir wedi ei amgáu.

Prin iawn yw'r tiroedd â'r enw *cae* sydd wedi eu cofnodi yn y bymthegfed ganrif a'r unfed ganrif ar bymtheg. Mae rhywun yn casglu mai prin hefyd oedd nifer y caeau, sy'n dangos nad oedd yr arferiad o amgáu tir wedi cychwyn o ddifrif. Cynllun amaethu agored a fodolai a hynny o gwmpas hendref, fel ym Mhenarth. Yr arferiad oedd tyfu cnydau ar y tir gorau ac anfon y gwartheg i bori ar lethrau'r hafod dros yr haf. Disgrifir y drefn yn y Cyfreithiau. Ond, er prinned yr enw *cae*, ceir ambell eithriad difyr. Cofnodir yng nghasgliad Brogyntyn, *Cae Groisegar* yn 1375, *Cae y kroesore* yn 1456, *Groesgar* yn 1464, *Kay Croesor* yn 1535, *Ffridd Cae Croesor yn* Rhentol Ardudwy 1623, ac yn olaf, *Kae Croesor* yn Rhentol y Goron 1776. Roedd yr un tir yn dal ym mherchnogaeth ystad y Glyn am bedwar can mlynedd. Collwyd yr enw ar ôl 1776 ond mae un o'r cofnodion hyn yn 1456 yn nodi ei leoliad, sef '*lying between Kevyn trevor* [fferm Cefn Trefor Fawr/Bach] *and Maesnuath*' [Maesyneuadd]. Ceir yn ogystal, gofnod yn 1682 yn nodi '*Cae Croesor, otherwise Vyches Wen*'. Fferm ger Maesyneuadd yw Y Fuches Wen ac mae'r enw i'w gael yn y Degwm. Ceir yr enw *Cae Gwilym*, Maentwrog yng nghasgliad Nannau yn 1444. Collwyd yr enw hwn.

Gwelir cynnydd ar ddechrau'r ganrif nesaf: *Cae Eden Owen*, Llanfihangel-y-traethau (ardaloedd Penrhyndeudraeth a Thalsarnau) yn 1506; *Kay Eva goch,* Llandanwg yn 1527; *Cae Madog Brysur* 1517, ym mhlwyf Llanenddwyn (Dyffryn Ardudwy); *Cae Gronw* ym Mochras; *Cae Alis a Cae Merch Iorwerth* yn Llanbedr yn 1529. Mae'n bosibl bod y darnau bychain hyn o dir rhydd, a ddaeth yn gaeau cynnar, gynt yn ddarnau o dir agored ar wasgar a berthynai i'r gwelyau.

Y caeau diweddarach

Diddymodd y Goron Seisnig y mynachlogydd a gwerthu'r tiroedd pori eang a waddolwyd iddynt gan y tywysogion yn 1536. Mae Dr John Davies yn nodi mai'r rheswm dros y brys i amgáu tir yn ystod yr unfed ganrif ar bymtheg oedd Deddfau Cymru (1536 ac 1543) a'i gwnaeth yn gyfreithlon i Gymry werthu a phrynu tir o dan ddeddfau Lloegr. Agorwyd y llifddorau. Dros nos disodlwyd yr hen drefn Gymreig o etifeddiaeth, sef trosglwyddo tir o fewn y teulu yn unig a chawn adlewyrchiad o hyn yn yr enw cae. Yn aml iawn, fel y dengys yr enghreifftiau uchod, ychwanegwyd elfen enw personol i ddynodi perchnogaeth. Yn y ganrif ddilynol cofnodwyd yr enw cae yn aml, gan adlewyrchu'r newidiadau amaethyddol a chymdeithasol. O 1550 ymlaen, cae yw'r enw mwyaf cyffredin o lawer yn Ardudwy a cheir *Cae Bach, Y Cae Crach, Kay Kanol* a *Kae lloia*, y cyfan yn Harlech a *Cae'r Wyddeles*, Llanddwywe is-y-graig (Tal-y-bont) yn 1540. Roedd hyn yn wir drwy Gymru gyfan a cheir cofnodion am *Cae Bythian*, *Cae Knappwg* ac eraill yng Nglynebwy o 1676 ymlaen, wrth i'r tiroedd amaethyddol ddechrau newid dwylo yno hefyd. Mae'n bur debyg bod yr enwau hyn yn hŷn o lawer.

Cae Bach

Mae'n hawdd iawn diystyru'r enw cyffredin *Cae Bach* gan ei fod mor gyffredin. Ond, mae un enghraifft ger Harlech sydd

43. Llyn y Meirch yn nogfen Brogyntyn, ETL 1/1/18 yn 1553. Gyda chaniatâd LlGC. Gwelir hefyd y llun ar dudalen 126.

yn dangos bod yr enw di-nod, *Cae Bach*, yn gallu datgloi hanes go hynafol. Yn absenoldeb mapiau, rhaid oedd dibynnu ar ddisgrifiadau o leoliad tir mewn dogfennau hynafol.

Ymysg casgliadau Mostyn a Brogyntyn mae dogfennau rhwng 1557 ac 1612 ac ynddynt amryw gyfeiriadau at gaeau bychain ac at lyn o'r enw Llyn y Meirch ar y llethr uwchben tref Harlech.

Mae'r enw'n cofnodi swyddogaeth draddodiadol yn oes y tywysogion ond yn un sydd wedi diflannu ers canrifoedd bellach. Ailadroddir yr enw a'r disgrifiad manwl o'r tiroedd cyfagos yn y dogfennau hyn a gellir eu lleoli'n daclus drwy gyfeirio at rifau ac enwau caeau Degwm plwyf Llandanwg. Er enghraifft, yn 1553 ceir dogfen am werthiant rhwng dau o fwrdeiswyr Harlech sydd yn dangos bod y broses o brynu a gwerthu tir bellach wedi ei sefydlu yn Llandanwg yn dilyn Deddf Cymru 1536. Doedd y bwrdeiswyr ddim yn cnoi cnau gweigion a manteisiwyd ar y ddeddf newydd i fachu tiroedd. Dyma ddiweddariad bras.

> *Bargain and sale enrolled of a parcel of arable land called Y Kay bach* [rhif Degwm 588] *lying in the town of Harlech between a place called Brynyrevaell and Llyn y meirche* [Cae Llyn, rhif 667]; *– one parcel of arable land called y Kay kanol* [rhif 601] *lying between a tenement called y Kay Dy on the north side and the highway on the south side, and with one end abutting on a croft called Y kay krach* [rhif 662] *eastwards and the other end abutting on a croft called Y kay bach westwards.*

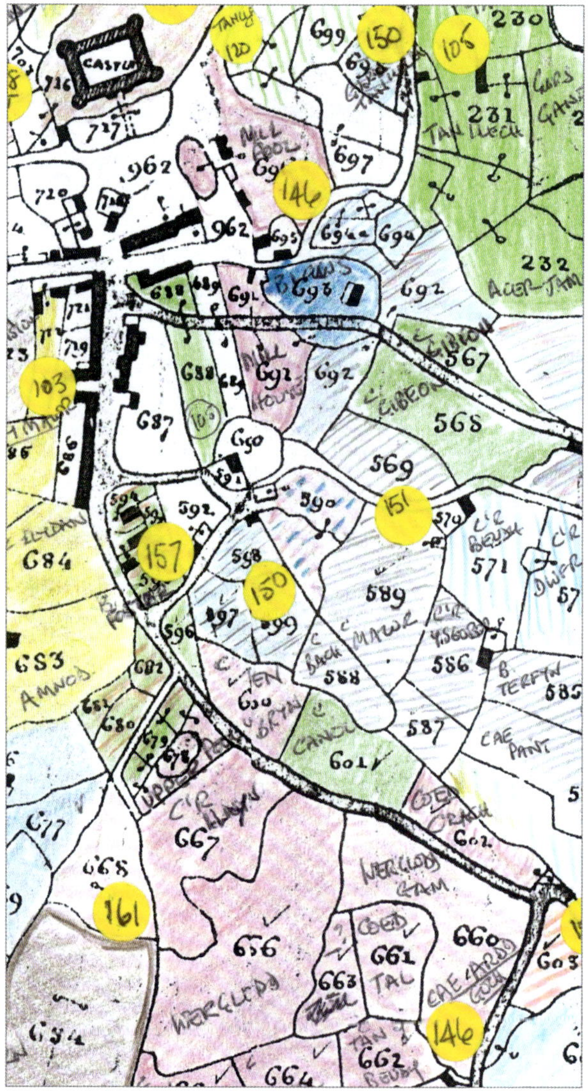

44. Darn o fap Degwm Llandanwg sy'n dangos y ffordd o Harlech i fyny'r llechwedd am Gefn y Filltir. © RhP
Ewch hefyd at www.https:// lleoedd.llyfrgell.cymru

Yn ôl Degwm 1840, William Jones oedd perchennog fferm Cae Ardd Goch a'r fferm gyfochrog, Caedy, lle mae *Cae Bach*, a'r caeau eraill. Llygriad ydyw Cae Ardd Goch o enw hŷn, sef Cae Adda Goch. Dyma'r enw a gofnodwyd yng nghasgliad Brogyntyn yn 1574, yn rhestr y Glyn o'r tiroedd y telid rhent amdanynt i fwrdeistref Harlech yn 1600, ac yn Ardreth Gwŷr Harlech yn 1740. Treth deyrnged oedd ardreth, i'r tywysog neu'r arglwydd. Mae hon yn unigryw gan mai dim ond â thiroedd y tywysogion Cymreig a thiroedd sied yn ardal Harlech a rhai tiroedd gwasgaredig mewn plwyfi cyfagos y mae'n ymdrin. Does dim sôn am y tiroedd hyn mewn unrhyw rentol y Goron ac mae rheswm da am hyn fel y gwelir yn y man. Yn 1840, yn ogystal, eiddo fferm Cae Ardd Goch oedd y caeau hyn: *Cae Bach* (588), *Coed Tal* (661) a Thŷ'r Felin (*Mill House and garden* 691) i lawr yn Harlech, a *Mill Pool* Coedtal (696). Hwn oedd pwll isaf melin Harlech, o flaen y castell, sydd bellach wedi ei sychu a'i droi'n lle chwarae i blant. Gweler y lluniau ar dudalennau 125 a 126.

Mae'r enw *Coed Tal* i'w gael yn y rhan hon o blwyf Llandanwg ond yn ddieithr yn y naw plwyf arall yn Ardudwy. Hefyd yn rhan o dir yn yr un fferm yn 1840 roedd *Cae Crach* (602), *Cae Tal* (661), *Cae Pen y Bryn* (600), *Upper Poo*l rhif 678 [Pwll uchaf melin Harlech] a *Cae'r Llyn* (667). Ar yr olwg gyntaf, mae hyn yn gasgliad rhyfedd iawn ac ymddengys bod cysylltiad hŷn rhwng y tiroedd a'i gilydd.

Yn Ardreth Gwŷr Harlech 1740, cofnodir yr enwau *Y Cae Bach*, *Cae Crach*, *Cae Pen y Bryn*, Y Felin a'r Tŷ, yn ogystal â fferm Cae Adda Goch, ymysg enwau eraill yn Llandanwg, dan enw Godolphin Owen, ystad y Glyn. Talai'r ystad rent y Goron amdanynt ond fe'i cesglid gan fwrdeistref Harlech yn rhan o'r hen drefn *fee farm*.

Dros ganrif a hanner ynghynt, cofnodwyd yr union diroedd mewn copi o ddarn o rentol ystad y Glyn yn 1600. Ceir trawsgrifiad ohono mewn atodiad i lyfr David Davies, *Ardudwy a'i Gwron*. Mae'n cychwyn, *Rentol of what is paid to ye Corporation of Harlech out of Glyn Estate in Merionethshire*. Dyma ddarn sy'n dangos yr un tiroedd yn yr un drefn. Mae darn hirach o'r rhestr ar dudalen 157.

Dyma felly'r cadarnhad bod y tiroedd a'r un rhenti wedi dal ynghlwm wrth ei gilydd am genedlaethau. Rhai o diroedd yr hen fwrdeistref oeddynt,

An Account of Ardreth Gwyr Harlech in the following Parishes

Llandanwg, Llanvair, Llanfihangel y Traetha — Llandecwyn — Maentwrog — Festiniog — Trawsfynydd — Llanenddwyn, Llanddwywe — and Llanaber —

Names of Places & Owners in 1740	Present Owners	Tenants	Annual Rents
Llandanwg. Wm Owen Esqr	[illegible] Godolphin Owen Esqr [illegible]		
Ty is llaw Sarn y Plas			" " 1 " "
[illegible]			" " " " 10
Y Caebach			" " " " 2
Corsydd Tir yr un Gwr			" " " " 11 5.
Ty yn perthyn i'r Corsydd			" " " " 4
Cae Crach			" " " " 9
Pen rhiw Goch			" " 1 " 1

45. Darn o Ardreth Gwŷr Harlech 1740 yn cofnodi rhai o enwau tiroedd Harlech yng Nghefn y Filltir, plwyf Llandanwg ar rent i'r Glyn. Llanfair a Brynodol, M35. I'w weld yn LLGC. Gwnaed pob ymgais i ddarganfod deiliad hawlfraint y gwaith/perchennog y casgliadau, ac rwyf yn cymryd unrhyw gyfrifoldeb.

46. Darn isaf o restr y rhent a dalwyd i fwrdeistref Harlech gan ystad y Glyn tua 1600. XM/483. Gyda chaniatâd Archifau Gwynedd.

oes yr un enw yn rhy gyffredin a diwerth i hanesydd tirwedd. Weithiau maent yn gallu datgloi hen, hen hanes. Felly, rhaid parchu'r enw disylw, *Cae Bach*!

Amgaeid darn o dir i ddiogelu cnydau rhag anifeiliaid crwydrol mewn cyfnodau cynnar ond, yn ddiweddarach, daeth rhesymau newydd. Ar ôl prynu clwt o dir, rhaid oedd ei amgáu ac fe'i nodid fel arfer ag enw'r perchennog. Ond, yn dilyn Deddfau Cymru yn 1536 ac 1543, mabwysiadwyd enwau disgrifiadol gan adlewyrchu'r ffaith bod tir yn cyfnewid dwylo'n aml.

tiroedd y tywysogion Cymreig a aeth i'r Goron Seisnig yn 1284 ac i gynnal y fwrdeistref yn y man. Bob yn dipyn, fel y gwelir yng nghasgliadau Brogyntyn a Mostyn, gwerthwyd y caeau hyn, bob yn un ac un a daethant yn daclus fel uned unwaith yn rhagor yn rhan o ystad y Glyn neu Gorsygedol. Cyfeirir yn aml at *Diroedd Coll Harlech* gan haneswyr a bu cytgan gymunedol o gŵyn dros y canrifoedd am amddifadu'r dref o'i breintiau a'i threthi hynafol. Dyma ddangos bod y dref yn dal i gasglu rhent (*ground rent*) ar ran y Goron ond bod y tiroedd bellach yn nwylo'r ddwy brif ystad. Gwerth Ardreth Gwŷr Harlech yn 1740 oedd oddeutu £26, sef ychydig yn fwy na rhent y *fee farm* sefydlog o £22 a dalwyd i'r Goron gan y fwrdeistref yn 1317. Yn yr un modd, gellir olrhain y rhan fwyaf o'r tiroedd gwreiddiol a berthynai i'r fwrdeistref gynnar a'r rhai a ychwanegwyd atynt yn diroedd sied.

O wybod lleoliad *Cae Bach*, gellir awgrymu'n gryf iawn mai enw hynafol y llyn yng Nghae Llyn oedd *Llyn y Meirch*, enw a aeth yn angof erbyn 1840. Dengys hanes *Cae Bach* mor werthfawr yn fasnachol oedd y clwt bach (ac efallai llety syml), ychydig dros chwarter acer o dir âr fel hwn. Mae'n amlwg nad

Mae cwestiwn yn codi. Sut y cafwyd tystiolaeth ysgrifenedig am enwau caeau sydd bron yn chwe chan mlwydd oed, a'r caeau fel y gwelir hwy heddiw heb gael eu ffurfio? Fel y gwelwyd yn achos *Gafael Gwyn y Moch* a *Maes y Groes* ar fap y clawr, enwau tiroedd hynafol wedi eu cadw'n ddiogel mewn enwau caeau diweddarach ydynt.

Mae llawer o enghreifftiau o enwau tiroedd hynafol yn cael eu trosglwyddo i'n cyfnod ni. Ceir hyn pan fo tŷ yn cael ei godi ar ddarn o gae ac yn cymryd yr enw, fel yn achos tyddynnod Cae Rhys, Cae Adda, Cae Berllan a Chae Alys. Yn aml iawn, cedwir y cof am enw fferm neu gae ar enw ffordd neu stad o dai pan adeiladwyd arno. Da hynny. Mae nifer o enghreifftiau yng Nglynebwy, lle codwyd stadau newydd o dai yn ddiweddar ar diroedd ffermydd hynafol. Un enghraifft yw tir fferm Pen-y-cae, un o leoliadau cyntaf y diwydiant haearn. Ceir hefyd Hendre, Bwlch y Garn, Tŷ'r Meddyg, Pant y Fforest a Waunlwyd. Ym Mlaenau Ffestiniog hefyd, codwyd rhesi o dai ar gaeau ystadau bychain Tan y Manod a'r Gelli i letya'r gweithlu newydd yn y chwareli. Enwyd nifer o strydoedd ar ôl enwau'r caeau neu dyddynnod yn y dref. Ceir Tyddyn Gwyn,

Tai'r Gelli a Phengwndwn yno er enghraifft. Mae'r ddwy ardal yn cadw rhai enwau hanesyddol yn agos at eu calonnau.

47. Enw ystad newydd yng Nglynebwy sy'n cadw'r enw Pen-y-cae, sef safle cyntaf creu haearn yn y cwm. Dau o selogion Y Gwaith. Rhwng y tai, gwelir darn olaf hen wal y ffwrnais, © RhP

Er gwaethaf y newidiadau cymdeithasol ac economaidd dros chwe chan mlynedd, ceid sefyllfa gymdeithasol gymharol sefydlog yn y rhan fwyaf o'r Gymru wledig hyd at ddechrau'r ugeinfed ganrif. Mae hyn i'w weld ym mharhad enwau caeau. Mewn ardaloedd a welodd effeithiau'r Chwyldro Diwydiannol, fel yng nghymoedd y de, ceir yr un patrwm, ond ganrif ynghynt.

Caeau ar y ffin, yn y Mers ac ym Mhenfro

Mae nodweddion cyffredin yn hanes enwau caeau darnau helaeth o Gymru, sef yn y Mers, ar y ffin â Lloegr ac ar hyd siroedd y de hyd at Sir Benfro a de Ceredigion, lle mae'r enw parc a'r lluosog perci yn gyffredin. Gwelir olion patrymau amaethu ffiwdal yn null y Normaniaid a'r Saeson, yn enwedig o gwmpas bwrdeistref a sefydlwyd yn y drydedd ganrif ar ddeg.

Mi geir hefyd enw fel Cnwc ar ambell gae. Daw'r enw o'r iaith Wyddeleg ac mae'n cyfeirio at fryncyn, poncen neu godiad tir. Yn ôl Archif Melville Richards (AMR), lle rhestrir nifer fach o enwau sy'n ei gynnwys yng Nghymru, fe'u ceir yn weddol gyffredin ym Môn, Ceredigion, Caerfyrddin a Phenfro. Fe'u ceir fel rheol ar hyd y glannau, efallai yn gynnyrch y gwladychu Gwyddelig a fu yn y cyfnod cynnar. Mae rhai enghreifftiau ym Mrycheiniog a Morgannwg ond nid yn Ninbych, y Fflint na Meirionnydd. Mae un *Cae Cnwc* yn Sir Amwythig. Mae rhai enwau Cnwc hefyd yn cynnwys lliw ac weithiau'n cynnwys enwau adar, tyfiant neu anifail. Cawn *Cnwc y Llygod,* Tremarchog (rhaglen *Caeau Cymru*), *Cnwc Gwyn* yn Llangrannog, *Cnwc Glas* ym Mrycheiniog, *Cnwc Eithinog* yn Llanddewi Brefi, *Cnwc y Barcud* yn Llanfihangel-y-Creuddyn, *Cnwc y Dwrgi* yn Llandysul. Mae *Cnwc y Crogwydd* yn Nhrefdraeth, Penfro. Mae cofnod cynnar o *Cae Cnwc* yn 1479 ym Mathafarn Wion, Môn.

Glynodd enwau Cymraeg yn dynn wrth gaeau mewn mannau annisgwyl fel yn siroedd Amwythig, Stafford ac yn enwedig yn swydd Henffordd. Yn 1840, roedd nifer sylweddol iawn, hyd at 25%, o enwau Cymraeg ar gaeau mewn rhai plwyfi yn Swydd Henffordd, rhai'n ddiamheuol wedi eu llygru. Er mai cae yw'r elfen amlycaf, ceir amrywiaeth eang fel yng Nghymru. Cawn *Little kea y Christ*, *Caercarion*, *Kae Mowre* a *Park y Mock*, hyd yn oed ym mhlwyf Kentchurch (Llangain) lle does ond 3% o'r enwau yn rhai Cymraeg. Mae cryn waith ymchwil wedi ei wneud yma gan John Freeman a hefyd prosiect sirol o dan arweiniad Ruth Richardson. Mae mapiau manwl Geoff Gwatkin yn dangos mor effeithiol yw mapio

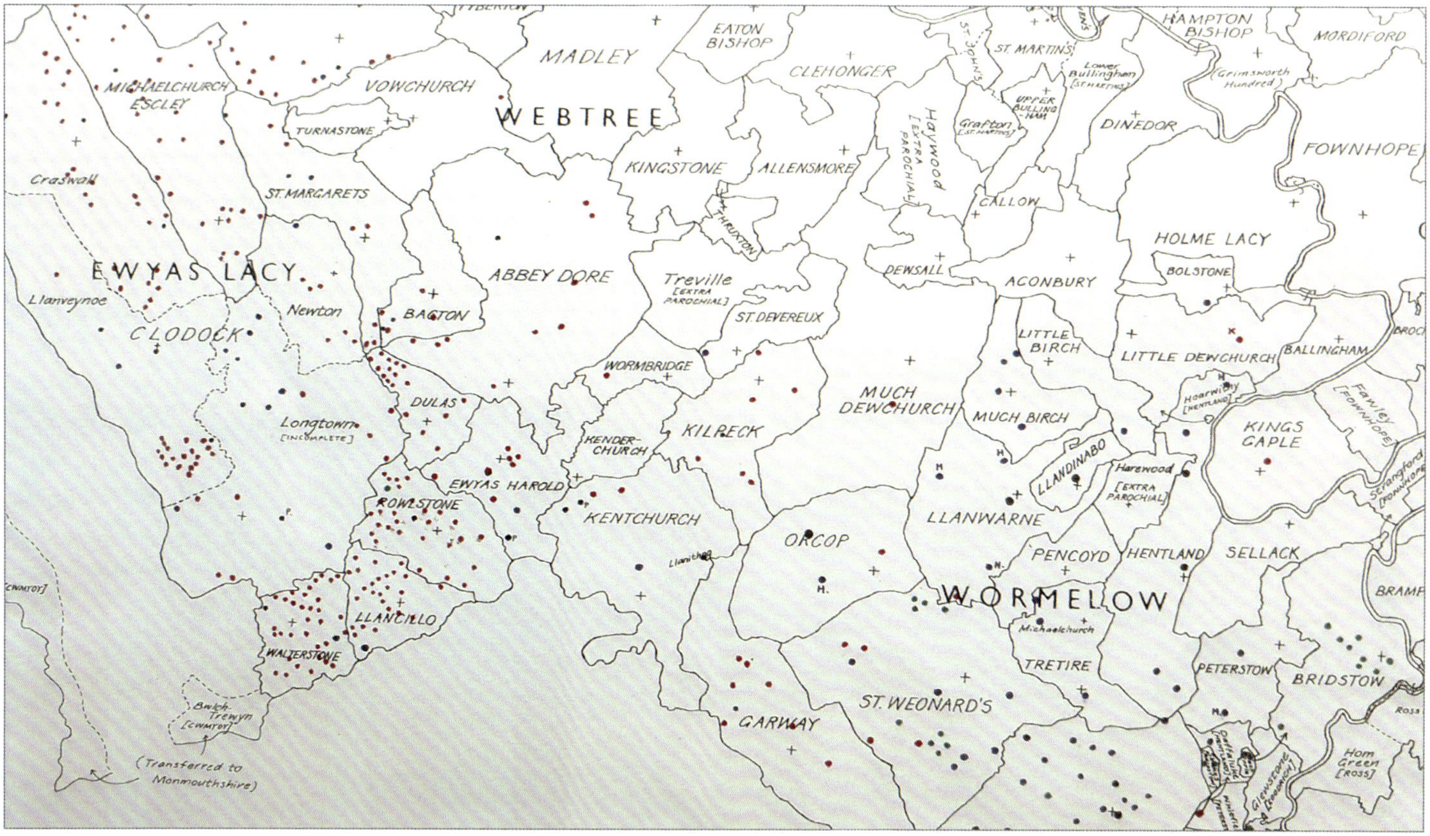

48. Darn o un o fapiau plwyf Geoff Gwatkin yn nodi enwau caeau gyda'r elfennau Cae, Tref (a hendref) a Covers (Cyfer/Cyfair). Gyda'i ganiatâd. Hefyd, gwelir www.geoffgwatkinmaps.co.uk

enwau. I ddeall pam bod cymaint o enwau Cymraeg tu draw i Glawdd Offa, mae'n anhepgorol ac angenrheidiol darllen T M Charles-Edwards, *Wales and the Britons 350–1064*, tt. 27, 28, 76–78, 95, 419–424. Mae'n darllen yn rhwydd ac yn ddifyr.

Yn Negwm plwyf Longton (Dyffryn Olchon) mae 28% o enwau'r caeau yn rhai Cymraeg, er iddynt gael eu llygru weithiau. Gellir adnabod *Cae Perth*, *Cae Main*, *Cae Gwin Uchaf*, *Cae Funnon* a *Cae Scibbor*. Ond, hefyd, gwelir *Maes y Vedw*, *Tir y Mynach, Parlour y Vellin, Lleine, Garrow Bach* a *Nine acres* neu *Pwll Field*. Dengys Llyfr y Farn fod Cymry'n amaethu yn ôl cyfreithiau traddodiadol Cymru ym maenor Cleeve ar ffin ddwyreiniol Ergyng (Archenfield) a mannau cyfagos yn 1086. Dyma dystiolaeth felly o enwau hynafol iawn sydd yn ddigon tebyg i'r hyn a welir heddiw drwy Gymru.

ENWAU CAEAU SY'N CYNNWYS ENWAU MESURAU HYNAFOL AR DIR ÂR

Erw, Cyfer, Rhwd

Fel y gellid disgwyl yng Nghymru, lle mae ansawdd y tir amaethyddol yn amrywio o fan i fan, defnyddir amrywiaeth o enwau i ddisgrifio'r tir, ei nodweddion a'i ddefnydd. Ystyriwn amaethu heddiw'n fusnes manwl a threfnus. Felly hefyd yn yr Oesoedd Canol ac mi adlewyrchir y defodau tymhorol a ddisgrifir yn y Cyfreithiau. Rheolid pob elfen yn ddeddfol a manwl er mwyn gwneud y defnydd gorau o'r tir. Datblygwyd geirfa gyfoethog i wneud hyn ac fe'i defnyddid yn ofalus ac yn bwrpasol. Mae'n debyg mai'r ffermydd a'r caeau sydd ag enwau traddodiadol ar fesurau tir sydd ymysg y grŵp mwyaf diddorol. Yn sicr, dyma'r enwau creiddiol a mwyaf arwyddocaol sy'n dangos i ni leoliadau'r cymunedau rhydd yn yr Oesoedd Canol.

Erw

Defnyddir yr enw *erw* yn gyffredin yn y llyfr hwn am y mesurau sydd yn y Degwm, er mai *acre* statudol Seisnig ydynt mewn gwirionedd. Enw Cymraeg hynafol ar fesur o dir oedd erw, un na ddylid ei gymysgu â'r enw estron a'r mesur *acre*. Yn ôl traddodiad, roedd ei faint yn seiliedig ar wialen Hywel Dda (neu lathen, sef 13½ troedfedd gyfoes, GPC) neu ar hyd hiriau'r aradr. Yng Ngwynedd, roedd erw yn cyfateb i cyfair (neu cyfar ar lafar yn Ardudwy) er bod hyn yn creu dryswch gyda'r enw cyfar, cyf+ âr, sef yr arfer o gydaredig. Gwelir ymysg y Cyfreithiau lawer math o erwau. Ceir yr hyn a elwir yn *erw'r ych du*, sef yr erw a roddid i gyd-lafurwr pe bai ei ych yn marw yn ystod cyfnod yr aredig, ac *erw ddarfodedig* (sied).

Yn ôl amryw o esboniadau yn y Cyfreithiau, roedd nifer o ffyrdd o fesur erw ac, yn anorfod, amrywiai'r mesur yn fawr o le i le. Roedd T Jones Pierce o'r farn mai 3,240 llathen sgwâr oedd yr erw Gymreig Derbynnir yn gyffredinol fod pedair erw Gymreig yn gyfwerth â 1.19 *acre* statudol neu ychydig dros chwarter *acre*. Am y rheswm hwn, arferid gwahaniaethu rhwng y ddau fesur yn nogfennau'r Goron Seisnig rhwng 1284 ac 1400, gan gyfeirio at *Terra Wallensica* neu *Tir Wallie* sef tir Cymreig. Y mesur a'r gair *acre* a ddefnyddid gan swyddogion y Goron yng Nghymru ar ôl 1284 ac er i'r *hectare* ddechrau ennill ei blwyf, dyma'r hyn a ddefnyddir heddiw.

Roedd gan rai cymydau ac ardaloedd eu mesurau eu hunain. Cyfeirir atynt mor ddiweddar â 1578 yn nogfen Mostyn (Bangor) fel *de mensura uchartro*, sef mesur Uwch Artro (rhan ogleddol y cwmwd). Ceir y cofnod a ganlyn yng nghasgliad Llanfair Brynodol yn 1623, sy'n cyfeirio at dir yn Nhudweiliog, Llŷn:

> *containing by estimation seven les Errowes of Welsh measure according to the measure of the commote of Dynllayn.*

Drwy Gymru, doedd dim cyffelybiaeth rhwng enw'r cae a'i hyd a'i led erbyn 1840, fel y gwelwn yng nghofnodion y Degwm. Roedd *Erw*, Cefn Trefor Fawr, Llanfihangel-y-traethau yn 13 erw o faint ac *Erw Arw*, Brwynllynnau, Llanfair yn dair erw. Cesglir o hyn bod yr enwau'n hŷn o lawer na chloddiau terfyn y caeau ac yn debyg o fod yn dynodi lleoliad erwau agored o dir âr hynafol cyn creu'r caeau presennol. Cadarnheir hyn yn achos *Cae'r Erw Hir* yng Nghefndeuddwr, Trawsfynydd, cae 13 erw o faint. Dyma dystiolaeth o erw neu erwau hynafol yng nghanol cae mwy diweddar, o bosibl ar ôl clirio coed i ehangu'r fferm. Gwelwyd enghraifft debyg ym Mhenarth, o'r enw *Erw'r Hen Sarn* ar bedwar cae cyfagos yn Llwyn Ithel, Llanbedr. Yma yn yr Oesoedd Canol, ceid maes agored lle gellid aredig ar y cyd. Erbyn 1840 diflannodd dan wyneb pedwar cae mwy diweddar ond mae'r enw hynafol *Erw'r Hen Sarn* wedi goroesi.

Prin yw enwau ffermydd sy'n cynnwys *erw*. Ym mhlwyf Peterchurch yn Sir Henffordd, ceir dwy fferm yn cadw'r enw yn Negwm 1840, sef Upper Wernerw a Lower Wernerw. Yn Ardudwy, ceir Erw Wen ger Harlech a Bron 'Rerw yn Ffestiniog, Er prinder yr enw *erw* ar ffermydd, gwyddys bod rhai miloedd o enwau *erw* ar gaeau ar draws Cymru.

Cofnodwyd dros 7,000 o enwau *erw* yng Nghymru, Siroedd Amwythig a Henffordd yn AMR, gyda dros 1,000 yn Sir y Fflint, dwywaith yn fwy na Chaernarfon, Meirionnydd a Maldwyn. Dim ond 16 enw a gofnodwyd ym Mhenfro ond ceir 369 yn Swydd Amwythig. Sylwer mai nifer y cofnodion sydd yma ac nid lleoliadau.

Drwyddo draw, enwau cyfansawdd a geir ac mae'r amrywiaeth yn syfrdanol. Ceir enwau sy'n dynodi lleoliad manwl, fel Yr *Errw ai ffen [sic] ar y mynydd*, yn Sychdyn, Swydd Amwythig. Ceir erwau duon, gwyn ac, yn ddiddorol, *Erw Goch* sy'n awgrymu pridd coch neu enw arall ar dir âr, a cheir un enghraifft gynnar iawn yn Swinau, Swydd Amwythig yn 1348. Yn gyffredin mae enwau perchnogion, a rhai enwau sy'n perthyn i'r Oesoedd Canol: *Erw Ednyfed ab Einion*, Llwydfaen yn Sir Gaernarfon ac *Erwy y Disteyn*, Porthaethwy yn 1316, *Erw yr angkres* ym Mathafarn Wion, Môn 1485. Ceir hefyd un cofnod diddorol ac unigryw, sef *llathen y talgau alias Erow fethedig* Gogarth, Sir Gaernarfon yn 1630 sy'n atsain o gyfnod ac arferiad cynnar iawn. Mae'r enwau hyn yn haeddu mwy o sylw – ymchwil a fyddai'n lleoli'r enwau a'u cysylltu, petai modd, â chymunedau amaethyddol hynafol. Ac o ddilyn trywydd yr enw **llathen** yn AMR, gwelir 74 cofnod a 26 lleoliad mewn tair sir yn unig, dyrnaid ym Môn a'r gweddill wedi eu rhannu'n gyfartal yn Sir Gaernarfon a Dinbych. Hen fesur Cymreig oedd *llathen*.

Ceir yn y Degwm 46 cae erw mewn deg plwyf yng nghwmwd Ardudwy. Ym mhlwyf Llanbedr y maent fwyaf niferus ac y mae'r ganran uchaf yn y cwmwd (43%), plwyf oedd yn hollol rydd yn 1420. Un nodwedd drawiadol ar y caeau *erw* yw'r enwau lliwgar, sy'n disgrifio natur neu ffurf y tir, lleoliad neu enw perchennog:

Bron Rerw, Erw [A]fallen (perllan afalau), Erw Arw, Erw Garneddog, Erw Pant, Pen Erw Boeth,
Y Ddwy Erw Hir, Erw Wen, Erw Goch,
Erw Ydlan, Erw Hen Sarn, Erw Gefn, Erw Maen, Erw'r Allt Gron,
Erw Philip, Coed Erw Gynfrig, Erw Castell, Erw Tŷ Nant.

Mae gwahaniaethau arwyddocaol yng nghanran enwau caeau *erw* plwyfi Ardudwy. Ym mhlwyf Llandanwg, a oedd bron yn hollol gaeth, gan gynnwys tref Harlech, a'r *fee farm*, does dim un enw cae sy'n cynnwys yr elfen *erw*. Ceir yr enw *Erw* ar gae yn fferm Pennant, Llanymawddwy, a'r *Erw Ddu*, Carnguwch Fawr, Gwlad Llŷn, y ddau le'n drefgorddau rhydd gynt.

Rhai o'r enghreifftiau cynharaf a gofnodwyd o'r caeau *erw* yn Ardudwy yw *Erw Vrayth*, (1510/11, Dolfriog) ac *Ero Ieuan Hire* (1512, Brogyntyn) yn Llanfrothen (ardal Penrhyndeudraeth) ac *Erw'r Sant*, (1595, Brogyntyn) ger y Maes Mawr ar Ynys Llanfihangel-y-traethau. Yn yr uwchdir, mae'r caeau *erw* yn fwy gwasgaredig ac yn gaeau unigol, sy'n awgrymu tir rhydd a lle byddai aredig ar y cyd. Fel arfer, maent wedi eu lleoli ar ffermydd hynafol, hen afaelion a tu'n gartrefi i deuluoedd bonedd. Gwelir fod gan yr enw *erw* berthnasedd agos ac arwyddocaol iawn yn hanes tiroedd rhydd Cymreig.

Er i'r enw a'i fesur gael ei ddisodli gan yr enw estron *acre*, yn rhyfeddol, goroesodd *erw* ar lafar hyd heddiw, ond at y mesur *acre* statudol y mae'n cyfeirio bellach.

Cyfer

Enw ar fesur o dir âr yw cyfer/cyfair. Amrywia'r mesur hwn hefyd o ardal i ardal, ond ym Meirionnydd a rhai ardaloedd eraill yng Nghymru, roedd yn cyfateb i erw. Mae rhai ardalwyr yn dal i'w ddefnyddio ar lafar i gyfeirio at *acre* statudol. Mewn ardaloedd eraill yng Nghymru, mae'n golygu llai nag erw. Yn ôl Huw Jones mae *cyfar aradr* yn enw ar ddarn o bren sydd yn dal swch yr aradr yn ei le.

Mae'r elfen cyfer yn niferus a diddorol yn AMR. Braf yw gweld *Y kyfer bach ar kefn y maes*, ym Mhen-bre, enw a gofnodwyd yn 1631, a nifer o enwau diddorol ym Machen a Malpas, Sir Fynwy.

Pwyswn felly ar y dystiolaeth yn Ardudwy i ddod o hyd i batrwm o ddefnydd ac ystyr yr enw. Yno, mae'r enw'n fwy niferus mewn rhai plwyfi nag eraill ac yn wir mewn rhai ardaloedd o fewn y plwyfi. Yn ddi-ffael, ac yn arwyddocaol, mae pob cae *cyfer* yn dir âr ac yn gae bychan taclus. Mi geir ychydig gaeau ym mhlwyf Llanfair, gan gynnwys tir sied hynafol Taltreuddyn, a phump ym mhlwyf Llanbedr, plwyf rhydd yn 1420. Ond, efallai'n annisgwyl, mae'r mwyafrif ohonynt ar dir caeth yn 1420, ar hyd y glannau o Harlech i Abermaw ac mae iddynt enwau tlws a disgrifiadol.

Gwelir fod y ffurf cyfar yn gyffredin iawn ac mae'n adlewyrchu'r ynganiad llafar.

Mae'r clwstwr caeau *cyfer* ym mhlwyf Llandanwg o ddiddordeb arbennig ac yn werth ei drafod. Dyma lecyn lle mae caeau *cyfer* yn glwstwr ar dir âr ac mae'r enwau'n awgrymu presenoldeb cymuned hynafol oedd yn cydweithio ar y tir cyn codi'r castell. Maent ymysg y tiroedd a gofnodwyd mewn dogfennau o'r bymthegfed ganrif ac mewn dogfennau ystadau a phapurau bwrdeistref Harlech. Maent yn amlwg wedyn yn Ardreth Gwŷr Harlech 1740 ac felly'n diroedd sied a aeth i ddwylo'r Goron. Gwelir nhw ar y map Degwm isod.

Lle	Enwau caeau sydd yn cynnwys yr elfen *cyfer*
Llanaber	*Cae Cyfar Drws*, Llwyn Gloddath *Cyfar Gwyn*, Bryn Bwyd *Cyfar Hir*, Bwlch Coch *Cyfar Hir*, Sebonig *Cyfar Isa'*, Hendre Coed Isaf *Cyfar Mawr*, Hendre Fechan *Cyfar Tŷ Popty*, Plas Canol *Ffridd Pedwar Cyfer*, *Cyfer Glyb*, *Cyfer Coch*, dau *Cyfer* yn Eithinfynydd, a thri chae *Pedwar Cyfar* yn Llwyndu
Llandanwg	*Cyfer Corrach*, Cefn y Filltir *Cyfer Cwta* a *Cyfar Gwastad*, Pen y Cerrig *Tri Chyfer*, Pant Mawr
Llanddwywe:	*Cyfar Cam*, Cae'r Elwan *Cyfar Coch*, Bennar Isaf *Cyfar Glas*, Bennar Isaf *Cyfar Isaf*, Llecheiddior Isaf *Cyfar y Coed*, Cyfar Bach, Tyddyn Gronw
Llanenddwyn	*Cyfar Cwyn*, Hendre Waelod, Nantcol *Cyfar y Sarnau*, Penisa'r Cwm, Nantcol
Llanfair	*Cyfer Cam*, Penrallt (yn y Degwm ac yn lleol) *Cyfer Coch*, fferm Uwchllan (yn y Degwm). Uwchglan yw'r sillafiad yn 2020, a'i ynganu yn lleol fel Ychglan, yn debyg i Uchglan Rhentol 1623 *Cyfar Mriga*, Talwrn Bach *Cyfer yr Afon a Cyfer Mawr*, Talwrn Mawr

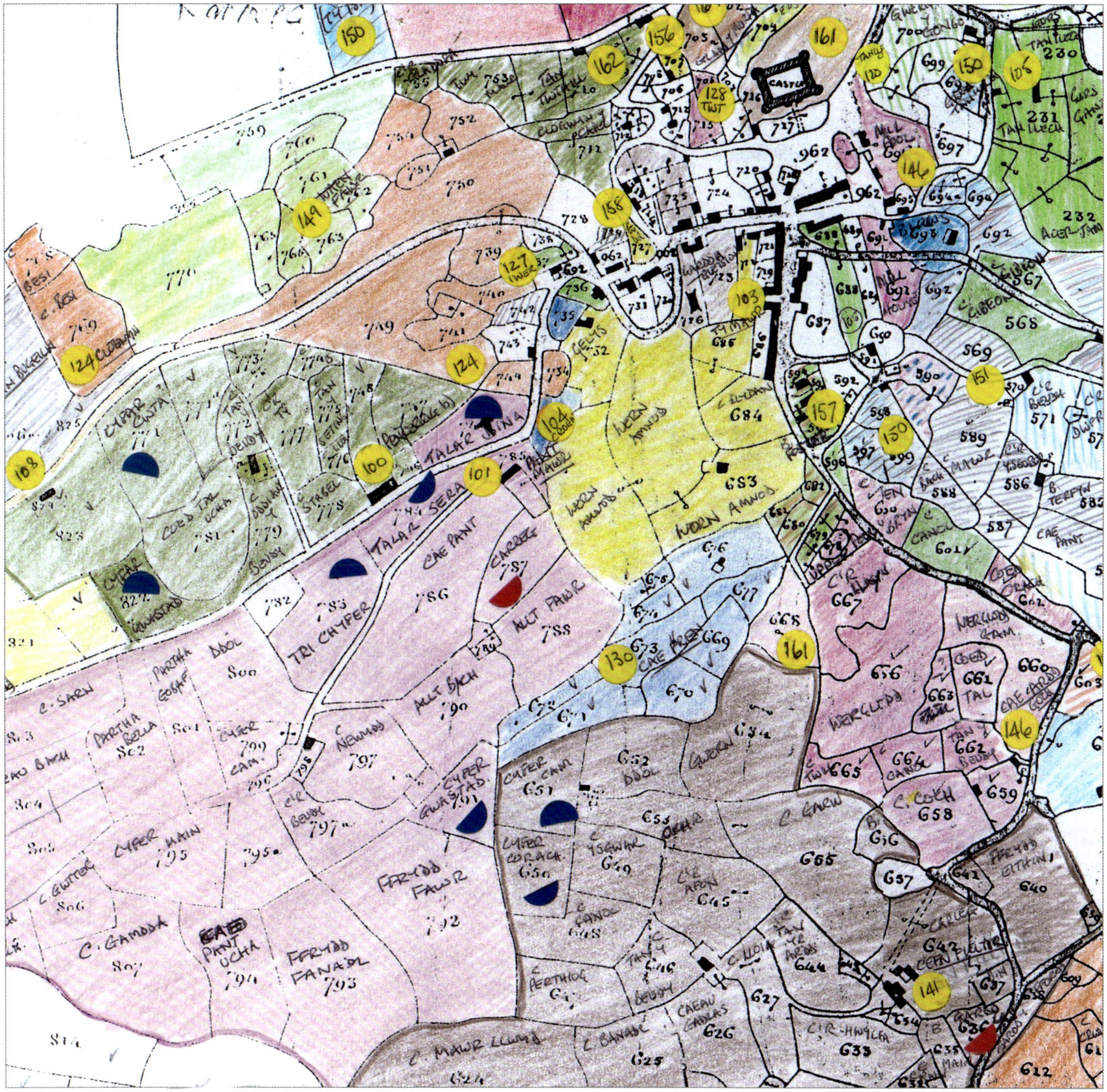

49. Map Degwm Llandanwg sy'n dangos y caeau cyfer bychain, nifer o leiniau a dau gae talar ar ran o ffermydd Cefn y Filltir, Pant Mawr a Phen y Cerrig, o fewn tafliad carreg i dref Harlech. © RhP

Ni chodwyd mur ym mwrdeistref Harlech fel yng Nghaernarfon a Chonwy. Ymestynnai tiroedd Conwy hyd at 18 milltir tu allan i'r dref, a dyrannwyd i Fiwmares bron i fil a hanner o aceri at ddefnydd y bwrdeiswyr. Ond, bach iawn oedd tiroedd Nefyn (tua 240 *acre*), Pwllheli (dros 600 *acre*), Cricieth (81 *acre*) a Harlech (tua 169 *acre*) erbyn 1316. Cesglir o'r cyfeiriadau cyson mewn prydlesi lleol dros gyfnod o ddau gan mlynedd fod terfynau Harlech, sef ei libart (*Liberties of Harlech*), yn ymestyn ymhellach yn flynyddol fel yr awchai'r bwrdeiswyr am diroedd i'w cynnal!

Yn 1284, roedd pentrefwyr rhydd Harlech yn byw mewn amlwd a enwid *Tywyn Dryslech* mewn deiseb (CAP, [63] No. 3106 yn 1295-1305), a *Towyndresselethe* [sic] yn Stent Meirionnydd yn 1420 (a dyna her i'r rhai sy'n mwynhau dadansoddi enwau!). Gwelir nodyn buddiol am yr enw Tywyn yng Nghylchlythyr rhif 10 CELIC. Roedd yn amlwg yn agos i'r graig lle dewisodd Edward I godi ei gastell a'r tiroedd gerllaw, islaw llethrau Llandanwg. Daeth y tiroedd yn rhan o'r fwrdeistref. Cofnodwyd hyn a'r ffaith i'r gymuned rydd gael ei chlirio oddi yno yn *The Record of Caernarvon ac* yn llyfr gwych E A Lewis, *The Medieval Boroughs of Snowdonia* (MBS). Gwelwyd digwyddiad tebyg yn achos Biwmares pan symudwyd trigolion Llan-faes i faenor Rhosyr (*Rhosfeyr* = rhos + Mair fel yr oedd gynt), lle y daethom i'w adnabod yn ddiweddarach fel Newborough a Niwbwrch. Symudodd y Cymry a thrigolion Cerrig Gwyddyl, ger Llan-faes, i drefgorddau cyfagos. Dywedir i diroedd rhydd Harlech tu allan i'r amlwd ddod yn rhan o diroedd y fwrdeistref ond niwlog yw'r hanes am hynny. Does dim tystiolaeth bod y tir amaethyddol yn dal yn nwylo'r pentrefwyr, er bod hynny'n debygol, efallai dan brydles. Wedi'r cwbl, nhw a wyddai sut i drin y tir orau a phrin iawn oedd unrhyw newydd-ddyfodiaid a allai wneud y gwaith.

Y traddodiad lleol yw bod y rhydd-ddeiliaid wedi ailsefydlu eu tai ar gyrion y fwrdeistref mewn lle a elwir heddiw y *Pentref* (*Pentre'r Efail*). Cyfeirid at dai fel hyn gan y Goron fel *Welshry*. Os oeddynt, rywsut, yn dal eu gafael yn y tiroedd cyfagos, y tebyg yw y byddai'r enwau hefyd wedi goroesi ac enwau Cymraeg traddodiadol fyddai arnynt, sef erw, cyfer a llain. Ni fyddai'r Goron fel arfer yn amharu ar diroedd rhydd ond arferid ailfesur tiroedd y tywysogion a hynny fesul *acre*. Does dim cae '*acre*' yn agos i'r clwstwr amlwg a sylweddol hwn ger Pant Mawr, Cefn y Filltir a Phen y Cerrig. Ai'r tiroedd hyn gyda'u henwau Cymraeg traddodiadol oedd tiroedd hynafol *Tywyn Dryslech?*

Wrth ymdrin â thiroedd bwrdeistrefi fel Harlech, dylid taro golwg dros hanes tiroedd bwrdeistrefi eraill i gael cyd-destun hanesyddol. Gweithredai'r Goron ddull unffurf o wladychu a gellir llenwi bylchau hanesyddol wrth ddilyn yr un drefn. Yn ogystal â MBS dylid pori ym mhennod Llinos Beverley Smith yn *History of Merioneth II* a Lewis Lloyd yn *The Book of Harlech* i ddeall hanes cynnar tiroedd bwrdeistref Harlech. Mae hefyd erthyglau gan Colin Gresham a Tom Davies yn CCHChSF cyfrol 10 yn trafod tiroedd Ystumgwern a *Towyndresselethe* [sic].

Rhwd

Ceir *rodas* yn yr hen ddogfennau Lladin a benthyciad ydyw o'r Saesneg *rood* ac mae'n gyfystyr â *40 perch* yn Saesneg a rhwd yn Gymraeg. Mae hefyd yn gyfystyr â'r hen fesur llathen. Amrywia hyd rhwd o 5½ i 8 llath. Defnyddid yr enw rhwd o leiaf ers yr unfed ganrif ar ddeg. Roedd rhwd sgwâr yn chwarter erw Gymreig.

Mae rhwd yn fesur traddodiadol sydd i'w gael ers cyfnod Hywel Dda. Defnyddir y mesur hwn heddiw mewn rhai ardaloedd ym Mhowys a Gwynedd i fesur hyd gwrych sydd i'w blygu neu godi wal gerrig. Cefais fil gan Gwyn Hughes, Arthog yn yr 1970au am blygu gwrych yn ôl y rhwd.

Gweddol brin yw'r enw *rhwd* yng Nghymru a thua 59 a gofnodwyd yn AMR, y niferoedd mwyaf yn Cefn a Llandyrnog yn Ninbych, yn Ardudwy ym Meirionnydd a Dyserth, Rhuddlan a Thremeirchion yn y Fflint. Y cynharaf oedd yn 1594. Ceir amrywiaeth o fesuriadau o dri rhwd hyd at bymtheg rhwd.

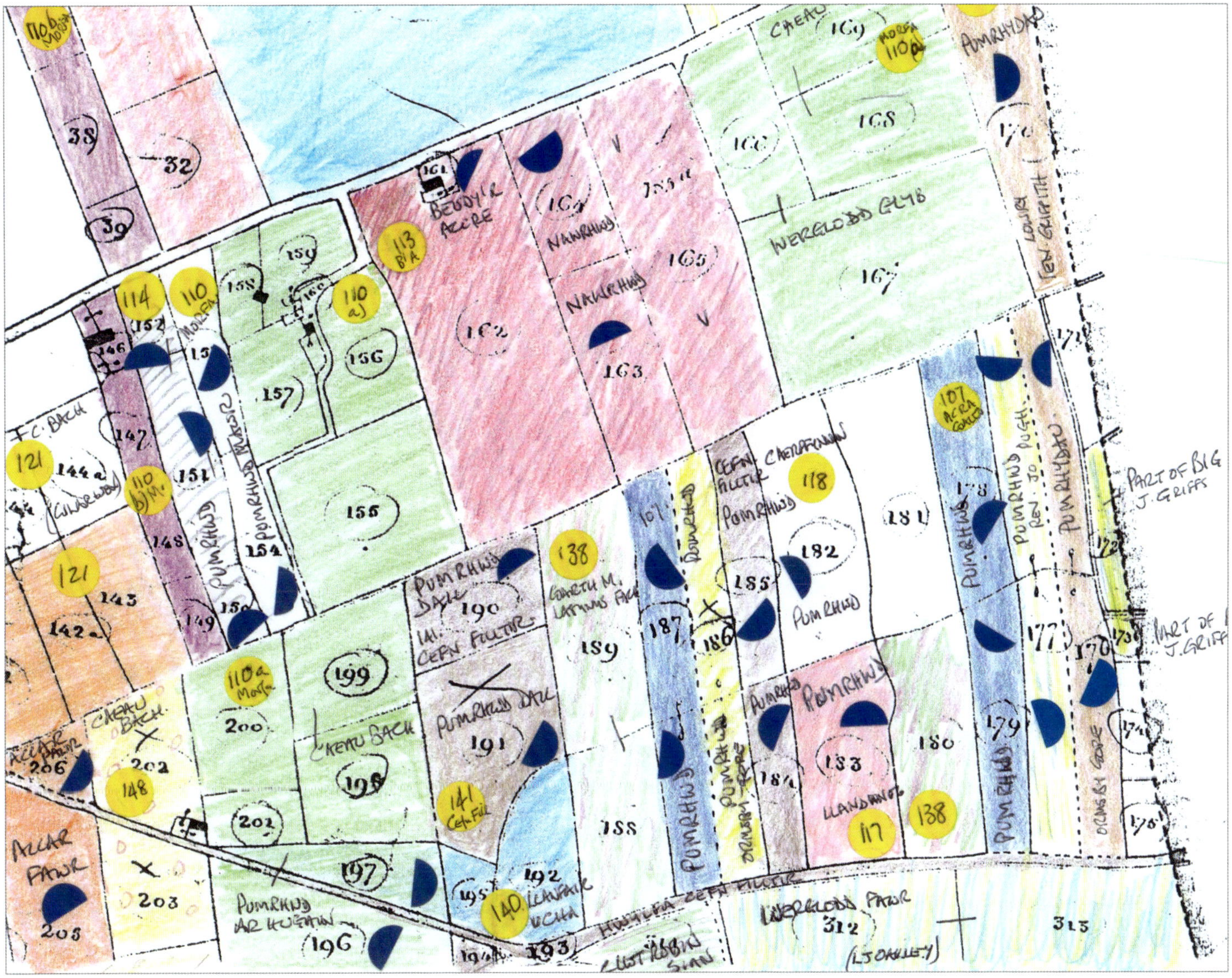

50. Rhan o fap Degwm Llandanwg sy'n dangos y caeau rhwd, dau gae Nawrhwd a dau gae Pumrhwd yn y morfa. © RhP

Yn rhyfeddol, dim ond ym mhlwyf Llandanwg mae'r caeau *rhwd* i'w cael yn Ardudwy, a hynny i'r dwyrain o Harlech ar y tir gwastad, yn fras rhwng y rheilffordd bresennol a'r llethrau (gweler uchod). Dyma felly enghraifft o glwstwr dwys iawn yng Nghymru. Maent yn ymestyn mewn clwstwr ar ffurf triongl hyd at ffin y plwyf â phlwyf Llanfihangel-y-traethau yn fferm Cefn Rhun lle mae'r enw *ffridd* neu *weirglodd* yn disodli'r enw pumrhwd. Ceir, yn ogystal, ychydig o gaeau *rhwd* am y pared â hwy, yn lleiniau bychain yn y morfa i'r gogledd.

Er nad oes sôn am gaeau *rhwd* yn Rhestr Pennu'r Degwm

plwyf Llanfihangel-y-traethau, ond ar lafar, dyma'r enw ar y gweirgloddiau hynny ger y ffin â Llandanwg. Mi wyddai Ieuan Jones, Tyn y coed, Dyffryn Ardudwy, yn 2002 am bumrhwd a roed at ddefnydd y plwyfolion a hefyd am ddarn o dir ger ffin Llanfihangel-y-traethau a Llandanwg o'r enw *Pumrhwd y Person*. Mae'n rhyfeddol bod yr enw wedi goroesi ar lafar er nad yw yn Rhestr Pennu'r Degwm. Mae *Pumrhwd yr Eglwys*, *Deng Rhwd Tir yr un Gŵr*, a *Pum Rhwd yr Hen Acre*, y tri ym mhlwyf Llandanwg, wedi eu rhestru yn Ardreth Gwŷr Harlech yn 1740.

Beth felly yw'r rheswm dros yr enghraifft unigryw hon yn Llandanwg a beth sydd i'w gyfrif am fodolaeth clwstwr dwys ohonynt mewn un lle? Mae 38 cae rhwd. Dim ond naw sydd ag elfen ychwanegol, sef *Pumrhwd Dail*, *Pumrhwd Byr*, *Pumrhwd Fawr*, a dau *Pumrhwd Price* yn Lasynys Fach, a dau *Pumrhwd Mawr* a dau *Pumrhwd Main*, ar fferm Morfa. Enwir y gweddill yn *tri rhwd*, *pedwar rhwd*, *pump rhwd*, *saith rhwd (un cae)*, *naw rhwd*, *deg rhwd*, *a chofnodir pedwar ar ddeg* ac un *pump rhwd ar hugain*. Yr enw mwyaf cyffredin o bell yw Pumrhwd a'r Pumrhydau yw'r enw lleol cyffredin arnynt ac ar eu lleoliad.

Maent yn gaeau culion, cyfochrog â'i gilydd, a'r mwyafrif ohonynt yn dir pori (*gweirgloddiau* yma). Yn 1840, roedd cyfanswm o 75 *acre* wedi eu rhannu rhwng 15 o denantiaid ffermydd lleol a berthynai i ystadau'r Glyn a Chorsygedol, ambell un yn filltir neu fwy i ffwrdd. Go brin bod hyn yn hwylus iddynt ond rhaid cofio bod porfa dda ar lawr gwlad yn werthfawr iawn i ffermwyr y llethrau a'r gwair sych yn felysach i'r gwartheg yn y gaeaf na gwair rhos yr uwchdir yn ôl rhai.

Gwelir yr enwau *rodas* (rhwd) mewn nifer fawr o brydlesi rhwng amryw o fwrdeiswyr Harlech yn ystod y bymthegfed a'r unfed ganrif ar bymtheg. Y cyfeiriadau niferus hyn sy'n dangos bod erwau lawer o weirgloddiau, pumrhydau, corsydd ac eraill wedi parhau yn nwylo'r bwrdeiswyr a'r dref am ganrif a mwy. Gosodwyd rhai ohonynt ar brydlesi i ystadau lleol ac maent i'w gweld yn Rhestr Pennu'r Degwm, ym mherchnogaeth yr un teuluoedd o hyd.

Yn 1557/8 mae dau o'r bwrdeiswyr yn taro bargen dros *nine roods of hay*. Mae'r ddogfen (Mostyn) yn disgrifio'n fanwl eu lleoliad yn Harlech: *lying between the meadow of William ap Richard on the north side, and the meadow of David ap Robert on the south side.* Wrth reswm roedd hwn yn ddisgrifiad llawer llai amwys yn 1557 mewn cyfnod pan fyddai pawb yn adnabod ei gilydd ac yn gwybod eu terfynau. Erbyn 1840 dim ond dau gae *nawrhwd* sy'n cael eu henwi yn y Degwm a hynny ar dir Beudy'r *Acre*, a thybir mai hwn yw'r lleoliad dan sylw a chawn wybod hefyd am leoliad tiroedd y ddau gyfaill.

Mae dogfen (Brogyntyn) yn 1590 yn cofnodi cyfnewid tir ar brydlesi rhwng dau iwmon yn Llandanwg:

> *parcels of land called Gweirglodd humphrey and gors las ynys, and the moiety of another parcel called y vyches, all in township Llantanock, and a meadow called cuinque rods* [pum rhwd] *and a cottage garden in the liberties of the town of Harlech.*

Mae'r cyfeiriad at Libart Harlech ac at y Lasynys (yng Nghyfrifon y Gweinidogion yn 1231/2) hefyd yn awgrymu bod cysylltiadau agos rhwng y tiroedd hyn a bwrdeistref Harlech. Term yn golygu tir y fwrdeistref oedd *liberties*, term sy'n gyfarwydd i ni yng nghyd-destun libart tyddyn, sef yr ychydig lathenni o'i gwmpas. Yn y fwrdeistref, bodolai hawliau cyfreithiol i godi trethi ar fasnachu a byw. Bodolai'r werin bobl y tu allan i'r ffiniau hyn, sefyllfa newydd a chwerw iawn iddynt yn 1284 ac wedi hynny.

Nid oes map yn dangos ffiniau Libart Harlech nac union safle enwau tiroedd y morfa. Felly, mae'n rhaid ymbalfalu drwy hen ddogfennau am fân awgrymiadau i'n galluogi ni i'w lleoli heddiw. Mae hynny braidd fel gwneud jig-so.

Ymysg casgliad Brogyntyn ceir cyfeiriad yn 1632 at werthiant '*Tŷ yn y Naw Rhwd Hir and parcels of land belonging, called y Naw Rhwd in land called Tir y Naw Rhwd in Liberties of Harlech... and yr wythrwd in Harlech.*'

Dal yn ddigyfnewid yr oedd yr enwau heb unrhyw ymgais i'w cyfieithu ac mae pedwar cae *nawrhwd* wedi goroesi hyd y Degwm. Gwyddom, felly, fod y libart yn ymestyn atynt.

Yn 1654 gwelir y Pumrhwd yn yr Hen *Acre*, a'r Wythrwd yn yr *Acre* newydd mewn dogfen gwerthiant yng nghasgliad Brogyntyn, rhwng Richard Jones, Dôl-y-moch a John Owen, Clenennau. Cawn wybod hefyd fod dau le o'r enw'r *Acre* Hen a'r *Acre* Newydd rywle yma ar y morfa, y ddau wedi mynd yn angof llwyr erbyn hyn, fel yn wir yr enw *Wythrwd*.

Yng nghasgliad Maesyneuadd ceir yr enw *Y Pymrood Gwayr in Kefn yr Hun yn yr Hen Acre* mewn dogfen yn 1664. Mewn ychydig eiriau, cawn lwyth o wybodaeth, ond i ni ei dehongli a deall arwyddocâd yr enwau a'r lleoliadau. Gwyddom union leoliad fferm Cefn Rhun ac mae'n bosibl lleoli darn o'r *Acre* Hen. Yn yr un modd, gellir lleoli'r *Acre* Newydd, y *Corsydd a'r Gweirgloddiau* ar y darn hwn o'r morfa.

Yn 1674, ceir dogfen (Maesyneuadd) yn nodi bargen rhwng Owen Wynne, un o feibion iau y Glyn, a Robert Wynne ei frawd, penteulu ystad Maesyneuadd drwy briodas, yn cyfnewid tyddyn Garth Buan, darn uchaf *Gweirglodd y Nant*, a *12 roods of hay ground lying in Deg Roode a Rhigain in acre Harleigh* a fferm Coed y Bacha, Llanfair, am fferm Llechwedd Du, ger y Lasynys. Roedd unwaith yn rhan o afael gaeth Rhyryd ap Gwyn a Moel ap Gwyn ym Merthyr ac felly roedd unwaith yn eiddo i'r Goron. Collwyd yr enw *Deg rhwd ar hugain*, Garth Buan, ac enw'r afael erbyn 1840 ond mae'r cyfnewid yn dangos mor werthfawr oedd y gweirgloddiau hyn yn lleol. Cawn hefyd mewn dogfen yn 1641 fod *[Tir] Mab Eilltyr Merthyr a Llechwedd Du* yn rhan o *Afael gaeth Rhyryd ap Gwyn a Moel ap Gwyn* a gofnodwyd yn 1420.

Mae'r ffaith bod y cofnodion niferus sy'n enwi'r caeau *rhwd* yn y cyfnod yng nghasgliadau tair ystad leol, sef Maesyneuadd, Llandecwyn, y Glyn, Llanfihangel-y-traethau a Mostyn, Corsygedol, yn awgrymu bod y teuluoedd hyn yn manteisio ar eu swyddi fel bwrdeiswyr Harlech i ddal tir yn y libart, gan gynnwys y Pumrhydau. Gwelwn y libart yn ymestyn bob degawd. Mae'r ffaith eu bod yn berchnogion ar yr un tiroedd yn 1840 yn awgrymu bod y tiroedd wedi ymdoddi'n hwylus i grombil yr ystadau hyn. Mae traddodiad lleol am dlodi Harlech ac am diroedd coll Harlech. Y gred gyffredinol oedd bod y dref wedi colli'r rhenti'n gynnar iawn. Gellir dadlau mai'r Goron a'u collodd yn gyntaf yn 1316, a hynny i'r fwrdeistref cyn iddynt hwythau, yn eu tro, eu colli i'r ystadau lleol yn yr unfed ganrif ar bymtheg ac wedi hynny.

Er bod nifer fawr o ail elfen enwau'r caeau rhwd wedi eu colli erbyn y Degwm, cofnodwyd 21 ohonynt yn 1740 yn Ardreth Gwŷr Harlech a ddiogelwyd yng nghasgliad Llanfair Brynodol. Cyfeirir ati eisoes. Roedd bron yr holl enwau caeau *rhwd* ynghyd â'u hail elfen wedi goroesi hyd at *Harlech Vill Rental* (Ardreth Harlech) 1792, yn yr un casgliad. Er enghraifft, ceir *Y Deng Rhwd Tir yr un Gŵr*, *Pum rwd yr eglwys*, *Pumrhwd y Llechollwin* yn Ynys Llanfihangel-y-traethau, *Pumrhwd y Clochydd* a *Pumrhwd y Clogwyn*.

Mae'r ardreth hon yn hynod o bwysig gan ei bod yn rhestru tiroedd sied a ddaeth i ddwylo'r bwrdeiswyr yn 1316. Yn celu yn y rhestr faith hon mae enwau tiroedd tu hwnt i Harlech. Dyma'r tiroedd âr gwasgaredig y cyfeiriwyd atynt dros ysgwydd yn y dogfennau cynnar. Buont *ar goll* ers canrifoedd. Trafodir hyn ar dudalen 55. Ni restrwyd yr un o'r enwau hyn yn Rhentol y Goron Ardudwy yn 1623 am y rheswm amlwg mai tiroedd dan reolaeth bwrdeistref Harlech oeddynt. Hwy a gasglai'r dreth arnynt, nid y Goron.

Fel yn achos y caeau *erw*, does dim cysylltiad rhwng yr enw a mesur penodol y cae. Er enghraifft, ar fferm Beudy'r *Acre* mae dau gae o'r enw Nawrhwd, un yn mesur un *acre* statudol a'r llall yn mesur naw *acre*. Mae llawer mwy o enghreifftiau tebyg. Mae'n awgrymu bod tiroedd hynafol a fesurwyd yn ôl y rhwd yn wreiddiol wedi eu cyfuno â chaeau *rhwd* eraill a'u bod wedi cael eu hamgáu a'u hailfesur pan ddraeniwyd y morfa yn y bedwaredd ganrif ar bymtheg.

Mae T I Jeffreys Jones wedi trafod y *pumrhydau* ger Harlech yng nghylchgrawn Cymdeithas Hanes a Chofnodion

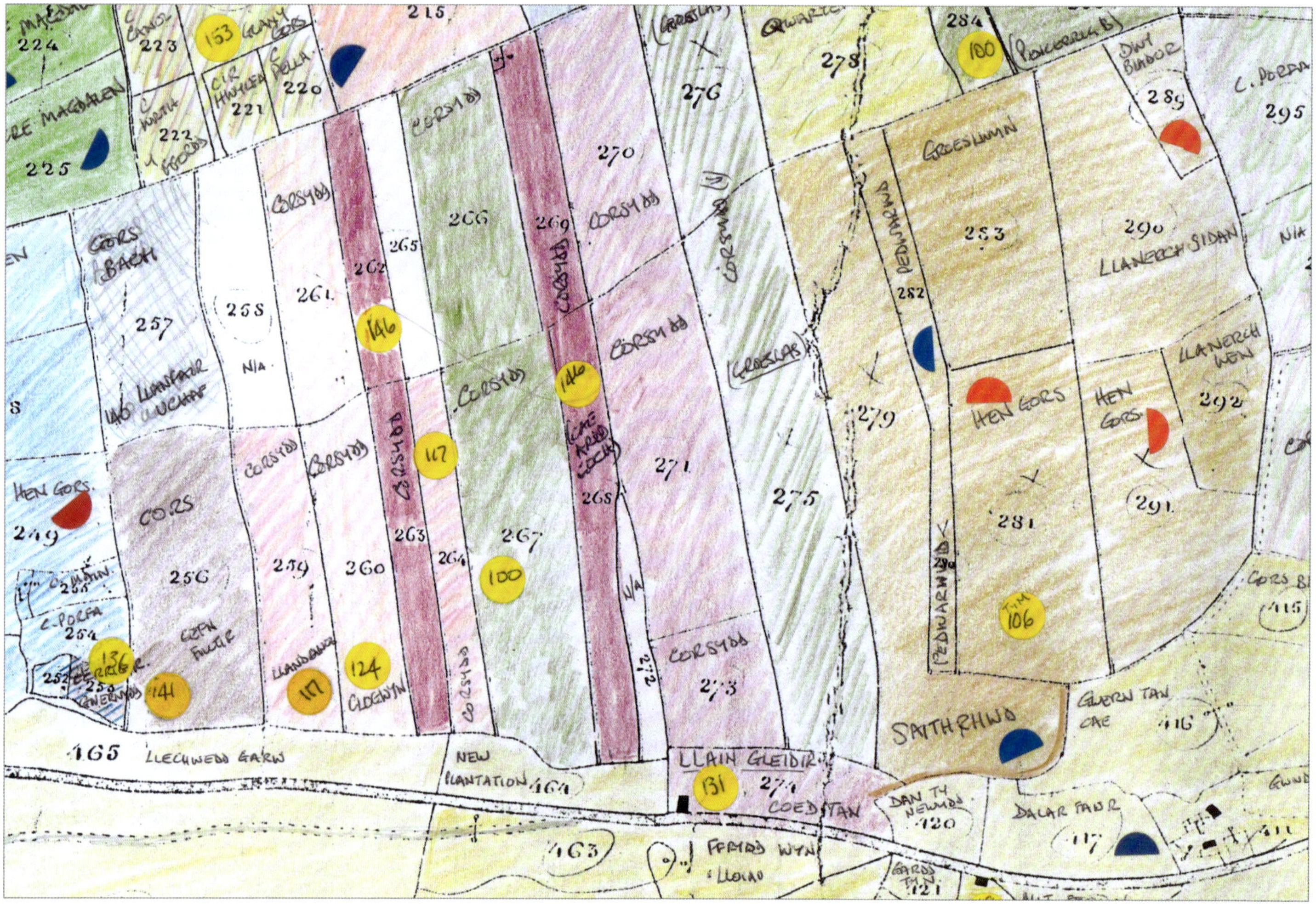

51. *Map Degwm Llandanwg rhwng y morfa a ffordd uchaf Harlech yn dangos y corsydd ac ambell gae rhwd.* © *RhP*

Sir Feirionnydd, *Cyfrol 2, 1953-6,* gan awgrymu bod y tiroedd hyn yn hynafol. Tybiai mai'r rhain oedd y tiroedd y cyfeiriodd E A Lewis atynt fel rhai o diroedd hynafol Harlech. Mae dogfen ar ddechrau'r drydedd ganrif ar ddeg yn disgrifio gweirglodd werthfawr ar *Glacunus* (y Lasynys), sef cartref Ellis Wynne yn ddiweddarach.

Ac mae mwy o dystiolaeth. Cyfanswm bras y caeau *rhwd* yn Rhestr Pennu'r Degwm yw 79 *acre* statudol, sy'n ddigon tebyg i'r 78 *acre* o dir pori ychwanegol a roddodd y Goron i fwrdeiswyr Harlech yn 1312 ac 1313 at gynnal y dref a'r castell. Yr unig diroedd yma o eiddo'r Goron oedd tiroedd y tywysogion. Mae'r disgrifiad a nifer yr *acres* y cyfeirir atynt yn y cofnodion swyddogol hyn yn fwy na chyd-ddigwyddiad. Dyma ddangos eto sut mae enwau caeau, a welir yn y Degwm, yn fodd i ddatgloi hanes. Yn yr achos hwn, maent yn ychwanegu at ddamcaniaethau arbenigwr fel E A Lewis ac yn ein galluogi i leoli'n fanwl diroedd a berthynai i'r tywysogion yn y drydedd ganrif ar ddeg.

Mesur Seisnig *Acre* – enw estron

Defnyddir cae/caeau *acre* i ddynodi'r caeau hynny sydd yn cynnwys yr enw Saesneg, *acre*, a hynny'n unig. *Acre* yw'r enw a'r mesur estron a gyflwynwyd yng nghyfnod Edward I ac a ddefnyddir i fesur tir hyd heddiw yn y byd amaethyddol. Ni ddisodlwyd ef hyd yn hyn gan yr *hectare* cyfandirol. Arferid ei ddiffinio weithiau fel yr hyn y gellid ei aredig mewn diwrnod, neu mewn bore yn yr Almaen. Cyfeirid ato fel *morgen*.

Benthyciad o'r Saesneg Canol *aker* yw *acer*, a gyflwynwyd yn air estron i Harlech yn sgil codi castell yn 1284 a sefydlu'r fwrdeistref yn 1285. Roedd yn enw hollol ddieithr i'r brodorion lleol. Fel *acar* y'i clywir ar lafar heddiw, ym mhlwyf Llandanwg, yn bennaf. Fe'i defnyddir i olygu un erw, a defnyddir *acra(u)* yn lluosog. Roedd yr enw wedi ei hen fabwysiadu yn enw Cymraeg erbyn yr unfed ganrif ar bymtheg.

Mae AMR yn dangos tua 400 cofnod o'r cyfryw enghreifftiau: *Acre called Seysnyc* (1501/2) ac *Akre Uchelwyr* (1626), Sir Ddinbych; *Acre'r Saffron* (1639/40), Llanycil, Meirionnydd; *Yr Aker Hir* (1559-60), Bodelwyddan; *Brandy'r Acre* (1564), Casnewydd-ar-Wysg. Gall y sillafiad *acre* hefyd gynrychioli'r ffurf luosog *acrau* tu draw i Ardudwy, er enghraifft: *Akre Cochyon*, 1620 (Rhiwabon) ac *Ackreduon*, 1673 (y Fflint). Ceir yr enwau hyn ar eu dwysaf yn Y Mers ac mewn ardaloedd a welodd sefydlu bwrdeistrefi Seisnig fel Rhuddlan a'r Fflint lle mae'r dystiolaeth yn dew yn Rhestr Pennu'r Degwm. Nodwyd rhai yng Nghaernarfon, Mynwy, Morgannwg a Threfaldwyn ynghyd ag Acre Harlech.

Ym mhob achos mae'r enw *acre* yn allwedd wrth ddatgloi hanes amaethyddol ac economaidd y bwrdeistrefi. Heddiw, rhoddir blaenoriaeth i adeiladwaith cestyll dros y bwrdeistrefi, gan sefydliadau treftadaeth a chadwraeth yng Nghymru. Hyd yn hyn, ni roddwyd unrhyw sylw i'r effeithiau a gawsant ar y cymunedau cynnar, nac ar y tiroedd cyfagos a'u cynhaliodd. Ai chwedl newydd fydd hon?

Acre Harlech a bwrdeistrefi eraill gogledd Cymru

Amhosibl yw trafod yr enw *acre* heb grybwyll hanes cynnar Harlech. Oni bai am yr hyn a ddigwyddodd yn Harlech, ni fyddai'r enw *acre* wedi gwreiddio yn Ardudwy. Mae'r enw yma'n datgloi hanes cynnar iawn, un sy'n dangos sut yr âi'r Goron Seisnig ati i wladychu tiroedd y tywysogion.

Rhaid lloffa ymhlith nifer o ddogfennau'r Goron i ddilyn trywydd enwau lleol a gweld pa diroedd a ddaeth i ddwylo'r bwrdeiswyr cynnar ac mae'r enw *acre* ynghlwm wrth hyn. Crynhoir y dystiolaeth hanesyddol, sydd i'w chael mewn nifer o ddogfennau, yng nghyfrol safonol E A Lewis, sef *The Medieval Boroughs of Snowdonia,* cyflwyniad Keith Williams-Jones yn *The Merioneth Lay Subsidy Roll 1292–3* a'r gyfrol odidog a olygwyd gan J Beverley Smith a Llinos Beverley Smith, *History of Merioneth*, cyfrol II, a phwysir yn drwm arnynt wrth ddysgu am y cefndir hwn.

Yn gyffredinol, ym mhob rhan arall o'r wlad, roedd y boblogaeth ar ddiwedd y drydedd ganrif ar ddeg yn gymharol uchel ac yn sicr yn llawer uwch na'r boblogaeth yng nghanol yr unfed ganrif ar bymtheg. Ond, yn Harlech, poblogaeth fechan a fodolai yn y dref newydd. Yn y Dreth Leyg, 1292–3, rhestrir dwsin o unigolion yn Harlech a oedd yn gymwys i dalu'r dreth ar eiddo symudol. Cyfanswm eu treth oedd 52s. 7c. swm a oedd yn cynnwys trethi pedwar dyn a wnaeth waith sylweddol iawn i'r Goron yn ystod cyfnod codi'r castell.

Cofnodwyd mai 82 o bobl yn unig a drigai yn Harlech, a'u hanner yn y castell. Yn eu plith roedd ambell gymeriad a'u hanes wedi goroesi dros y canrifoedd. Dynion caled, gweithgar oedd y rhain, yn hanfodol i'r gwaith o godi'r castell. Daeth rhai o Loegr i Harlech i chwilio am waith. Ar ben y rhestr, mae *Johannes Carbonarius* (John le Colier, y golosgwr) a dalai fwy o dreth nag unrhyw un arall, *entrepreneur* os bu un erioed. Gwelir ei hanes ar dudalen 117. Roedd ambell Gymro hefyd ar y rhestr, sef Madog Crach a'i was bach, Wion Fychan, ac Einion Goch, a gwelir enwau'r ddau gyntaf yng nghofnodion y Goron. Cludent ddeunyddiau fel golosg a chalch i Harlech o Dŷ Gwyn y Gamlas, porthladd y dref.

52. Map Degwm ardal Harlech sy'n dangos lleoliadau'r caeau acre i'r gogledd o'r Corsydd. © RhP

Bach iawn oedd hyd a lled y fwrdeistref wreiddiol, prin dafliad carreg oddi amgylch y castell. Ond, ym mhlwyf Llandanwg, sef plwyf gwledig tref Harlech, rhestrir 36 unigolyn yn talu treth unigol sylweddol. Y cyfanswm a gofnodwyd oedd 6li.[£] 6s. 3½ c. camgymeriad o bosib am 6li.7s.10½. Ar sail hyn ymddengys fod nifer sylweddol o unigolion rhydd yn y plwyf a'r mwyafrif ohonynt yn talu treth unigol sylweddol. Mae'n rhesymol awgrymu bod trigolion brodorol *Tywyn Dryslech* yn eu plith ac efallai'n amaethu yn ardal y caeau *cyfer* a nodwyd uchod.

O fewn pymtheng mlynedd fe dyfodd Harlech. Byddai'n lle swnllyd, prysur ac amrwd iawn ei gymuned. Sefydlwyd bwrdeistref oddi amgylch y castell, man cychwyn y broses o wladychu'r cwmwd a ddyrannwyd iddi – rhai tiroedd a fu, hyd yn ddiweddar, yn dir caeth y tywysogion. Deallir oddi wrth ddeiseb y bwrdeiswyr i'r Goron yn 1308, a oedd yn galw am ychwaneg o dir pori, eu bod yn dal melinau'r cwmwd a phorfeydd cyfoethog yr (*havotreffrith*) a berthynai i'r tywysogion yn Nantcol a Thrawsfynydd, cyn gwrthryfel Madog ap Llywelyn yn 1294. Yno, cynhyrchid menyn a chaws a chyflenwad da o gigoedd i'r castell a'r dref. Llaciwyd eu gafael ar y tiroedd hyn ar gyfnod ansefydlog ac mae'n amlwg nad oedd eu tiroedd cyfredol o fewn y Libart yn gallu cyflenwi anghenion tref ar ei thwf fel bwrdeistref Harlech.

53. Awyrlun o'r caeau acre yn Harlech, GEONEX

Yn 1310–11 cofnodwyd fod y bwrdeiswyr yn dal 91 *acre* statudol o dir âr a roddwyd iddynt gan y Goron tuag at gynnal y dref a'r castell. O ganlyniad, gwnaethant ddeisebu'r brenin er mwyn sicrhau ychwaneg o dir i ddiwallu anghenion tref ar ei thwf ac ychwanegwyd 78 *acre* yn 1312–13. Cesglir fod y 78 *acre* hyn yn cynnwys tir pori a rhywfaint o dir âr gan mai sail y gŵyn oedd nad oedd ganddynt ddigon o borthiant i'r gwartheg nac ŷd ar gyfer dibenion y dref.

Mae'r enw estron *acre* a'u niferoedd, sef 91 *acre* o dir âr a 78 *acre* o borfa, yn allweddol wrth geisio darganfod lleoliadau'r tiroedd hyn. Mae'n debyg mai tir agored amaethyddol oedd yma a'i fod wedi ei ailfesur gan swyddogion y Goron, sef yn yr *acre* statudol ac fe'i rhoddwyd i'r fwrdeistref. Yr unig dir ym mherchenogaeth y Goron Seisnig yn Harlech fyddai tiroedd caeth y tywysogion, y rhai a gawsant pan symudwyd y taeogion oddi yno i Ystumgwern. Digolledwyd y taeogion drwy gyflwyno iddynt *carucate* (120 *acre*) o dir bwrdd yn llys Ystumgwern ac mae hyn yn awgrymu bod y tiroedd caeth yn Harlech o leiaf tua'r un mesur. Ond, ble yn union roedd yr *acres* hyn?

Yn 1315 rhoddodd y Goron yn ôl i'r bwrdeiswyr felin y brenin yn Ystumgwern, hanner Melindref (Taltreuddyn), melin Trawsfynydd a mân diroedd âr eraill y tywysogion a oedd ar wasgar yn Ardudwy. Disgrifir hwy fel clytiau âr ym mhlwyfi Trawsfynydd, Maentwrog, Llanenddwyn, Llanaber, Llanddwywe, Llandecwyn a Ffestiniog. Yn ogystal, rhoddwyd yr hafod yn Nantcol (SH6426) a gweirgloddiau yn y Lasynys (SH5932), sy'n ddarnau haws eu lleoli na'r mân glytiau gwasgaredig.

Yn 1316 cyplyswyd holl diroedd stent y fwrdeistref yn un pecyn crwn am rent blynyddol o £22. Cyfeirid at hwn fel *fee farm* ac nid oedd rhaid ateb i'r Goron am fanylion fel enwau tiroedd na'u ffiniau. Roedd hon yn fargen hirdymor i'r bwrdeiswyr ond gwnaeth y gwaith o ganfod tiroedd dienw yn fwy anodd i'r hanesydd. Daliodd y bwrdeiswyr eu gafael yn y tiroedd oll fel *fee farm* hyd at o leiaf y bymthegfed ganrif. Mae nifer o gyfeiriadau mewn cytundebau ysgrifenedig sy'n defnyddio'r enw hwn.

Cyfeirid at y mân diroedd hyn ar hyd y canrifoedd fel *Tiroedd Harlech* a bu peth amwysedd ynglŷn â'u henwau a'u lleoliadau hyd yma. Cyfeiriwyd at enwau'r tiroedd hyn yn Ardreth Gwŷr Harlech uchod yn 1740 ac mae ardreth ddiweddarach yn 1792, rhestr yng nghofnodion Llys y Syllty yn 1592/3, a dogfen TNA, SC6/1231/10 yn ddogfennau pwysig iawn ac yn llenwi bylchau yn ein gwybodaeth.

Acre Ardudwy Uwch Artro

Yn ôl y Degwm, mae 26 cae *acre* yn Ardudwy Uwch Artro, 110 *acre* o fesur, a'r mwyafrif ohonynt ym mhlwyf Llandanwg. Mae'r caeau hyn yn Harlech yn dir âr, mewn clwstwr wrth droed y castell, a thri chae mewn llecyn cyfagos yng Nglan y Môr. Cyfanswm mesur y caeau âr hyn yn Llandanwg yw 90 *acre* statudol. Yn eu plith ac yn ychwanegol at y 90 *acre,* mae dau gae *rhwd* a dwy hwylfa sy'n rhoi mynediad, y naill i'r *Hen Gors* a'r llall i'r *Acre Bellaf*. Disgrifir y cyfan mewn dogfennau ar hyd y canrifoedd, *oddi mewn i Libart Harlech*. Heblaw am un cae, ym Moel y Glo, mae'r pedwar sy'n weddill o fewn milltir i felin hynafol y cwmwd yn Nhaltreuddyn. Does dim caeau *acre* yng ngweddill cwmwd Ardudwy.

Oddeutu'r triongl taclus, mae ffin glir y morfa, gweirgloddiau a adenillwyd ar ddechrau'r 1800au (*Allotments on the Marsh* yn y Degwm) a'r corsydd sy'n ymestyn hyd at y llethrau. Yn y pellter mae'r Lasynys lle gellid cynnal 24 buwch gwerth 60 swllt, oedd ar y pryd yn dir wast, ynghyd â gweirglodd gwerth 5 swllt, a gofnodwyd yn Lladin yn Stent gyntaf Meirionnydd yn 1284-6. Gosodwyd darn gan gwnstabl y castell yn 1590 i fwrdeisiwr yn Harlech ac fe gofnodwyd: *a parcel near y las ynys, 8s 3c.*

Enwau digon cyffredin sydd i'r rhan fwyaf o'r caeau *acre* yn y Degwm, megis *Accar Fawr* ac *Accar Galed*, yn Gilarwen, *Acra Ucha* yn Morfa ac Acra Pella ar fferm *Acra Galed*. Ond,

54. Llun o'r caeau acre o'r castell yn edrych tuag at y Lasynys.

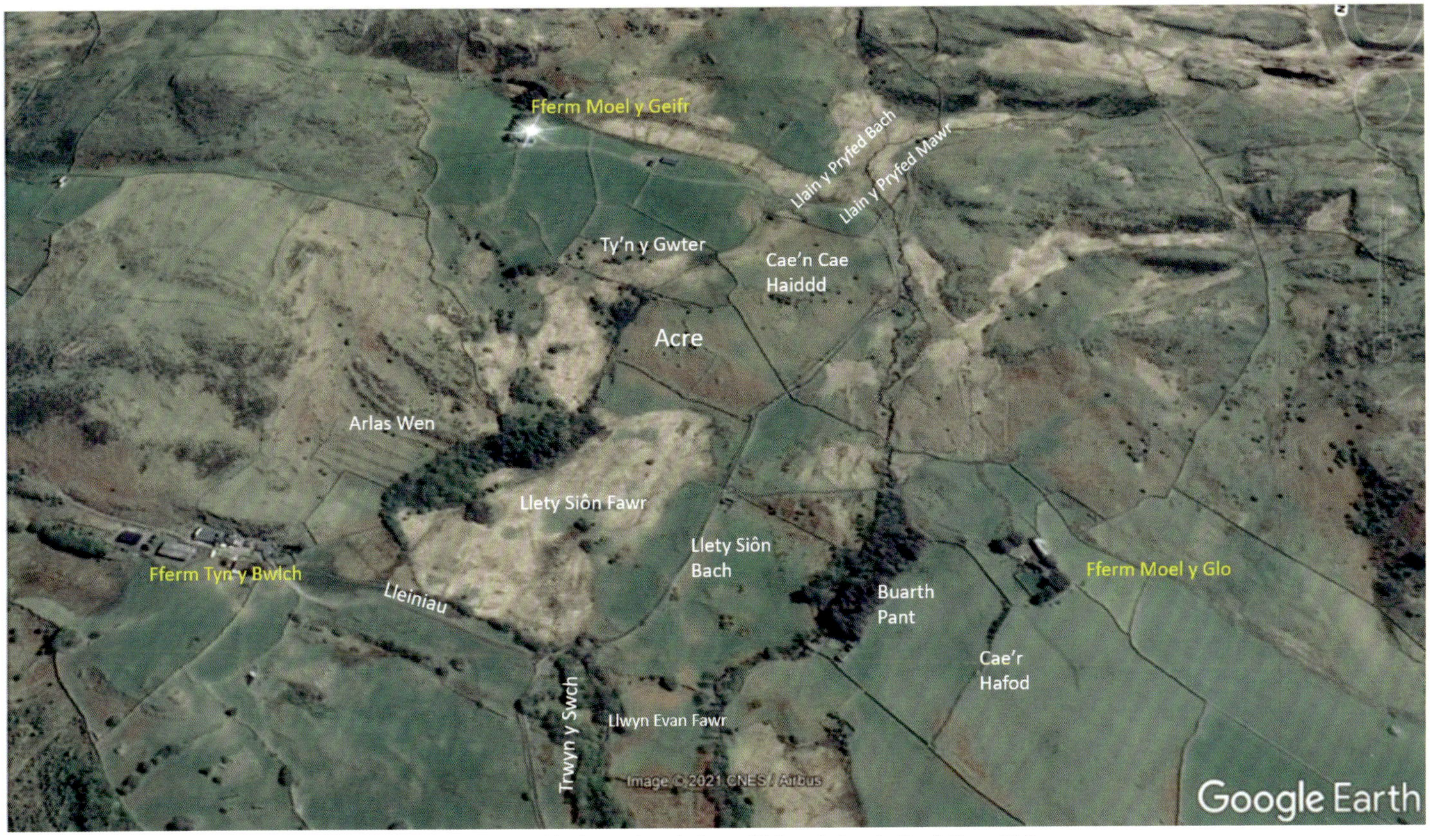

55. Llun o'r cae Acre ym Moel y Glo ymysg nifer o enwau tiroedd sy'n perthyn i'r Oesoedd Canol. Google Earth Pro a RhP.

mae hefyd yr enw *Acre Magdalen* ar dri chae. Mae'r defnydd o'r enw *Magdalen* yn Harlech yn hen iawn. Mewn llythyr at ei berthynas, Margaret Owen, Brogyntyn a Glyn Cywarch, yn 1706 cwynodd Ellis Wynne o'r Lasynys fod capel bwrdeiswyr Harlech a gysegrwyd i Fair Magdalen wedi ei ddymchwel a'r cerrig wedi eu cludo oddi yno ers tro byd.

Codwyd y capel adeg Edward I, er hwylustod i'r bwrdeiswyr ac i osgoi'r daith i eglwys y plwyf a gysegrwyd i Sant Tanwg yn Llandanwg, lle addolai'r Cymry. Pan gloddiwyd y safle hwnnw'n gynnar yn y bedwaredd ganrif ar bymtheg wrth osod sylfeini i'r tannws, darganfuwyd esgyrn merch feichiog ac amryw o gyrff eraill heb arch na math ar garreg fedd. Awgrymodd Lewis Lloyd mai cyrff a daflwyd yno adeg y Pla oeddynt, tua 1340. Codwyd tŷ, sef Ivy House, ar safle'r hen gapel yn ôl traddodiad lleol. Yn Lloegr, adeg yr Oesoedd Canol, cysylltid yr enw Magdalen yn gyffredin â chanolfannau lle codwyd tŷ ar gyfer y gwahanglwyfus.

Yr unig enw personol arall yw *Allt James* (rhif 234). Os oedd cysylltiad rhwng yr enw *Allt James* a chwnstabl y castell rhwng 1290 ac 1293, sef James de St George. Yn sicr ddigon ni fu cysylltiad rhwng y tiroedd hyn a phobl y wlad. Gwaherddid hwy rhag mwynhau manteision a hawliau'r bwrdeiswyr cyntaf a threthid eu cynnyrch yn y marchnadoedd. Ond roedd y bwlch rhwng y brodorion a'r bwrdeiswyr yn fwy na mater o iaith, busnes a libart. Hyd yn oed yn niwedd y bedwaredd ganrif ar bymtheg, arferai plant Llanfair alw plant y dref yn *Brain Harlech* am eu bod yn wahanol. Yn y flwyddyn 2000 clywais innau ffermwr lleol yn honni bod iaith y dref yn wahanol i iaith y wlad ym mhlwyf Llandanwg ac un arall yn hawlio bod agweddau ac iaith pobl y *garrison town* yn wahanol iawn i iaith pobl y wlad o'u cwmpas. Gwir ai peidio, yr hyn sy'n ddiddorol yw mai dyma'r hyn mae ardalwr yn ei ddirnad, rhyw atgof sydd wedi ei gynnal a'i drosglwyddo o genhedlaeth i genhedlaeth.

Erbyn y Degwm, yn gyffredinol, dim ond yr elfen *acre* o'r enwau cyfansawdd gwreiddiol sydd wedi goroesi o'r caeau *acre*. Ond cofnodwyd ambell enw lliwgar yn llawn yn nogfennau ystad y Glyn (Brogyntyn) ac ystad Corsygedol, Mostyn (Bangor) mor ddiweddar â 1600. Adroddant hynt a hanes hen diroedd Harlech.

1558–90

Mae nifer fawr o brydlesi sydd yng nghasgliad Brogyntyn yn enwi man o'r enw *Yr Acrey Hen* a hefyd *Yr Acrey Newydd*. Dyma enwau a ddefnyddid yn lleol am y ddau lecyn am o leiaf ddwy ganrif arall ac o bosibl am ddwy ganrif ynghynt. Ceir hefyd *Acrey yr Ustys* ac *Acre dir yr Ungwr*. Collwyd y ddau enw erbyn 1750. Yn arwyddocaol, mae'r prydlesi hyn hefyd yn cyplysu'r tiroedd gyda'r *fee farm*, sef tiroedd cynharaf bwrdeistref Harlech.

1740

Yn Ardreth Gwŷr Harlech gwelir *Yr Acre Ucha*, Tan y Llech a'r *Acre Gam, Acre Fain* Glan y Môr, *Acre'r Person, Acre Penarth, Acre Mair Fagdalen, Pum Rwd yr Acre Newydd, Pum Rwd yr Hen Acre* a *Saith Rwd yr Acre Ucha.*

Mae'r unig gae o'r enw *Saithrwd* (rhif 279) ymysg y Corsydd, rhwng ffermydd Llain Gleidr a Llechwedd Du Bach, ar ochr y llethr a'r ffordd uchaf o Harlech am Dalsarnau. Dyma felly leoliad yr *Acre Ucha* ond tybir, gan nad oes cyfeiriadau cyson ato, nad oedd yn fwy nag enw llafar gan ychydig ffermwyr a hynny tua 1740. Roedd y tiroedd hyn i gyd yn nwylo unigolion erbyn hyn ac yn talu rhent y Goron drwy'r fwrdeistref.

1750

Wedi'r dyddiad hwn, cyfeirid at Acre Harlech, sef enw mwy cyffredinol. Awgryma hyn fod yr enwau lleol adnabyddus *Acre Hen* ac *Acre Newydd* yn amherthnasol a'r rheswm am wahaniaethu rhyngddynt wedi mynd yn angof.

I grynhoi, cyfeiriwyd at yr *Acre Hen* a'r *Acre Newydd* yn aml a chyson rhwng 1558 ac 1750 a bu cryn newid yn eu perchnogaeth. Llwyddwyd i leoli'r 91 *acre* hynny a ddyrannwyd gan y Goron i'r bwrdeiswyr yn 1312/13 a'r 78 *acre* o weirgloddiau a ychwanegwyd yn 1312–13. Hyn oll oherwydd bod enwau'r caeau wedi datgelu eu lleoliad i ni saith can mlynedd yn ddiweddarach. Rhyfeddol!

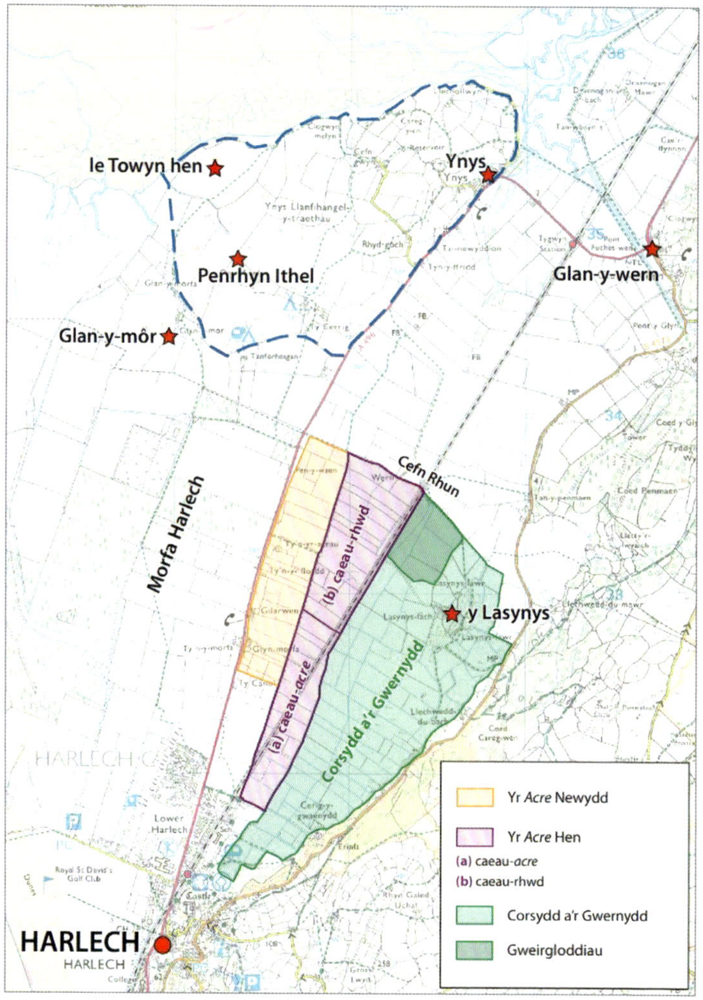

56. Map yn dangos lleoliad yr Acre Hen, yr Acre Newydd, y Corsydd, y Gweirgloddiau ac enwau llecynnau hynafol fel Tywyn Hen, (Le Towyn Hen, cofnodion y Goron), a fu'n allweddol yn natblygiad tiroedd Harlech ar sail yr ymchwil. Map (CDT LlC) a © RhP

Acre bwrdeistrefi eraill gogledd Cymru

Nid annisgwyl yw gweld olion cysylltiadau'r caeau *acre* ger cestyll eraill ar hyd a lled gogledd Cymru. Sefydlwyd eu siarteri ar yr un patrwm ag un Henffordd. Mae digon o dystiolaeth bod y bwrdeiswyr yng ngogledd Cymru yn cydweithio'n glòs â'i gilydd yn y bedwaredd ganrif ar ddeg ac yn dilyn hynny. Roedd rhai o fwrdeiswyr Harlech hefyd yn dal tiroedd mewn bwrdeistrefi eraill. Naturiol, felly, fyddai gweld yr un patrwm enwau a dylanwad yr enw estron *acre* ar enwau'r tiroedd hynny.

Gwelir caeau *acre* yn enwau Degwm 1840 ac mewn dogfennau ystadau ceir cysgod o ffiwdaliaeth Ewrop yng Nghaernarfon, Harlech a Chonwy, ac mae'n arbennig o amlwg yn Rhuddlan a'r Fflint. Mesurwyd y caeau *acre* yn y Fflint ar ffurf dri chornel, ger y castell fel y gwelir yn Harlech.

Lle	Enwau caeau *acre* yn y Degwm
Caernarfon	Dim ond tri chae sy'n dal yr enw *acre* ym mhlwyf Llanbeblig yn 1840, sef dau gae *Acar* a *Cae Tair Acar*. Prin bedair *acre* yw'r cyfanswm. Rhoddwyd oddeutu 1,464 *acre* i'r dref i'w chynnal yn ystod ei hanes cynnar, sef dwywaith cymaint â Chonwy. (Gw. MBS, tt. 46–48; BBCS, IX, Rh.III, tt. 236–246.)
Conwy	Dim ond un cae *acre* a geir ymysg hanner cant o gaeau a gofnodir yn y Degwm. Mae ar gyrion y dre ond mae'n gae 30 *acre* o faint! Yr enw arno yn y Degwm yw'r *Acre Hirion*. Rhoddwyd oddeutu 700 *acre* i'r bwrdeiswyr yng Nghonwy ac roedd y mwyafrif wedi eu gwasgaru ar hyd a lled y fro.
Fflint	Mae 39 cae *acre* a chyfanswm o 79 *acre* yn y Degwm. Mae llawer o'r hen enwau yma hefyd wedi goroesi. Ceir yr enwau difyr *Acar Allt Goch*, *Accre Ddu*, *Acre Maes y Dre* yn Waun Isaf, *Accar Tir Budir*, *Acar y Felen* (felin), *Saith Acar Ucha* a llawer mwy.
Rhuddlan	Yn y Degwm mae 35 cae *acre* a chyfanswm o 108 *acre*. Goroesodd y rhan fwyaf o'r enwau hynafol, fel *Acar Goch* yn fferm Merllyn, *Acar y Bailiad*, *Aber Kinsey* (*beili*, sef un o brif stiwardiaid y fwrdeistref), *Acar Cefn Dy* yn fferm Tre Llywelyn Fawr, *Acar Maes Meirch* yn Tyn Rhyl a *Naw Acar Isaf* yn Hendre.

57. Rhan o fap Degwm Rhuddlan yn ardal tref y Rhyl heddiw yn dangos lleiniau hynafol sy'n dwyn yr enwau Quillet a Coetia. Gyda chaniatâd Archifau Sir y Fflint.

58. Awyrlun o'r Rhyl sy'n dangos bod modd adnabod ffurf y lleiniau hynafol heddiw. Map Google Earth Pro.

Yn yr ardal hon, i'r de o dref y Rhyl heddiw, roedd yn 1840 nifer o gaeau *acre* a'r rheini ychydig yn wasgaredig yn hytrach na'u bod mewn clwstwr fel ag yr oeddynt yn nes at gastell Rhuddlan. Rhyngddynt, ac weithiau o fewn terfynau caeau o faint sylweddol iawn, roedd nifer fawr iawn o leiniau cul yn dwyn yr enwau dryll, maes a coitia. Ystyr coitia yma oedd coetgae, sef darn bach o dir wedi ei amgáu â pherth neu wrych. Mae hefyd yn dynodi darn bach o dir wedi ei ennill o goedlan. Byddai'n disgrifio trefn hynafol o rannu'n lleiniau o fewn maes agored. Dyma ardal sydd yn dangos cysgod patrwm amaethu yr Oesoedd Canol. Mae'r ardal hon ac enwau'r caeau ynddi yn haeddu llawer iawn mwy o sylw.

Mae'r dystiolaeth yn Harlech yn cryfhau'r ddamcaniaeth mai tiroedd hynafol y tywysogion Cymreig, a oedd yn ddiweddarach yn eiddo i'r Goron Seisnig a'r fwrdeistref, oedd y tiroedd a fesurwyd ac y cyfeiriwyd atynt dan yr enw estron, *acre*.

59. Awyrlun Conwy a'r Acrau Hirion wedi eu dynodi â dwy seren wen. Gyda chaniatâd CBHC.

60. Darn o fap Degwm Conwy a'r Acrau Hirion, rhif 28. Gyda chaniatâd LlGC.

DARNAU O DIR AMAETHYDDOL CYMREIG

Llain

Enw cyffredin iawn ar ddarn o dir yw llain ac fe'i ceir ym mhob plwyf yng Nghymru. Roedd yn enw cyffredin – *quillet* yn Saesneg. Cofnodir miloedd ohonynt a'r mwyafrif yn enwau syml. Ystyr llain yn yr Oesoedd Canol oedd stribyn o dir hirgul a hwnnw'n dir âr. Ymddengys yr enw mewn dogfennau a llawysgrifau yn yr unfed ganrif ar bymtheg ac wedi hynny. Yn ôl GPC benthyciad yw o'r gair *láigen* mewn Hen Wyddeleg, sef gwaywffon.

Yn yr Oesoedd Canol, fe welid y lleiniau fel arfer ar gyrion pentrefi ar safle hen faes agored. Yn wir, gellir eu gweld heddiw ar fapiau Degwm a mapiau cynnar yr Arolwg Ordnans ar draws Cymru fel mae yr enghraifft ger y Rhyl yn dangos.

Dyrennid y tir gan y canghellor ar gyfer y taeogion mewn trefgorddau gwledig caeth ac mae digon o enghreifftiau yn Is Artro, sef rhan ddeheuol cwmwd Ardudwy. Mae'r caeau *rhwd* yn Llandanwg yn enghraifft hynafol, er bod enw'r mesur *rhwd* arnynt. Er hyn, ni chyfyngwyd yr enw i diroedd caeth. Mae'n debyg iawn bod y cyfardiroedd rhydd neu feysydd oddi mewn iddynt hefyd wedi eu rhannu'n lleiniau yn yr un modd, fel y gwelir ar dudalen 37, yn achos *Maes y Groes*, Penarth, Llanbedr.

Yn ei lyfr *The Ancient Laws of Wales* mae Hubert Lewis yn nodi bod olion trefn amaethu hynafol, fel y rhai Brythonig, yn dal i'w gweld mewn rhannau o dde Lloegr, yn arbennig yng nghyffiniau Brighton. Gwelir hyn hefyd mewn enwau megis *West Laine* ac *East Laine*, nodweddion y mae Hubert Lewis yn eu cysylltu â'r enw Cymraeg llain.

O'r holl gaeau *llain* yn Negwm Ardudwy canran isel iawn oedd yn dir âr yn 1840. Mae'n bosibl eu bod wedi eu trin pan oedd yr hinsawdd yn well, neu pan oedd pwysau'r boblogaeth yn creu'r galw am fwy o gnydau. Y rheswm pennaf am ddewis yr enw oedd bod y cae'n gul, siâp a adlewyrcha batrwm yr hen leiniau âr. Mae fferm o'r enw Llaingleidir yn Llandanwg ond mae'r enw hwn wedi ei lygru dros y blynyddoedd.

Ymhlith yr enwau ar gaeau *llain* yn Ardudwy mae:

Lle	Caeau llain
Llanbedr	*Dalar Llain y Drws*, Pwll March.
Llandanwg	*Llain Merthyr*, sef darn cul o dir yng nghanol yr hen gomin ac yn amlwg wedi ei amgáu'n gymharol ddiweddar.
Llandecwyn	*Llain Coed Du*, Coety Mawr, *Llain Las*, Aberdeunant, *Llain y Bach Du* ar fferm Penbryn Ucha a Penbryn Isa, *Llain y Pryfed Mawr*, *Llain y Pryfed Bach* (ysgyfarnogod yn lleol), Moel y Geifr, *Morfa Lleiniau*, Gallt y Calch.
Llanfair	*Llain Pistyll*, Tyddyn Siencyn.
Llanfihangel-y-traethau	*Llain Cae Coed* ar fferm Minffordd a *Llain Tŷ Crwyn*, Draenogau Bach.
Trawsfynydd	*Llain Rywiog*, Bedd y Coedwr a *Llain y Clochydd*, caeau Pen-y-cefn.

Mwy diddorol o ran tystiolaeth yw'r lluosog, lleiniau, gan fod nifer o leiniau cyfochrog yn fwy arwyddocaol ac yn awgrymu patrwm amaethu hynafol iawn, fel yr enghraifft yn y Rhyl. Ceir nifer o enghreifftiau yn y tabl. Fel *Cae Bach*, maent yn celu hanes hen drefn o amaethu.

Lle	Enwau lluosog, lleiniau
Llanaber	*Lleiniau*, Llwyn Onn Uchaf.
Llandecwyn	*Lleiniau*, Tyn y Bwlch.
Llanddwywe	*Lleiniau Hirion*, Llecheiddior Isaf.
Llanenddwyn	*Lleiniau Pella* a dau gae *Lleiniau* yn Uwchlaw'r Coed.
Llanfair	*Lleiniau Gwynion*, Gerddi Bluog.

Maes

Mae llawer ystyr i'r gair *maes.* Gall fod yn faes agored lle yr arferid aredig yn yr Oesoedd Canol, neu'n faes yn perthyn i eglwys neu'n bodoli i'w chynnal hi a'r person, fel *Maesllan* Llandecwyn a *Maes y Llan* Llandanwg. Gall hefyd fod yn faes brwydr. Fe'i defnyddid hefyd yn yr ystyr *maes claddu* a *maes castell.* Yn fferm Tallyn, Llandecwyn ceir yr enw anghyffredin *Maes y Gleinlia(u).*

Roedd a wnelo'r astudiaeth hon yn bennaf ag ystyr amaethyddol maes, sef maes agored a ddefnyddid ar y cyd yn yr Oesoedd Canol gan aelodau o gymuned rydd neu gaeth i godi cnydau. Ar ôl y cynhaeaf, caniateid pori ar y maes. Trefnid ei ddefnydd yn ffurfiol ac fe'i cedwid i'r llythyren. Ymestynnai'r arferiad ymhell yn ôl i gyfnod y Cyfreithiau. Byddai maes agored o'r fath mewn man priodol ger y brif hendref, gyda thyddynnod a thalarau o'i amgylch.

Gan nad yw'r enw maes yn gyffredin iawn yn Ardudwy, mae ei ddefnydd yn awgrymu ei fod yn enw ar dir arwyddocaol a phenodol. Mae mwy na hanner y caeau maes yn dir âr a'r mwyafrif yn bum erw neu fwy o ran maint. Maent wedi eu gwasgaru'n denau ar draws Ardudwy ond ym mhlwyfi Llanfair a Thrawsfynydd y ceir y niferoedd mwyaf. Mae cyfeiriad at *Maesnuath* (Maesyneuadd) yn Stent 1420 ac yn amryw o ddogfennau'r ystadau lleol yn 1456 ac 1499. Gwelir hefyd yr enw Maesycaerau (Llandecwyn) yn 1531.

Gan amlaf, mae safle'r caeau *maes* yn agos at gylch o gaeau *talar* neu gaeau *erw,* neu weithiau yn eu canol. Yng Nghrafnant, Llanfair, ceir enghraifft sy'n dangos cylch o gaeau *talar* oddi amgylch cae *maes.*

Mae enghraifft arall yn Ynys Llanfihangel-y-traethau, man y mae iddo gysylltiad â chymuned rydd cyn 1282. Mewn ardal o gorsydd a morfa roedd tiroedd ychydig o droedfeddi'n uwch na'r gwlypdiroedd hyn yn diroedd gwerthfawr ac yn rhai i awchu amdanynt. Nodwyd eisoes werth gweirglodd y Lasynys. Roedd tiroedd amaethyddol hefyd ar fferm Draenogau, fel mae'r enw *Erw* ar gae yn awgrymu. Bu gynt yn ynys ar ben llanw cyn codi'r clawdd llanw yn 1806. Nid annisgwyl felly yw gweld enwau rhai o fwrdeiswyr Harlech mewn prydlesi a chytundebau yn dyddio o'r unfed ganrif ar bymtheg, rhai sy'n enwi tiroedd âr yr ardal. Enwir *Maes Mawr*, Llanfihangel-y-traethau yn aml a gwelir fod nifer o fân diroedd yn y maes hwnnw. Buddiol yw cymharu'r dystiolaeth am y llecyn hwn yn 1595 â'r enwau sydd yn y Degwm.

Mae tystiolaeth hanesyddol bod cymuned rydd ar yr ynys cyn 1284 ac yma roedd porthladd bychan a gâi ei adnabod yn ddiweddarach fel porthladd Harlech. Cofnodir ar faen ym mynwent Eglwys Sain Mihangel mai Hoedlyw (Odelev) a gododd yr eglwys yn ystod teyrnasiad Owain Gwynedd (1137–70).

Ymhen amser mae'n rhaid bod y gymuned wedi manteisio ar brysurdeb cynyddol y porthladd a'r gamlas oddi yma i Harlech. Ar ochr ogleddol Eglwys Llanfihangel-y-traethau, cofnodir yn y Degwm enw cae tair erw o dir âr, sef *Maes Mawr.* Ar ochr ddeheuol yr eglwys mae caeau gyda'r enwau *Talar Gam*, *Dalar Ddima* a *Talar Bychan.* Tystia'r nifer sylweddol o enwau sy'n ymwneud â thir âr, yn enwedig y rhai mewn clwstwr fel hyn, yn ogystal â chae *maes* sylweddol ei faint, fod yma gymdeithas gydweithredol rydd yn yr Oesoedd Canol. Roedd *Maes Mawr* yn dir âr yn ôl y Degwm ac fel yr awgryma'r enw gallai fod yn gyfardir yn yr Oesoedd Canol.

Yn 1539 cofnodir yng nghasgliad ystad y Glyn, sef yr ystad agosaf, '*yr sgubor wen in lo[c]o voc y mays mawr*' (yr ysgubor wen yn y lle a elwir y Maes Mawr) yn Llanfihangel-y-traethau.

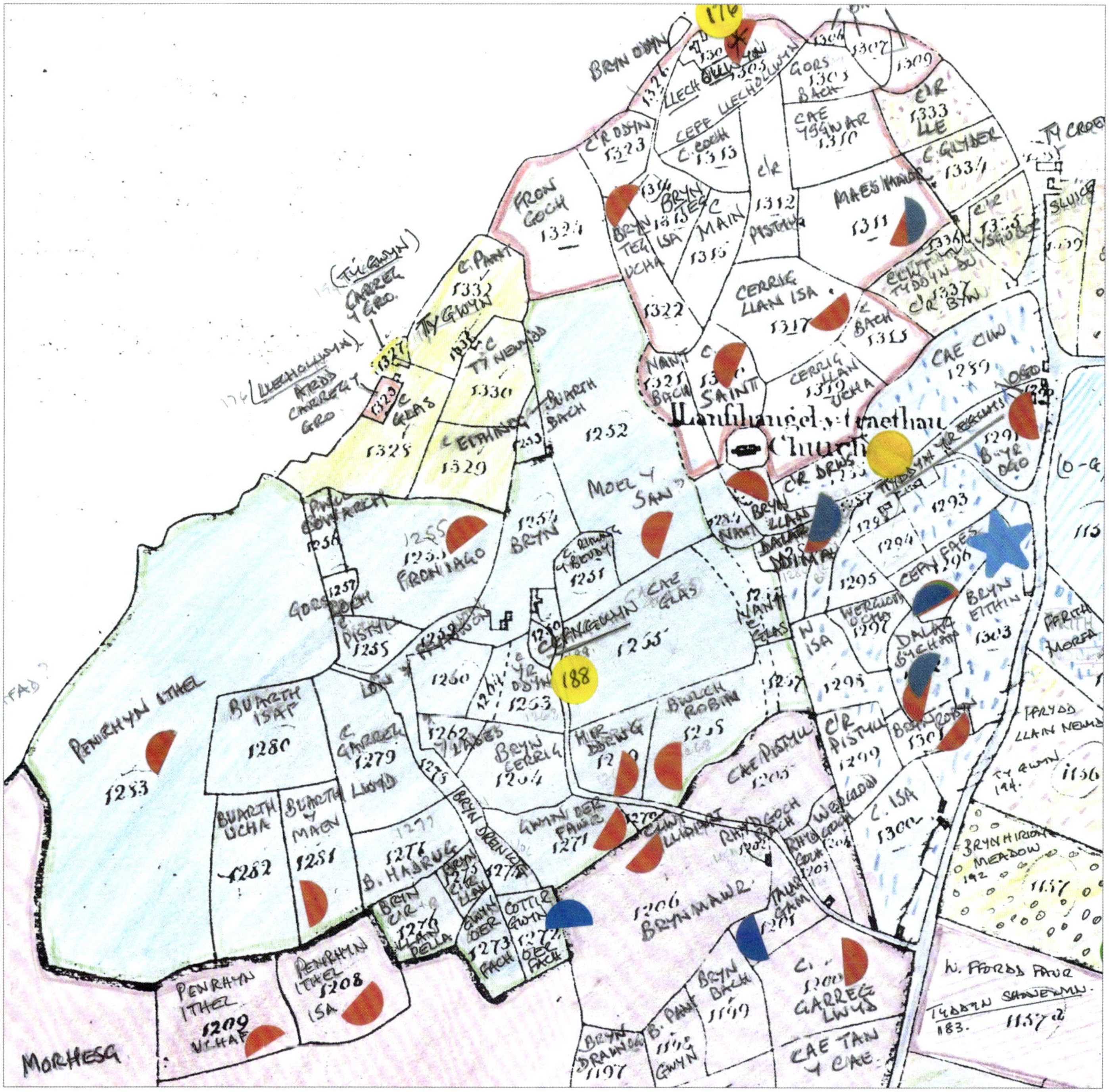

61. Darn o fap Degwm Llanfihangel-y-traethau sy'n dangos Cae Saint (Erw Sant yn 1595), Maes Mawr a thiroedd ac arnynt enwau hynafol. © RhP

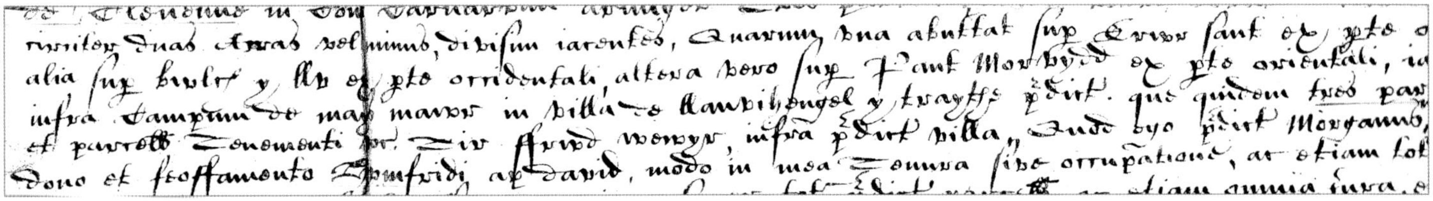

62. Darn o ddogfen Brogyntyn ETD2/4/25 yn 1595. Gwelir yr enwau 'Erw Sant', 'Pant Morvydd', 'Mays mawr' a 'Tir ffrwd wewyr'. Gyda chaniatâd LlGC.

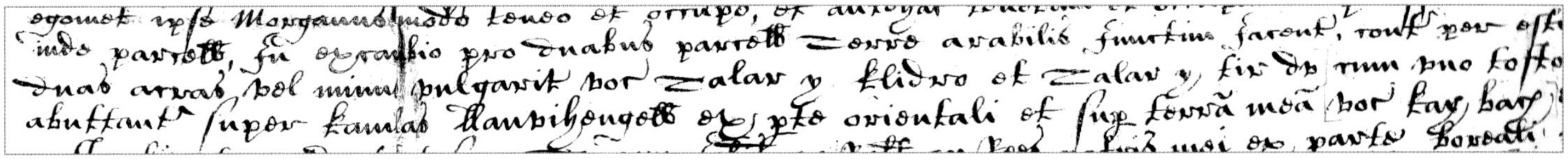

63. Gwelir yma 'duas acras' [dwy acre*], 'Talar y Klidro et Talar y Tir Du', a'u lleoliad ger 'Kamlas Llanvihengell'. Brogyntyn ETD2/4/25. Gyda chaniatâd LlGC.*

Ac yn 1595 ceir cofnod o '*three parcels of arable land in a field called Mays mawr*,' Llanfihangel-y-traethau. Hefyd yn yr un flwyddyn ac yn yr un casgliad, ceir cyfeiriad at y Gamlas a thri pharsel o dir âr sydd yn rhan o dyddyn ym *Maes Mawr*:

> *Tir ffrwd wewyr, a toft abutting on Kamlas Llanvihangel on the eastern side.*

Cofnodir hefyd yr enw *Talar Klidro*, sef enw a gofnodwyd yn Harlech yn 1472 pan godwyd trwydded i alluogi pedwar mab gordderch Syr John Clidero i brynu daliad yn Llanfihangel-y-traethau, a *Talar y Tir Du*. Bob yn dipyn, ceir darlun mwy cynhwysfawr o'r ardal hynod hon.

Ond mae hefyd enghreifftiau ym mhob plwyf lle nad oes clystyrau o'r caeau *talar* yn agos at y cae *maes*. Mae cae o'r enw *Maes Dynowen* (sef, o bosibl, llygriad o'r hen enw Ednywain) yn Nrws yr Ymlid yn uwchdir plwyf Llanfair yn debyg o fod lawer yn hŷn na'r fferm bresennol. Tybed a oes atgof yma o enw'r gwely rhydd *Wely Ednaywayn ap Emyr* yn Llanfair a gofnodwyd yn Stent 1420? Gerllaw mae fferm Maesylfar (Maes Sylvedd yn Rhentol 1623) ac yna (Cil y Bronrhyd yn y Degwm ond Cilbronydd ar lafar a Kil y Bronrhudd yn Rhentol 1623) lle mae cae *Maes Madog*, a gerllaw yn Ninas Bochellin ceir *Maes Dau Dir*.

Ym mhlwyf Trawsfynydd hefyd mae enw hynafol ar gae, sef *Maes Imper*, ar fferm Brynclynog (yn y Degwm) ar lan afon Prysor. Yn ôl arolwg yn 2007 gan Ymddiriedolaeth Archaeolegol Gwynedd, bernir fod y ffordd Rufeinig, Sarn Helen, yn ei groesi. Fe'i cofnodwyd yn anghywir dan yr enw *Maes Siamber* yn y Degwm, *Maen Jumper* ar fap Arolwg Ordnans yn 1887 ond yn gywir ar fapiau yr AO ers 1890. Mae nifer o wahanol ffyrdd lliwgar o egluro'r enw ar lafar gwlad. Yn y Dreth Leyg yn 1292–93 gwelir yn rhestr *Trausvenith*, un o'r enw *Madocus Imper* sy'n talu treth o 16s 5c. Cofnodwyd *Maes Imper* hefyd yn 1584 ynghyd â *Bryn y Croig* yng nghasgliad Peniarth, y ddau'n cael eu disgrifio fel *two closes of land – being part of – Frith Pryssor* ac wedi eu rhoi drwy fraintlythyrau yn 1569.

Rhaid troi map Degwm Trawsfynydd ben i waered i gydfynd â mapiau cyfoes ac awyrluniau gan fod y gwreiddiol wedi ei ddylunio gyda'r gogledd ar waelod y map.

Mae hefyd wrth gwrs nifer o feysydd yn gysylltiedig ag eglwysi ac yn naturiol maent wedi eu lleoli'n agos at yr eglwys. Yn draddodiadol, dyrennid y caeau hyn at ddefnydd offeiriaid i'w cynnal ac fe'u gelwir yn *Faes y Llan*. Gwelir yr enwau hyn ar draws Cymru, y cofnod cynharaf yn 1349.

64. Rhan o fap Degwm Trawsfynydd sy'n dangos Maes Siamber/Maes Imper, rhif 923. Gyda chaniatâd LlGC.

65. Awyrlun o Faes Imper a Phrysor. Google Earth Pro.

Mae'n werth edrych dros ysgwydd ar weddill Cymru am funud a chawn fod miloedd o gofnodion o'r enw *maes* yn AMR. Cawn flas ar y cofnodion cynharaf wrth ystyried yr enwau hynafol ym Môn. Mae *Maes y Llan* (1473), Aberffraw yn nodweddiadol o dir a ddyrannwyd i offeiriad y plwyf at ei gynhaliaeth ar draws Cymru. Mae *Maes Mawr* (1512), Llechgynfarwy yn awgrymu hen faes ac iddo leiniau. Ceir *Maes Pentir*, Penmon yn 1479 ac o bosib, yn yr un lle, *y mays mawr, als. voc. Y gweyn windyr* yn 1484. Cofnodwyd *Maes Gwenith* ym Modlew, yn 1413, enw cynnar iawn sy'n ddisgrifiad o dir ffrwythlon.

Talar (hefyd Dalar)

Ystyr yr enw *talar* yw tir heb ei gyffwrdd mewn cae sydd wedi ei aredig, sef y tir ym mhen yr erw lle mae'r aradr yn troi. Gall hefyd gyfeirio at ffin, un ai rhwng talarau neu rhwng dau dir. Mae'r dywediad marcio'r dalar yn deillio o bwysigrwydd gosod a nodi ffin tir ac mae'n addas iawn i ddynodi bod terfyn i achos neu ddadl. Cyfeirir at y dalar yn y Cyfreithiau, er enghraifft:

> ac or byd yr yt heb vedi, ef [y rhingyll] a geiff y talareu oll.

Cofnod o'r bedwaredd ganrif ar ddeg ydyw, un sy'n egluro'r hen drefn. Ar dir caeth, y rhingyll ar ran yr arglwydd fyddai'n dal yr hawl ar y tir rhwng y talarau ac ymhen pob cwys. Golygai hyn na fyddai'r arglwydd yn colli gafael ar y darn tir dros amser.

Mae llai o lawer o gofnodion o'r enw *talar/dalar* yn AMR na'r enw *maes*, ond mae ambell un yn hynafol iawn. Ceir *Talar yr Orsedd* yn Chwitford Garn, y Fflint yn 1341. Mwy arwyddocaol yw'r lluosog, sy'n awgrymu lleiniau mewn maes agored, fel yn *Y Talare*, Llansilin (1391), *Talareu Hirion* yn Bychton, y Fflint yn 1337 a *Talare y Gwragedd Moelion*, y Cwm, hefyd yn y Fflint yn 1672. Yn aml, gwelir

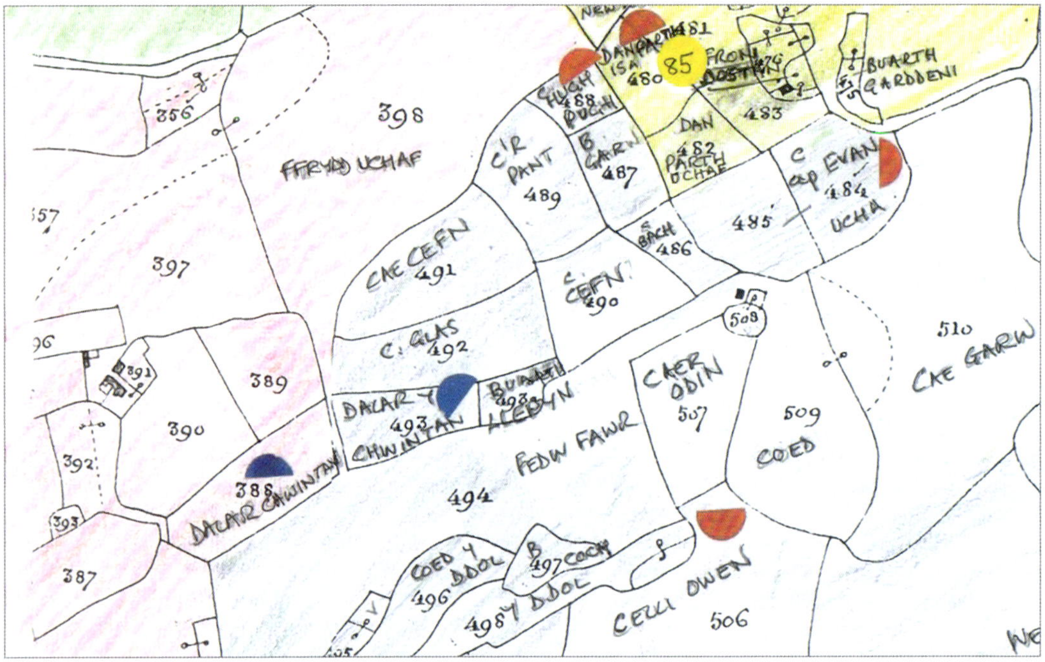

66. Darn o fap Degwm plwyf Llanbedr sy'n dangos dau gae o'r enw Talar Chwintan ar ffermydd Cefn Cymere Isa a Chefn Cymere Ucha. Mae hwylfa rhyngddynt. © RhP

enw personol ynghlwm wrth *talar*, *Talar Fabli*, Croesoswallt yn 1596 a *Talar Ieuan Crach* yn Nhrefalun, Dinbych yn 1429 ac weithiau mae nifer o geiniogau ynghlwm wrth yr enw, fel *Talar y Geiniog* (1647) Llanrhuddlad, Môn. Ceir *Talar Tyna*, Harlech yn 1543, *Talar y Sucan* [llymru], Llanaberyn 1631, a *Talar y Siri*, Harlech yn 1741.

Ar y cyfan, cul neu hirgrwn yw'r rhan fwyaf o'r caeau bychain sy'n cynnwys yr enw *talar* (neu *dalar*) ar fapiau Degwm Ardudwy. Maent, fel arfer, yn dir âr a hefyd yn llawer llai eu maint na'r rhan fwyaf o'r caeau a elwir yn erw. Nid yn annisgwyl, mae ambell gae *talar* yn agos neu'n ffinio ar gae *erw.*

Mae'r enw'n gyffredin ym mhob plwyf yn Ardudwy ond mae gwahaniaeth yn y defnydd o'r enw o blwyf i blwyf, fel y gwelir isod. Ym mhlwyfi Llanfair (y mwyafrif ohonynt yn rhydd yn 1420) a Llanbedr (plwyf hollol rydd yn 1420) y mae'r mwyafrif llethol o'r caeau *talar.* Nid yn annisgwyl, ychydig iawn sydd ym mhlwyfi'r uwchdir. Ar fapiau'r Degwm gwelir weithiau hen ddarn o dir a rannwyd ac sydd bellach yn eiddo i ddwy fferm sydd yn ffinio â'i gilydd. Ym mhlwyf Llanbedr mae dau gae o'r un enw, sef *Talar Chwintan*, sydd â hwylfa gul rhyngddynt. Mae un cae yn perthyn i Gefn Cymere (Cymerau) Isa, a'r llall yn rhan o fferm Cefn Cymere Ucha. Dyma hefyd enghraifft arall o hendref a'i hafod hynafol bellach yn ddwy fferm.

Ystyr *chwintan* yw postyn wedi ei osod yn y ddaear, a ddefnyddid gan filwyr i brofi medr ac i ddangos cryfder ac yn ddiweddarach gan lanciau at ddibenion tebyg. Mae'n enw anghyffredin drwy Gymru. Ceir *Whintan* (*Penchwintan* heddiw) ym Mangor a *Llwyn Yscaw or Chwintan* yn 1755, Llangadwaladr, Sir Fôn (AMR). Dyma'r unig ddwy enghraifft o Ardudwy yn y Degwm. Ond, mae enw *Talar Chwintan* wedi ei gofnodi ar fap ystad fferm Maesyneuadd, Llandecwyn yn 1790. Gwelir yn enwau caeau'r ddwy fferm isod batrwm enwau hynafol a thlws.

Cefn Cymere Ucha, Llanbedr *Buarth Llepun, Cae ap Evan Ucha, Cae Hugh Pugh, Celli Owen, Dalar Chwintan, Ffrydd Cerrig y Sarnau, Werglodd Mam Llwyd, Werglodd Pierce*
Cefn Cymere Isaf, Llanbedr *Cae Foty, Cyfer Crwn, Dalar Chwintan, Dalar Cae Gwyn, Dalar Defaid, Dalar Gam, Dalar Llechan, Dalar yr Ysgubor, Danparth, Garreg y Lades, Gwerglodd Meredydd, a Hwylfa*

Mae'r enwau hyn yn nodweddiadol o enwau tiroedd hynafol, boed yn dir rhydd neu'n dir rhydd a aeth yn sied. Fel yn achos y caeau *llain*, mae nifer o gaeau talar ynghyd â'r lluosog taleri yn arbennig o arwyddocaol. Dangosant fod darn sylweddol o dir wedi ei drin gan nifer o unigolion a'i fod yn dir cydweithredol hynafol.

Taleri, Talare

Lle	Caeau talar
Llanaber	*Taleri Bach*, Hendre Coed Uchaf; *Taleri Bychan*, Trawsdir a *Taleri* yn Hendre Eirian (Urien).
Llanbedr	*Cae Talare* (dau gae), Gwynfryn.
Llandanwg	*Taleri Gwynion*, Pentre Mawr.
Llanfair	*Taleriglybion*, Llanfair Isaf (tri chae).

Mae hefyd ambell fferm yn meddu ar fwy nag un cae *talar*. Mae saith cae *talar* yng Nghrafnant a chwech ym Mhenygarth Isaf, Llanfair. Mae lliw ynghlwm â'r enw mewn nifer o gaeau *talar*:

Lle	Lliw ynghlwm â'r caeau *talar*
Llanaber	Dalar Goch yn Gwastadagnes, a Dalar Wen yn Tai Croesion.
Llanbedr	*Talar Wen* yn Nhanarlla ac yn Coed
Llandanwg	Talar Las, Pentre Mawr, Talar Wen yn Hendre Ddyfrgi. Tiroedd a aeth yn sied yn gynnar yn hanes y fwrdeistref.
Llanfair	*Dalar Ddu* yng Ngerddi Bluog, *Dalar Goch* ym Mhenygarth Isaf (dau gae), *Talar Goch* yn Nhyddyn Du

Yn ogystal, ceir caeau talar hir, llydan a phengam, ynghyd ag enwau sy'n nodi safle fel *Talar y Bont*, *Talar Ysgubor* a *Talar tu draw'r tŷ*.

Gwelir cyfeiriadau at berchenogaeth fel:

Lle	Cyfeiriadau at berchenogaeth
Llanaber	*Talar y Porthior*, Gwastadagnes, Gwastad Annes (Rhentol 1623).
Llanbedr	*Talar y Felin*, Fron Drostan.
Llandanwg	Fferm Dalar Hwkyn, *Talar Annas*, Llanfair Uchaf a *Talar Siri*, Pant Mawr.
Llandecwyn	*Dalar Catherine Lloyd*, Aberdeunant.

Mae'r enw *talar* wedi ei gofnodi mewn nifer o ddogfennau cynnar fel y gwelir yn yr enghreifftiau a ganlyn:

Lle	Enwau talar
Llanaber	Cofnodwyd *Talar y Wenallt* ar gyfer Robert Wyn yn 1623.
Llandanwg	*Talar Tyna*, ar derfyn Libart Harlech, yn 1543. Mae cae rhif 745 yn y Degwm ac iddo'r enw *Talartina* ar fferm Pant Mawr.
Llanfihangel-y-traethau	*Talar y Klidro* a *Talar y Tir Du*, yn Ffrwd y Wewyr yn 1595. Collwyd y ddau enw hyn ond mae Ffrwd y Wewyr yn dal yn Rhentol Ardudwy yn 1623. Gwelir *Dalar Goch* hefyd yn nogfen ystad Brogyntyn yn 1637.

CLYTIAU BYCHAIN O DIR

Arloes

Ceir hwn yn gyffredin yn yr uwchdir lle roedd angen gwella tir cyn ei drin. Daw o'r ferf arloesi, sef glanhau a chlirio tir. Prin yw'r enw heddiw yng Nghymru. Dim ond pedair enghraifft sydd yn Ardudwy a hynny mewn tair fferm yn Is Artro lle roedd bron y cyfan o'r tiroedd yn gaeth. Ni ddylid cymysgu'r enw gydag arddlas a gweler tudalen 114.

Cotel

Ymysg cyfrolau ardderchog Huw Jones, *Cydymaith Byd Amaeth*, yng Nghyfrol 1 eglurir cotel fel *Darn o dir ag un pen yn gulach na'r llall*. Disgrifiodd Iscoed Williams, Trawsfynydd y Gotal yn y pentref fel lle hwylus i gadw anifeiliaid crwydrol.

Dryll

Gwelir yr enw dryll, sydd hefyd yn gysylltiedig ag aredig, yn y Degwm. Ystyr dryll yw darn toredig ond mewn ambell gyd-destun gall ddynodi toriad neu raniad. Rhestrir llawer iawn o enwau dryll yn AMR ac maent i'w cael bron ym mhob sir, yn enwedig yn Ninbych, Môn a'r Fflint. Maent yn gyffredin hefyd yn Nhrefaldwyn a Meirionnydd ac yn gymharol niferus yn Sir Amwythig. Yno ceir *Dryll y Melinydd*, Cynhirion yn 1647, *Dryll y Pobydd*, Swinau (1393) a *Dryll y Madyn* (llwynog/cadno) yn Nhrefonnen yn 1416. Yr un mwyaf diddorol yw *Y Dryll yn y Sinach*, yn Sir Ddinbych yn 1686.

Mae'r enw dryll yn anghyffredin ac yn brin yn Uwch Artro o'i gymharu â'r enwau *acre*, cyfer ac *erw*. Yn Is Artro, lle roedd llawer o dir caeth, mae'n gymharol gyffredin. Gwelir *Dryll y Meudwy* yn Llanaber yn 1642 yng nghasgliad Dolfriog. Mae T Jones Pierce yn nodi bod yr enw dryll, mewn rhai cylchoedd yng Ngwynedd, yn golygu rhan o fesur hynafol o dir ac weithiau'n golygu'r un peth â'r darn tir, llain. Mae caeau dryll Ardudwy bron i gyd yn dir âr, ac mae ganddynt elfen ychwanegol sydd, gan amlaf, yn lliwgar.

Dim ond chwe cae dryll sydd yn Negwm Uwch Artro ond deuddeg yn Is Artro, sef:

Llanbedr	*Dryll y Barcut*, Penarth; *Dryll*, Cwm yr Afon (y ddau'n dir rhydd)
Llanfihangel-y-traethau	*Drill*, Tyddyn Sîon Wynne (tir caeth *Gafael Ieuan Goch*)
Trawsfynydd	*Dryll Du* yng Nghae'r Rhingylliaid; *Dryll Du Rhos* a *Dryll Du Mawr*, y ddau yn fferm Cefn y Clawdd

Lle yn Is Artro	Cae dryll
Llanaber	Ceir tyddyn o'r enw Dryllgar. *Dryllia Fforchag*, yn Egryn; *Dryll yr Hen Ffordd* a *Dryll Pen Llydan* yn Hendre Mynach
Llanddwywe	*Dryll y Llwyn Bach a Dryll y Llwyn Mawr,*yn Bennar Fawr; *Dryll y Maen Llwyd*, Tyn y Cae; *Dryll y Botha* yn Hafod
Llanenddwyn	*Dryll y Cwrt yn* Tyddyn Llidiart, *Dryll y Fwyall*, Bron-y-foel Isa a *Dryll y March*, Ystumgwern

Ceir ambell enw wedi eu cofnodi mewn dogfennau ystadau:

Lle yn Ardudwy	Cae dryll
Llanaber	*Kay Dryll y Meydwy* yn 1642 (Dolfriog)
Llanbedr	*Dryll y Bowa* [*sic*] yn 1587 (Bachymbyd, Thorowgood, Tabor and Hardcastle), *Dryll Ithel* (Rhentol 1623)
Llanfihangel-y-traethau	*Dryll y Dryfed* yn 1512 (Brogyntyn)
Llanfrothen	*Dryll Tale y Bont* yn 1510 (Dolfriog)

Yr hyn a ddysgwn yw bod yr enwau dryll yn hynafol ac mae'r dystiolaeth yn Ardudwy yn awgrymu'n glir iawn bod yr enw'n gysylltiedig â thir caeth.

Gwndwn/Gwyndwn/Gwyndon

Mae pawb yn holi ystyr yr enw gwndwn gan ei fod wedi goroesi hyd heddiw ac yn weddol gyffredin. Ceir disgrifiad manwl yn llyfr anhepgor Huw Jones, *Cydymaith Byd Amaeth, Cyfrol 2*. Yn gyffredinol, yr ystyr yw tir heb ei droi ers blynyddoedd a thir â haen neu groen. Ceir hefyd enwau sydd ag ystyr tebyg: hendir, tondir, tyndir. Mae *gwynon* yn fwy cyffredin ym Morgannwg. Ceir y cyfuniad *gwndwn blwydd* am dir heb ei droi ers blwyddyn, sef braenar; *gwndwn caled*, sef croen hen iawn; a *gwndwn glas* am dir â chroen o laswellt mân gwydn, yn ôl Huw Jones.

Syndod efallai yw'r rhestr hir o'r enw gwndwn yn AMR, y cynharaf, *Tir yn y Gwyndwn* yn 1583. Yn aml cynhwysir gwndwn mewn enw cyfansawdd i ddynodi lle ger y gwndwn, gan awgrymu bod hwnnw'n gyfarwydd i bawb. Er enghraifft, *Tir y Gwndwn Mawr*, Caeo yn 1581, *Rhos y Gwndwn in Kefn Klodi*, Bodedern, Môn yn 1653, hefyd *Y Dryll ymhen y Gwndwn Mawr*, Gwrych, Abergele yn 1729. Yn yr un modd ceir enw perchennog, fel yn achos *Gwndwn Adam*, Llangynog, Sir Gaerfyrddin yn 1601 a *Gwndwn y Pandy*, Llandecwyn, Meirionnydd yn 1672. Ceir y *Gwndwn Glas*, Tregeiriog, Sir Ddinbych a sawl gwndwn gwyn. Collwyd nifer erbyn y Degwm, fel fferm Gwndwn yn y Gors Goch, sydd heddiw o dan Lyn Trawsfynydd.

Sinach

Enwir y darn cul o dir, tua dwy gŵys neu droedfedd o led rhwng dwy erw yn sinach. *Balc* yw yn y Saesneg a *bailc* yn yr Wyddeleg. Terfyn oedd hwn mewn lle roedd erwau wedi eu neilltuo i fwy nag un amaethwr. Roedd yn un ffordd o sicrhau rheolaeth a pherchnogaeth arglwydd ar y tir. Ni châi'r darn hwn ei aredig ar unrhyw gyfrif. Ymhen amser, cafodd yr enw hwn ei ddefnyddio yn fwy cyffredinol wrth gyfeirio at dir diffaith. Dyma enghraifft glasurol o bwysigrwydd ffin tir ac o bosibl, un o'r rhai culaf. Yn y gogledd o leiaf, defnyddir y dywediad, yr hen sinach am ddyn bach, cybyddlyd, dyn annymunol, drwg ei hwyl. Gall hefyd o bosib fod yn fenthyciad o'r Wyddeleg, *sionnach*, (sef llwynog), a gallasai'r ystyron Cymraeg fod wedi datblygu o'r ystyr *llwynog*, sef darn cul o dir fel cefn llwynog, person slei fel llwynog.

Sling/Slang

Benthyciad o'r Saesneg yw slang ac yn golygu darn cul o dir di-werth. Weithiau, ceir *sling* neu *slang*. Cyfeirir at ddarn cul iawn o dir.

Swch

Ystyr yr enw swch yw llafn mawr yr aradr ar ôl y cwlltwr (GPC). Cofnodwyd 13 cae swch yn Ardudwy yn 1840 a phob un yn debyg o ran eu ffurf i swch aradr. Mae tri chae yn gyfochrog â'i gilydd ac yn rhannu'r enw *Trwyn y Swch* ar dir hynafol Moel y Glo, Llanfihangel-y-traethau. Mewn dogfen yng nghasgliad Maesyneuadd yn 1554, fe'i disgrifir fel gweirglodd. Fel gweirglodd hefyd mae'n cael ei ddisgrifio yn y Degwm dri chan mlynedd yn ddiweddarach, tystiolaeth eithaf cryf mai ei ffurf a roddodd yr enw ac nid awgrym o dir âr. Mae un cae swch ym Mhenbryn Pwll Du, Llandecwyn, un ym Muriau Bychain, a'r llall ym Mryn-y-re, Trawsfynydd. Mae fferm Swch yn Ffestiniog ac mewn hen ddogfennau yn dyddio o'r ddeunawfed ganrif, cyfeirir at *Swch yr Afon*, sydd yn enw campus. Saif y tir rhwng cymer afonydd Goedol a Bowydd yn

Rhyd y Sarn, Ffestiniog (SH686123). Ceir pedwar cae *swch* ar dir hynafol Ffridd y Bryncoch, Llanddwywe uwch-y-graig sydd yn amlwg ar ffurf swch arad.

Roedd sawl darn o dir wast yn yr Oesoedd Canol, a hwnnw wedi ei neilltuo at ddefnydd pobl gaeth a fyddai weithiau ynghlwm wrth uchelwyr. Nid oedd y tir wast hwn yr un tir wast â'r un a berthynai i'r tywysogion, sef diffaith y brenin. Roedd y tir wast brodorol yn perthyn i'r bobl rydd ond roedd yn rhan o hawliau'r caeth. Tybir fod y cyfardiroedd hyn yn cael eu trin yn union fel y câi'r erwau hir a'r lleiniau eu trin mewn maes agored gan y rhai rhydd. Enwid tir fel hyn yn dir swch a chwllltwr.

TU DRAW I'R HENDREF

Ffriddoedd

Yn ôl Margaret Gelling, arbenigwraig ar enwau lleoedd yn Lloegr, a *Geiriadur Prifysgol Cymru*, gair benthyg o'r Hen Saesneg *fyrhth(e)*, sef tir a orchuddiwyd gan goed a thyfiant prysg, yw ffridd. Mae'r Athro Dafydd Johnston yn nodi, 'Mae defnydd Dafydd ap Gwilym o'r gair wrth ddisgrifio cnau cyll fel "ffrwyth y ffridd" (DG.net 95.58) yn dangos mai tir coediog oedd ffridd iddo ef.'

I ni heddiw, mae'r enw ffridd yn cyfleu tir pori rhwng tir âr fferm a'r tir mynydd, a'r coed wedi hen fynd. Mae'n rhan o'r uwchdir. Yn yr Oesoedd Canol, roedd yn dir gwerthfawr yn perthyn i'r tywysogion Cymreig, lle gellid gadael y gwartheg dros fisoedd yr haf. Cawn dystiolaeth glir iawn o'u pwysigrwydd i'r tywysogion Cymreig mewn stentiau cynnar, ynghyd ag enwau'r ffriddoedd. Cyfeirir atynt fel *vaccaria*, sef fferm wartheg, yn Stent 1284–6 Meirionnydd. Roedd clystyrau ohonynt ger castelli Dolwyddelan, Llanbadarn, Prysor a Bere (HM2). Cyfeirir at ffriddoedd yng nghwmwd Penllyn oddeutu *the water of Is-Meloch* lle gellid cynnal 250 o wartheg, gwerth 2 swllt yr un. Yn Stent 1420 Meirionnydd cawn enwau'r tair ffridd o eiddo'r tywysogion yng nghwmwd Tal-y-bont y cyfeiriwyd atynt yn Stent 1284–6, sef Pennant, Penantigi a Gwanas ac maent yn gallu cynnal 120 buwch, gwerth 2 swllt yr un. Enwir Ffridd y Bryncoch, y Feidiog (gyda Dôl) a Phrysor yn Uwch Artro, y cyfan yn gallu cynnal 220 o wartheg. Ffridd Prysor oedd y fwyaf gwerthfawr o ddigon ac roedd yn gallu cynnal dros hanner y gwartheg. Mae'r Athro J Beverley Smith yn trafod eu pwysigrwydd economaidd yn *History of Merioneth II,* t. 35 ac yn datgelu bod y taeogion caeth a'r rhydd-ddeiliaid yn gwneud defnydd o ffriddoedd y

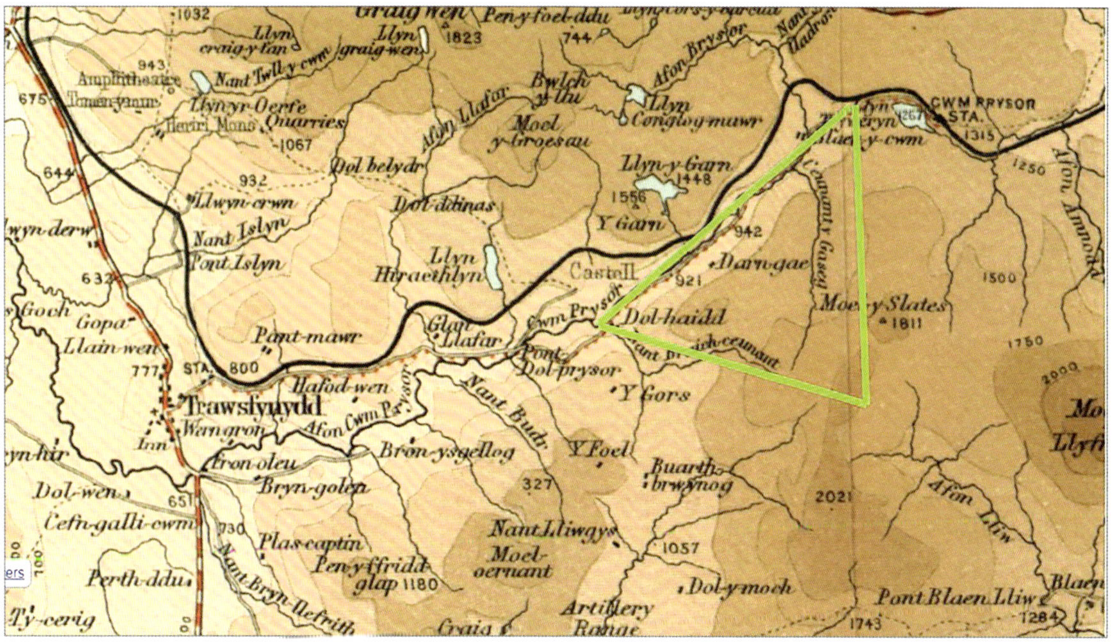

67. Map Bartholomew 1904 sy'n dangos rhai o ffermydd Cwm Prysor ac yn rhoi awgrym bras o leoliad Ffridd Prysor. Gyda chaniatâd Llyfrgell Genedlaethol yr Alban.

tywysogion er budd ariannol eu harglwydd. Dilynid y drefn draddodiadol hon ar hyd y canrifoedd, gan symud eu da i lawr i'r hendrefi ar ddyddiau penodol. Yr un drefn a welid yn Llanaber, Ardudwy yn 1325–26 fel y gwelir ar dudalen 105, gan ddilyn traddodiad y Cyfreithiau.

Ond, wedi'r bymthegfed ganrif, rhoddwyd y ffriddoedd hyn ar brydles i deuluoedd lleol pwerus. Daliai teulu Nannau ffriddoedd Castell y Bere tra daliai Maredudd ab Ieuan ffriddoedd Dolwyddelan. Am ganrif neu fwy bu ymrafael ynghylch y tiroedd gwerthfawr hyn wrth i'r hen hawliau traddodiadol edwino.

Oherwydd ei gwerth amaethyddol a'r ymrafael amdani, mae'n haws olrhain hanes Ffridd Prysor na'r ddwy arall. Ni wyddys ei hyd a'i lled, ond mae'n rhesymol meddwl ei bod ar y llethrau cyfagos i'r cwm a'r hen lys.

Cawn ychydig o wybodaeth mewn dogfen yng nghasgliad Peniarth yn 1584 sy'n nodi terfyn gogleddol y ffridd yn Llyn Tryweryn ac ar hyd y nant, *Nant Gevinge* at afon Prysor, yna i'r dwyrain hyd at Gomin Trawsfynydd, Penantlliw, *Anmoth*

68. Llun o Gastell Prysor a'i safle yn y darn cul, i amddiffyn y cwm rhag gelynion o'r dwyrain yn oes y tywysogion Cymreig. Ar y dde gwelir llechweddau Ffridd Prysor. Cadw in Care Collection 1920. CMC_PA_806_02). Gyda chaniatâd CBHC.

(Amnodd heddiw) a Phenllyn. At hyn, cawn gyfeiriadau mewn nifer o ddogfennau Wynnstay rhwng 1623 ac 1824 sy'n cyfeirio at fferm Blaen y Cwm yn rhan o Ffridd Prysor.

Datgelir gwybodaeth sylweddol am gynnwys y ffiniau hyn mewn achos yn Llys y Syllty tua 1620, sef bod y ffridd yn terfynu yn y gorllewin ar Dir Mâl yng Nghwm Prysor. Cyfeirir hefyd at Gomisiwn y Goron cyn 1603 sydd yn enwi 19 darn o dir oedd yn rhan o'r ffridd. Llwyddwyd i leoli dros hanner yr enwau hyn gan eu bod yn enwau sydd wedi eu cynnwys yng nghaeau'r Degwm mewn pedair fferm gyfochrog:

Fferm	Ffriddoedd
Allt Wen	*Yr Allt Ddu, Yr Allt wen*
Brynclynog	*Cae yr Orsedd* [Ddreiniog], *Yr Hen Goyd, Cay yr Castell, Kay Gwyn, Maies Imper*
Dolhaidd	*Breych y Kaynant* (Braich y Ceunant), *Gwaine y Capon* (Gwaen y Capan), *Y Ddole Haidd** *Darn o dir mâl Prysor yn ôl Peniarth.3. DA134 yn 1608. Rhoddwyd drwy fraintlythyrau yn 1574.
Hendref Bryn Crogwydd	*Cae'r Orsedd Isa a Cae'r Orsedd Ucha*

Yn ogystal, gellir lleoli'r *Garen* (y Garn) ar fap 1:10,560 yr Arolwg Ordnans 1890.

Heb eu lleoli mae *Cwm Kyfinge*, er bod cofnod o *Tŷ yn y Gyfing* yng nghasgliad Wynnstay yn 1617 ac yn 1826 ymysg papurau sy'n cyfeirio at fferm Blaen y Cwm. Ni ellir ychwaith leoli *Bulch Gleision, Ffrith Kay Gwaine, Ffrith Gwastad, Kraige yr Hydd* na *Moile y Parke*, ac ni lwyddwyd i ddod o hyd i dystiolaeth lafar leol amdanynt, hyd yma.

Serch y bylchau hyn, awgrymir hyd a lled Ffridd Prysor y tywysogion Cymreig mewn ychydig frawddegau. Oddi mewn i ryw filltir sgwâr ceir pedair fferm gyfoes, sef Allt Wen (SH774377); Dolhaidd (SH757366); Hendref Bryn Crogwydd (SH753864) a Brynclynog (SH753869) yn gryno o gylch safle hen lys Prysor.

Collwyd nifer fawr o enwau ffriddoedd Ardudwy ond cofnodwyd yn y tabl, sydd i'w cael mewn dogfennau a rhentolion, a nodir dyddiadau'r cofnodion.

Lle	Ffriddoedd
Ffestiniog	*Ffridd Galenrhyd* (1776) a *Ffridd Merddwr* (1776).
Llanbedr	*Ffridd Gasgol Dduw* (1672) a *Ffridd y Maes Gwyn* (1776).
Llandecwyn	*Ffridd y Corslwyn* (1591) a *Ffridd y Cynhaeaf* (1591).
Llanddwywe	*Ffridd Eithinoc Fawr* (1636).
Llanfihangel-y-traethau	*Ffridd Penrhaw* (1623).
Llanfrothen	*Ffridd y Cymylau*, *Ffridd Newydd* wrth *Ffridd Bwlch y Batel* (1623).
Maentwrog	*Ffridd Gwayn yr Eirch* (1623).
Trawsfynydd	*Ffridd Adwy Gwŷr Llŷn* (1623), a *Ffridd Cwm Moch* (1623) *a Ffrith y Crymie.*

Da fyddai medru lleoli'r rhain i gyd a gosod yr enwau ar fap digidol Cymdeithas Enwau Lleoedd Cymru i'w diogelu.

Roedd hefyd nifer fawr o hen ffriddoedd a fu gynt yn dir pori i'r cymunedau lleol. Awgryma eu henwau a'r cofnodion yn Rhentol y Goron yn 1623 fod rhai ffriddoedd yn gysylltiedig â ffermydd bryd hynny, fel *Ffrith Cynddel* (Hafod Gynfal) a *Ffridd Kefn Deuddwr,* (Cefndeuddwr) Trawsfynydd. Yn ôl pob tebyg, roeddent yn diroedd pori agored ynghlwm wrth afaelion cyn hynny.

Mae rhentolion y Goron yn 1623 ac 1776 yn ddau feincnod hanfodol sy'n ddolen gyswllt rhwng tystiolaeth y ddwy stent yn 1284–6 ac 1420 a'r Degwm. Gwelir tystiolaeth o hyn yn achos y ffriddoedd.

Gwelir *Frith y Llechwedd Ddeiliog, Ffrith y Kynhaya* a llawer mwy ym mhlwyf Trawsfynydd yn 1623. Ceir hefyd ddisgrifiadau o leoliad rhai, megis *Frith Hir Ynys,* Llanfrothen, yn 1623, *Frith Wen dan Furie Rhobin*, Llandecwyn yn 1776. Roedd ambell ffridd yn newydd yn 1623, er enghraifft, *Ffridd Newydd yn ymyl Ffridd Bwlch y Batel,* Llanfrothen. Roedd yn gyffredin rhoi enw fferm neu unigolyn ar ffridd, fel yn achos *Frith Elisa Davyd Lloyd*, Llanfrothen, enw a gofnodwyd yn 1623 a hefyd yn 1776. Llai cyffredin oedd yr enwau *Ffrith Pen Rhaw*, Llanfihangel-y-traethau a *Ffrith yr Atteylie* (Teiliau, heddiw), yn Ffestiniog.

Enwir rhai o'r ffriddoedd hynafol hyn yn y Degwm fel *Ffridd* yn unig ac mae angen casglu tystiolaeth leol ar frys a rhoi'r enwau llawn ar fapiau. Cafwyd yr enw llafar tlws, Ffridd y Cymylau, rhwng y Cnicht a'r Moelwyn, gan Edgar Parry Williams.

Mae map y Degwm ar dudalen 88 a'r llun a welwyd ar dudalen 23 yn dangos ardal y ffriddoedd yn Nhrawsfynydd a gellir eu cymharu. Sylwer fod y ffriddoedd mawr a amgaewyd yn y ddeunawfed ganrif a'r enwau arnynt, fel *Ffridd y Siglen*, yn awgrymu bod ffriddoedd hynafol dan yr wyneb. Ceir nifer o olion aredig ar ffriddoedd ffermydd Bod y Fuddai a'r Ysgwrn.

Mae cofnodion enwau hen ffriddoedd yn Llandecwyn, sef *Ffrith Garreg yr Haidd in* Moel y Glo (1591) a *Ffrith Wen* (1623) yn awgrymu iddynt dyfu cnydau mewn cyfnodau o dywydd brafiach ac wrth i'r boblogaeth gynyddu. Lleolir hwy ar uchder oddeutu 700 troedfedd (230m) uwchlaw'r môr ar dir a gyfrifir heddiw yn amaethyddol ymylol.

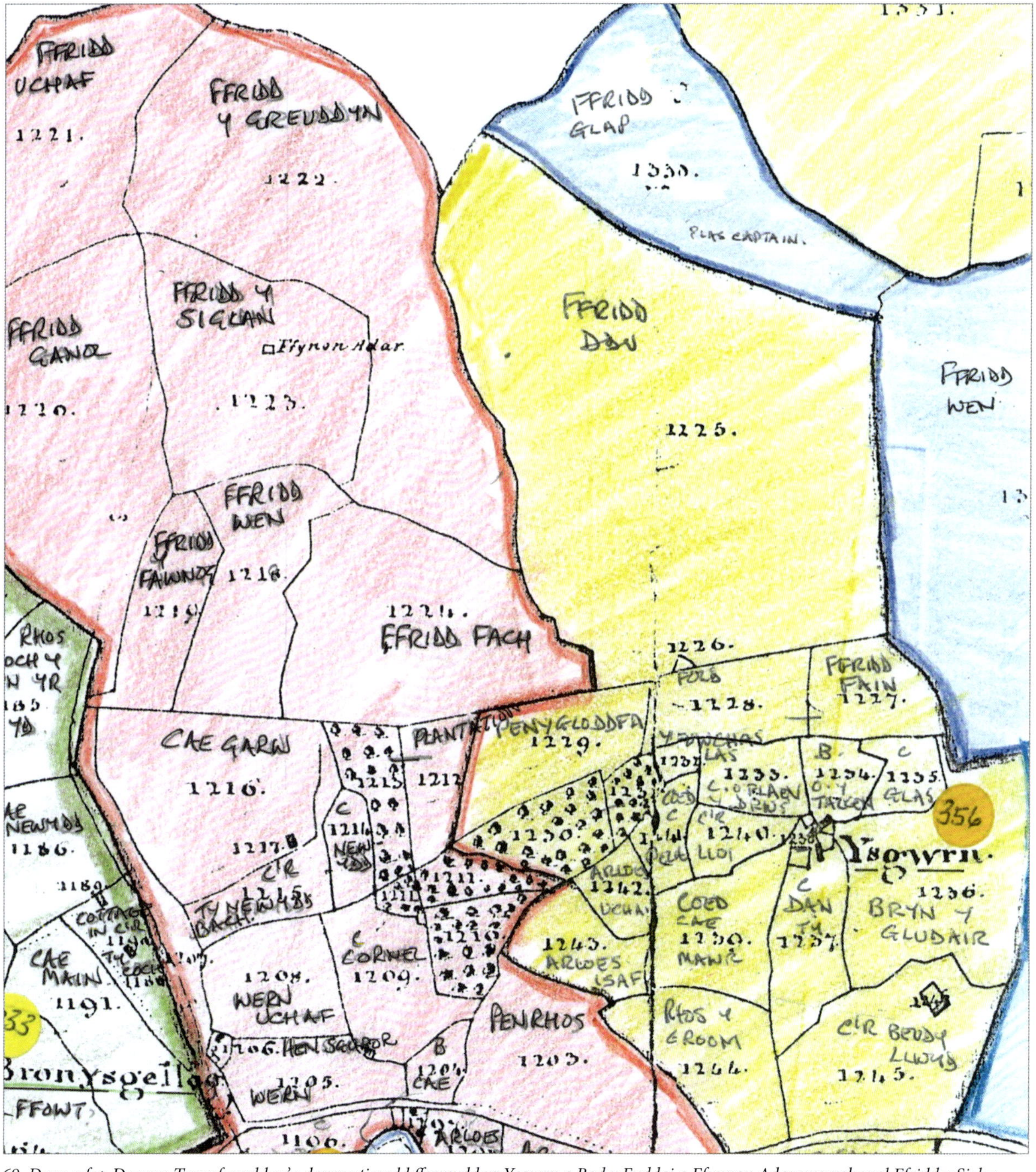

69. Darn o fap Degwm Trawsfynydd sy'n dangos tiroedd ffermydd yr Ysgwrn a Bod y Fuddai a Ffynnon Adar yng nghanol Ffridd y Siglen. Hefyd gwelir Rhos y Groom. (SH732344). © RhP

70. Llun o'r ffriddoedd yn Hendre Coed Uchaf, Llanaber a'r olion yno. CD 2005_605_010. Gyda chaniatâd CBHC.

Tir Comin

Gan fod tir comin yn hynafol ac yn adnodd mor bwysig i gymunedau ar hyd y canrifoedd, mae'r enwau hefyd yn hen iawn ac yn ddifyr.

Roedd y comin yn rhan annatod o fywoliaeth cymunedau ar draws Cymru, fel mae'r holl enwau yng nghronfa Melville Richards yn tystio. Fel rheol, mae'r enwau'n ddigon cyffredin a syml, sef *Comin* neu *Comin Bach* a byddant weithiau'n cyfeirio at leoliad ac yn aml at fferm, neu nant. Ymysg yr enwau hynaf a gofnodwyd mae *Kaer Comyn* yn 1443, yn yr Eglwys Newydd, Morgannwg.

Cofnodwyd llawer iawn o enwau ar dir comin yn Ardudwy rhwng 1570 ac 1600. Gwelir yr enwau mewn dogfennau ystadau wrth i diroedd cyfagos ddod yn eiddo i berchnogion newydd, o ganlyniad i Ddeddfau Cymru yn 1536 ac 1543. Mae'n sicr bod llawer enw wedi ei golli wrth i'r comin ei hun gael ei chwalu, a hynny'n gyson wedi'r cyfnod hwn. Yr hoelen olaf yn yr arch oedd amgáu'r tiroedd comin yn yr uwchdir, eu cipio a'u cynnwys yn nhiroedd ystadau yn yr 1800au ac yna'u llyncu gan ffermydd unigol. Tystia'r cannoedd o helyntion ar draws Cymru mor anhepgor oedd y comin i'r werin bobl. Dyma'r cam olaf yn chwalu'r hen drefn Gymreig, trefn y gwely a'r afael, a pherthynas pobl gyffredin â'r tir. Ynghlwm â'r chwalfa hon, collwyd rhywfaint o hunaniaeth gymunedol.

Disgrifiodd Andro Linklater, yn *Owning the Earth,* sefyllfa yn y ddeunawfed ganrif pan oedd y tir yn sylfaen i gymunedau yn Ucheldiroedd yr Alban. Pan rwystrwyd y

Anaml iawn y gwelir enw ffynnon ar fapiau Degwm yn Ardudwy. Ond mae'n egluro'r rheswm dros ddewis y safle hwn i fagu gwreiddiau. Ymestynnai'r ffriddoedd uchaf i mewn i Gomin Llechwedd Cain ac mae modd gwahaniaethu rhwng y ffriddoedd mawr hyn a'r caeau bychain cryno sy'n nodweddiadol o gnewyllyn cynnar y ffermydd presennol. Annoeth fyddai ystyried nad oedd y ffriddoedd, a amgaewyd yn y ddeunawfed ganrif, yn gymunedau bychain yn ystod yr Oesoedd Canol a chynt. Celwyd olion yr anheddau cynnar gan haenen drwchus o fawn a ffurfiodd yn ystod cyfnodau estynedig o dywydd gwlyb iawn. Hyd yn oed ar y glannau, fel yn Hendre Coed Uchaf, Llanaber, gwelir olion cymunedau amaethyddol hynafol o dan y dywarchen, fel broc môr ar ein ffriddoedd pori heddiw. Yn uwchdiroedd Cymru mae llawer i'w ganfod eto am y cymunedau cynnar, fel mae'r ymchwil cyfredol ar diroedd Ystrad Fflur yn ei brofi.

gymuned rhag cael mynediad at y tir hwnnw, chwalwyd gwead y gymdeithas. O'i golli'n llwyr, byddai'r gymuned hefyd yn colli ei hunaniaeth, un oedd ynghlwm wrth dirwedd. *That a piece of land could be owned in the same way as a horse or pot was not just inconceivable; it was denial of the ties of relationships which bound people together.*

Cafwyd sawl tystiolaeth o'r gwirionedd hwn wrth drafod gyda ffermwyr am berchenogaeth tir, yn ystod y gyfres deledu *Caeau Cymru* yn 2015. Teimlent mai gwarchodwyr oeddynt, rhai'n gyfrifol am ofalu am y tir cyn ei drosglwyddo i genhedlaeth newydd. Dyma syniadaeth wâr a hynafol, ond un brin iawn heddiw yng nghyd-destun tir a chomin fel ei gilydd. Y syniad cyffredin iawn yw bod y prynwr unigol yn berchen ar y tir a bod ganddo'r hawl felly i'w arglwyddiaethu a'i ailenwi.

Er colli cannoedd o hen enwau tiroedd comin, mae llawer i'w ddarganfod heddiw, a hynny'n cuddio'n ddisylw mewn

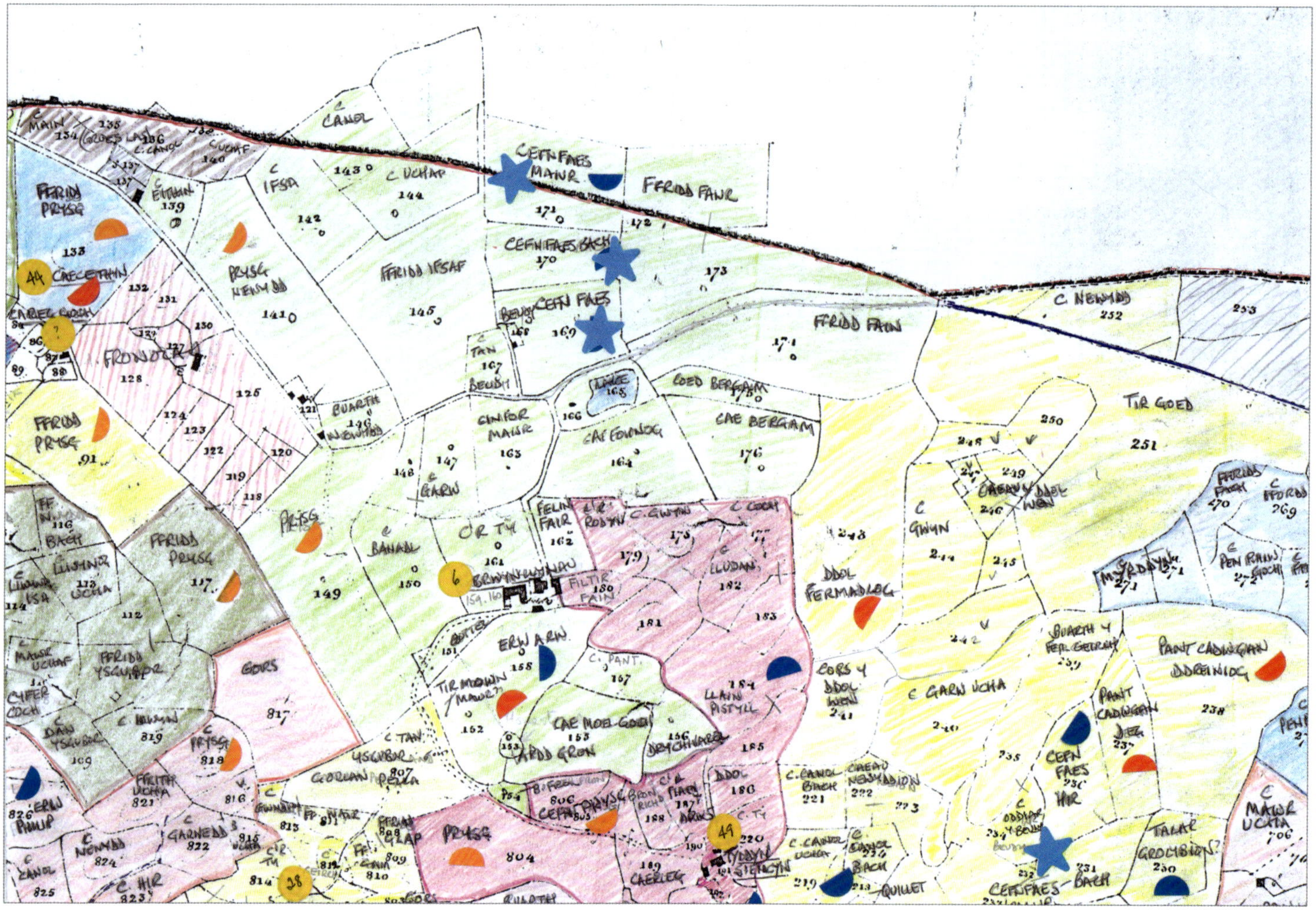

71. Darn o fap Degwm Llanfair ar ffin ogleddol y plwyf. Mae'r sêr glas yn dynodi'r enw Cefnfaes a'r cylchoedd oren yr enw Prysg. © RhP

enwau caeau. Gall yr enwau hyn ddatgelu i ni hyd a lled hen gomin ac mae'r comin yn Llanfair yn enghraifft dda. Safai ar y llethr tu ôl i bentref Llanfair, heb fod ymhell o Furiau'r Gwyddelod (gwelir llun ar dudalen 22) ond aeth bron yn angof a chollwyd yr enw. Daw gwybodaeth y Degwm i'r adwy. Mae'r enw *prysg* yn ymddangos mewn 11 enw cae ar wyth fferm gyfagos (Gwelir y map ar dudalen 90).

Mae'r enw prysg yn enw digon syml a chyffredin, yn gallu dynodi darn bach o dir lle mae coed ifanc yn tyfu. Yn y fan arbennig hon, fe allai fod yn dir lle mae'r llwyni wedi eu clirio er mwyn cael coed tân, neu er mwyn gwneud lle i dir pori ers talwm. Mae'r enw i'w weld fel *penniprisc* yn y ddeuddegfed ganrif yn Llyfr Llandaf.

Ym mhapurau ystad Crafnant a Gerddi Bluog mae dogfen yn cofnodi yn 1621:

> *deed to levy a fine on Taltreyddin – and a moiety of priske llanvair in the parishes of Llandanock and Llanvair.*

Awgryma'r geiriad fod y comin yn ymestyn i blwyf Llandanwg a bod gan fferm Taltreuddyn hawliau pori ar ran (*moiety*) ohono. Dyma weddillion hen gomin Prysg sy'n gorwedd o boptu ffin dau blwyf. Ychydig oddi ar y map ar hyd y ffin mae nifer o gaeau a amgaewyd yn y bedwaredd ganrif ar bymtheg ac iddynt enwau'r cyfnod, megis *Common allotment, Allotment on Common* a *Cae newydd*. Dyma dystiolaeth bellach fod tir comin yno cyn iddo gael ei amgáu.

Yng nghanol isaf y map, enw'r cae rhif 806 ar dir fferm Tyddyn Siencyn (lliw piws) yw *Cefn Prysg*, sef darn ychydig dros erw o dir. Mae'r enw'n awgrymu mai dyma ben draw neu gefn dwyreiniol y comin. Oddi yma at ffin orllewinol y comin, yn nhyddyn Cae Prys ac at ffin ogleddol y plwyf, gwelir fod maint y comin dros 76 erw, o gyfrif holl erwau'r caeau hynny a enwir *Prysg*, ynghyd â'r rhai rhyngddynt. Dyma enghraifft dda iawn o fanteision gosod enwau caeau ar fapiau Degwm. Heb wneud hyn, ni fyddai arwyddocâd yr enw prysg mor amlwg yn y dirwedd. Gellir darganfod enwau tiroedd comin eraill fel hyn, rhai a fu ar goll ers canrifoedd.

Ffynhonnell werthfawr lle gellir dod o hyd i enwau tir comin hynafol yw Cofnodion Rhenti Amgaeadau (fel TNA, SC 12/30/24) yn achos Meirionnydd yn yr unfed ganrif ar bymtheg, rhentolion y Goron yn 1592, 1623 ac 1776 a hefyd Cofnodion Amgáu Tiroedd tua 1820.

Dyma rai enghreifftiau hynafol o'r enw comin a gollwyd bellach:

Lle	Enw'r Comin
Ffestiniog	*Comin Moel Stradau* (1591)
Llanaber	*Comin Y Rhyddallt* (1603)
Llandecwyn	*Comin Llethr yr Hythot* (1591) *Comin Llystrey Conglog* (1599)
Llanddwywe	*Comin Y Moylvrey* (Moelfre) (1577)
Llanenddwyn a Llanddwywe	*Comin Mynyth Kysdyllen* (1577)
Llanfair	*Comin Y Garth* (1623) *Comin Y Fonllech Hir* (1623)
Maentwrog	*Comin Braich Llyfn* (1592)
Tywyn Meirion, Llanenddwyn	*Tyinmeyron* yn 1292–3 (ac yn TNA, SC 12/30/24, uchod yn 1595). Ceir enwau'r tenantiaid yn Ardreth Ardudwy yn 1776.
Trawsfynydd	*Comin Y Synder Vawr* (1595), *Comin Gelly Coz [Gelli Goch]* (1595)

Fel y ffriddoedd hynafol, byddai'n dda eu canfod a'u cofnodi.

Y Diffaith a'r Gwyllt

Gwelir rhai enwau tir diffaith neu'r gwyllt ar siawns mewn enwau caeau. Er enghraifft mae *Comin Gwyllt* yn enw ar gae yn Hendre Mynach, Llanaber. Gwerthwyd erwau lawer o dir diffaith y Goron (tir diffaith y brenin, yn hynafol) ar ôl 1536. Er enghraifft, prynodd Gruffudd Vaughan, Corsygedol yn 1595 dros 500 erw o diroedd diffaith yn Ardudwy gan wŷr o Lundain, tir y Goron a roddwyd gan Elizabeth I i Robert Iarll Caerlŷr yn 1576–8 ac a werthwyd yn ddiweddarach gan ei weddw. Dyma enwau gwahanol ond gwyddom eu bod yn dir diffaith.

Lle	Tir diffaith
Llanbedr	*Gwerne y Glaystail dan y Wenall.*
Llanenddwyn	*Y Ddedwerne* (enwir rhan yn Gwerne Vawr), *Gwerne y Capple, Gweyne y Llan, Morva Camthole,* *Keven y Gwenvrythe,* Kevennyth, Coed Ystyngwerne.*
Trawsfynydd	Bulch y Ford Vawre

*Mae'r enw hwn yn debyg iawn i *Gavell Kynvrayth*, Llanbedr a drafodwyd ar dudalen 27 ac mae'r ddogfen yn 1595 yn cysylltu'r enw gyda fferm Cae'r Ffynnon ger Uwchlaw'r Coed.

Gwelir yma arwyddocâd yr enw gwern, yn nodi rhai o diroedd diffaith y tywysogion ger llys Ystumgwern, tiroedd a amgaewyd yn yr unfed ganrif ar bymtheg. Ymchwiliodd Dr Colin Thomas i arwyddocâd yr enw hwn yn Ardudwy a bu darlith a thaith gerdded yn gysylltiedig â hi fel rhan o brosiect Adnabod Ardudwy yn 2009. Ailgreodd ddarlun cynnar o'r tir ar hyd y glannau gan ddefnyddio'r enw gwern i ganfod lle roedd tiroedd wedi'u cau ganrifoedd yn ôl. Mae ei waith a'i ddull o archwilio manwl yn datgelu patrwm cynnar defnydd y tir ym Meirionnydd.

Y Gwyllt

Gwelir nifer helaeth o gofnodion o'r enw *gwyllt* yn AMR, y cynharaf, *Gwyllt* yn Llanfairfechan yn 1540. Nentydd a thraethau gwyllt yw nifer ohonynt. Ond, mae rhai enwau cyfansawdd a gofnodwyd yn gynnar yn werth ymchwilio iddynt ymhellach. Ceir nifer sy'n cyfeirio at leoliad neu drefgordd: *Gwilt myneth* (1540 o bosib) (Gwyllt y Mynydd), Castell, Sir Gaernarfon, *Wyllt y Dre*, Garthgarmon (1564), a *Gwyllt Cadwalader*, Llanrwst (*c.* 1700), Sir Ddinbych. Hefyd, *Gwyllt Tecwyn* (*c.* 1700), Llandecwyn, Meirionnydd. Braf yw gweld bod rhai enwau, fel *Morfa Gwyllt* Llanfrothen, yn cael eu defnyddio heddiw.

FFINIAU TIR

Enwau ffermydd a chaeau sy'n dynodi safle ffin hynafol

Ffiniau plwyfi

Sefydlwyd plwyfi eglwysig Cymru yn y ddeuddegfed ganrif, pob un yn seiliedig ar eglwys hynafol. Cyfeirir yn y llyfr hwn at ddiffiniad y plwyfi fel roeddynt adeg y Degwm, tua 1840. Yn gyffredinol, dilynai ffiniau'r plwyfi gwrs afon neu grib mynydd fel mae'n siŵr y gwnâi ffiniau tiroedd tylwythol gynt.

72. Nant Eisingrug yn ffurfio ffin plwyfi Llanfihangel-y-traethau a Llandecwyn ger Moel y Geifr. © RhP

Gosodid swyddogaeth weinyddol ar y plwyfi a chesglid treth y Degwm fesul plwyf, yn wreiddiol at gynnal y gyfundrefn eglwysig. Oherwydd ehangder rhai plwyfi yng Nghymru, fe'u rhannwyd yn ddarnau, megis plwyf Llanddewi Brefi sy'n nodedig am fod iddo 11 rhaniad. Ceir rhaniadau cyfleus hefyd yn Llanaber-is-mynydd a Llanaber-uwch-mynydd, Llanddwywe-is-y-graig a Llanddwywe-uwch-y-graig yn Ardudwy. Gweler map plwyfi Ardudwy ar dudalen 94. Mae disgrifiad a diffiniad ardderchog yn llyfr Robert Davies y Llyfrgell Genedlaethol, *The Tithe Maps of Wales* ac ar wefan y Llyfrgell. Ceir hefyd drosolwg cyfleus ar-lein yn www.genuki.org.uk. Y plwyf oedd yr uned bwysicaf ym mywydau pobl leol am chwe chan mlynedd. Fe'u clymid at eu plwyf gan denantiaeth, eiddo, yr eglwys a thaliadau'r Degwm fel mae'r hanes hwn yn dangos. Mae'n werth cofio hyn wrth chwilio am ddogfennau cynnar. Bron yn ddieithriad ceir enw'r plwyf ynghlwm wrth enwau tiroedd.

Mae tri math o enw ar gae yn Negwm Ardudwy sydd yn dynodi safle ffin plwyf neu dir hynafol, sef cefnfaes, cefn a clawdd.

Cefnfaes/Cefnmaes/Cefn-y-maes

Ystyr amlwg sydd i'r enw Cefnfaes, sef cefn (neu esgair) + maes (cae agored sylweddol ei faint). Awgryma cyplysiad y ddau air fod iddo arwyddocâd arbennig ond nid yw hynny'n amlwg i ni heddiw. Oedd y maes mewn lleoliad penodol ac yn ail, a oedd iddo swyddogaeth arbennig? Canfuwyd yr ateb i'r cwestiwn cyntaf yn Ardudwy a gellir defnyddio'r canfyddiad hwn mewn mannau eraill yng Nghymru i weld a yw'r ddamcaniaeth yn gweithio.

Mae un fferm a 25 cae cefnfaes yng nghwmwd Ardudwy mewn 13 lleoliad. Gwelir hwy ar fap y plwyfi.

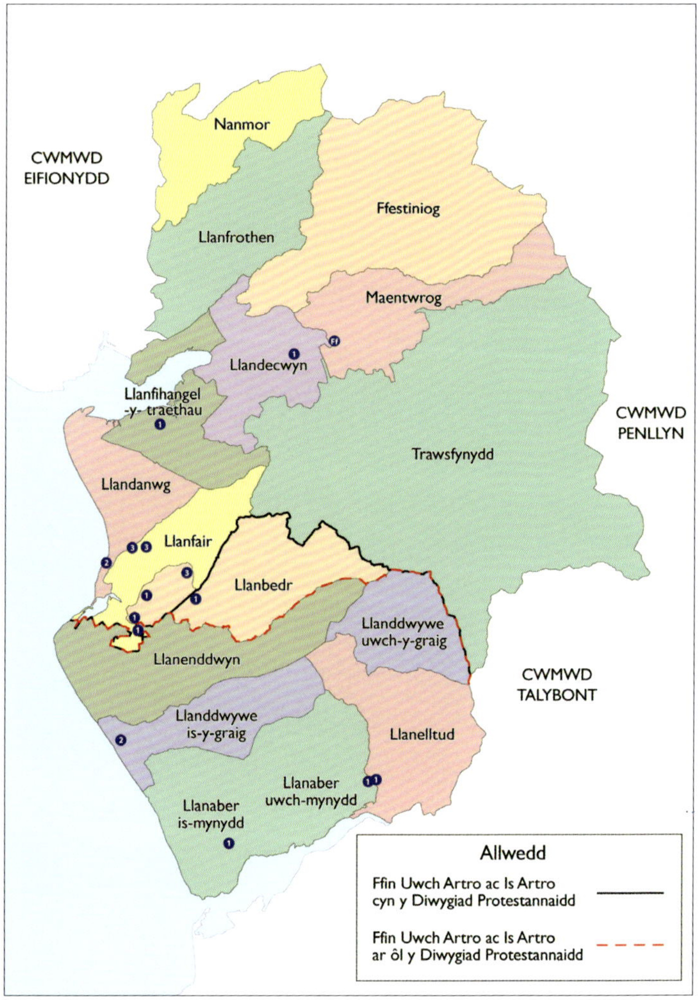

73. Map sy'n dangos plwyfi Ardudwy yn 1840 a'r ffin rhwng y ddau raniad gweinyddol, Uwch Artro ac Is Artro cyn y Diwygiad Protestannaidd ac wedi hynny. Nodir pob cae cefnfaes â chylch a nodir nifer y caeau cefnfaes sydd yno. (CDT LlC) a © RhP

Yr hyn sy'n hollol amlwg yn Ardudwy yw bod yr enw Cefnfaes bob amser yn ymddangos ar ffin y plwyf, neu ar raniad gweinyddol ohono. Yn achos Llanaber-is-mynydd a Llanaber-uwch-mynydd mae'r enw'n digwydd ar dir fferm Llwyn Onn Bach, yn uchel yn y mynydd. Ac yn Llanfihangel-y-traethau, mae'r enw ar dir fferm Tyddyn yr Eglwys ychydig droedfeddi uwch lefel y môr. Ar yr olwg gyntaf, mae'n edrych yn rhyfedd. Ond, cyn codi'r clawdd llanw yn 1806, byddai'r cae ar yr ynys, yn wynebu'r tir mawr. Er bod y lleoliad yn ymddangos yn chwithig heddiw, roedd yr enw yn dynodi ffin *Parsel yr Ynys,* sef hen raniad neu ddarn o blwyf Llanfihangel-y-traethau.

Gellir dychmygu sut byddai'r ynys ei hun yn ymddangos, a'r môr o'i chwmpas cyn codi'r clawdd llanw. Mae map llifogydd Cyfoeth Naturiol Cymru yn dangos sut y gallai'r tir hwn fod dan fygythiad heddiw heb y clawdd llanw, darlun digon tebyg i'r sefyllfa yn yr Oesoedd Canol. Mae'r lluniau isod yn dangos effeithiau llifogydd a difrod i'r clawdd yn 1927 ac 1997.

74. Llun o orsaf Talsarnau adeg y 'Llanw Mawr' yn 1927 wedi i'r clawdd llanw gael ei fylchu. Llun: Twm Ieu

75. Llun o'r clawdd llanw a'r llifogydd yn 1997. Llun: Twm Ieu

76. *Darn o fap y Degwm plwyf Llanfihangel-y-traethau sy'n dangos lleoliad y cae cefnfaes ar ffin hynafol Parsel yr Ynys, a hefyd y gweirgloddiau a adenillwyd ar ôl 1806 pan godwyd y clawdd llanw (gwyrdd). © RhP*

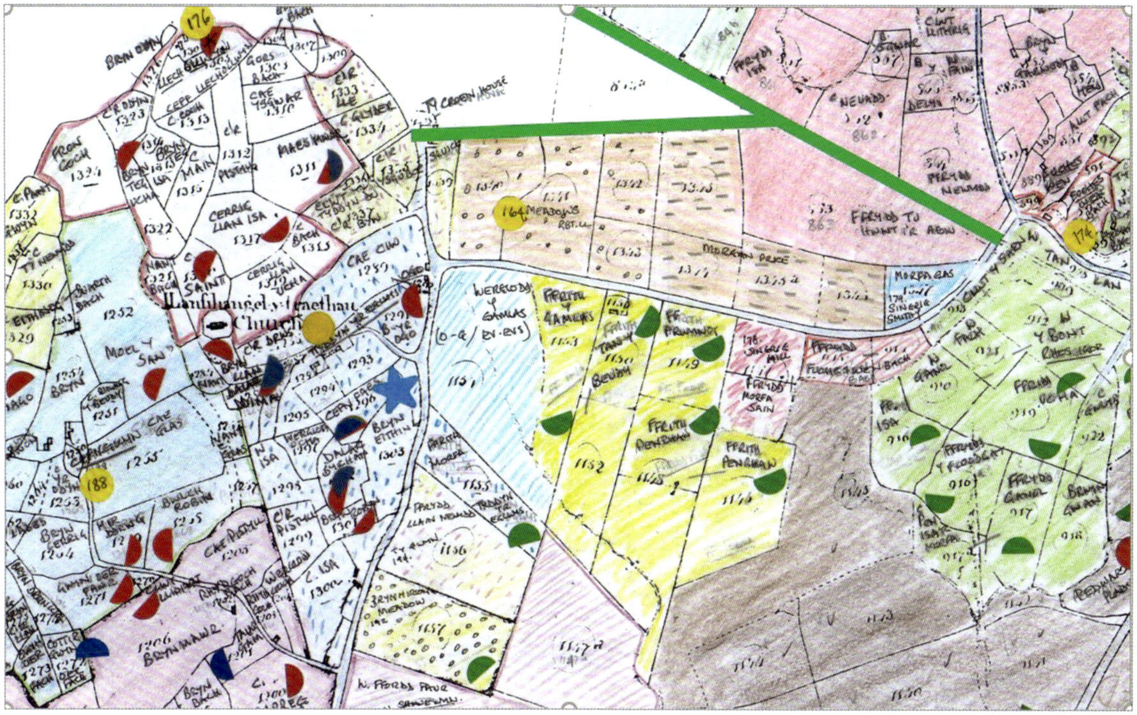

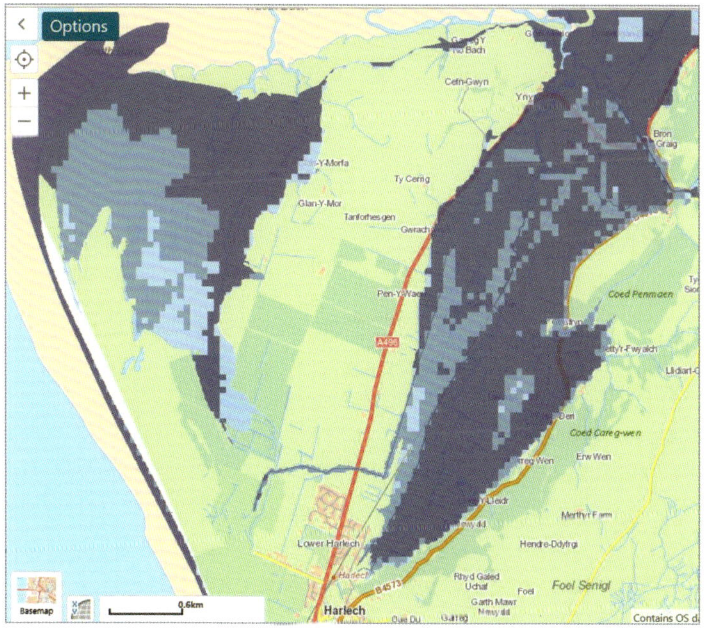

77. *Map Cyfoeth Naturiol Cymru sy'n dangos lefel y môr yn ardal Harlech heb gloddiau llanw. Fel hyn y byddai yn yr Oesoedd Canol a hyd at 1806 pan godwyd y cloddiau llanw.*

Gwelir ar fap y Degwm y gweirgloddiau sgwarog a ffurfiwyd ar ôl y *sychdwr mawr,* ac yn y llun diweddar, mor werthfawr yw'r borfa tu cefn i'r clawdd.

Yn Llandecwyn, mae'r cae cefnfaes ar fferm Tallyn yn ymddangos ymhell o ffin y plwyf ond mae map y Degwm yn dangos bod parsel o dir i'r gogledd-ddwyrain o Lyn Llennyrch am ryw reswm, ym mhlwyf Maentwrog (SH654378). Felly, mae'r enghraifft hon hefyd yn cydymffurfio â'r patrwm.

Ceir cae cefnfaes ym mhlwyf Llanenddwyn ar lan ddeheuol afon Artro, ar y ffin â phlwyf Llanfair ac yma mae ffin rhwng Uwch Artro ac Is Artro, sef dwy ran y cwmwd.

Yn Llanddwywe-is-y-graig mae dau gae cefnfaes ar fferm hynafol Bennar Isaf, (y Benerw Isaf neu Tir Ieuan ap John ap Meredydd yn 1608). Byddai'n agosach at ffin plwyfi Llanenddwyn a Llanddwywe cyn y newidiadau yng ngwely

78. Llun o ben y clawdd llanw ger gorsaf Talsarnau o'r morfa ar y chwith a'r gweirgloddiau ar y dde.

79. Map Cyfoeth Naturiol Cymru yn dangos lefel y môr yn ardal Ystumgwern fel y byddai cyn ffurfio'r twyni yn y bedwaredd ganrif ar ddeg

afon Artro, pan adenillwyd tir yn yr hafan tu cefn i Ynys Mochras a lle bu datblygiad yn y twyni. Gwelir map llifogydd Cyfoeth Naturiol Cymru gyferbyn, sydd hefyd yn dangos sut y gallai'r môr fod wedi ymestyn i'r tir yn y fan hon yn y drydedd ganrif ar ddeg. Mae hyn yn cryfhau'r traddodiad llafar bod Neuadd Bren Ystumgwern wedi ei chludo oddi yma mewn cwch i Gastell Harlech.

Does dim enwau caeau wedi eu cofnodi yn y Degwm ar gyfer plwyfi Ffestiniog, Maentwrog, Nanmor, Llanfrothen na Llanelltud. Fodd bynnag, mae fferm hynafol Cefnfaes ar ffiniau plwyfi Llandecwyn a Maentwrog. Yng Nghwm Mynach, ceir dau gae cefnfaes oddeutu'r nant sy'n derfyn plwyfi Llanaber a Llanelltud, un ohonynt, diolch byth, ar gof a chadw gan Meirion Jones a'i deulu. Cofnodwyd *têr y kefnfaes* yng Nghwm Mynach yn Rhentol 1637 Llanaber.

Pan fo bylchau yn enwau caeau'r Degwm, mae mapiau ystad 1790 a mapiau sêl yr ystadau yn yr 1900au weithiau'n fodd i lenwi'r bylchau. Mae'n bosibl hefyd dod ar draws tystiolaeth lafar fel yn yr achos yng Nghwm Mynach.

Mae'n gwestiwn dilys, ai patrwm cryf yn Ardudwy'n unig yw hwn ynteu a fedrwn ddod o hyd i enghreifftiau tebyg mewn rhannau eraill o Gymru? Cofnodir yr enw mewn dros hanner can lleoliad drwy Gymru yn AMR, y mwyafrif llethol yn ffynonellau hynafol iawn ac felly mewn dogfennau ystadau. Cofnododd yr Athro Melville Richards yr enw Cefnfaes ym mhob hen sir heblaw am Siroedd Penfro a Mynwy. Am nad oes ond ychydig iawn o fapiau digon manwl cyn diwedd y ddeunawfed ganrif, anodd iawn yw lleoli'r enwau, os nad ydynt wedi eu diogelu mewn enwau caeau.

Daethpwyd o hyd i nifer o enghreifftiau o'r enw ar ffiniau plwyfi, yn eu plith y canlynol:

Sir/Cwmwd	Enw ar ffiniau plwyfi
Ardudwy	Un fferm Cefnfaes ym Maentwrog a 25 cae *cefnfaes* mewn 13 lleoliad.
Brycheiniog	Fferm Cefnmaes ar ffiniau plwyfi Penderyn a Faenor. Fferm Cefn y Maes ar ffiniau trefgordd Llysdinam ym mhlwyf Llanafan Fawr a phlwyf Llanyre. Fferm Cefnymaes ar ffiniau plwyfi Llanfihangel Abergwesyn a Llanwrthwl.
Ceredigion	Fferm Cefnfaes ar ffiniau plwyf/treflan Betws Leucu a threflan Gwynfil ym mhlwyf Llanddewi Brefi.
Fflint:	Ceir tri chae *cefnfaes* sylweddol eu maint ar fferm Hesb Alun a Phen-y-bont, ar gyrion plwyf Cilcain, lle mae afon Alun yn gwahanu'r plwyf a phlwyf Gwernaffield.
Sir Ddinbych	Mae enw cae, sef *Cefnfaes Isaf* a phedwar enw *Cefnfaes Ucha* ym mhlwyf Gyffylliog ond ychydig yn fyr o ffin y plwyf hwn a'r tir comin. Hefyd ar ochr arall y plwyf, ceir enw arall, hynod o debyg, sef *Cenfaes*, ar ffin y plwyf. Tybed ai llygriad sydd yma?

Ym Morgannwg ceir tair fferm fynydd yn amlwd/treflan Blaenhonddan sy'n cynnwys Cefnfaes, sef *Kenfaes Uchaf*, *Kenfaes Canol* a *Kenfaes Isaf*. Yn ogystal, ceir nifer o gaeau yn y ddwy olaf sy'n cryfhau'r ddamcaniaeth bod darn sylweddol iawn o dir yma o'r enw cefnfaes ar un adeg. Gwelir *Kenfas Mawr* (rhif 1539), *Part of Coed Cae Kenfas* (1531), *Part of Craig Kenfas* (1521) a *Craig Kenfas* (1522). Anodd dweud a oes ffin yma gan nad yw wedi ei nodi â llinell gadarn. Ond, mae'r enw Blaenhonddan ar y map, a fferm o'r un enw ar derfyn y tir i'w gweld ar fap Degwm Castell-nedd.

Dengys yr ychydig enghreifftiau hyn fod i'r enw *cefnfaes* arwyddocâd arbennig. Ni wyddom a oedd rhyw ddefod yn perthyn i'w lleoliad ganrifoedd yn ôl ond, yn amlwg, roedd yn nodi ffin o bwys a hynny ar draws Cymru. Erydwyd ei ddefnydd gyda gweinyddiad y plwyf ac anghofiwyd yn llwyr am ei ystyr.

Ceir hefyd un enghraifft o'r enw *cefn* mewn cyswllt â chwmwd, sef Cefn Cwmwd, yn Llangristiolus, Sir Fôn. Y cofnod cyntaf yn AMR yw yn Castelkenynhelik [Castellcefnhelyg], Llanbadrig, Môn yn 1352 ond mae'n unigryw a chofnodwyd y mwyafrif llethol ar ôl diwedd yr 16 ganrif. Ceir dros dau gan mil o gofnodion yn Archif Melville Richards, trysor cenedlaethol os bu un erioed. Mae ar y we.

Cefn

Yn gysylltiedig â'r enw *cefnfaes* mae'r enw *cefn*, sydd yn amlwg yn cyfleu crib mynydd neu fryn mewn ucheldir ac weithiau pen draw rhaniad tir. Mae'n enw digon cyffredin drwy Gymru ac mae wyth lleoliad yn Sir Henffordd a llawer yn Swydd Amwythig. Maent yn aml iawn yn hynafol, ond weithiau mae'r enw cyfansawdd yn dynodi rhywbeth anghyffredin ac annisgwyl.

Yn 1701 cofnododd Edward Lhwyd ffiniau rhan o blwyf Llanfihangel-y-traethau, sef *Parsel y Penrhyndeudraeth yn Cefn Coch*. Ceir ambell gyfeiriad at *Kefn y Dref* ym mhlwyf Llanddwywe uwchben Corsygedol yn Rhentol 1623 ac yn Eisingrug ar ffin plwyfi Llanfihangel-y-traethau a Llandecwyn yn 1549 (Brogyntyn) ac yn 1554 (Maesyneuadd).

Mae'r cofnod diwethaf yn ddiddorol gan fod y ddogfen hefyd yn enwi gweirglodd o'r enw *Trwyn y swch* a Llyn Eiddew, sy'n gymorth i leoli *Kevyn y dre*:

> *Trwyn y swch in Kevyn y dre – except a messuage in a place called y llyn idda.*

Mae tri chae o'r enw *Trwyn y Swch* i'w cael ar dir Moel-y-Glo yn ôl y Degwm. Y rheswm am eu henw, yn ddi-os, yw eu bod, gyda'i gilydd, yn ffurfio siâp swch arad. Gweler www.https://lleoedd.llyfrgell.cymru. Ond fe gawn yma hefyd dystiolaeth o enw hynafol a gollwyd bellach, a gallwn ei leoli gyda chymorth mapiau'r Degwm (gweler y llun ar dudalen 71).

Fel y gwelwyd ar dudalen 90 mae enw cae *Cefn Prysg*, Llanfair yn cyfeirio at ben draw'r hen gomin ac mae enw cae *Cefn y Stentir*, Minffordd ger Portmeirion yn dynodi'r ardal i'r gorllewin o'r tir stent hynafol. Mae pum cae cyfochrog ar fferm *y Goppa*, Trawsfynydd gyda'r enw *Cefn y Goppa,* sy'n dangos bod darn sylweddol o dir o'r enw hwn yno cyn creu'r caeau presennol. *Goppa* yw yn y Degwm ac mae wedi hen ennill ei blwyf yn lleol, ac yn Rhestr Rhent 1623. Ceir yr elfen *Gop*a hefyd, mewn amryw siroedd eraill yn ôl AMR. Mae ystyr yr enw Goppa yn ansicr ond mae'r tir yn codi'n grwn yma ar ffurf cilgant neu fraich oddeutu'r A470 a fferm Llain Wen. Mae Gwynedd O Pierce yn egluro mai o'r enw Saeneg Canol, *Coppe (cwpan)* y daeth *copa* yn *Y Gopa* ym mhlwyf Llandeilo Tal-y-bont. Tu draw i'r fraich mae Nant y Cefn.

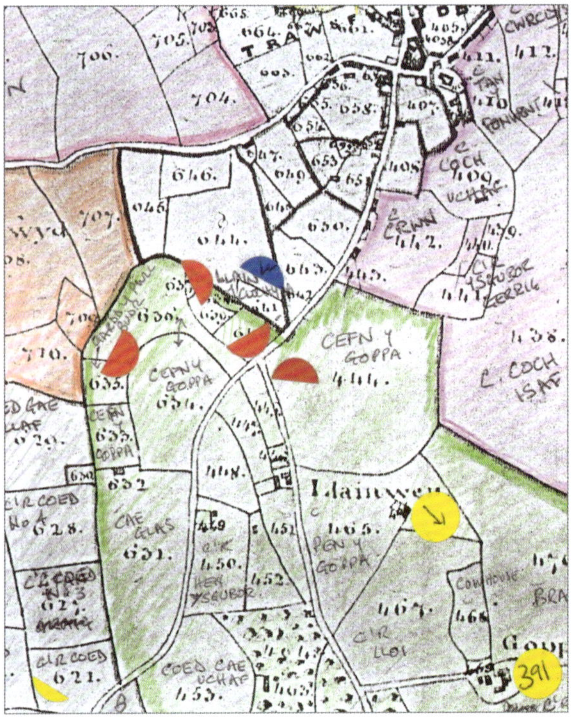

80. Darn o fap Degwm Y Goppa, Trawsfynydd fel mae yn wreiddiol ar fap y Degwm yn 1840. © RhP

81. Darn o fap Degwm y Goppa fel y mae wedi ei ddigido a map AO oddi tano. Gyda chaniatâd LlGC.

Ceir cofnod o *Gefn y Goppa*, Trawsfynydd mewn dogfen yng nghasgliad Poole yn 1626 sy'n cofnodi *Y Goppa alias Keven Trawsfynydd*. Yn y geiriau disylw hyn ceir tystiolaeth arwyddocaol iawn mai yma roedd ffin y rhaniad gweinyddol rhwng Trawsfynydd ac Uwch Cefn y Clawdd, yn Stent 1420. Trafodir hyn yn y man. Gwelwn yma fod y *cefn* ynghyd â'r *clawdd* yn nodweddion hwylus i osod ffin neu raniad i blwyf eang fel Trawsfynydd.

Clawdd

Un nodwedd hardd sy'n toddi i'n tirwedd yng Nghymru yw'r clawdd, sef clawdd cerrig a phridd sylweddol gan amlaf. O'u cymharu â'r waliau garw a godwyd i amgáu'r tir mynydd yn nechrau'r bedwaredd ganrif ar bymtheg, maent yn gweddu'n naturiol i'r dirwedd. Cyfeiriwyd at gloddiau fel hyn yng Nghwm Hafod Oer rhwng Dolgellau a Thal-y-llyn ac ar dir Pencoed yn Llanfihangel-y-Pennant, ger Tywyn ar dudalennau 24 a 25. Fe'u ceir o faint llai hefyd mewn ardaloedd eraill, megis yn Llŷn a Phenfro, i rannu caeau, gan sicrhau parhad i'r grefft draddodiadol a hynafol hon.

Roedd un plwyf yn Ardudwy, sef Trawsfynydd, yn ddigon eang i'w rannu â chlawdd yn ôl Stent 1420 ac yn yr achos hwn, roedd yn glawdd hollol naturiol a gweladwy. Defnyddid yr enw clawdd a chefn yn gyfnewidiol yn ôl nodwedd y dirwedd. Lle roedd nodwedd naturiol fel crib mynydd, defnyddid hwn yn ffin a chyfeirid ato fel clawdd neu gefn. Ceir hanes chwilio am y ffin rhwng Trawsfynydd ac Uwch Cefn y Clawdd ar dudalen 177. Gwelir yn y llun isod y clawdd naturiol hwn sydd yn ymestyn o'r dwyrain yn y Goppa i Foel Penolau (614m) a Moel Ysgyfarnogod (623m) yn y gorllewin.

Yn Ardudwy mae cofnod o *Clawdd Brase* yn 1455 (Mostyn B) yn Llanfair. Tybir mai (*llydan, garw* yw ystyr *bras* yma*)*. Yn y cwmwd hwn, ystyrid yr enw clawdd yn ogystal â'r enw cefn yn fan hwylus i ddynodi ffin o bwys. Nid yw'n rhyfeddod mewn ardal fynyddig. Ond syndod yw gweld bod llai o enwau clawdd nag o enwau cefn drwy Gymru. Mae rhai'n hynafol iawn ac mae AMR yn cofnodi amryw o enghreifftiau cynnar iawn fel *Penn claud lywarch hen* (Llyfr Llandaf, 12 ganrif), *Penclaud* (1295), Llandeilo Bertholau, Mynwy, *Clawdd Brase* (1455), Llanfair, Meirionnydd, *Clauth Elwyn Brygh* (1493), Cilybebyll, Morgannwg a *Bulghe Clawth*, Maenclochog (1498/9).

O'r casgliad o enwau cyfansawdd yn AMR gwelir fod sawl math o glawdd, rhai ac iddynt liw, er enghraifft, *Tyddyn y Clawdd Melyn*, Tredreyr, Ceredigion ac yn Nhrefeurig, *Bwlch y Clawdd Du* yn y Waun, Sir Ddinbych a sawl *Clawdd Du* arall ym Mynwy, Caerfyrddin a Threfaldwyn. Mae nifer o gloddiau coch ym Morgannwg a Dinbych. Dyma destun difyr i'w archwilio.

Ceir *Clawdd British* yn Llandeilo'r-fân, Sir Frycheiniog ac yn odiach fyth, *Clawdd Dwl* yn Llan-lwy, Penfro. Annelwig ond difyr yw *Yrandir ai Phen yr Clawdd Helig* (1631) ym Mhen-bre. Mae amrywiaeth fawr yn yr enwau cyfansawdd hyn, yn bobl: *Clawdd y Mynach*, *Clawdd y Milwr*; yn anifeiliaid: *Clawdd y Gath*, a hefyd *Clawdd y Fuwch*, ac yn goed: *Clawdd yr Helyg*, *Clawdd Bedw* a *Clawdd Ywen*.

Mwy sylweddol yw *Pentre Clawdd*, Selatyn, Swydd Amwythig, Tref y Clawdd, Croesoswallt. Ceir *Twll y Clawdd* yn Amlwch a Llanengan a nifer fawr o enwau tebyg ar dyddynnod ar draws y wlad. Ceir cloddiau hen a newydd, Clawdd Offa wrth reswm a hefyd Clawdd Wat (*Clawdd Wade* a gofnodwyd yn 1455).

Awgryma'r cyfeiriadau hyn fod llawer o gloddiau yn nodwedd amlwg ac yn wybyddus i bawb yn lleol. Yn arolwg y

82. Y cefn i'r gogledd o bentref Trawsfynydd, yn edrych i'r gogledd tuag at Eryri. Llun: Jean Napier

Goron o'u tiroedd yng nghwmwd Tal-y-bont (Meirionnydd) yn 1592, mae cyfeiriad at ddau barsel o dir ger Llys Bradwen a'r Ffordd Ddu yn nhrefgordd Cregennan. Fe'u gwahenir oddi wrth *the waste of the forest there by a great Ditch commonly tearmined y Clawth ytha*. Beth bynnag oedd hanes hynafol y ddau barsel, *Mayse Crey* a *Bryn Eggloys Foyll*, mae'n amlwg iddynt gael eu trosglwyddo i'r Goron yn 1592. Mae bryncyn ar fap AO 1887 yn datgelu lleoliad Eglwys Foel ac mae fferm ger Llys Bradwen o'r enw Pant yr Hen Erw ac mae'r cysylltiadau i'w gweld yn yr enwau. Yr hyn sy'n berthnasol i ni yw bod y clawdd sylweddol hwn yn nodwedd draddodiadol o ffin rhwng y dreflan a'r tir wast – y comin bellach.

Tebyg iawn yw'r dystiolaeth yng ngweddill Ardudwy. Ceir yr enw clawdd ar y ffermydd a'r caeau a ganlyn:

Lle	Ffermydd
Llanaber	Maes y Clawdd
Llanenddwyn	Tyn y Clawdd (1455)
Trawsfynydd	Cefn y Clawdd (1582); a Maesglawdd y Ffridd (1623)

Lle	Caeau
Llanfihangel-y-traethau	*Rhwng y Ddwy [sic] Glawdd isa,* Ffridd y Fedw
Trawsfynydd	*Dol Clawdd y Meini, Rhwng y Clawdd a'r Afon* a *Tan y Clawdd*
Ystumgwern	Rhwng y Ddau Glawdd

Fel yng ngweddill y dystiolaeth yng Nghymru, mae pob enw'n amlwg yn arwydd o bwysigrwydd y clawdd i'r cymunedau. Ar y cyfan, defnyddid yr enw i ddynodi nodwedd yn y dirwedd, un weladwy a sylweddol. Weithiau, mae'n fan hwylus i ddynodi ffin.

Mae hefyd ychydig o enghreifftiau o enwau eraill sy'n dynodi pen draw'r plwyf. Ceir Llawr y Plwyf ym Mynydd Islwyn. Yn Nhrawsfynydd ceir ardal Llawr y Plwyf ar ffin ddeheuol y plwyf, lle mae fferm o'r enw Cae'n y Cefn. Penisa'r Plwyf ym Maesyfed a Mynwy a Phenucha'r Plwyf ym Mynwy. Pen-y-plwyf a geir yn Sir Gaerfyrddin. Ond yr enw mwyaf niferus o dipyn yw Blaen-y-plwyf ac fe'i ceir ym Maesyfed, Ceredigion a Threfaldwyn.

Rhwng y comin a'r ffridd

Un darn o dir na fydd byth yn cael sylw yw'r darn cul sy'n gwahanu plwyfi neu drefgorddau, ac yn enwedig yn yr uwchdir. Arferid gadael rhywfaint o dir oddeutu eu ffiniau hynafol. Gwelir enghraifft dda o hyn rhwng plwyfi Llandanwg a Llanfair ger fferm Merthyr a'r Fonllech Hir (SH598309). Yn ôl Cyfreithiau Hywel Dda, cosbid yn hallt unrhyw un a fyddai mor feiddgar ag aredig y tir hwn ar ffiniau'r trefgorddau (plwyfi heddiw) heb ganiatâd. Credaf y gwelir yn y lle hwn lathenni neu fwy o gysgod y tir diffaith rhwng y trefgorddau. Mae'r tir yn amlwg iawn i'r sawl sy'n cerdded ar hyd y ffordd uchaf o Lanfair tuag at fferm Merthyr, sy'n brawf mor bwysig yw cerdded y caeau ac edrych yn fanwl ar y dirwedd.

Mae enghraifft arall wedi ei chofnodi ar ffilm yng nghyfres *Caeau Cymru* sydd wedi ei harchifo yn y Llyfrgell Genedlaethol. Ar dir fferm Gwern Hywel Uchaf bellach mae tir a fu'n perthyn i Hafod Iddig, tyddyn a gofnodwyd yn 1619. Does fawr ar ôl o'r hen dyddyn ond gellir gweld iddo gael ei godi ar ffin plwyfi Cerrigydrudion a Gwerni Hywel. Ni fyddai hyn wedi ei ganiatáu yn yr Oesoedd Canol ond codwyd y tŷ a'r llofft mewn cyfnod pan welai rhai gyfle i godi to ar dir comin neu wast. Yn ôl yr hanes, cysgai'r hen wraig olaf a fu'n byw yno mewn un plwyf, ond byddai'n byw yn y llall. Yma, gwelir yn glir iawn ddarn o dir tuag ugain llath o led mewn rhai mannau yn ymestyn ar hyd y ffin ac yn gwahanu'r ddau blwyf.

Mae'r enw *ffin* ei hun yn digwydd yn gyson yn yr hen siroedd ac yn enwedig yn Sir Gaerfyrddin. Mae Ystrad-ffin a

Bwlch-y-ffin yn enghreifftiau da, y ddau ar ffin dwy hen sir. Mae i'w gael hefyd yn gyffredin fel cyffin, fel mae AMR yn dangos yn eglur iawn. Gwelir felly fod sawl gwahanol enw ar ffiniau tiroedd ond yr hyn sy'n amlwg iawn yn gyffredin yw'r pwysigrwydd a'r parch a roid i bob ffin, boed yn ffin fferm, plwyf, cwmwd neu wlad. Yr hyn sydd yn allweddol yw'r ffaith ei bod yno a'i bod yn dynodi bod gwahaniaeth rhwng y naill ochr a'r llall.

RHANIADAU O DIR

Parsel

Cyfeirir at y rhaniad parsel yn Stent 1420 i ddynodi darn bychan o dir rhydd. Roedd tri ym mhlwyf Llanfair, sef *Irosdyffrwde* (Rhos Dwyffrwd yn Rhentol 1623), *Caer y Thubluog* (Gerddi Bluog) a *Ryd yr Eirin* (Rhydyreirin), ac mae'r ddau olaf yn enwau ar ffermydd sydd heddiw'n hanesyddol adnabyddus y tu hwnt i Feirionnydd.

Weithiau defnyddid y term parsel am raniad plwyfi ac mae dwy enghraifft yn Ardudwy, sef plwyfi Llanfihangel-y-traethau a Llandecwyn. Yn ôl Edward Lhwyd yn 1701, cynhwysai plwyf Llanfihangel-y-traethau gynt dri pharsel, sef Parsel yr Ynys, Parsel Penrhyndeudraeth a'r Parsel Bach. Er bod eu terfynau wedi eu hen anghofio erbyn heddiw, gyda chymorth cofnodion festri'r plwyf yn 1796, sy'n rhestru enwau ffermydd ym mhob parsel, a mapiau'r Degwm, gellir eu hail-greu. Disgrifir y plwyf gan John Lloyd mewn erthygl ddifyr iawn yn CCHChSF 1957 a cheir trawsgrifiad o ddau Lyfr Festri gan Ben Bowen Thomas, yn BBCS cyfrol VII, rhan II, 153–191. Yn ôl rhestr y festri yn 1796 gwelir fod y parseli'n cael eu rhannu'n ffermydd fel a ganlyn:

Collodd rhaniadau hynafol plwyf Llanfihangel-y-traethau bob arwyddocâd ar ôl 1806 a chollwyd yr enwau. Yn 1898, rhannwyd plwyf Llanfihangel-y-traethau yn ddau hanner, sef plwyf Talsarnau a phlwyf Penrhyndeudraeth.

Cofnododd Edward Lhwyd fod plwyf Llandecwyn wedi ei rannu'n ddau barsel, sef Parsel y Coed a Pharsel Blaen y Plwyf. Yn wyneb diffyg tystiolaeth fanwl, ni ellir ond awgrymu bod y cyntaf yn cynnwys Coed Felenrhyd. Mae'r llall yn amlwg yn cynnwys gweddill y plwyf fel yr awgryma map y Degwm a Threth Leyg 1292-3.

Ceir amryw gofnodion yn AMR. Ceir *Parsel Chwirligwgan* yng Ngharon-is-clawdd, Ceredigion a *Parsel, Melinyparsel* a *Pandy'r Parsel* yn Nhywyn, Meirionnydd. Ymysg enwau eraill diddorol mae *Ynis Parcel* Llan-giwg, Morgannwg (1650), *Gwaun y Parsel*, Tregatwg, Morgannwg (1592–3), *Clos y Parsel*, Cantref, Sir Frycheiniog (1749/50) a hefyd *Blaen Parsel* yn Aber-nant, Sir Gaerfyrddin. Da fyddai cael tystiolaeth leol am yr enwau hyn ac eraill yn AMR. Tybed a oes cysylltiad â rhaniad y tir?

Y Parseli	Enwau'r Ffermydd yn y Parsel
Parsel Bach	Cefn Trefor Bach, Cefn Trefor Fawr, Dynnoge (Draenogau), Ffridd y Fedw, Fuches Wen, Glyn Cowarch, Moel y Glo, Plasucha, Pen y Bryn, Rhosigol, Tal-y-sarne, Tyddyn John Wynn
Parsel Penrhyndeudraeth	Blaen y Wawr, Borthwen Fawr, Borthwen Fach, Cae Canol, Caedynyfed, Hafod y Wern, Hendre Isa, Minffordd, Penrhyn Isaf, Plas yn Penrhyn, Rhadwy Ddu (Adwy Ddu), Stentir
Parsel yr Ynys, sydd yn dilyn hen lannau'r ynys	Carreg y Ro, Cefn Gwyn, Glan y Môr, Llechollwyn, Tyddyn yr Eglwys, Tŷ Cerrig, Tŷ Gwyn y Gamlas

Parth

Ceir hefyd yn enwau'r Degwm dystiolaeth o'r arfer o rannu tir hynafol, rhydd, sef parth a thraean. Gwelir yn achlysurol yr enw deuparth, yn enwedig ym mhlwyfi Llanddwywe a Llanenddwyn lle mae dwy, tair, neu bedair enghraifft ar dair fferm.

Ystyr parth yn y cyd-destun hwn yw *rhaniad* o dir neu eiddo. Gall hefyd gyfeirio at ardal neu aelwyd. Mae'r enw parth i'w gael ar ddeugain cae yn Ardudwy a'r rheini ar wasgar mewn saith plwyf. Maent yn fwy niferus yn Llanddwywe a Llanenddwyn, plwyfi ac ynddynt ganran uchel iawn o diroedd caeth hynafol. Mae'n rhaid felly bod y tiroedd a ganlyn yn werddonau bychain o diroedd etifeddol ymhlith tiroedd caeth y tywysogion ac yn werth eu nodi yma. Ar sail y dystiolaeth mae'n debyg fod y rhaniadau hyn wedi digwydd cyn 1536 o leiaf ac mae'n rhyfeddol bod yr enwau wedi goroesi mewn enwau caeau.

Ceir yr enw *Parth* neu *Parthe* neu *Partha* ond yr enw mwyaf cyffredin o lawer yw *Deuparth* ac weithiau ynghyd ag elfen ychwanegol. Er enghraifft, mae yna *Deuparth Isa*, *Deuparth Megan* a *Deuparth Llwyd*, *Deuparth Dan yr Ardd*, *Deuparth yr Hwylfa*, *Deuparth Du* a *Deuparth y Dŵr*. Maent wedi eu clystyru ar ffermydd Cae Tani, Llecheiddior Uchaf a Ro-wen. Cofnodwyd hefyd *Y Parthoried* yn Rhentol y Goron yn 1623 ac yn 1776, ond ym mhlwyf Llandecwyn, ym mhen arall y cwmwd. Dim ond llai na dwsin o leoliadau a gofnodwyd yn AMR ac mae ambell enw'n hen, fel *Gafael Meurig y Parth*, Rhiwedog, Meirionnydd yn 1427, *Parth Eosk*, Penmachno yn 1429, *Deuparth,* Croesoswallt, Sir Amwythig yn 1500 a *Parth y Machwern*, y Ferwig, Ceredigion yn 1543. Cofnodwyd *Kymro Deuparth* yn 1701 gan Edward Lhwyd ac fe gofnodwyd yr un enw yn 1570 yn Llandysilio-yn-Iâl, Dinbych. Cawn hefyd Tyddyn y Parciau [*Parthle*], Llanwnda yn 1785. Ond tenau iawn yw'r dystiolaeth, o bosib oherwydd bod y darn tir yn fychan iawn, fel yn nhystiolaeth Ardudwy ac ni chofnodwyd yr enghreifftiau yno.

Traean

Mae'r enw traean hefyd yn fesur rhaniad, sef un rhan o dair. Dim ond un enw fferm sy'n cynnwys yr enw traean yn Negwm Ardudwy, sef Traean, Llanfrothen a chofnodir yr enw gan Edward Lhwyd. Yn Nhrawsfynydd, mae *Cae Traian* ar fferm hynafol Tyddyn Mawr. Mae hefyd ddau gae, sef *Cae Traean* yn Llwyndu, Llanaber, lle mae tŷ traean, sef tŷ'r weddw, *dower house* yn Saesneg. Dyddiad torri coed y tŷ traean oedd gaeaf 1592/3, ffaith a ddatgelwyd drwy brosiect Adnabod Ardudwy. Ceir ambell gofnod hŷn na'r Degwm yng ngweddill yr hen Sir Feirionnydd, fel *Gweirglodd y Traean* ym mhlwyf Llanfor ym Mhenllyn.

Cofnodwyd 249 cyfeiriad i'r enw yng Nghymru yn AMR. Yn Arfon mae'r enghreifftiau mwyaf niferus o bell ffordd, a nifer sylweddol yn Ninbych. Mae *Traean* yn Felin Chwaen Bach, Llantrisant, ym Môn ac yn Arfon ceir 22 enw mewn chwe lleoliad, gan gynnwys *Cilfechydd Als Trayan a Tynycraig* yn Llanwnda. Ceir *Traean* yn Eglwys Wen yn 1772.

83. Llun Tŷ Traean, Llwyndu, Llanaber. Medrwyd dyddio rhan o goed y tŷ hwn i c.1581/3 fel rhan o brosiect Adnabod Ardudwy gyda chydweithrediad Richard Suggett CBHC. Llun: © RhP

Y ffurfiau mwyaf cyffredin yw *Cae Traean*, ond ceir hefyd mewn dogfennau ystadau ar draws Cymru, *Traeanau*, *Murddun y Traean* a *Tyddyn y Traean*. Lliw neu ffurf sy'n ail elfen gyffredin ym Mrycheiniog ac yn Ninbych, *Traean Glas, Traean Isaf* a Traean Mawr. Ceir yr enw annisgwyl *Traian y Tair Rhan* a hynny yn Llanynys yn 1718, mewn plwyf lle mae tystiolaeth gref o batrwm hynafol iawn o amaethu. Ceir hefyd *Erw Traean* yn Sir y Fflint.

Y traddodiad yn yr Oesoedd Canol, ac yn wir, ymhlith y gymuned amaethyddol hyd at yr ugeinfed ganrif mewn ambell ardal, oedd bod cyfran y weddw o ystad ei gŵr yn draean a byddai'n parhau drwy ei hoes. Yn aml, roedd hyn yn cynnwys tŷ cyfagos i'r hendref neu ddarn a ychwanegwyd, weithiau fel aden groes i'r prif adeilad, sef Tŷ Croes. Roedd hyn yn hawl gyfreithiol ac yn un a berchid.

ANHEDDAU

Hendref

Mae Hendref yn enw gweddol gyffredin ar ffermydd drwy Gymru, er nad yw'n lluosog. Prin cant a hanner o gofnodion sydd yn AMR. Gweddai tirwedd Ardudwy'n berffaith i'r arfer traddodiadol o symud o'r hendref, a safai fel arfer o dan 250 metr/750 troedfedd uwch y môr, i'r hafod ar y ffridd neu dir pori'r ucheldir. Efallai fod yr arferiad yn Ardudwy o symud i fyny'r llechweddau uwchben yr hendref wedi arwain yn naturiol at ddatblygiad y ffermydd i fod ar ffurf hir sy'n ymestyn o'r glannau i'r llechweddau. Yn yr Oesoedd Canol, hyd at o leiaf 1326, roedd yn ofynnol i'r boblogaeth symud y gwartheg rhwng y ddau le. Mae'n rhaid bod yr arferiad Cymreig wedi parhau o dan y drefn newydd Seisnig tra parhaodd y tir yn agored. Tystiolaeth o hyn yw'r achos llys yn y cwmwd yn Harlech ar 10 Mehefin 1326, pan gosbwyd Iorwerth Gethin ac un arall o Lanaber, ger Abermaw am ddal i bori eu gwartheg yn yr iseldir wedi i'w cymdogion yrru eu gwartheg i'r mynydd. Go brin y breuddwydiai'r hen Iorwerth y câi ei gywilydd ei adrodd mor aml gan haneswyr. Yn ôl yr hen gyfreithiau, caeid y tiroedd âr o'r 9fed o Chwefror hyd y 9fed o Fai a rhwng y 9fed o Awst hyd at Galan Gaeaf, ar gyfer yr aredig a'r cynhaeaf. Daliwyd at y traddodiad hwn a châi ei weinyddu yn Llanaber yn 1326. Parhaodd yn arferiad cymdeithasol o symud o'r hendref i'r hafod yn dymhorol i fanteisio ar y borfa. Gwelwyd yr un drefn yn bodoli yn achos ffriddoedd y tywysogion uchod, trefn a ddaeth i ben i bob pwrpas gyda Deddfau Cymru, 1536 ac 1543. (Gwelir hanes tiroedd Castell y Bere yn *Caeau Cymru*, ar dudalennau 169-171.) Yn y bôn, yr un hanes sydd i'r ffriddoedd a'r hafodau.

Cymharol brin yw'r enw hendref (gaeafdy) yn Ardudwy. Cyn y drydedd ganrif ar ddeg, yr hendref oedd yr enw cyffredin a ddefnyddid ar brif gartref y teulu. Ond, yn raddol, wrth i'r teulu sefydlu yno, ychwanegwyd enw unigryw at hendref. Yn Rhentol 1623, enwir dwsin o hendrefi yn Ardudwy a goroesodd deg enw hyd heddiw. Newidiodd Hendre Urien, Llanaber yn Hendre Eirian. Aeth rhai fel Hendre Gerrig, Llandecwyn yn adfeilion neu o dan goed ac weithiau fe'i ceir mewn enw ar un neu fwy o gaeau'r fferm. Newidiodd Hendre Engan, Llandecwyn yn Hendre Einion yn 1776 cyn diflannu'n llwyr. Cyfnewidir y tri enw, Engan, Einion ac Eingion yn gyffredin. Cofnodwyd yr enw Garth Hendref yn Llandanwg yn 1488 ac mae'n debygol mai fferm Garth Fawr neu Garth Fechan ydyw erbyn 1840.

Enwau hendrefi a gollwyd ers 1536

Lle	Hendrefi
Llanbedr	Hendre Ferwedd (1623), Hendre Forfudd (1776), y cyntaf bellach yn enw ar gae yng Nghwmafon, Llanbedr.
Llandecwyn	Hendre Eirian, Hendre Ellis, Tyddyn Isaf; Hendre Boeth, Coety Mawr; Hendre Cerrig Bach, Onnen.
Llanenddwyn	Hendre Feysydd.
Llanfihangel-y-traethau	Hendre Fadog.
Llanfrothen	Hendre Hoedliw.

Ond, erbyn y Degwm, ychwanegwyd saith enw, yn bennaf wrth i hendref a'i hafod wahanu a newidiwyd yr enwau, fel yn achos Hendre Mynach Uchaf a Hendre Mynach Isaf.

Ymysg yr hendrefi a oroesodd mae cadwyn ohonynt ar hyd llethrau Llanaber, sef Hendre Mynach, Hendre Coed Isaf ac Uchaf, Hendre Clochydd, Hendre Eirian (Urien gynt) a Hendre Fechan (cartref William Phylip.) Ceir Hendreforion yn Llanaber hefyd.

Disgrifiwyd rhai ohonynt a'u hafodydd cysylltiedig gan Della Hooke yn CCHChSF cyfrol 8 ac mae'r mapiau'n dystiolaeth werthfawr. Mae enwau caeau'r hendrefi ar lethrau isaf Llanaber yn gyfoethog mewn enwau sy'n ymwneud â thir âr, gan gynnwys erw, talar, dryll a chyfer.

Dywed T Jones Pierce yn ei erthygl *The Gafael in Bangor Manuscript, 1939* yn *Medieval Welsh Society,* gol. J Beverley Smith, y defnyddid yr enw hendref yn yr Oesoedd Canol diweddar i wahaniaethu rhwng tref, sef safle'r annedd wreiddiol a'r dref, sef trefgordd weinyddol. Roedd yr hendrefi yn adeiladau sylweddol a chadarn, a chanddynt stabl, beudy a sgubor yn agos os nad ynghlwm â hwy. Drwy ei waith cloddio a'i adroddiad yng Nghefn Graeanog, Eifionydd eglurodd Richard Kelly gefndir hendref a'i chynefin. Mae'n pwysleisio parhad dyn ar yr un tir ers yr Oes Efydd a phatrwm yr uned amaethu.

Yr hendrefi a ddaeth yn gnewyllyn i'r ffermydd cyfoes ac ynghlwm wrthynt roedd cartrefi tymhorol yn yr uwchdiroedd. Amrywia'r enwau arnynt o ardal i ardal ond, yn y bôn, yr un oedd eu pwrpas. Mae eu swyddogaeth hefyd yn clymu wrth y ffriddoedd cynnar.

Hafod

Uned o dir ychydig yn fwy na libart yn yr ucheldir, gyda hafoty, sef adeilad syml yn rhan ohono, oedd yr hafod gyffredin. Yn yr uwchdir, gallai mwy o dir gwmpasu'r hafoty. Dylid darllen llyfr cynhwysfawr a gwerthfawr Eurwyn Wiliam, *Y Bwthyn Cymreig*, CBHC i gael cefndir yr anheddau tymhorol hyn. Disgrifir llanw a thrai trigolion yn yr uwchdir mewn ymateb i newid hinsawdd a thwf poblogaeth gan nodi cyfnodau'r symudiadau hyn. Ynddo hefyd ceir awyrluniau gwych CBHC ac ambell fap ym Mhennod 2 ac mae'n werth pori drwyddi i amgyffred bywydau'r anheddwyr. Cyhoeddwyd adroddiad archaeolegol difyr a manwl yn 2006 yn seiliedig ar waith ymchwil staff y pedair ymddiriedolaeth archaeolegol yng Nghymru. Mae *Lost Farmsteads – Deserted Rural Settlements in Wales*, golygydd K Roberts, yn Saesneg yn unig, hyd y gwn i, heblaw am grynodeb Cymraeg. Ceir dadansoddiad manwl o'r ucheldir ac olion gweledol hen anheddau syml. Mae nifer helaeth o gyfeiriadau at enwau hafodydd, ond ar y cyfan, prin yw'r ymwybyddiaeth o werth hanesyddol yr enwau a'r hyn a ddywedant am y dirwedd. Yn yr atodiad, mae Robert Silvester yn rhestru enwau adeiladau sydd i'w cael yn Arolwg Maenor Badminton (Crucywel a Thretŵr, Sir Frycheiniog a chyrion y sir) rhwng 1587 a 2000. Dyma awgrym o obaith, ac a bod yn deg, mae Ymddiriedolaeth Archaeolegol Clwyd Powys wedi gwneud gwaith da yn hyn o beth.

Ym mhennod olaf y llyfr, mae'r Athro David Austin yn werthfawrogol o'r gwaith ymchwil archaeolegol a wnaed yng Nghymru ond hefyd yn cyffwrdd â rhai o'r elfennau coll yn y byd cadwraeth ac archaeolegol heddiw. Mae yn ein hannog i feddwl mwy am gyd-destun, diwylliant a chof gwlad. Gellir dweud fod hyn yr un mor berthnasol wrth drafod y tiroedd hynny a oedd yn gysylltiedig â chestyll Edward I.

> *We have developed our methods perhaps only to enable ourselves to do more of the same thing to meet the needs of our limited ways of managing the archaeology of Wales rather than to innovate to meet the needs of historical understanding and cultural identity.*

Nodwyd bron i dair mil cofnod o'r enw Hafod (haf + bod) yn AMR, y nifer uchaf o ddigon yn siroedd Dinbych a Meirionnydd ond ceir nifer sylweddol yng Ngheredigion a

Chaerfyrddin hefyd. Yr enw syml Hafod yw'r mwyafrif er y ceir rhai diddorol. Cofnodwyd *Hafod yr Arglwydd*, Sir Ddinbych yn 1568 (Powys Fadog), *Tir yr Havodvach*, Cefn Blaidd yn 1681 a *Llainhavodbach*, Abergwili yn 1747, y ddau yn Sir Gaerfyrddin. Ceir *The Havod* yn Aberafan yn 1715 ac, efallai'n arwyddocaol, *Havode* yn Kentchurch Court, Llan-gain, Swydd Henffordd yn 1421.

Casglwyd 15,000 o enwau yn ystod ymchwil Ardudwy, ond ni chafwyd mwy na 38 fferm â'r enw *hafod* a phedair â'r enw bod. Cofnodwyd chwe Hafod i gyd cyn 1536, sef Hafod y Llyn, Hafod y Mynydd a Hafod Ysbyty, Ffestiniog; Hafod y Fudda (Bod y Fuddai) a Hafodwen, Trawsfynydd; a Hafod Garegog, Nanmor. Daeth yr hafodydd hyn yn gartrefi parhaol oherwydd gwell hinsawdd neu dwf yn y boblogaeth. Wrth eu gwahanu oddi wrth eu hendrefi gwreiddiol, gan ymwthiadau tyddynwyr newydd i'r tir comin, ychwanegwyd enw personol at *Hafod*. Felly ceir yr enwau:

Hafodydd ac Enwau Person	
Hafodydd a lleoliad	Hafod y Llyn, Llanbedr, Hafod y Mynydd, Ffestiniog
Hafodydd a lliwiau	Hafod Las, Llanddwywe, Hafodwen, Trawsfynydd
Hafodydd gydag enw ychwanegol	Hafod Offeiriad a Hafod Ysbyty, Ffestiniog Hafoty Craig Wian, Hafod Cwm y Gessel, Hafod Gynfal, Trawsfynydd

Yn y Degwm, ceir enwau hynafol sy'n golygu'r un peth â hafod. Defnyddid yr enw meifod am hafod a cheir dwy fferm, sef Meifod Isa a Meifod Ucha yn Llanenddwyn. Mae hefyd yr enw cynaeafdy sef llety dros dro yn yr hydref wrth gael trefn ar y brwyn, y rhedyn a'r grug, er nad yw'n gyffredin yn Ardudwy. Yr hafod hynaf y gwyddys amdani yw *Yrhavottavlawc* (Hafod Dalog), Trawsfynydd, yn Siarter Abaty Cymer yn 1209. Fe'i henwir ymhlith nifer o rai sydd wedi eu colli bellach.

Mae cofnod o'r enw Nantcol, sef hafod, yn perthyn i lys y tywysogion yn Ystumgwern, yn Stent gyntaf Meirionnydd yn 1284–6. Cofnodwyd enw'r tenant, sef Madog ap Robert, ffermwr porfa Nantcol, yn cynnwys y cwm cyfan, mwy na thebyg, ynghyd â'r rhent o bum swllt a thair dysglaid o fenyn. Cred Colin Gresham mai rhydd-ddeiliad lleol o bwys ydoedd, un a symudai ei dda i'r cwm yn yr haf er mwyn manteisio ar y borfa yno. Daeth Nantcol yn y man yn dir stent ac i law bwrdeiswyr Harlech ac yn ddiweddarach i ystad Corsygedol. Erbyn y Degwm roedd yn fferm o dros dri chant a hanner o erwau, y rhan helaethaf yn dir mynydd ac wedi ei ddatgysylltu oddi wrth weddill y cwm.

Yr oedd hefyd ambell hafod ynghlwm wrth diroedd y mynachod. Daliai teulu Gwydir, Llanrwst, nifer o hafodydd a berthynai i Abaty Aberconwy yn Nanhwynan. Gwelir Hafod y Porth, Hafod Tan y Graig, Hafod y Rhisgl a Hafod Lwyfog yn y bymthegfed ganrif. Gwelir hefyd ar diroedd Ystrad Fflur nifer o olion yn Hafod Eidos (SN773646) a Hafod Frith (SN782664) ac mae lluniau ar Coflein.

Roedd ambell hafod yn agos i'r hendref, a gwelir un enw cae, *Cae'r Hafod a Hen Dŷ*, ym Moel y Glo, Llanfihangel-y-tracthau a'r cae *Cae Hafod y Coed Isa* ar fferm Hafod y Coed, Llanbedr. Amgaewyd y rhain yn rhan o'r prif ffermydd erbyn 1840.

Sefydlwyd hafodydd mwy diweddar ar dir comin ganrifoedd wedi hyn ac mae map y Degwm ac enwau caeau yn gofnod clir ohonynt.

Gweler www.https://lleoedd.llyfrgell.cymru. Mae eu henwau'n dangos y cysylltiadau rhyngddynt a'u hendrefi. Ceir Ffridd Hafoty (SH745327), Plas Captain (yn y Degwm) a Hafod Gynfal (SH679307), Trawsfynydd, y ddwy hafod ar dir comin a amgaewyd yn yr 1800au. Er hyn, cofnodwyd Hafod Gynddel yn 1617. Mae Elwyn Davies yn disgrifio esblygiad yr hafod yn ei erthygl werthfawr *Hendre and Hafod in Merioneth, CCHChSF cyfrol 8,* gyda mapiau effeithiol. Ceir erthyglau cyffelyb ganddo yn Nhrafodion Sir Gaernarfon a Cheredigion.

Saif y rhan fwyaf o'r hafodydd cynnar ar lethrau rhwng 100 a 220 metr uwchlaw lefel y môr, a'r hafodydd mwy diweddar yn uwch o lawer, sef rhwng 220 metr a 290 metr. Er hyn, mae ambell hafod ar dir isel iawn, fel Hen Hafod ar ymyl Cors Fochno yng Ngheredigion. Tybir felly fod yr enw Hafod yn briodol i unrhyw lecyn lle gellid manteisio ar y borfa yn ystod yr haf. Roedd eraill yn nes i'r hendref ac yn raddol, amgaeodd y perchnogion y tir rhyngddynt i greu fferm. Cam arall yn natblygiad annibynnol yr hafodydd oddi wrth yr hendref oedd y defnydd o enw'r hendref gydag ychwanegiad megis Uchaf ac Isaf a Mawr a Bach. Er enghraifft, Penbryn Uchaf a Phenbryn Isaf, Llandecwyn, Cefn Cymere Uchaf a Chefn Cymere Isaf, yn Negwm Llanbedr a Gorllwyn Fawr a Gorllwyn Bach, Llanaber. Bron yn ddieithriad, mae'r hafod yn uwch i fyny'r llethr na'r hendref a'r enwau'n cydymffurfio. Weithiau ceir nifer o gaeau bychain gerllaw a'r enw buarthau wedi ei ychwanegu, enw sy'n awgrymu bod cadw gwartheg yn rhan bwysig o'u cynhaliaeth neu, fod yr hafod neu'r hendref wedi ei lleoli ar lwybrau'r porthmyn.

Ceir darlun byw o Garth Byr, Llandecwyn, yn y cyfnod rhwng 1532 ac 1590. Roedd y tir comin rhwng yr hendref a'i hafod wedi ei amgáu bob yn dipyn gan unigolion eraill ac o ganlyniad, rhwystrwyd mynediad i'r hafod. Amgaewyd y tir rhwng Tyddyn y Garth Byr, hendref Morris Williams, teulu Hafod Garegog, Nanmor, a'i hafod gysylltiedig rywbryd rhwng 1532 ac 1590. O'r herwydd, bu helynt teuluol rhwng dau rydd-ddeiliad a fu'n rhygnu ymlaen am ganrifoedd! Sonnir heddiw am y teimlad o hen chwerwder ac mae rhwystr mynediad yn dal mewn grym. Ceir awgrym o'r helynt mewn dogfen yng nghasgliad Dolfriog. Yn 1590 mae Wiliam ap Hugh yn ennill yr hawl drwy orchymyn i yrru ei dda:

> *sans nombre, twice yearly, and horses and mares according to his need, from the tenement called y garth byr to the summer house through the tenement called y kaydy and tyddyn y pandy.*

Does dim sôn am y ddau dyddyn heddiw ond cofnodir yr enwau *Cae Pandy Du* a *Ddol Pandy Du* yn Rhestri Degwm 1840 ar dir Coety Bach. Fe'u gwelir ar fapiau'r Degwm ac mae'n dangos bod y ddau le'n sefyll rhwng Garth Byr a'r Havoty (Hen Dŷ yn y Degwm) uwchben Maes y Caerau. Gwelir yr hen lwybrau oedd yn cysylltu Garth Byr, Coety Bach, Coety Mawr a Maes y Caerau ar fap AO 1888. Ewch i wefan Llyfrgell Genedlaethol yr Alban, https://**maps.nls**.uk i'w weld. Mae'n amlwg bod yr arferiad o yrru'r gwartheg i'r hafod yn dal yn

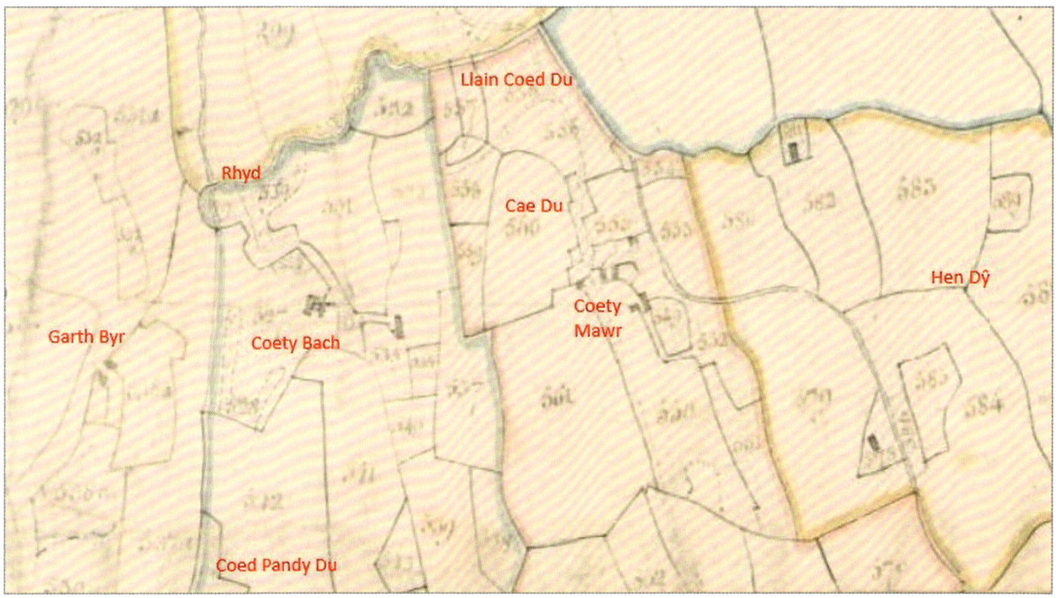

84. Map Degwm yn ardal Coety Bach a Garth Byr yn dangos lle bu'r helynt. Gyda chaniatâd LlGC. © RhP

gyfredol ac yn bwysig i economi'r hendref yn 1623 gan fod cofnod yn Rhentol Ardudwy bryd hynny'n cyplysu'r hafod a'r hendref. Gwelir *Morris Williams pro Garth Byr et Havotty.*

Yn Rhentol 1637 Llanaber, gwelir cofnod sy'n dangos datblygiad cynnar hafod yn y plwyf. Mae'r enwau *Cae Havottu & Cae newydd* yn dangos bod y tir comin yn dal i gael ei hawlio a'i amgáu. Nid nepell oddi yno cofnodir Yr Hafod Ucha, ei rent yn daladwy gan fferm Hendreforion islaw a'r enwau'n awgrymu'r berthynas rhyngddynt.

Pan fyddai hafod o fewn cyrraedd hwylus i'r hendref, gwneid hwylfa neu ffordd drol ar draws y comin ar gyfer y perchennog, fel yr un yn y llun isod. Gwelir yr enw hwylfa (sef hawl mynediad) ac weithiau olion cloddiau'r hwylfa ar fapiau Degwm sawl plwyf ac yn wir yn y dirwedd heddiw. Fe'u gwelwyd yn Ysbyty Ifan yn rhaglen Gwern Hywel Uchaf, yng nghyfres *Caeau Cymru*, gyda'r enw Lôn Gyd. Dro arall, megis rhwng ffermydd Plas Uchaf a Ffridd y Fedw ym mhlwyf Llanfihangel-y-traethau, ceir Rhwng y Ddwy [*sic*] Glawdd. Roedd hwn yn ddarn o *Gafael Ieuan Goch* (gweler tudalennau 2 a 43).

Mae cofnod mor ddiweddar â 1685 yn cyfeirio at Lanaber, pan oedd Huw Tudur, Egryn yn rhoi hawl i'w gymydog symud ei wartheg ar draws y weirglodd ar dir glannau Egryn, *Ynys Eingian*, i dir ei gymydog yn *Ynys y brwyn* am 15 dydd ar ôl y cyntaf o Fai ac i bladuro ei wair yno ar ddyddiau penodol. Mae'r enw *Ynys Eingian* wedi ei golli ac wedi ei gofnodi yn *Wern* yn y Degwm. Cofnodir cae yn fferm Trawsdir o'r enw *Ynys y Brwyn* yn y Degwm, un sy'n gyfochrog â gweirglodd Huw Tudur ond yn nes at y môr. Yr unig fynediad iddo yw drwy weirglodd *y Wern* a dyma leoliad amlwg *Ynys Eingian*.

Pwrpas hafod yn y cyfnod cynnar oedd rhoi cysgod dros dro i fugail neu was wrth ofalu am ei braidd ar dir yr hafod, dros yr haf. Arferid cyfeirio at hyn fel cadw hafod neu hafota. Arferid gwneud menyn a chaws ynddynt (o laeth buwch neu ddafad) pan fyddai'r teulu cyfan yn ymfudo. Disgrifiodd Mr Jones, Tyn y Morfa, plwyf Llandanwg, un a fu'n ffermio'r llethrau uwchben Harlech gydol ei oes, fel yr arferai odro'r fuches yn y caeau uchaf lle y porent. Roedd hyn yn osgoi unrhyw straen arnynt wrth eu cerdded dros y caeau i'r beudy islaw. Cedwid ystolion at y godro mewn twll yn y wal. Roedd hyn y gyffredin yn Nhrawsfynydd hefyd yn ôl tystiolaeth Gerald Williams yn yr Ysgwrn, ac yn *Cae'r Fuches* y digwyddai. Adroddodd hen fugail o Landecwyn sut yr anfonid y llanciau ifainc i'r mynydd i warchod defaid ystad y Glyn am yr haf yn yr 1920au. Digwyddai'r un peth pan brynid defaid yn rhad mewn ardal ddieithr a byddai'n rhaid i'r llanciau aros i'w bugeilio am dymor nes i'r defaid a'r ŵyn newydd ymgyfarwyddo â'u cynefin.

85. Awyrlun o hwylfa drwy'r ffriddoedd at Gell Fechan (SH615165) ar lethrau Llanaber. © RhP

Meifod

Cofnodwyd dros gan enw Meifod yn AMR, y mwyafrif helaeth ym Maldwyn a Dinbych, a'r cynharaf yw enw'r drefgordd ei hun yn 1254. Prin iawn ydynt yn Ardudwy, dim ond Meifod Uchaf a Meifod Isaf sydd ym mhlwyf Llanenddwyn.

Llety

Prin hefyd yw'r enw llety yn Ardudwy ond cofnodwyd pedwar enw cyn 1536, sef *Llety Walter* (1530), Llanbedr, *Llety Weill ym Mron y voel* (1517), Llanenddwyn, *Llety Assen* ym Moel y Glo (1495), a *Llety Iorwerth* (1527) yn Llanfihangel-y-traethau. Enwau ar ardaloedd oedd Bron y Foel a Moel y Glo, cyn eu colli a'u cymryd yn enwau ffermydd. Mae Glenys Davies yn cyfeirio at Llety'r Genedl, Llanenddwyn, cartref Huw Siôns a fu farw yn 1627, yn ei llyfr gwerthfawr, *Noddwyr Beirdd ym Meirion*. Mae'n amlwg o'r cerddi bod y teulu yno cyn 1627, eu bod yn foneddigion a bod tir gwerthfawr ganddynt. Yn Rhentol 1623, mae Huw Jones yn talu swm sylweddol, sef 7s 5c am ei dir. Dim ond enw ar gae, sef *Llety'r Genedl* yn fferm Pentre Mawr, Llanenddwyn, ydyw bellach.

Cofnodir dros fil o enwau yn AMR gydag amrywiaeth mawr o ffurfiau, nodweddion a dyddiadau.

Lluest

Ceir yr enw lluest yn fwy cyffredin ym Maldwyn, Dinbych a Cheredigion. Ceir dros 600 enw yn AMR, y mwyafrif yn Lluest mewn sawl gwahanol sillafiad, ond fe geir hefyd Lyast yng Nghemaes yn 1616, Lyast yn Llanfihangel-yng-Ngwynfa yn 1660 a'r cofnod sy'n datguddio *dairy house called tye Llyest* yn Nhregynon, Maldwyn yn 1669. Mae Eurwyn Wiliam yn cyfeirio at weithred yn ardal Llanddewi Brefi, Sir Aberteifi yn 1616, sy'n egluro beth yw lluest: 'one cottage or turf house called Lluest John David Vain ynhalken y bryn Rhydd.' Cofnodwyd 48 enw lluest ar fap Lewis Morris o diroedd Perfedd, maenor y Goron, yng ngogledd Ceredigion yn 1744 (LlGC a gellir ei weld ar y we) ond fe gollwyd y cyfan heblaw am 13 erbyn i David Davies lunio'i fap o'r un ardal yn 1794.

Waeth beth oedd yr enw lleol ar yr anheddau hyn, roeddent yn dueddol o fod yn anheddau syml a thymhorol ac wedi eu codi pan oedd y boblogaeth yn uchel a'r hinsawdd yn fwy ffafriol fel y gallent grafu bywoliaeth o'r tir a oedd yn ymylol o ran ei ansawdd amaethyddol.

Tyddyn

Cyfeiriwyd eisoes at arwyddocâd cymdeithasol a hanesyddol yr enw hwn. Mae'r enw'n ymddangos hefyd yn y Cyfreithiau Cymreig, yn arwyddocaol iawn i hanesydd sy'n edrych ar enwau yn y dirwedd gan ei fod yn awgrymu lleoliad hen gymuned rydd. Dyma un o'r enwau mwyaf cyffredin o blith y rhai a gofnodwyd rhwng 1500 ac 1536. Ni welir yr enw tyddyn yn Stent 1420 ond, yn ôl pob tebyg, israniad o'r gwely a'r afael oedd y tyddyn. Daeth llawer i'r golwg wrth i drefn y gwelyau ddechrau datgymalu. Gwelir *Tithyn Meredudd ap Carwet* ynghyd â deg erw yn Llanbedr yn 1467 (Mostyn B).

Roedd traean o'r enwau tyddyn a welwyd mewn dogfennau yn dyddio'n ôl i'r unfed ganrif ar bymtheg a chyn Deddf gyntaf Cymru yn 1536. Dyma awgrym go gryf fod tyddyn yn enw cyffredin a chynnar. Erbyn y Degwm, collwyd bron hanner yr enwau hyn. Llyncwyd eu tir, rhwng pedair ac un erw ar ddeg yn draddodiadol, gan y ffermydd newydd cyfagos a dadfeiliodd y cartrefi bychain. Ond, weithiau mae enw tyddyn ar gae yn fodd i leoli anhedd cynnar.

Saif y tyddynnod cynnar hyn yn Ardudwy ar dir sydd rhwng 150 metr a 240 metr uwchlaw'r môr ac yn aml yn agos at hendref. Trafodwyd achos Penarth, Llanbedr lle mae wyth tyddyn yn amgylchu'r hendref ac fe'u gwelir ar fap y clawr ac ar fap Arolwg Ordnans heddiw. Erbyn y Degwm, disodlwyd yr enwau, *Tyddyn David Lloyd ap Gruffudd* gan Wern Einion, *Tyddyn Humphrey ap David* gan Dyddyn Rhyddid a *Tyddyn Hywel Bannwr* gan Tan Arllef, ond gwelir yr enw *Llwyn Ithel Bach* yn ddiogel yn enw'r fferm Llwyn Ithel heddiw.

Mae hanner yr enwau a gofnodwyd mewn dogfennau

ystadau lleol cyn 1536 yn cynnwys enw unigolyn megis *Tythyn John Wyn in gwernevayl*, Llanfihangel-y-traethau (1441) a *Thyddyn Walder*, sef Llety Walter bellach, Llanbedr (1535) a *Thyddyn Gronw Bŵl* (1535), (*Tyddyn Gronwbwl otherwise Ty'r Simdde* yn 1722), Llanddwywe. Mae'r enwau hyn wedi goroesi ac mae'r cyntaf yn dangos union leoliad *Gwernevel*.

Gall enwau tyddyn ddisgrifio:

Gwaith	Tyddyn y Pandy Du, Llandecwyn (1495). Tyddyn y Felin, Llanddwywe (1586).
Lleoliad yr eiddo	Tuthyn yn y Porth, Penarth, Llanbedr. Ceir hefyd Tyddyn y Drws a Thyddyn y Bwlch neu Tyn y Bwlch yn ogystal â'r enw hynafol, Tyddyn y velenrhyd (1553).
Nodwedd yn y dirwedd	Tyddyn Hafod y Llyn a Thyddyn y Drain, Llanbedr, Tyddyn y Llwyn, Llandecwyn, *Tuthyn y Koed Mawr*, Ffestiniog.

Gwelir hefyd yr enw Tyddyn Mawr yng nghanol pentref a hwnnw'n dŷ hynafol a sylweddol fel arfer.

Gellir tybio bod yr enwau hyn yn hŷn o lawer na'r dyddiadau pan gofnodwyd hwy, fel yr awgryma'r cofnodion o'r unfed ganrif ar bymtheg o'r enwau a ganlyn: *Tuthyn Myre y Saysson in y ffrith ywghaphe [uchaf], Tuthyn Llanveckwyn [sic] Isa*, hefyd *Tyddyn Llandekwy otherwise Tir Edward ap Robert,* sef yr hen enwau ar Islaw'r Ffordd, Llanddwywe, *Tuthyn mabe Sym [sic]* yn Llanfair a Tyddyn Bach yn Glan y Wern *commonly called Tyddyn Gruffith ap Jevan ap Phevion in Stymgwern*, Llanenddwyn.

Mae enghraifft arall yng nghasgliad Dolfriog sy'n fodd i fesur hyd a lled eiddo'r diweddar Rhisiart Fychan, Corsygedol yn 1636: *Tyddyn Robert ap Howell otherwise Tyddyn y Kerrig Llwydion*, enw a gofnodir hefyd yng nghasgliad Mostyn yn 1597. Cofnodwyd yr enw *Kerrig Llwydion* hefyd yn 1341 ac 1438 a hyd at 1608 yng nghasgliad Corsygedol. Mae cyfeiriadau aml at y cerrig hyd at 1608 yn awgrymu eu bod yn feini terfyn deheuol, mwy na thebyg Libart Harlech ar ei bellaf. Collwyd yr enw ond mae ffarmwr lleol yn cofio clywed yr enw pan oedd yn blentyn. Mae enw fferm Pen y Cerrig yn awgrymu bod y *Kerrig Llwydion* islaw.

Weithiau, gwelir enw perchennog newydd ar dyddyn hynafol, fel *Tythyn Meredith ap Ierwerth otherwise Tythyn Evan David*, Llanenddwyn. Gwelir hefyd yn Rhentol 1623 Ardudwy dan Ffestiniog, *Tyddyn y Meddig Als. Dôl y Turnor* ac yna yn Rhentol 1776 ceir eto *Terra Meredith ap Ierwerth als.Y Byrdir*. Nid dros nos y digwyddodd y newidiadau hyn yn yr enghreifftiau y cyfeiriwyd atynt.

Gwelir yma dystiolaeth o newid enwau sy'n cyd-fynd â newidiadau cymdeithasol neu economaidd sylweddol. Nid newid mewn olyniaeth deuluol a welir yma ychwaith, ond ymatebion mewn oes pan nad oedd enw personol hynafol bellach yn addas i nodi lleoliad darn o dir. Gyda chymaint o dir yn newid dwylo yn ystod yr unfed ganrif ar bymtheg, drwy'r broses newydd o brynu a gwerthu, doedd y gymdogaeth ddim bellach yn gallu cysylltu'r tir â'r perchennog gwreiddiol.

Rhaid oedd mabwysiadu enw gwahanol, o enw unigolyn neu deulu i enw mwy tiriogaethol – er nad o reidrwydd yn enw newydd. Gwelir nifer fawr o enghreifftiau mor ddiweddar â'r ddeunawfed ganrif pan gofnodir yr hen enwau teuluol a'r enwau newydd tiriogaethol. Cymharer enwau Rhentol 1623 (Rhian Parry yn CCHChSF 2009) â Rhentol 1776. Ym Maentwrog yn 1623 gwelir *Hugh Lloyd of têr Rys ap Evan et Tyddyn y Bwlch* ac yn 1776 mae un *Mary Lloyd pro Tir Rees ap Evan and Tyddyn y Bwlch Als. Cynfel.* Gwelir enw Hugh, Rhys ab Ifan a Mary yng nghart achau teulu Cynfal Fawr, sef teulu Morgan Llwyd. Rhestrir yn y tabl ar dudalen 112:

Mae'r ychydig enghreifftiau hyn yn dangos y cyfoeth o wybodaeth sydd i'w chael drwy gymharu enwau mewn ffynonellau o wahanol gyfnodau. Adlewyrchir y cyfnod rhwng 1623 ac 1776 yn enwau'r tiroedd sydd yn y ddau rentol hyn. Cyfnod oedd hwn pan fu newidiadau enfawr yn hanes enwau, perchnogaeth tir, ffurfio caeau a chrynhoi ystadau a ffermydd bron fel y maent heddiw. Mae ambell sillafiad yn deillio o anwybodaeth y cofnodwr o'r Gymraeg ond nid yw hyn o reidrwydd yn ddinistriol yn yr hir dymor. Dengys y dogfennau sut y gellir camu dros y bylchau ar drywydd enwau sydd yn newid mewn cyfnod o gyffro cymdeithasol sylweddol yn yr ail ganrif ar bymtheg a'r ddeunawfed ganrif.

Rhentol Ardudwy 1623 LlGC Llsgr. Ychwanegol 12731 ff. 25–40	**Rhentol 1776 Llanfair Brynodol M45**	**Plwyf**
Pant y Crwm	Nant y Cwm	Trawsfynydd
Ardd Las	Allt Las	Trawsfynydd
Gwyllt y Llan	Gwellt y Llan	Trawsfynydd
William ap Richard of Tyddyn Du	William Williams *gent. for* Tyddyn Du Als. Bron Danw Isaf	Llanfrothen
Ter. David ap Evan	Tir David ap Evan. Als. Tyddyn Merched	Maentwrog
Humphrey ap Evan of Braichdeunant	Edward Humphrey Brauch Deunant Als. Aberdeunant	Llandecwyn
William Wynne am Gorse Fawr *et* Garth Oerfa	Gorse fawr and Garth yr Yrfa Als. Gallt y calch	Llandecwyn
Garth Byrr & Havotty	Garthbyr & Havottu yn y Mynydd	Llandecwyn
Tyddyn y Doctor	Maesyneuadd	Llandecwyn

Muriau

Ar ôl 1600 y cofnodir y rhan fwyaf o'r enwau mur, megis yn enw fferm Murmadog, Trawsfynydd a *Frith Mirie'r Person*, Llandecwyn a *Murrie Jon Rheynalt*, Llanbedr yn 1623, ond mae ychydig i'w cael ganrif ynghynt. Yn 1490 mae Thomas ap Ieuan ap Llywelyn Sais ac un arall yn gosod tyddyn o'r enw *Mur Gruffudd ap Ted* drwy dir prid yn Llanbedr. Ceir hefyd gofnodion cynnar eraill fel *Murie'r Gwyddyl*, Llandecwyn, tyddyn hyfryd a ddadfeiliodd a chael ei gludo fesul carreg i ychwanegu at dŷ lleol, ddegawd yn ôl. Wrth golli'r murddun, collir hefyd yr enw ar lafar.

Hefyd yn Llandecwyn, cofnodwyd *Muriau Rhys ab Enyan* ac yn Ynys Llanfihangel-y-traethau cofnodwyd *Terra y Murie Gwinie* yn 1500. Yn 1518 gwelir yr enw *Tythyn Pen y Geg a Mur yr Helig* yn Llanfrothen, *Mur Poeth y Llechollwyn*, Llanfihangel-y-traethau yn 1526 a *Mur y Cypple* yn 1528. Ceir cofnod o *Ty yn y Mur Du* yn Llanenddwyn yn 1543. Yn 1591 cofnodwyd *Merye bychan*, Cefn y Clawdd, Trawsfynydd (SH688337) ac mae'n enw ar dyddyn yn y Degwm. Dyma safle archaeolegol sydd â chynllun a disgrifiad ohono yn llyfr poced amhrisiadwy Frances Lynch, *Gwynedd*.

Daw'r enw *mur* yn fwy cyffredin ar ôl 1600 ac roedd Hendre'r Mur, Trawsfynydd a *Murrie Howel Bannwr*, Llanbedr i'w cael yn 1623.

Gardd/Gerddi, ac Arddlas

Mae rhai enwau'n edrych yn hollol gyffredin ond yn celu hen draddodiad. Yn ogystal â gardd/gerddi ceir arddlas yn elfen mewn enwau caeau. Nid yr un peth yn hollol oedd gardd yng Nghymru yn yr Oesoedd Canol â'r hyn ydyw heddiw. Bryd hynny, roedd math arbennig o dir, sef y tir corddlan, gerddi neu leiniau. Fe'u rhoddid i unigolion gan yr arglwydd lleol am wasanaeth, am gyfnod o flwyddyn fel arfer. Rhaid oedd teilo'r gerddi'n flynyddol. Byddai gan yr unigolion hynny hawl ar ffrwythlondeb y tir tan y flwyddyn ganlynol oherwydd iddynt wasgaru'r achles neu'r buarth dail ac ni chaniateid i arglwydd fanteisio ar hynny yn ôl y Cyfreithiau. Lleiniau i gynhyrchu bwyd a llysiau oedd y rhain.

Mae Glanville R J Jones yn disgrifio achos Llanynys, Sir Ddinbych, lle yr arferid galw lleiniau gerddi o amgylch yr eglwys yno yn *Gerddi Duon* gan fod y pridd wedi duo o ganlyniad i'r teilo cyson. Cyfeirir heddiw at y *Lleiniau* yn y pentref. Dim ond ffermydd sydd â'r elfen gardd/gerddi yn yr enw yn y Degwm, megis Gerddi Bluog, Llanfair a Gardd Llygad y Dydd, Nanmor. Ceir *Gardd lygad tŷ* mewn dogfen yng nghasgliad Dolfriog yn 1561 a *Gardd Lygad Du* yn Rhentol Ardudwy yn 1623. Ger ffordd Oes Efydd Uwch Artro mae hyd heddiw le o'r enw Moel y Gerddi. Llecyn lle mae olion cynhanesyddol, lle ac iddo hanes archaeolegol arbennig iawn.

Mae AMR hefyd yn nodi degau lawer o enwau hynafol, tlws a difyr. Yn wir, mae'n bechod dethol ac anogaf pawb i fynd at y gronfa i gael mwynhau pori drwy'r cyfan o'r enwau **gardd**. Mae delweddau telynegol a hudolus yma. Porwch!

Gwelir yr enw hefyd mewn nifer o enwau caeau, fel *Gardd y Castell*, Harlech, sydd wrth droed y graig. Yn ei flynyddoedd cynnar, roedd gardd hynafol oddi mewn i furiau'r castell, yn y man mwyaf cysgodol a chynnes, at ddefnydd y brenin Seisnig. Roedd gardd hefyd yng Nghastell Caernarfon mewn safle tebyg ac arni'r enw *Gardd y Tywysog*.

86. Awyrlun o'r Ardd Gron, Brwynllynnau, Llanfair. AP_2006_2003. Gyda chaniatâd CBHC.

Nid yn annisgwyl, ym mhlwyf trefol Llandanwg, sydd yn cynnwys Harlech, y mae'r ganran uchaf (44%) o'r enwau gardd a'r rheini i gyd ond un y tu mewn i Libart Harlech. Roedd yn arferiad gosod tŷ a llain gul o dir, sef *curtilage*, i fwrdeiswyr cynnar ac mae'r ffurfiau i'w gweld hyd heddiw yn Harlech ac yn y Degwm. Mae cofnod yn 1327 (Brogyntyn) sy'n lleoli un yn fanwl:

> *Lying between the burg [burgage] of – le Colyer the elder and the burg of William le Taylour, a garden adjoining the said burg.*

Yn 1544 ceir cofnod o brydles ar ddarn o *burgage* yn Harlech am 101 blwyddyn, sef,

> *Gardd y Berllan annual rent 3s 4d and 6d to the king.*

Cofnodir hefyd *Gardd ym Mhenybryn* yn 1564, *Gardd Ffynonie* yn 1551 a *Gardd y Gwenyn* yn 1616, y cyfan yn erddi bychain trefol yn Harlech. Yn y Degwm, cofnodir enw cae, *Garddi Bach yn* fferm Erw Wen gerllaw, *Twthill Gerddi, Gardda Gleision* a *Gardd Glan-y-gors* yn enwau ar gaeau bychain Harlech.

Mae'r ganran uchaf ond un o'r enw *gardd* yn y Degwm (30%) ym mhlwyf Trawsfynydd, gyda phump cae gardd o'r enw *Gardd y Pwll Budr* ar fferm y Goppa (sic). Gwelir hefyd yn Is Artro, *Gardd y Ffridd*, Gorllwyn Bach, fferm Gardd Daniel, sef Cae Daniel heddiw a'i chaeau *Gwern Gardd Daniel* a *Ffridd Gardd Daniel*, i gyd yn Llanaber.

Arddlas

Mwy arwyddocaol yw'r enw arddlas yn Ardudwy. Mae'r caeau arddlas yn lluosog yn Llandecwyn. Dyma blwyf lle nad oes caeau gardd o gwbl ond caiff gwir ystyr yr enw arddlas ei ddefnyddio. Yn arwyddocaol, saif y caeau arddlas rhwng 120 metr a 300 metr ar uwchdir a bron y cyfan ar lwybrau masnach, sef llwybrau pwysig i deithwyr yn Ardudwy yn yr Oes Efydd ac wedi hynny. Dewiswyd eu lleoliad yn ofalus i fanteisio ar gysgod rhag y gwynt, heulwen a chyflenwad o ddŵr yn agos at hen dyddyn. Byddai'n ddiddorol gweld os yw'r enghreifftiau eraill yng Nghymru hefyd wedi eu lleoli rhwng 120 metr a 300 metr neu ar hen gefnffordd. Prin yw'r enghreifftiau yn AMR.

87. Ffermdy hynafol Nant Pascan Fawr, Llandecwyn a'r Arddlas ar ei dalcen. RhP Medrwyd dyddio rhan o goed y tŷ hwn i 1564-5 fel rhan o brosiect Adnabod Ardudwy gyda chydweithrediad Richard Suggett CHC. Llun: Arwyn Roberts.

Roedd gwedd a ffrwythlondeb pob cae arddlas yn well yn ystod hinsawdd deg yr Oesoedd Canol Cynnar. Ni wyddys bellach a oedd y gerddi hyn yn fwy na gerddi i dyfu cynnyrch teuluol yn unig, fel y bresych a chennin y cyfeirir atynt yn Llyfr Colan. Efallai fod y tyddynwyr a oedd yn byw ar lwybrau masnach prysur yn lletya neu'n bwydo teithwyr.

Mae 20 cae arddlas yn Ardudwy gyfan, a dim ond tri yn Is Artro sef ar dir Gorllwyn Bach a Chwm Mynach Ganol yn Llanaber a Maesgwm yn Llanddwywe-uwch-y-graig. Roedd y darn hwn o blwyf Llanddwywe ar wahân i'r darn ar y glannau, sef Llanddwywe-is-y-graig, ymhell i'r dwyrain, yn y Ganllwyd.

Lle	**Cae arddlas yn y Degwm**
Llandanwg	*Arddlas*, Erw Wen a *Gardd las*, Cefn y Filltir.
Llandecwyn	*Arddlas Bach*, Moel y Geifr; *Arddlas Wen ac Arddlas*, Tyn y Bwlch; *Cae Arddlas*, Nant Pascan [sic] Fawr, *Yr Arddlas*, Coety Bach, *Ardd Las y Gors, Yr Arddlas, Ardd Las a'r Gwndwn, Cae'n y Coed Uchaf; Yr Arddlas*, Garth Byr, *Arddlas* yn Garth Byr ac *Arddlas* Chaerwych.
Llanfair	*Ardd Las*, Cwm Bychan
Llanfihangel-y-traethau	*Arddlas*, Ffridd y Fedw; *Arlas Glyn Hen*, Maesyneuadd.
Trawsfynydd	*Gardd Las*, Coed y Rhygyn.

Disgrifiodd Ieuan Jones, Tyn y Coed, Dyffryn Ardudwy, yr arddlas fel hyn: 'Hen ddarn o dir glas sydd wedi cael ei edrych ar ei ôl yw garddlas.' Roedd yr enw'n ddigon cyfarwydd iddo ac roedd lle o'r fath yn ei gartref, sef Gwndwn, Llandecwyn. Mae diffiniad Ieuan Jones mor debyg i'r hyn sydd i'w gael yn y Cyfreithiau Cymreig nes awgrymu bod cof cenedl yn gryf iawn yn Llandecwyn. Fel y gwelwyd eisoes, lle mae canran mor sylweddol yn bodoli mewn un plwyf, mae rhywbeth arwyddocaol yn yr enw hwn.

Pant

Ystyr amlwg sydd i'r enw pant, sef tolc mewn lle gwastad ac mae'r enw yn un o'r rhai mwyaf lluosog ar draws Cymru. Mae AMR yn rhestru rhai miloedd o enwau pant.

Yn eu plith mae ambell enw a gofnodwyd yn gynnar iawn. Mae'r mwyafrif yn digwydd yn yr 16 ganrif. Mae amryw yn cynnwys ychwanegiad sy'n cyfeirio at gynnyrch fferm a thyddyn, fel *Pant y Mêl, Pant y Menyn, Pant y Gwartheg, Pant y March, Pant y Moch, Pant yr Iwrch, Pant y Sgwarnog a Phant y Piso*. Ceir hefyd adar: *Pant yr Ehedydd, Pant yr Hebog, Pant y Barcut a Phant yr Eos*. Cyffredin iawn hefyd yw enwau coed: *Pant y Gelynnen, Pant y Griafolen, Pant yr Afallen a Phant y Gollen.*

Yn ôl y disgwyl, mae enwau galwedigaethol: *Pant y Clochydd, Pant y Porthmyn, Pant y Meddyg* a hyd yn oed *Pant y Wrach*. Ym mhlwyf Llanfair Mathafarn Eithaf, Môn, ceir clwstwr o enwau: *Pant y Bugail, Pant y Saer, Pant y Corn a Phant y Slater* mewn plwyf sy'n enwog am ei grefftwyr, a diolch i Dewi Jones am ei gyfraniadau. Mae enwau sy'n ymwneud â thir âr hefyd yn frith o'n cwmpas. Mae enwau eraill yn fwy diddorol a lliwgar ac yn galw am eglurhad lleol am yr hanes yn yr enw. Cofnodir *Pant i'r Gŵr Marw* yng Nghilcain, Sir y Fflint yn 1530, *Pant y Cored*, Pen-tyrch yn 1578, *Pant y Gist*, Clegyrog, Sir Fôn, *Y Pant Methedik* a diolch fyth, *Pant y Gorffwys*!

Mae hefyd nifer sylweddol o enwau pant ac enw unigolyn. Mae rhai'n gynnar iawn. Ceir *Pant Bled[d]yn ap Meyrick* (1312) yng Nghilcain, y Fflint, *Ero* [erw] *y Pant Madoc* (1347), Chwitffordd, y Fflint, *Pant Jolkin* (1391), Gresffordd, Dinbych,

88. Awyrlun Pant Cadwgan Ddreiniog a Phant Cadwgan Deg, fferm Tyddyn Du, Llanfair. Gyda chaniatâd CBHC Neg.895014/9

Pant Kendelo (1425), Ystrad Fflur, *Tyddyn Pant Cochyn* (1487), Clorach, a *Phant Adda Ddu* (1493), Llanddyfnan, Sir Fôn.

Cofnodwyd hefyd yn ddiweddarach lu o enwau difyr y bydd yn werth mynd ar eu hôl. Yn hanner cyntaf yr unfed ganrif ar bymtheg, ceir enwau unigolion fel *Pant Heilyn* (1517), Nanffreuar, Meirionnydd, *Pen Pant Mabli* (1517), Clorach, Môn, *Pant Meibion Gwion* (1529), Halchdyn, y Fflint a *Phant Iolyn* (1550), Llangernyw. Ac yn ddiweddarach yn y ganrif cofnodir yr enwau *Pant y Dyn Bagh* (1583), Penmon a Phant Bleddyn Gryg (1576), Tallwyn, Sir Ddinbych.

Yn yr Oesoedd Canol, roedd i'r enw pant arwyddocâd go arbennig yn Ardudwy pan fyddai'n cynnwys enw unigolyn. Amlygwyd hyn yn ystod ymchwil yn Ardudwy a byddai'n ddiddorol iawn gwybod a yw hyn yn wir dros Gymru. Mae'r dystiolaeth archaeolegol yn dangos bod cysylltiad rhwng yr enw pant ac enw unigolyn neu leoliad ac anheddau llwyfan yn Ardudwy. Weithiau, ceir yr enw yn y Degwm wedi goroesi ar ffurf enw cae. Er enghraifft, ceir *Pant Cadwgan Ddreiniog* (rhif Degwm 238), plwyf Llanfair (SH59200 30100) a *Pant Cadwgan Deg* (rhif Degwm 237) yn gyfochrog. Gellir gweld map cyfoes o'r ardal, ar safle archaeolegol Cymru: www.cymruhanesyddol.gov.uk, sy'n adnodd gwerthfawr a defnyddiol iawn. Cymharer â map y Degwm ar dudalen 90 i gadarnhau'r lleoliad. Gellir gweld y ddau gae yn y Degwm ar lein: www.https://lleoedd.llyfrgell.cymru.

Mae cylch ar fap *Cymru Hanesyddol*, ychydig i'r gorllewin o Glogwyn y Gaseg Wen, sy'n arwain at gofnod Ymddiriedolaeth Archaeolegol Gwynedd ac yna at Archwilio. Mae cofnod manwl sy'n dangos bod y safle'n rhan o'r olion cymunedol eang yn ymestyn at Furiau Gwyddelod, gweler tudalen 22. Ystyrir fod olion dau dŷ llwyfan o dan ddwy gorlan (SH59223014 a SH59183016). Gerllaw mae olion aredig yn ymestyn i'r gogledd.

Mae'r dystiolaeth hon yn awgrymu bod yr enw pant + enw unigolyn yn cyfeirio at dŷ llwyfan. Byddai'n ddiddorol iawn ymchwilio i rai o'r enwau *pant* uchod i ganfod os oes olion archaeolegol o dai llwyfan yn gysylltiedig â nhw hefyd.

Dim ond ychydig o enghreifftiau o'r enwau pant a gofnodwyd ar diroedd yn Ardudwy cyn 1536 ond ceir nifer sylweddol iawn cyn diwedd y ganrif. Y cofnodion cynharaf o'r enw pant yw *Pant y gwlychyn*, Mochras (1454), a *Pant mab Ithel*, yn Llanfihangel-y-traethau (1512), *Pant Trevor*, Ffestiniog, *Y Pant Mawr*, Llandanwg (152 9), *Pant y Groes* (1528), *Pantymeysydd*, Llanfrothen (1532).

Ceir mwy o gofnodion o'r enw rhwng 1536 a diwedd y ganrif, pan oedd tiroedd yn newid dwylo, er enghraifft, *Pant yr Odyn*, Llanfihangel-y-traethau (1561), *Pant Morvydd*, Llanfihangel-y-traethau (1594), *Pant Ieuan Lloyd*, Llanbedr (1590), *Pant yr Avallen*, Llandecwyn (1594) a *Pant yr Onnen*, Llanfair (1581).

Fel y gwelsom, pan gafwyd hawl i werthu a phan ddaeth mwy o ryddid i symud cartref a newid ardal, collodd yr enwau personol eu hystyr a'u pwrpas. Yn y man, daeth yn fwy ymarferol rhoi enw disgrifiadol o'r tir neu nodwedd ohono ac felly defnyddiwyd enwau gan gynnwys pant. Yn ystod yr unfed ganrif ar bymtheg, gwelir mewn ambell ddogfen gofnod o'r hen enw a'r enw newydd. Gwelir yng nghasgliad Mostyn (Bangor) yn 1596 gyfeiriad at *Pant y Gwlychyn Mochras Als. Tir William Tudur*. Dim ond yr enw *Cae Pant* sy'n goroesi erbyn 1840. Yn yr achos hwn daeth y tir, eiddo ystad Corsygedol, i law William Tudur, Egryn ar rent am gyfnod byr a chan ei fod yn adnabyddus, rhoddwyd ei enw ar y tir. Ond, gwelir erbyn Rhentol y Goron Ardudwy yn 1776 yr arferiad o gofnodi'r hen enwau a'r newydd. Newidiodd *Tir y Brenin* yn Dyddyn Bach, *Tera Rys ap Evan* yn Gynfal, *Tŷ Du Sarn Dudur* yn Dalsarnau, a cheir y Wern yn lle *Tyddyn David Lloyd*.

Fel yn achos yr enw *Cae Bach*, mae cae pant ynghyd ag enw unigolyn yn cuddio mwy nag enw syml am nodwedd yn y dirwedd.

GWAITH A CHYNHALIAETH

Gefeiliau a chynhyrchu haearn, mawnog, melin, odyn, pandy a phladur

Mae natur y dirwedd a'r defnydd a wnaed ohoni ar hyd y canrifoedd i'w gweld heddiw mewn enwau lleoedd. Ciliodd pobl o'r ucheldir pan waethygodd yr hinsawdd, gan ddychwelyd pan wellodd y tywydd. Ar adegau, gwthiai'r sefyllfa economaidd a thwf poblogaeth y bobl yn ôl i'r tiroedd ymylol i grafu bywoliaeth. Denwyd perchnogion ystadau i ehangu eu heiddo hyd at gopaon y mynyddoedd ac i fagu defaid i'r farchnad ehangach y tu hwnt i ffiniau Sir Feirionnydd. Bu tlodi mawr yng nghefn gwlad ac yn ystod y bedwaredd ganrif ar bymtheg bu'n rhaid i gannoedd ymfudo o borthladdoedd bychain Bae Ceredigion am Lerpwl a'r America. Gwelir tystiolaeth drist o hyn yn nghofnodion festri Llanfihangel-y-traethau lle bu'r plwyf yn talu costau anfon hogiau ifainc *i'r Merica*. Mae llanw a thrai poblogaeth hefyd i'w weld yn yr uwchdir.

Mae enwau Degwm ffermydd a chaeau pob plwyf yn Ardudwy, heblaw Llandanwg, yn cynnwys nifer fechan ond arwyddocaol o enwau sy'n cofnodi gwaith neu gynhaliaeth yn gysylltiedig â'r tir. Er mwyn ennill bywoliaeth ar y tir ar hyd y canrifoedd, roedd angen nifer o grefftau a sgiliau hanfodol. Ceir tystiolaeth ddiddorol o hyn gan Keith Williams-Jones yn *The Merioneth Lay Subsidy Roll 1292–3*, hefyd gan Bob Owen yn ei lyfr difyr, *Diwydiannau Coll*, a J Geraint Jenkins yn yr erthygl *Rural Industry in Merioneth*, yng Nghylchgrawn Cymdeithas Hanes a Chofnodion Sir Feirionnydd (CHChSF), sy'n cyfeirio hefyd at *Robson's Directory c.1840*.

Yng nghyfnod y tywysogion Cymreig a'r Cyfreithiau Cymreig, ystyrid crefftwr, fel y gof, yn ddyn o bwys. Haeddai barch cymdeithas ac fe gâi ei freintio â rhodd o nifer o erwau o dir âr i'w gynnal, erwau a gâi eu trin gan eraill, fel arfer.

Mae Keith Williams-Jones o'r farn bod llawer mwy o grefftwyr ym Meirionnydd nag oedd wedi eu nodi yn rhestri'r Dreth Leyg yn 1292–3 a bod llawer, fel heddiw, yn grefftwyr rhan-amser. Yn ogystal â'r arbenigwyr, roedd amgylchiadau ansefydlog yr economi leol, fel heddiw, yn creu gweithlu o bobl a allai droi eu dwylo at bob dim.

Cofnodir enw *Johannes Carbonarius* (John le Colier), Harlech yn y Dreth. Daeth i'r dref yn olosgwr yn ystod codi'r castell. Ymhen dim roedd hefyd yn gludwr calch o *Le deutrayth* a graean a choed i'r castell. Huriai geffylau i gludo'r deunyddiau trwm i'r adeiladwyr a chludai win o borthladd Tŷ Gwyn y Gamlas. Mae cyfrifon y Goron yn cofnodi ei dâl a bid siŵr, roedd yn gyflogwr. Yn y man, adeiladodd felin Harlech a'i rhedeg er lles y bwrdeiswyr. Daeth yn ffermwr un o'r *havotreffrith* sef y *vaccaria*, neu'r ffriddoedd gwartheg a chyflenwai laeth a 2,000 cosyn o gaws i'r castell yn ôl cofnod sydd wedi ei drawsgrifio yn *Calendar of Fine Rolls, 1307–19*, t.271. Ymhen deng mlynedd roedd yn un o'r rhingylliaid dylanwadol. Magodd deulu yn Harlech ac ymysg ei ddisgynyddion roedd Siôn Phylip y bardd o Fochras a mam y cadfridog John Jones, yn ôl Lewys Dwnn. Cyfeirir ato ef a'i deulu yn *The Merioneth Lay Subsidy Roll 1292–3*, Keith Williams-Jones; *The Medieval Boroughs of Snowdonia*, E A Lewis; *The Record of Caernarvon*; ac *Archaeologia Cambrensis*, Ebrill 1846. Dyma'n wir *entrepreneur* o'r iawn ryw.

Cyfeiriwyd eisoes at rai eraill o'r crefftwyr cynnar yn y Dreth hon, gan gynnwys crefftwyr Harlech. Mae'n ein hatgoffa o'r cyfoeth o sgiliau a oedd ar gael yn lleol yn Ardudwy. Daeth nifer o grefftwyr medrus i Harlech i godi'r castell, rhai o'r cyfandir ac yn ôl traddodiad lleol mae rhai sgiliau trin cerrig yn dal i fodoli yn yr ardal, wedi eu trosglwyddo o genhedlaeth i genhedlaeth. Denwyd crefftwyr o'r tu allan ar hyd y canrifoedd pan gychwynnwyd diwydiannau newydd. Er enghraifft, pan ddechreuodd y diwydiant llechi ddatblygu ym Mlaenau Ffestiniog, ardal a oedd yn hollol wledig a phrin ei phoblogaeth hyd at ddiwedd y ddeunawfed ganrif, hudwyd yno o bellter grefftwyr o bob math ar ddechrau'r ganrif nesaf. Yn ogystal â gofaint, creigwyr a seiri, daeth hefyd nyddwyr a gwehyddion, teilwriaid a chryddion, melinwyr a phobyddion, pob un yn ddibynnol ar y diwydiant a gynhaliai eu cwsmeriaid.

Isod, detholwyd ychydig o'r enwau sy'n ymwneud â chrefftau a chynhaliaeth sydd i'w gweld mewn enwau ffermydd a chaeau yn y Degwm.

Gefeiliau a chynhyrchu haearn

Bu cysur tân yr efail yn ganolfan gwaith a sgwrs ers canrifoedd. Yn yr Oesoedd Canol roedd tân yn adnodd gwerthfawr ond peryglus iawn pan fyddai'n rhy agos at dai, a lleolid yr efail yn ddigon pell oddi wrthynt.

Yn rhyfedd rywsut, un o'r olion mwyaf amlwg o fodolaeth y gof a'r porthmyn ar fapiau'r Degwm yw'r buarthau. Ceir ugain cae bach sydd wedi eu clystyru yn ardal fferm Gelli Goch, Trawsfynydd a'r enwau *buarthau* arnynt. Cesglid y gwartheg o ardaloedd y glannau a'u corlannu cyn i'r fintai gychwyn am Loegr. Cyn cychwyn ar y daith, arferid powlio neu daflu'r gwartheg ar y *Maes Powlio*, ger gefail Eisingrug, Llanfihangel-y-traethau ac ar gaeau agored ym Mhen Stryd a Chae'n y Cefn a rhoddi dau glip sengl ar bob troed.

Roedd cwympo ychen yn gryn orchest, yn gofyn am wroldeb a chryfder arbennig. Ystyrid y cwympwyr gorau yn arwyr lleol ac roedd cryfder yn nodwedd a enillai barch ym mhlwyfi Trawsfynydd, Llandecwyn a Maentwrog, yn ôl William Davies mewn casgliad o lên gwerin Meirion, Eisteddfod Genedlaethol Ffestiniog yn 1898. Mae tystiolaeth o hyn yng Ngheunant Llennyrch ym mhlwyf Maentwrog hefyd, lle roedd dwy garreg fawr a adnabyddid fel *meini gorchest*. Ceir hanes y garreg orchest gan Tecwyn Vaughan Jones, yn *Llafar Gwlad*, 6, 1984. Ymdrechai llanciau'r fro i godi'r naill, a'r merched y llall. Roedd cryfder y gof hefyd yn ddihareb.

89. Maes Powlio, Eisingrug. Amgylchwyd y darn tir cyhoeddus hwn yn yr ugeinfed ganrif gan drigolion cyfagos er mwyn ei berchnogi. Erys hen gastiau.© RhP

Mae sôn am yrru gwartheg o'r mart yn Harlech i Drawsfynydd hyd at ddechrau'r ugeinfed ganrif. Dilynai'r fintai Lwybr Uwch Artro o Harlech, heibio Merthyr a Bryn Cader Faner, uwchben Nant Pascan drwy Gwm Moch at Ty'n Twll ac yna i Drawsfynydd a Phen Stryd. Er nad yw hynny'n amlwg mewn enwau caeau, roedd gefeiliau adnabyddus iawn yn Rhiw-goch a Phen Stryd, Trawsfynydd.

Ym Mhen Stryd, roedd pentref bach 'a pheth wmbrath o deuluoedd yn byw yno, a chwe gof', yn ôl Iscoed Williams, Trawsfynydd. Yn 1851, bach iawn oedd poblogaeth pentref Trawsfynydd, nid oedd ond ychydig o dai yn y pentref a bu felly tan ddechrau'r ugeinfed ganrif. Poblogaeth y plwyf cyfan yn 1851 oedd 1,960. Felly, roedd mil o bobl yn byw mewn ardaloedd gwledig y tu allan i'r pentref presennol, llawer ohonynt mewn mannau fel Pen Stryd. Mudodd llawer o'r bobl hyn pan nad oedd galw am eu gwaith, gan adael Pen Stryd fel broc môr lle bu pen llanw.

Ymysg casgliad o bapurau Morris Davies, Trawsfynydd (Moi Plas) mae hanes difyr am William Humphreys, y gof, ym Mhen Stryd Isa. Dysgwyd ef gan ei dad, Humphrey Morris (1785–1870), cyn iddo fynd yn of i Dafarn Helyg, Gellilydan, fferm sydd yn y Degwm. Yn ôl traddodiad lleol, roedd yn grefftwr medrus anghyffredin a gallai greu a chwarae ffidl a thelyn. Cymerai ddiddordeb mawr mewn llenyddiaeth a barddoniaeth. Gan gynnwys William, roedd gan ei dad Humphrey a'i wraig 18 plentyn, 15 ohonynt yn feibion. Fel William, dilynodd bron pob un o'r meibion grefft eu tad. Arferai Humphrey, y tad, yrru gwartheg i Lundain gan bowlio a chlipio gwartheg ar y ffordd.

Rhoddai'r cyfnodau o dri mis a mwy yn Lloegr ddigon o gyfle iddo ddysgu siarad ac ysgrifennu Saesneg. Ei wraig, Ann, a wnâi'r holl waith yn yr efail pan oedd ei gŵr oddi cartref, a hynny ar ben ei gorchwylion yn magu'r nythaid o blant. Ymhen amser magodd amryw o'i hwyrion amddifad yn ogystal. Mae hanesion yn dal yn y fro am eu mab, sef Robin y Gof (Robert Morris, 1814–1902), dyn mawr cyhyrog, ond un caredig wrth anifeiliaid, yn ôl traddodiad. Canlynai yntau'r gyrroedd o Uwch Artro i Gaint, gan bedoli'r ceffylau a chlipio'r gwartheg ar y ffordd.

Roedd olyniaeth deuluol debyg yng ngefail y Glyn, Llanfihangel-y-traethau. Mae llyfr cownt Griffith Roberts (1859–1939) yn drysor o hanes yn iaith naturiol yr ardal, ac yn cynnwys enwau ar ddarnau o offer gwaith crefftwyr lleol ac enwau ffermydd. Ar 21 Chwefror 1895, cofnoda: *Trwsio Swch a Cwlltwr Moelglo, 2/6.* Mae'r hanes yn ail gylchlythyr Adnabod Ardudwy a cheir cyfarwyddiadau sut i fynd ato ar-lein ar dudalennau 159 a 195.

90. Llun o lyfr cownt Griffith Roberts gan ei wyres Hefina Shah.© RhP

91. Gefail a Melin y Glyn. Llun: Twm Ieu

Ceir yn ogystal efail yn Eisingrug, ar ben y ceunant a rannai blwyfi Llanfihangel-y-traethau a Llandecwyn ger y Maes Powlio. Yn llyfr cyfrif y festri yn 1748 cofnodwyd cyfrif y gof, Robert Morgan am *wneud gwerthud a heiset at Felin Harlech* a hefyd *am ddirio pigau Melin Harlech*.

Mae nifer y caeau sy'n cynnwys yr enw gefail yn llai na'r disgwyl mewn ardal fel Ardudwy. Yn wir, prin ddwsin o enwau gefeiliau sydd ar glytiau o dir nid nepell o safleoedd hen efeiliau y gwyddys amdanynt. Mae'r un peth yn wir yn AMR. Ond, yn naturiol, roedd gan bob pentref ei efail. Arferiad cyffredin oedd mynd i'r efail â cheffylau i'w pedoli, ebillion i'w hogi, swch i'w darnio, llafn pladur i'w thynhau a chael gosod haearn ar fuddai, fel y dengys llyfr cownt Griffith Roberts, gefail y Glyn.

Ymysg enwau ffermydd Ardudwy yn 1840, cofnodir un fferm, sef Dolgefeiliau yn Llanddwywe-uwch-y-graig, sef ardal Ganllwyd. Mae ychydig o enwau gefeiliau wedi goroesi mewn enwau caeau. Ceir *Gefail Goch* yn Llecheiddior Isaf ac *Efail Fach* yn Tyn y Cae, Llanddwywe a *Gefail Bryn y Felin* yn Llanenddwyn a thri chae *Henefel* yn Nhaltreuddyn Fawr. Mae hefyd yr enw *Cae'r Efail* yn Sarn Faen, Llanddwywe, Tyddyn Du Bach a Rhiwgoch, Llanfair a'r Fuches Wen, Llanfihangel-y-traethau.

Mae rhai enwau gefeiliau ar diroedd hendrefi a thai bonedd hynafol fel Cefn Trefor Fawr, Llanfihangel-y-traethau a Chefndeuddwr, Trawsfynydd. Hefyd fe'u ceir ar lwybrau masnach o bwys rhwng y glannau a ffiniau'r cwmwd fel yn achos Pen-y-bont, Llanbedr, Bron y Foel, Llanenddwyn a Rhiwgoch, Trawsfynydd.

Un o rinweddau haearn cyffredin oedd ei hyblygrwydd mewn tân ac fe ellid ei lunio'n gywrain drwy grefft gadarn y gof. Yn ôl Cyfrifon Swyddwyr y Goron, (TNA, Ministers' Accounts, 203/2) roedd gan abad Cymer efail i drin haearn rywle ym mhlwyf Trawsfynydd yn 1391. Yn y cyfnod hwnnw roedd y diwydiant gwneud haearn yn ei anterth ym mhlwyf Trawsfynydd.

Mwyn haearn cors a chynhyrchu haearn

Cysylltir cynhyrchu haearn â gwaith yr efail ac amaethu. Yn y gorffennol, dibynnai'r gofaint ar gyflenwad lleol o fwyn haearn cors a'r diwydiant i'w gynhyrchu. Mae nifer o leoedd ym mhlwyf Trawsfynydd lle yr arferid gwneud haearn o fwyn cors. Archwiliwyd safleoedd Oes Haearn Bryn y Castell, Ffestiniog yn 1979–85, a chwe safle ar y Crawcwellt, Trawsfynydd yn 1983–93 gan Peter Crew. Cloddiwyd hefyd ddau safle o gyfnod yr Oesoedd Canol yn Llwyn Du yn 1997 a Gelli Goch, Llawr y Plwyf y flwyddyn ganlynol. Ceir yr hanes yn gryno yn Narlith Goffa Merfyn Williams, a draddodwyd gan Peter Crew yn Nhan y Bwlch yn 2009.

Bryn y Castell

Mae rhai'n tybio mai hwn oedd safle Mur Castell y Mabinogion. Mae mewn man tebygol ac yn agos iawn at flaen Cwm Cynfal.

92. Bryn y Castell, Ffestiniog, 96_CS_0715. Gyda chaniatâd CBHC.

Cynhyrchwyd haearn ym Mryn y Castell am gyfnod o ryw ddeng mlynedd ar hugain, cyn dyfodiad y Rhufeiniaid i Domen y Mur ac am gyfnod byr ar ôl iddynt ymadael yn yr ail ganrif.

Crawcwellt

Torrwyd coed lleol er mwyn gwneud golosg i danio'r ffwrnesi bychain. Amcangyfrifodd Peter Crew, yr archaeolegwr, fod y chwe thunnell a hanner o sorod (*slag*) a ganfuwyd ganddo yn y Crawcwellt wedi creu tua hanner tunnell o fariau haearn coeth. Byddai angen wyth tunnell o fwyn a 50 tunnell o olosg, sef tua 5 *hectare* o dderw lleol i'w greu. Roedd ymysg y mannau cynhyrchu haearn mwyaf ym Mhrydain ar y pryd. Cyfnod y gwaith pennaf oedd rhwng 300 CC a 50 OC ac fe ddaeth i ben tua'r un pryd â'r gwaith ym Mryn y Castell.

93. Mwyn cors yn y Crawcwellt. © RhP

Gwyddys fod y mwyn a ddefnyddid yn y Crawcwellt wedi dod o'r ardal fynyddig yr ochr draw i afon Eden gan fod y sorod (*slag*) yn cynnwys canran fach o fango (manganîs), a bod hynny'n nodweddu'r lleoliad.

94. Engan (eingion) garreg, yn un o chwech a gloddiwyd yn y Crawcwellt. © RhP

95. Peth o'r sorod a gloddiwyd yn y Crawcwellt wedi ei arddangos mewn ffrâm o gerrig. © RhP

Llwyn Du a Gelli Goch

Lleolir y safleoedd cynhyrchu haearn mwy diweddar yn ystod yr Oesoedd Canol yn Llawr y Plwyf, ar diroedd a ffriddoedd a fu'n eiddo'r Goron ac mae cofnodion rhent gan y Goron yng Ngwynedd rhwng 1374 ac 1399 yn tystio i'w bodolaeth.

Mae'r darlun hwn o ddiwydiant trwm mewn ardaloedd a

gaiff eu hystyried heddiw yn gefn gwlad prydferth iawn yn un dieithr. Mae'n dangos mor gyflym y gall natur guddio creithiau'r gorffennol ac mor hawdd yw bod yn ddall i hanes lleol. Ychydig sy'n ymwybodol wrth deithio ar hyd ffordd yr A470 ychydig i'r de o Drawsfynydd bod yr ardal rhyngddynt a Drws Ardudwy i'r gorllewin unwaith yn ddu a chreithiog.

Canfu Peter Crew hefyd dros ddau gan tunnell o weddillion sorod yn Llwyn Du. Byddai angen 1,000 tunnell o olosg i'w greu. Mae hyn yn awgrymu cynhyrchu pur sylweddol yn yr Oesoedd Canol. Nid anghenion amaethyddol yn unig oedd yn gyfrifol am dorri'r coed. Yn Llwyn Du y mae'r unig dystiolaeth am losgi golosg ar y safle, heblaw am dystiolaeth enwau'r caeau ar ffermydd cyfagos. Tybed nad yw'r enw Llwyn Du ar gaeau'r fferm hon ac eraill yn cyfeirio at losgi coed i wneud golosg?

Mae offer a chynnyrch y gof bron yn ddigyfnewid ers dwy fil o flynyddoedd.

96. *Llun genfa ddefodol o'r Oes Efydd, a genfa a ddefnyddid bob dydd o gyfnod yr Oes Haearn. Gyda chaniatâd Amgueddfa Genedlaethol Cymru.*

Hawdd adnabod offer a gwaith gof ddoe a heddiw. Mae parhad yr un sgiliau o drin haearn a'i siapio dros gyfnod o bron ddwy fil o flynyddoedd yn rhyfeddol. Mae'r efydd yn hardd ac yn addas ar gyfer defodau ond yn rhy feddal i fod yn ymarferol o ddydd i ddydd.

Mawnog a Chors

Adnodd a geid o gorsydd yw mawn ac mae llond dwrn o bobl yn dal i'w dorri yma yng Nghymru. Yn ddiau, mae tystiolaeth o fawnogydd cymunedol i'w gweld yn glir mewn enwau caeau yn y Degwm. Fe'u gwelir ym mynydd-diroedd moel Trawsfynydd ond hefyd ar y llethrau isaf ac ar y glannau yn Llanbedr, Llanfair, Llandanwg, Llanfihangel-y-traethau a Llanenddwyn. Dyma adnodd rhad a oedd ar gael i'r mwyafrif yn yr Oesoedd Canol, hyd at gau'r tiroedd comin yn 1806. Roedd yn llafurus i'w godi a'i sychu ond nid oedd rhaid ei brynu. Cynhesai'r aelwyd a chrasai'r bara yn rhad.

Mae oddeutu hanner cant o gaeau mawn yn Ardudwy, a'u hanner yn yr uwchdir ym mhlwyf Trawsfynydd. Dim ond dau sydd yn Is Artro, sef *Hen Fownog* yn Ystumgwern lle mae tir isel ar y glannau. Cyfeirir at *yr ardd fawnog* neu *cae mawnog* ac weithiau at fawnogydd. Mae Ty'n y Fawnog, Llanfair yn gysylltiedig â Siân Owen yn llun *Salem*. Oherwydd ei fod yn adnodd mor bwysig gwelir cyfeiriadau'n aml at fawnogydd (*turbary*) mewn dogfennau yn ymwneud â gosod neu gyfnewid tir yn yr unfed ganrif ar bymtheg.

Roedd mawnogydd yn y gors o fewn Libart Harlech a chyfeirir at y rhan fwyaf o'r caeau hyn yn y Degwm fel Cors neu Gorsydd. Gellir ail-greu'r terfynau drwy ddefnyddio enwau'r caeau sydd yn y Degwm. Fe'u gwelir wrth droed y castell ac yn ymestyn o fferm Glan y Gors hyd at Lechwedd Du Bach a'r Lasynys, pellter o chwarter milltir. Ceir hefyd yr enwau *Cors Goch*, yng Ngherrig Gwerni, a *Cors Gregory* ar ddau gae yn perthyn i fferm Llandanwg, sydd gryn bellter i ffwrdd ar derfyn gorllewinol y plwyf. Gwelir yr hen enw ar Gors Gregory, sef *Ynys Ieuan Grigor*, yn Rhentol 1623. Mewn dogfen yng nghasgliad Brogyntyn yn 1612 disgrifir *Cors Anthony ap Ieuan* yn Libart Harlech, ger *Comin Llechwedd Du* ac mae'n datgelu terfynau dwyreiniol y Libart. Mae amryw o brydlesi'n cyfeirio at y corsydd wedi 1534 a gwelwyd uchod hanes y Corsydd yn y llecyn hwn, sy'n arwydd o'u gwerth. Mewn dogfen brydles yn 1577 (Mostyn, Bangor) rhwng Cwnstabl Castell Harlech ac un o'r bwrdeiswyr, ceir y cofnod a ganlyn:

> *Lease; In fee farm of 3 acres of turbary in a place called y gorsse, within the franchise of the said town of Hardelaghe. Fee farm rent 1d per annum.*

Gwelir ar fapiau Degwm Llanfair gysgod o nodwedd fwy gwledig lle mae amryw o ffermydd hynafol cyfagos yn cynnwys cae neu gaeau a'r enw *Mawnog* arnynt, megis Maesylfar, Tyddyn y Gwynt, Tyddyn y Felin, Tyddyn Du (Uwch Artro), Tyddyn Rhyddid a Wern Gron, Llanbedr. Mae'r ffaith bod y rhain yn agos at ei gilydd, mewn rhimyn hir o dir, yn awgrymu presenoldeb un fawnog deuluol cyn i'r caeau presennol gael eu ffurfio.

Ym mhlwyf Llandecwyn, gwelir yr enw *Gors y Gwely* ar gae ar fferm Cefn Trefor Fawr. O'i gwmpas mae caeau ag enwau hynafol o'r un cyfnod, sef *Fownog*, *Werglodd Meyrick* a *Werglodd big*. Gweirgloddiau hynafol oedd y rhain, wedi eu hadennill cyn codi'r clawdd llanw. Enw arall ar fawnog yn Ardudwy yw ynys, fel Ynys Gwrtheyrn, Llanenddwyn ac weithiau, fel yn Harlech, yn syml, gors.

Melinau

Yn Ardudwy, mae'n rhaid dechrau'r daith drwy bwyso ar dystiolaeth Stent 1420. Ynddi cyfeirir at swyddogaeth melinau'r cwmwd a'u perthynas â'r cymunedau caeth a rhydd yn yr Oesoedd Canol. Pe gellid lleoli melinau 1420 yn y dirwedd gyfoes, yna gellid awgrymu lleoliadau'r gwelyau a'r gafaelion cysylltiedig hefyd.

Melinau dŵr yw'r rhai cynnar hyn y cyfeirir atynt. Mae'n debygol bod y patrwm sydd i'w weld yn Stent 1420 yn un a fodolai cyn y Goresgyniad a cheir tystiolaeth debyg mewn cymydau eraill ar draws Cymru. Cyfeirir at o leiaf dair melin gaeth y cwmwd ac wyth melin rydd yn Stent 1420. Roedd y rhan fwyaf o'r boblogaeth yn gaeth i felinau swyddogol y cwmwd, ond roedd ychydig o bobl rydd a breintiedig a feddai'r hawl hynafol i'w melin eu hunain. Nodir hwy drwy eu cysylltu ag enw'r gwely neu'r afael ond, ysywaeth, nid eu lleoliad. Gwelir fod cofnod o'r melinau rhydd fesul plwyf yn dystiolaeth bwysig wrth geisio cadarnhau lleoliad melin hynafol.

Er enghraifft, mae'r dystiolaeth yn ddefnyddiol wrth drafod yr enw, y Felenrhyd, Llandecwyn, enw a welir yn y Mabinogi ac a gofnodir, *yn tythyn y felenrryd* yn 1553 yn Elwes ac yn *Velen rhyde* yn 1575 yn Llys yr Ychwanegiadau a *Felenrhyd* yn Rhentolion 1623 ac 1776 ac nid Felinrhyd fel ar rai o fapiau'r Arolwg Ordnans heddiw.

Nid oedd melin rydd na chaeth ym mhlwyf hollol rydd Llandecwyn, yn ôl Stent 1420, a dim ond un felin rydd ym Maentwrog gyfagos, sef yn Nhyddyn Du, a fyddai'n gartref i Edmwnd Prys yn y man. Credir fod yr enw llafar lleol *Lenthryd* ar y Felenrhyd yn hŷn o lawer na'r Stent.

Y term Saesneg am fod yn gaeth i felin swyddogol oedd *suit of mill* a chofnodai'r Stent bob achos. Byddai cosb lem iawn am osgoi talu am falu grawn i berchennog y felin. Pe byddai person yn malu mewn melin anghyfreithlon, byddai'r felin honno'n cael ei llosgi i'r llawr a byddai dirwy i'w thalu.

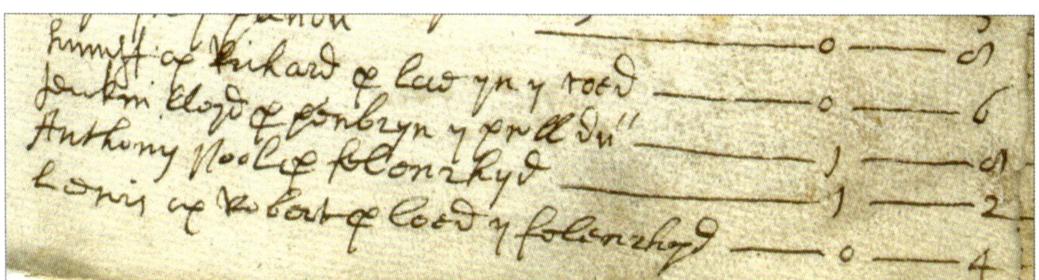

97. Darn o Rentol 1623 sy'n dangos enw Anthony Poole a'r Felenrhyd. Gyda chaniatâd LlGC.

Yn 1316, rhoddodd y Goron Seisnig felinau'r tywysogion Cymreig, sef tair melin swyddogol y cwmwd, yn Ystumgwern (Llanenddwyn), *Melindref* (Taltreuddyn) a melin Trawsfynydd i'r bwrdeiswyr estron. Mae Lewis William Lloyd yn *The Book of Harlech* yn cyfeirio at yr atgasedd a fyddai gan frodorion ardal Harlech wrth gyfrannu at fonopoli'r bwrdeiswyr hyn a'r elw a gaent am falu grawn yn eu melin newydd.

Dim ond dau ddwsin o enwau ffermydd a chaeau yn Negwm Ardudwy sy'n awgrymu presenoldeb melin. Gwyddys fod hanner y rhain wedi eu codi ar ôl 1420. Y dirgelwch pennaf yn Ardudwy gyfan yw lleoliad melin y cwmwd yn Nhrawsfynydd.

Mae amryw o gofnodion am felinau ym mhlwyf Trawsfynydd yn y bedwaredd ganrif ar bymtheg. Ceid un hen felin ar lan afon Prysor yn agos at fferm y Wern Gron, Pandy yn y Degwm, ond melin wlân gymharol ddiweddar oedd honno. At hon y cyfeiria trigolion Trawsfynydd wrth sôn am y felin. Gwyddys am felin yn Rhiw-goch hefyd. Ond lle roedd melin y cwmwd?

Yn ôl Stent 1420 yn *The Record of Caernarvon*, yn dilyn darn Trawsfynydd, mae, o'i gyfieithu, Trefgordd gaeth a elwir Uwch Cefn y Clawdd. Ymhlith enwau'r 22 gwely caeth yno roedd, *Tria wele vocat Tere Yvelyn*, sef *tri gwely o'r enw Tir y Felin*, yn talu 15 swllt y flwyddyn i'r Goron. Gwyddom fod y tri gwely'n gaeth ac yn nwylo'r Goron – ac fe'u lleolid yn Uwch Cefn y Clawdd. Tybir felly eu bod gyda'i gilydd mewn un uned sylweddol ei maint gan eu bod yn talu'r dreth mewn un taliad, sef 15 swllt.

Mae dwy fferm yn Negwm Trawsfynydd yn cynnwys yr elfen melin yn eu henwau, sef Tyddyn y Felin Isaf a Tyddyn y Felin Uchaf. Maent ychydig i'r gogledd o bentref Trawsfynydd ar lan nant Islyn/afon Hislyn. Ar dir Tyddyn y Felin Uchaf mae dau gae o'r enw *Buarth y Tŷ Clap*. Yn yr Oesoedd Canol, enw ar declyn mewn melin flawd a drawai'r hopran a pheri iddi ysgwyd yn ôl a blaen oedd y clap. Hefyd, yn Nhyddyn y Felin Uchaf mae cae o'r enw *Buarth yr Ŷd*. Awgrymir fod safle'r ddwy fferm yma'n un addawol ar gyfer *Tere Yvelyn* Stent 1420.

Ond, a oes tystiolaeth o'r enw hwn rhwng y Stent a'r Degwm yn 1840 sy'n gymorth pellach i leoli'r felin? Ceir ychydig o dystiolaeth ychwanegol ynglŷn â *Tere Yvelyn* mewn dau gofnod llys. Gwyddys fod y tiroedd yn gaeth, heb etifeddion ac yn nwylo'r Goron i'w gosod ar brydles yn 1420. Mae'r dystiolaeth gyntaf tua 1548, yng nghofnodion Llys yr Ychwanegiadau ac ynddynt ceir y cofnod a ganlyn: *Teere y velyn, 50 acres arable, meadow, underwood and mountain*, am rent o 15 swllt, sef yr union swm a gofnodwyd yn Stent 1420. Mae cyfeiriad yn 1598/99, yng nghofnodion Llys y Syllty, at *Three Weles of land, called Tier y velin, in Trawsvenith.*

Cyfeirir at fraintlythyrau yn 1565–66 pan osodwyd y tir i un o bensiynwyr y Goron ac yna ei drosglwyddo i amryw eraill. Ceir cipolwg ar yr ymrafael am dir drwy'r cofnod hwn. Cofnodir yn Rhentol Ardudwy yn 1623, *Tir y Felin*, a rhent o 11 swllt gan Evan William, a nesaf ato 4s 6c am *Gweirglodd Felen* er nad yw'n nodi'r 50 erw hefyd yn ei law.

Yna, ceir mewn dogfen yng nghasgliad Bachymbyd yn 1636, a'r tir yn dal ar brydles:

> *(50a) underwoods and mountain bond ground called Terre velyn otherwise tir y velyn, ----- in the township of Trawsvynith otherwise Trawsybryn.*

Ni chofnodwyd maint y rhent. Mae Rhentol y Goron yn 1776 hefyd yn nodi rhent o 11 swllt am *Tir y Felin* ac mae'r *Weirglodd Felen* yn nwylo cymydog ac yntau'n talu'r rhent o 4s 6c. Mae cae *Dol Felen* yn y Degwm, ar fferm Bryn yr Wy sydd fymryn yn is i lawr ar lan afon Hislyn. Ai dyma'r *Weirglodd Felen* ac felly safle hynafol Tir y Felin?

O dipyn i beth, gallwn olrhain y cysylltiadau rhwng y tiroedd hyn a'r Goron o 1420 hyd at 1776, a honnaf mai dyma'r un *Tere Yvelyn* â'r un hwnnw sydd yn Stent 1420. Dyma hefyd derfyn deheuol Uwch Cefn y Clawdd. Ond, beth am y gwahaniaeth rhwng y ddau enw, Tir y Felin hyd at 1776 a Tyddyn y Felin yn 1840?

Tro arall yng nghynffon yr hanes hwn yw'r dystiolaeth lafar a gafwyd gan Ieuan Tomos, Jeriwsalem, Trawsfynydd yn 2011. Wrth drafod Tyddyn y Felin, Cwm Hislyn, fel Tŷ'r Felin yr ynganodd yr enw, sef yr ynganiad lleol. Dyma'r darn olaf o dystiolaeth angenrheidiol. Dyna roi pen ar y mwdwl. Nid dyma'r tro cyntaf i dystiolaeth lafar o enw yn Ardudwy ddiogelu a chludo enw hynafol dros gyfnod o bron iawn chwe chan mlynedd.

Cyfeiriwyd eisoes at yr enw *Y Goppa alias Cefn Trawsfynydd* ar dudalen 98. A chymryd mai yno roedd y ffin rhwng Trawsfynydd ac Uwch Cefn y Clawdd fel y cofnodir yn Stent 1420, gallwn honni y byddai'r ddwy fferm, Tyddyn y Felin Isaf a Thyddyn y Felin Uchaf, oddi mewn i ffiniau Uwch Cefn y Clawdd. Gwelir felly mor bwysig yw lleoli melin a gofnodwyd yn 1420 wrth geisio lleoli gwelyau a gafaelion Ardudwy ac mor rhyfeddol yw grym tystiolaeth lafar.

Mae lleoliad un o'r ddwy felin swyddogol arall yn y cwmwd yn glir. Roedd prif felin y cwmwd, sef Ystumgwern, ym mhentref Dyffryn Ardudwy a chyfeirir ati hyd heddiw fel Melin y Brenin. Gellir lleoli'r ail felin, sef Taltreuddyn, rywle yng nghyffiniau'r ffermydd Taltreuddyn Fawr a Thaltreuddyn Bach, enwau a drosglwyddwyd o hen raniad y plwyf yn 1292-3. Ond, mae angen gwaith archaeolegol i ddarganfod yr union safle, gan nad oes bellach olion amlwg.

Gellir darganfod lleoliadau llawer o felinau rhydd Ardudwy yn 1420 drwy ddefnyddio'r un dull o olrhain enwau caeau. Rhaid chwilio wedyn am gofnodion hynafol o'r enw.

Melin Harlech

Mae hefyd un felin nad oedd yn gaeth nac yn rhydd, a honno oedd melin y bwrdeiswyr eu hunain yn Harlech. Ni chyfeirir ati yn Stent 1420. Hon oedd y felin a gododd *Johannes Carbonarius* yn 1305. Bu melin ar yr un safle am ganrifoedd wedyn ac mae cofnod bod Henry Podmore a'i wraig Gwladys yn denantiaid yn 1345. Ni chymerodd fawr o amser i'r bwrdeiswyr briodi'n lleol. Ceir y cyfenw Podmore yn Harlech heddiw. Mae amryw ddarluniau o'r castell yn dangos melin, gan gynnwys yr ysgythriad isod.

98. Ysgythriad o Felin Harlech yn 1779 gan Walker ac Angus yn seiliedig ar Paul Sandby. Gyda chaniatâd LlGC.

Roedd pwll isaf y felin o flaen y castell ar ymyl gogleddol Maes Gwyn ac yno y bedyddiwyd rhai o drigolion y dref yn y bedwaredd ganrif ar bymtheg.

Gwagiwyd y pwll a'i droi'n gae chwarae i blant Harlech.

99. Llun o bwll isaf y felin yn 1870, Peers, Trafodion 1923. Drwy ganiatâd Anrhydeddus Gymdeithas y Cymmrodorion

100. Awyrlun yn dangos y maes chwarae ar safle'r pwll isaf, AP 2005_605_010 Gyda chaniatâd CBHC.

Rhwng Pen y Bryn a Chefn y Filltir roedd pwll uchaf y felin, *Upper Pool* yn y Degwm. Enwir y cae nesaf ato yn *Gae'r Llyn*. Cyfeiriwyd at yr hen enw arno, sef *Llyn y Meirch*, ar dudalen 53.

101. Llun yn edrych i lawr o gyfeiriad Cefn y Filltir ar safle Llyn y Meirch, (Cae'r Llyn, erbyn y Degwm). Gwelir y map Degwm ar dudalen 53.

Odyn

Arwyddion eraill o ddiwydiant cefn gwlad sydd yn amlwg yn enwau caeau'r Degwm yw'r odyn a'r pandy.

Mae'r enw odyn ar gaeau'n fwy cyffredin na'r enw melin yn y Degwm. Diben odyn ar fferm fel arfer oedd crasu a sychu ceirch neu haidd, ond ar hyd y glannau defnyddid odynau i losgi calch. Mae un enghraifft o odyn i losgi rhedyn ym Mhen yr Allt, Llanfair a'r enw *Cae'r Odyn* wedi ei gofnodi yno. Cofnodir odyn redyn yno ar yr un safle gan Ymddiriedolaeth Archaeolegol Gwynedd (SH58292878). Arferid llosgi rhedyn ar ddechrau'r ddeunawfed ganrif a'i werthu i wneud sebon, fel y cyfeiria Bob Owen yn *Diwydiannau Coll.* Yn Nhrawsfynydd roedd odynau Rhufeinig ar gyfer gwneud teils ym Mhen y Stryd (SH72693191).

Yn aml, arferid codi odyn ŷd hynafol mewn cae, bellter oddi wrth y tŷ fferm. Câi llecyn ar lethr ei ddewis gan wynebu'r de i fanteisio ar yr haul a lle byddai awelon cyson. Byddent yn tyllu o dan lawr yr odyn ar gyfer gosod y tân a throsto gosodid llawr a châi'r grawn ei sychu arno. Defnyddid y cynnyrch i fwydo anifeiliaid. Odynau ar gyfer crasu grawn oedd yr odynau cymunedol, pentrefol. Mewn ambell gylch, fel yn Nhrawsfynydd, yn ôl Morris Davies (Moi Plas), arferid ymgynnull fin nos yn yr odyn haidd i adrodd storïau a chyfnewid newyddion, gan ei fod yn fan clyd a chynnes. Yn aml iawn byddent yn cysgu'r nos yno ar hen sachau blawd. Nid yw'n syndod i leoedd clyd fel yr efail a'r odyn fod yn gyrchfannau cymdeithasol a diwylliannol.

Arferid codi odyn rawn ger melin yn yr Oesoedd Canol i sychu'r grawn cyn ei falu'n flawd yn y felin. Mae tair enghraifft yn Uwch Artro lle mae'r enw melin ac odyn yn digwydd ar yr un fferm, sef Gwern Einion a Thyddyn y Felin,

Llanfair a Melin Llanbedr (ger Pentref Gwynfryn), Llanbedr. Yn Is Artro mae dwy enghraifft, sef yn Hendreforion ac yn Sylfaen, Llanaber. Roedd yr olaf yn dir amaethyddol cymharol dda ac yn dir hynafol i deulu'r Glyn ers priodas Gwenhwyfar, aeres Sylfaen, ag un o feibion y Glyn tua 1501. Roedd yr enwau Ceirchdre Isaf a Phant yr Odyn yn gysylltiedig â'r ystad.

Odynau calch

Defnyddid calch yn gyffredin i wella ansawdd y pridd drwy ei wasgaru ar wyneb y tir. Roedd yn rhaid mewnforio calchfaen gan nad oes y fath graig yn brigo yn Ardudwy. Roedd hon yn hen grefft. Yn 2010 daethpwyd o hyd i odyn galch o gyfnod y Rhufeiniaid wrth gloddio sylfaen i ffordd osgoi Porthmadog ar draws y Traeth Mawr.

Llosgi cregyn môr neu galchfaen o Benmon ym Môn a wnâi'r ychydig odynau hynny a gynhyrchai galch ar lannau afon Dwyryd a'r odyn gregyn yn Llandanwg yn y ddeunawfed ganrif. Un o'r odynau calch arfordirol hyn yw'r un yn Llechollwyn, Llanfihangel-y-traethau, ac mae'n werth ei gweld heddiw. Cyfeirir at *Ryrryd goch, Coed yr hendir, pant yr odyn, Tir yr deg Ceiniog, llech ollwyn mur peydd in ten. Eliza ap Morris for 12 years at* 3s 4c mewn dogfen ystad yn 1561 yng nghasgliad Brogyntyn. Tybed a yw'r enw Mur Poeth, sydd i'w weld yma ac acw yn Ardudwy, yn enw yr arferid ei gysylltu hefyd ag odyn? Gallai'r geiriau poeth a du (fel yn Llwyn Du) gyfeirio at yr arferiad o losgi coed i wneud golosg.

O Sir Benfro y mewnforid y *culm*, sef glo mân a bonion coed wedi eu llosgi rywfaint, i'w gymysgu â chlai lleol, er mwyn cynnau'r odynau calch. Mae cofnod ymhlith papurau ystad y Glyn, Llanfihangel-y-traethau yn 1796 yn datgan:

> *paid William Owen for 4 tons of Culm to burn lime at Glynn, £3.18.9.*
>
> *9th Sept 1796, paid John Isaac for carrying Culm from Guest to Glynn, 5/8d.*

Ond mae'n bosibl hefyd bod calch wedi ei losgi fel hyn ar lannau'r Traeth Mawr a'r Traeth Bach gan ddefnyddio golosg. Uchod, disgrifiwyd fel y cludodd *Johannes Carbonarius* galch i Harlech ar gyfer codi'r castell ac mai golosgwr ydoedd yntau pan ddaeth i Harlech, a'i fod yn cludo calch yno o'r Deudraeth.

Pandy

Adeilad ar gyfer pannu brethyn yw pandy. Mae pannu'n hen grefft a cheir amryw gyfeiriadau at bandai mewn llenyddiaeth o'r bedwaredd ganrif ar ddeg ac yn ddiweddarach. Roedd Meirionnydd yn adnabyddus fel canolfan wlân o bwysigrwydd byd-eang, o ganol yr unfed ganrif ar bymtheg hyd at ddechrau'r ugeinfed ganrif. Nyddid gwlân a chynhyrchid y brethyn yn Ardudwy ac roedd y pandy'n rhan o hyn.

Yn y pandy byddid yn trochi a phannu'r brethyn ar ôl iddo gael ei wehyddu. Yna gosodid y brethyn gwlyb ar ddeintur mewn cae gerllaw i'w sychu'n dynn. Mae'n debyg mai hyn yw sail y dywediad ar bigau drain ac *on tenterhooks* yn Saesneg. Dibynnai'r pandy ar gyflenwad da o ddŵr ac roedd digonedd o nentydd ac afonydd yn Ardudwy i ddenu panwyr. Y ffaith bod llawer o'r pandai ar wasgar oedd y rheswm am eu tranc. Roedd cymaint o gystadleuaeth am y gwaith a chymaint o bellter oddi wrth y prif ganolfannau cynhyrchu pan ddaeth y chwyldro diwydiannol fel y methodd llawer. Dim ond eu henwau sydd ar ôl mewn enwau caeau. Disgrifia J Geraint Jenkins, yn CCHChSF yn 1977–80, gyfnod anodd pan oedd y panwyr, yn ôl pob sôn, yn dibynnu ar gyfnewid eu gwaith am fwyd a grawn yn lle arian am eu cynhaliaeth.

Mae naw cae a saith fferm â'r elfen pandy yn eu henwau yn Negwm Ardudwy ac mae cofnodion cynnar am eraill neu at y pannwr ei hun. Cyfeirir at un o'r enw *Heylin Pannor in Kethugalc* yn y Dreth Leyg 1292. Ni wyddys ym mhle yng nghwmwd Ardudwy roedd *Kethugalc* ond mae Keith Williams-Jones yn awgrymu'n gynnil mai yn ardal Llandecwyn yr ydoedd, ar lan aber afon Dwyryd ac o bosibl mewn man a elwir heddiw yn Gallt y Calch.

Gwelir cofnod yn Rhentol Ardudwy yn 1623 o Robert Lloyd, Penarth, yn talu rhent i'r Goron o bedair ceiniog am *Murrie Howel Bannwr* ac mae'r pandy i'w weld ar fap y clawr. Ymysg enwau caeau'r Degwm mae ambell un tlws fel *Coed y Pandy Coch* ar fferm Cil y Bronrhyd, Llanfair a *Gwain y Pandy* yng Nghae Nest, Llanbedr. Yn Llanddwywe mae dau gae, sef *Pandy'r Olchfa*, ar fferm Ffridd y Bryn Coch ger y Ganllwyd.

Roedd tyddyn o'r enw Pandy'r Ddwyryd ym Maentwrog a foddwyd o dan Lyn Trawsfynydd. Dyma gartref Lowri Wiliam (1704–1778), a hi a gychwynnodd fudiad y Methodistiaid yn yr ardal gan ddioddef casineb yn lleol. Yn Nhrawsfynydd cofnodwyd fferm Pandy yn y Degwm ond newidiwyd yr enw bellach yn Wern Gron, sef enw un o'r caeau yno yn 1840.

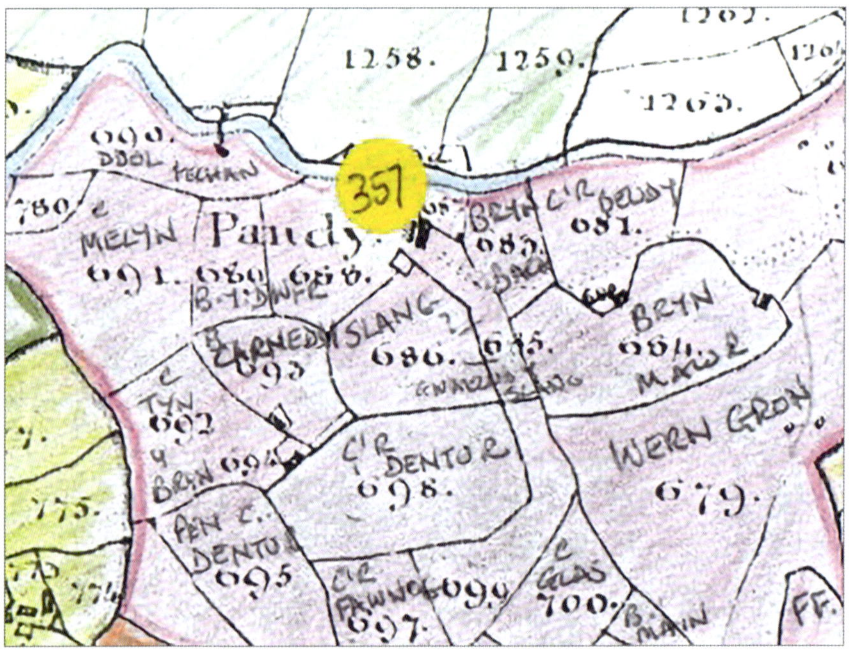

102. Darn o fap Degwm Trawsfynydd sy'n dangos afon Prysor a'r ddau gae dentur yn fferm Pandy (rhifau 695 a 698). © RhP

Mae fferm yn Llanelltud o'r enw Cae Dentir, a'r caeau, *Cae Deintur* yn Nheiliau Bach, Ffestiniog (Catalog Sêl Pengwern) ac yn Hwylfa'r Groes, Llanddwywe. Ceir yr enwau difyr, *Gors Dentir* yn perthyn i'r Glyn, Llanfihangel-y-traethau a chae *Pistyll y Dentir* yng Nghwmrafon, Llanbedr. Heddiw, does dim ond yr enwau ar ôl i gofio'r prysurdeb gwledig.

Pladur

Mae un grefft arall sy'n rhan annatod o'r bywyd amaethyddol a chymdeithasol yn Ardudwy sy'n gadael ei hôl ar y dirwedd ddiwylliannol ac enwau caeau, a honno yw pladuro.

Offeryn lladd a medi gwair ac iddo goes hir a ddelir â'r ddwy law, ac un a chanddo lafn argrwm a fwrir yn gydwastad â'r tir, yw pladur. Arferid cyflogi pladurwyr mewn ffeiriau lleol ac roedd hefyd grwpiau o bladurwyr nodedig yn teithio trwy'r plwyfi. Telid iddynt wahanol gyflogau yn ôl eu medrusrwydd. Dibynnai eu crefft ar eu gallu i hogi min fel y dywed yr hen air, *Os na chwysi wrth hogi, mi chwysi wrth dorri.*

Dim ond pedwar cae *pladur* sydd yn Is Artro gyfan, sef *Pladuriau Dan y Cloddiau*, Llwyndu, *Werglodd Pedwar Pladur*, Plascanol, hefyd yn Llanaber, *Garth y Pladuriau*, Ffridd y Bryncoch, Llanddwywe-uwch-y-graig, a *Pladur o Dan Gwndwn*, Corsdolgau, Llanenddwyn. Nid yn annisgwyl, mae'n enw mwy cyffredin ar dir uchel Uwch Artro ac yn enwedig yn Nhrawsfynydd.

Yr enwau mwyaf cyffredin yw'r rhai sy'n nodi nifer penodol o bladuriau, fel *Dwy Bladur, Tair Pladur* hyd at *Wyth Pladur* yn Nhaltreuddyn Fawr, Llanfair. Yn yr ucheldir mae grŵp arall sy'n awgrymu pwy a ddefnyddiai'r bladur. Er enghraifft, *Pladur yr Hogiau*, Graig Ddu Isa, Llanenddwyn; ac mae *Gwaith y Bladur* a *Gwaith Pladuriau* yn gyffredin: *Gwaith y Gŵr*, Cae Adda, a *Gwaith y Bladur Dopiog*, Pen y Bryn, Trawsfynydd.

Ar fferm Tyddyn Bach, Trawsfynydd mae *Buarth Gwaith y Bladur* a'r cae nesaf ato, *Gwaith y Bladur*. Yn ei llyfr *Hen Bethau Anghofiedig*, disgrifiodd Mary Puw Rowlands, Tyddyn Bach, sut y pladurodd Richard Jones, Bwlch y Ffordd, *acre* o wair unwaith cyn brecwast. Roedd yn fachgen ifanc yn gweithio yn Nhyddyn Bach ac fe gafodd goron am orchest mor arwrol.

Ar ddarn o fferm Graigddu Uchaf ger Bwlch Tyddiad, ym mhlwyf Trawsfynydd, tir sydd bellach o dan goedwigaeth, mae dau gae cyfochrog â'i gilydd o'r enw *Tair Pladur* ac yn gwneud cyfanswm o dros saith erw. Gellir tybio mai ffordd o fesur maint neu ansawdd cae oedd enw fel *Cae Pedair Pladur*; hynny yw, yr hyn y gallai pedwar dyn ei bladuro mewn un dydd. Gellir gweld o'r Degwm bod ambell gae'n gymharol fychan ond yn llafurus i'w bladuro, ffaith a awgrymir gan yr enw *Pedair Pladur.* Mae'n amlwg bod ambell wair fel *gwair rhos* yn fwy garw ac yn fwy llafurus na'i gilydd i'w drin. Arferai ffermwyr y tiroedd gwaelod ei ddirmygu. Er hyn, roedd yn adnodd tra gwerthfawr i amaethwr y tir mynydd. Mae Ieuan Jones yn crynhoi hyn yn fendigedig yn ei englyn i Fis Mai:

Hen fuwch y borfa uchel – heb aerwy
A bawr heddiw'n dawel,
A dail Mai fel diliau mêl
Wedi rhoswellt y rhesel.

Ond ni feddai pob cae ar y glannau wair da. Yn stad y Glyn, mae dau gae cyfochrog â'i gilydd, sef *Ffyrdd Dwy Bladur* yn saith erw a *Pedair Pladur* yn dair erw, yn dangos bod cryn amrywiaeth yn ansawdd y gwair a'r ymdrech i'w bladuro.

Gwerthfawrogid crefft y pladurwr drwy ei allu i hogi llafn ei bladur a gadael gwanaf lefn ar ei ôl. Disgrifir y grefft a'r arferion yn wych iawn gan J Williams-Davies ar sail tystiolaeth lafar a gasglwyd ar gyfer Amgueddfa Werin Cymru, Sain Ffagan yn, Pladur Ddur ar Ddant y Rhosdir: Gwair Rhos ym Meirionnydd, CCHChSF 1987/8. Mae'n cynnwys hen bennill a glywodd ar ei deithiau sy'n dweud y cyfan:

Mae'r bladur hithau yn ei phwd
Mewn rhwd yn awr yn hongian
A'r hen gorn bloneg yn ei fedd
Yn nhawel hedd yr ydlan
Ac ysbryd y medelwyr mwyn
Ar frig y chwyn yn cwynfan.

103. Hen fuwch y borfa uchel. © RhP

PERCHNOGAETH A HAWLIAU AR DIROEDD

Enwau personol ac enwau unigolion

Gwelwyd mor ddefnyddiol yw dogfennau ystadau wrth olrhain enwau tiroedd a'u perchnogion. Ond, mae'n anodd iawn olrhain rhai enwau â'r elfen bersonol ynddynt am fod yr enwau mor niferus a chyffredin. Er hyn, gellir adnabod rhai enwau hynafol. Er- enghraifft, ceir *Cae Gibion*, Harlech a gofnodwyd yn 1598, *Cae Gurfel*, Llwyngurfel (1420), *Ffridd Hewkin*, Llanddwywe (1420) a *Llwyn Hwlkin*, Llanfair (1596). Ond, mae rhai sy'n edrych yn gyfarwydd fel *Cae Besi*, Llandanwg wedi ei gofnodi yn 1598 ac mae yno o hyd.

Lle	Enwau Hynafol
Llanaber	*Cae'r Wraig Weddw*, Eithin Fynydd a *Talar y Porthior*, Gwastadagnes.
Llanbedr	*Werglodd Mam Llwyd*, Cefn Cymere Ucha.
Llandanwg	*Cae Mab Ellen*, Merthyr a *Clwt Robin Sîan*, Lasynys Fach.
Llandecwyn	*Cae Ellen Morgan*, Nant Pascan Fawr, Dalar Catherine Lloyd, Aberdeunant.
Llanddwywe	*Cae'r Wyddeles*, fferm Llanddwywe.
Llanfrothen	*Pant y Milwr*, Penrhyn Isa, Fferm Pant y Wrach.
Trawsfynydd	*Dôl Twll Abram*, Glanllafar.

Gellir olrhain y rhan fwyaf o'r enwau hyn yn ôl i'r unfed ganrif ar bymtheg o leiaf. Mae enwau unigolion yn brin iawn ym mhlwyfi Llandanwg a Thrawsfynydd, dau o'r plwyfi a ddaeth fwyaf o dan ddylanwad y Goron wedi'r Goresgyniad. Ond, mewn plwyf rhydd fel Llanbedr, mae niferoedd mawr iawn o enwau unigolion ar gaeau. Mae dros hanner enwau'r caeau sydd â'r elfen cae ac enw personol ynddynt yn dir âr, sy'n dangos mor bwysig a gwerthfawr oedd clwt bychan o dir i'w berchennog. Yn y Degwm mae nifer fawr o enwau caeau sy'n cynnwys enw unigolyn ond ychydig iawn o enwau ffermydd sydd yn eu cynnwys. Gwelir y patrwm enwau hwn ar draws Cymru.

Enwau yn ymwneud â sefydliad neu swyddogaeth

Gwelir yn y Degwm ac mewn dogfennau ystadau, fod amryw o diroedd ag enwau sydd yn dynodi meddiant ar y cyd neu feddiant sefydliad arnynt ar hyd a lled Ardudwy, er enghraifft:

Lle	Tiroedd
Llanaber	*Tir Cynfal*, Bodgwilym.
Llanbedr	*Talar y Felin*, Hafod y Coed.
Llandecwyn	*Gors y Gwely*, Cefn Trefor Fawr; *Maes y Llan*, Tŷ Newydd.
Llanenddwyn	*Llety'r Genedl*, Pentre Mawr a fferm Cae Meddyg.
Llanfihangel-y-traethau	*Buarth y Clochydd*, fferm Tal y Sarnau.
Llanfrothen	*Ffridd y Person*, Ynysfor.
Maentwrog	Gwyllt y Llan, sef darn o'r tir gwyllt hynafol, gynt yn eiddo'r tywysogion ac a werthwyd yn 1536 i unigolion blaengar. Defnyddid yn ddiweddarach gan y plwyfolion.
Trawsfynydd	Fferm Cae Rhingylliad. (*A moiety of*) *Ffridd Gyd*, fferm Llechidris, *Cae'r Plwyf*, sef erw o dir at ddefnydd plwyfolion Trawsfynydd.

Mae'r enwau hyn hefyd wedi eu cofnodi yn yr unfed ganrif ar bymtheg. Ganrif yn ddiweddarach, gwelir sawl cyfeiriad at dir oedd yn gysylltiedig â'r plwyf neu'r tlodion.

Ceir yr enw *Cae'r Tlodion* neu amrywiad arno ar draws Cymru. Un fyddai ym mhob plwyf gan mai ei bwrpas oedd diwallu anghenion tlodion a ddibynnai ar y plwyf a'r eglwys am gynhaliaeth. Mae AMR yn nodi amryw o enghreifftiau. Ceir *Acre'r Tlodion* yn Nyserth, Sir y Fflint (1712), *Dôl y Tlodion* ym Mallwyd, Meirionnydd (1787), *Gweirglodd y Tlodion* yn Henllan, Sir Ddinbych, *Tir y Tlodion* yn Aberdaron (1784), *Tai Tlodion*, Llangristiolus, Ynys Môn (1901). Hefyd, ceir *Tyddyn Tlodion* ym Môn, Dinbych a Sir y Fflint, y cyfan tua diwedd yr ail ganrif ar bymtheg. Mae enwau eraill yn cynnwys yr un nodwedd. Yn Nhrelales, Morgannwg, gwelir *Gardd y Plwyf, Tir Plwyf,* Abergwili, Sir Gaerfyrddin a hefyd gofnod cynnar yn *Tir-y-ployth* [plwyf], Llanfihangel Troddi, Sir Fynwy (1619).

COEDYDD

Coedydd Ardudwy

Mae'r coed a welir ar uwchdir Cymru heddiw yn weddillion coedwigoedd eang a dyfai yma ar gyfnodau hanesyddol gwahanol. Gwnaed arolwg yn Ardudwy, sy'n dangos y patrwm cenedlaethol. Dim ond darnau sydd ar ôl bellach, y mwyaf amlwg yw'r coedlannau derw hynafol ym Maentwrog ac yn nyffryn Artro. Da yw gweld bod cynlluniau ar droed i adfer yr hen goedwigoedd cynhenid yng Nghwm Mynach, Llanelltud a chael gwared ar rai o'r coed bythwyrdd estron. Gobeithio y bydd enwau'r hen gaeau hefyd yn cael eu hadfer a'u gwarchod.

Gwelir yma ddisgrifiadau o'r coedwigoedd naturiol hyn a'r modd y datblygodd ymddangosiad y dirwedd dros y canrifoedd. Seiliwyd y mapiau ar waith Dr Colin Thomas ac fe'u lliwiwyd gan yr arlunydd Sarah Crome a'u gosod ar fodel 3D. Fe'u gwelir ar wefan *Adnabod Ardudwy* a archifwyd yn y Llyfrgell Genedlaethol.

Yn yr Oes Efydd, gwelid coed pin a choedlannau gwern ar diroedd llaith ar ymyl y morfeydd. Gorchuddid y llethrau isaf â choedwigoedd derw agored cyn teneuo ac agor allan i'r mynydd. Ar y llethrau ysgithrog gyda'u clogwyni serth, tyf coed bedw yma ac acw a cheir corsydd mewn mannau gwastad.

Yn yr Oes Haearn, tewychodd y coed derw ar y llethrau isaf, ar y glannau a'r aberoedd o ganlyniad i'r glaw trwm. Mewn ambell lannerch bach, llaith tyfai coed derw a gwern. Yn uwch i fyny, gwelid y fedwen a rhedyn lle cliriwyd y tir i'r gwartheg bori glaswellt y rhos. Yn fuan, ffynnodd y coed bedw mewn tywydd gwlyb a ffurfiwyd darnau o gors ac ambell siglen. Weithiau, yn yr uwchdir fel ym Mhrysor, Trawsfynydd ac yn Erw Wen ger Merthyr, Llandanwg codwyd tai crynion bychain. Gwelir hyd heddiw olion aredig yno. Tyfwyd cnydau a llysiau.

104. Map o Ardudwy sy'n dangos sut y byddai'r coed a'r tyfiant yn ymddangos yn ystod yr Oes Efydd. Dadansoddiad Colin Thomas

105. Map o Ardudwy sy'n dangos sut y byddai'r coed a'r tyfiant yn ymddangos ar ddechrau'r Oesoedd Canol. Dadansoddiad Colin Thomas

106. Map o Ardudwy sy'n dangos sut y byddai'r coed a'r tyfiant yn ymddangos yn yr unfed ganrif ar bymtheg. Dadansoddiad Colin Thomas

Ar ddechrau'r Oesoedd Canol, gwellodd y tywydd a denwyd mwy o bobl i'r uwchdir lle roedd digon o dir ar gael. Gwelir olion aredig mewn mannau annisgwyl ar dir amaethyddol ymylol iawn heddiw. Ond gwaethygodd y tywydd yn niwedd y cyfnod a methodd y cnydau. Gwelwyd mudo i lawr i'r iseldir lle roedd bywyd yn haws.

Yn yr unfed ganrif ar bymtheg, roedd gwartheg yn pori'r llechweddau uchaf, a chaent eu gyrru i'r marchnadoedd. Cafodd rhai o'r ffriddoedd isaf eu hamgáu gan ystadau a ffurfiwyd ffermydd tebyg i'r rhai a welwn heddiw. Parhawyd i dorri coed cynhenid i wneud lle i dyfu porfa. Roedd y tir hwn yn dal yn agored i'r ardalwyr lleol hynny yr oedd ganddynt hawliau pori a llwyddent i sicrhau cynhaliaeth, er un ddigon llwm. Câi'r llethrau creigiog eu gorchuddio â rhedyn.

107. *Map o Ardudwy sy'n dangos sut y byddai'r coed a'r tyfiant yn ymddangos yn y bedwaredd ganrif ar bymtheg. Dadansoddiad Colin Thomas*

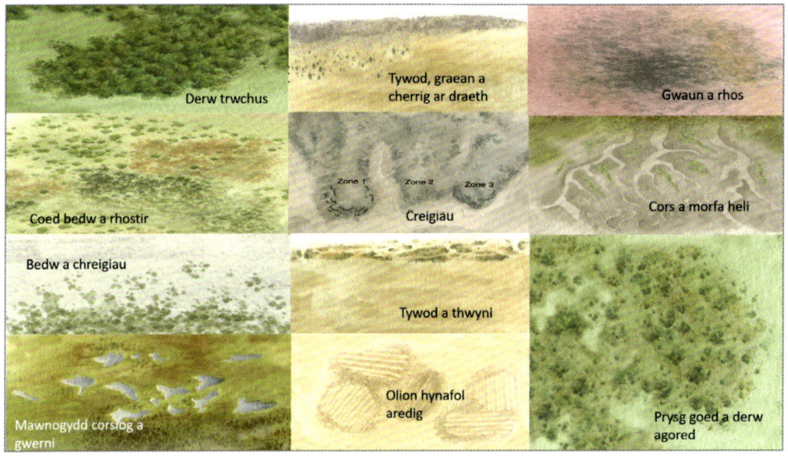

108. *Allwedd i liwiau'r prif elfennau yn y mapiau. Sarah Crome*

Erbyn yr 1800au ychwanegwyd at y twyni a morfa'r heli, amgaewyd darnau helaeth o dir y mynydd a'r tir comin. Codwyd waliau cerrig sych hyd at y copaon uchaf. Gosodwyd y ffriddoedd newydd ar rent i denantiaid a chollwyd yr hawliau traddodiadol.

Coed Ardudwy yn 1840

Yn unol â'r patrwm uchod, mae 8% o enwau ffermydd a chaeau Llandecwyn a Llanbedr yn cynnwys yr enw coed neu fath o goed, ac mae hyn ddwywaith yn uwch na chyfartaledd canran Ardudwy gyfan. Dyma blwyfi sy'n cynnwys coedlannau hynafol Maentwrog ac Artro. Torrwyd coed cynhenid Ardudwy ers canrifoedd lawer, gan adael y moelni a ystyrir heddiw yn dirwedd hynafol. Yr enghraifft orau yw ardal y Crawcwellt a Llawr y Plwyf, Trawsfynydd. Cliriwyd coed yma ar raddfa eang yn yr Oesoedd Canol er mwyn bwydo'r ffwrneisi haearn bychain â golosg. Yn y dyddiau hynny, sŵn, prysurdeb a llwydni ardal ddiwydiannol a geid yno, nid y moelni a'r tawelwch sydd yno heddiw. Mewn tirwedd o'r fath, byddai unrhyw goeden yn tynnu sylw ac roedd tair coeden pinwydden yr Alban yn draddodiadol yn nodi llety i borthmyn a'u hanifeiliaid, gan gynnwys gwartheg, moch a gwyddau. Adlewyrchir hyn yn enwau'r caeau – *Buarth Uchaf, Buarth Ddraenen, Buarth y Lloi* a'r *Ddalfa*.

Mae'r enw coed ar gae lle nad oes coed yn awgrymu bod coed wedi eu clirio i greu cae, fel yn achos *Tuthyn y tu y bag yn y coid* a *Cae Crwn yn y Coed*, Llanbedr (Maesyneuadd,1542). Gwelir yr un *Cae Croon* ar fap y clawr, ar derfyn *Coed Erw Gynfrig*

109. Blaen-y-cae, y Crawcwellt, a'r pinwydd. Llun: Jean Napier

Cae yn y Coed

Enw sy'n gyffredin yng ngogledd Cymru yw *Cae yn y Coed*, neu'n amlach na pheidio, *Cae'n-y-coed*. Gwelir safle trawiadol fferm Cae'n-y-coed sydd rhwng Ceunant Llennyrch, Llandecwyn a Choed y Felenrhyd (SH658388) ar fapiau'r Arolwg Ordnans. Cofnodwyd enw'r man hwn yn Llandecwyn yn 1650 yng nghasgliad Poole.

Tynnodd Colin Thomas sylw at yr enw ac arwyddocâd *Cae yn y Coed* ym Meirionnydd. Ceir hefyd yr enw *Goetre* sy'n golygu'r un peth. Tair enghraifft yn unig sydd yn Ardudwy gyfan ond mae'n gyffredin drwy Gymru a gwelir enghreifftiau yn AMR, y mwyafrif llethol yn enwau syml diaddurn ac wedi eu cofnodi yn yr unfed ganrif ar bymtheg ac wedyn.

Ceir amrywiaeth mawr o enwau coed ar ffermydd yn y Degwm, fel Coed y Bachau, Llanbedr; Cae Prysg, Llanfair; yr Onnen, Llandecwyn; Gelli'r Ynn, Nanmor; Wern Cyfrdwy, Trawsfynydd. Mae'r un amrywiaeth i'w gael yn enwau caeau, sef *Bryn y Fedwen*, a *Llannerch Fuwch Frech*, Lasynys Fach, Llandanwg. Yn ogystal, ceir enwau a gofnodir yn Rhentol 1623, fel *Bryn y Grifiolen et Bryn Derw* a *Lloyn Derw Isa*, Trawsfynydd a'r ddau olaf hefyd yn y Degwm. Mae'r patrwm yn debyg ar draws Cymru.

Cliriwyd coed o'r ddeuddegfed ganrif ymlaen ond mae cofnodion y siryf lleol yn 1304 yn cynnwys cyfeiriadau at swyddogaeth yr *wdward* yn Ardudwy. Rheolid defnydd coed yn y gymuned yn ofalus iawn i osgoi dinistrio coedlannau. Roedd gwerth coed y cwmwd bryd hynny ddwywaith gwerth unrhyw gwmwd arall, fel mae Colin Thomas yn nodi.

Gwern

Cyfeiriwyd eisoes at yr enw *gwern* sydd, yn ôl cofnodion Ardudwy, yn enw cyffredin yn yr unfed ganrif ar bymtheg. Ystyr *gwern* yw naill ai tir gwlyb neu goed gwern (*alder*) sy'n tyfu ar dir corsog. Cysylltodd Colin Thomas yr enw *gwern* â'i arwyddocâd yn y broses o amgáu a gwella tir yn yr unfed ganrif ar bymtheg. Mae ei waith yn Ardudwy, yn enwedig yn ardal llys Ystumgwern, yn arloesol. Adeiladodd ddarlun lleol ar fapiau sy'n dangos lleoliad ac arwyddocâd nifer sylweddol o'r caeau *gwern* ar hyd y glannau.

110. Colin Thomas yn egluro arwyddocâd y gwerni i wirfoddolwyr Adnabod Ardudwy yn y maes. RhP

Mae caeau *gwern* y Degwm yn ymestyn o ffin plwyf â Llanfair yn y gogledd, hyd at *Wern y Capel* ac yn ddi-dor hyd at ffin plwyf Llanddwywe yn y de. Mae'n bosibl gweld olion ohonynt mewn enwau caeau ym mhlwyf Llanenddwyn, fel y gwelir isod. Gellir olrhain hanes llawer ohonynt drwy gytundebau cyfreithiol a phrydlesi bwrdeistref Harlech. Er enghraifft, cofnodir yr enwau *Gwern Adye* oddi mewn i Libart Harlech yn 1527 (Brogyntyn). Enwir *Gwern y Maes Glas*, Tyddyn Du, Llanenddwyn, yn 1597 – fferm a fu'n eiddo i Syr Thomas Myddelton. Yn Negwm 1840 gwelir y cae sylweddol hwn yn ffinio â thir Ynys Gwrtheyrn, un arall o'r *gafaelion Dominicales* a drafodwyd ar dudalen 37.

111. Llun o safle'r gwerni hynafol a gymerwyd yn Y Ddôl, Ystumgwern, Llanenddwyn yn edrych tua Chae Saeson a'r gogledd. Mae safle Gwern y Capel yn y pellter drwy'r bwlch yn y coed ar y chwith.

Dyma'r ffin ddaearegol rhwng llechi Llanbedr i'r dwyrain a'r dyddodion llifwaddodol a'r mawn ar Dywyn Meirion i'r gorllewin. Cliriwyd y coed gwern a'r gors i adennill tir pori neu weirgloddiau yn yr unfed ganrif ar bymtheg.

Gwelir cyfeiriad yn Mostyn B 3861 at yr enw *Gwern Vawr*, Llanenddwyn, tir sydd yn ôl dogfen gwerthiant bwysig yn 1595 yn rhan o 65 erw o dir diffaith o'r enw *Y Ddedwerne*. Yn ôl y ddogfen, ymestynnai *Gwern Vawr* o Forfa Meirion hyd at eglwys Llanddwywe ac o'r Bennar hyd at dresmasiad William ap Tudur yn *Y Ddedwerne*. Enwir hefyd dir cyfagos o'r enw *Gwern y Chapple* (rhif 358, 15 *acre*), sef safle Capel y Teulwyd a berthynai i'r llys yn Ystumgwern a hefyd *Tyinmeyron*. Dyma gadarnhad felly mai ym mhlwyf Llanenddwyn yr oedd *Tywyn Meirion*. Swm y rhent arno oedd 16 swllt a 6¼ ceiniog ac roedd yno chwe thenant. Gwelir rhestr enwau 42 tenant y Goron ym mhlwyf Llanenddwyn yn dal Tywyn Meirion yn 1776, yng nghasgliad Llanfair Brynodol. Yn rhyfedd iawn, mae Keith Williams-Jones yn nodi'r enw yn MLSR fel enw nas lleolwyd.

Roedd y gwerni hyn ymysg tiroedd Stent y Goron a roddwyd i Iarll Caerlŷr drwy Fraint Llythyrau yn 1576. Fe'u gwerthwyd gan ei weddw i hapfuddsoddwyr o Lundain, a chanddo ef i Gruffudd Fychan, Corsygedol.

Y cofnod cynharaf o'r enw gwern yw *Gwereynevell* (Gwern Efail), Llanfihangel-y-traethau yn 1495 (Maesyneuadd). Fel y gwelwyd ar dudalen 45 roedd y tir hwn ger Eisingrug, lle mae ffermydd Tyddyn Sîon Wynne a Ffridd y Fedw o faint sylweddol. Yna, yn 1564 ceir y cofnod *Gwerni Cochion*, Llanaber (Mostyn). Ar ddechrau'r ganrif nesaf cofnodir *Gwern Ithel*, Llandecwyn, *Gwerni Bychan*, Llanbedr, *Gwern Rhwysog*, Trawsfynydd a *Gwerni*, Llanelltud.

Gwelir enwau *gwerni* unigol ar hyd y glannau o Landecwyn i Lanelltud. Amgaewyd llawer ohonynt yn yr unfed ganrif ar bymtheg, yn aml wedi eu cipio o dir comin neu dir y Goron gan berchnogion ystad ac iwmyn bachog. Gwelir *Gwern y Glaystail* (Cae Nest, Llanbedr) yn 1595 mewn braintlythyrau. Mae rhestr rhent o amgaeadau ym Meirionnydd, a wnaed tua 1592, yn ymgais gan y Goron i

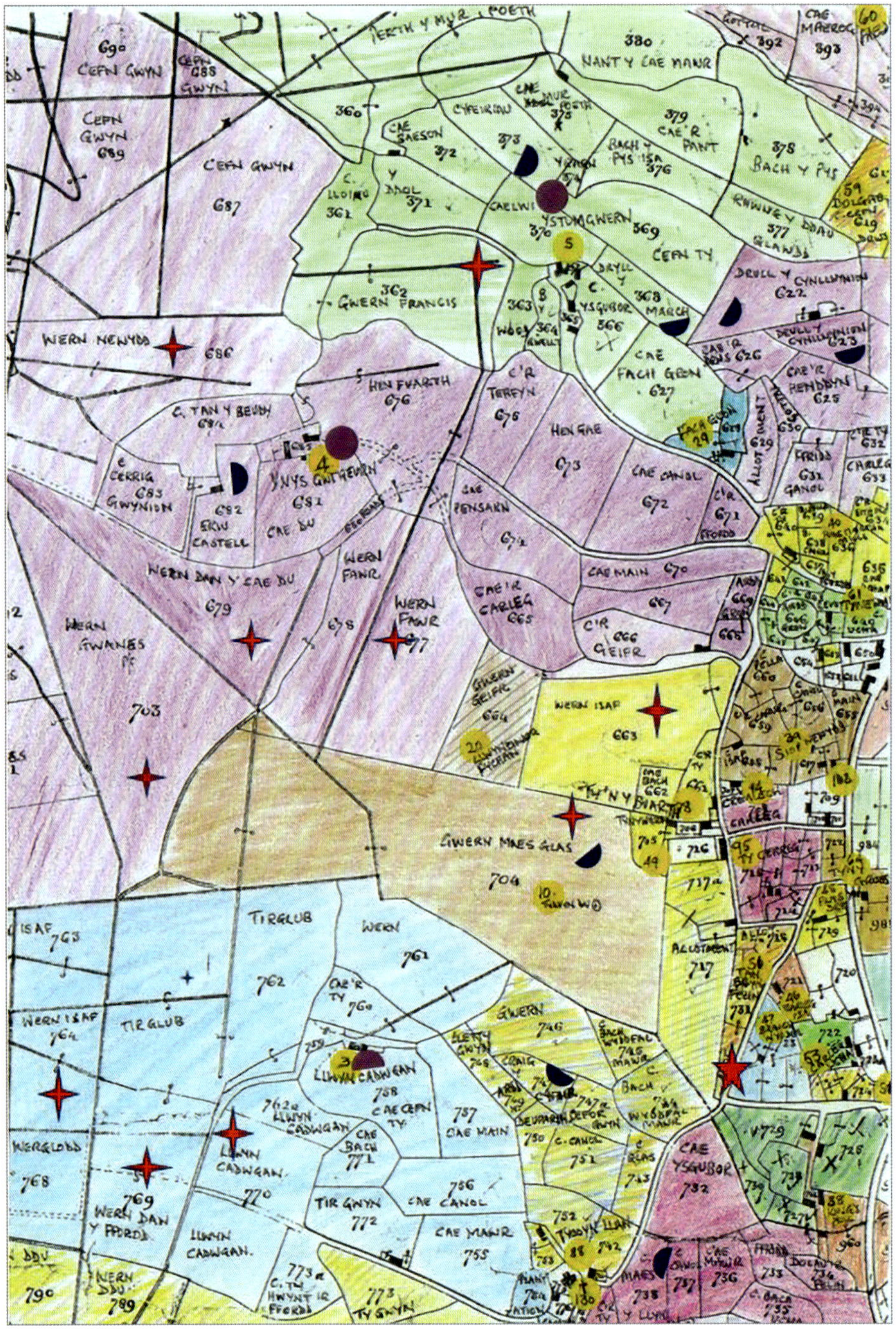

112. Darn o fap y Degwm Llanenddwyn ger Ystumgwern a rhai o'r gwerni. Mae'r caeau gyda seren yn dynodi fod yr enw 'gwern' wedi ei gadw hyd 1840. © RhP

ddarganfod hyd a lled y tiroedd hyn (TNA, SC 12/30/24). Ynddi ceir nifer helaeth o enwau gwerni, ffriddoedd a thiroedd comin Ardudwy sydd yn llenwi bylchau yn ein gwybodaeth am enwau. Gwnaed dadansoddiad manwl o'r enwau hyn a'u perchnogion gan Colin Thomas, gan ddirnad hyd a lled yr amgaeadau cynnar hyn yn yr unfed ganrif ar bymtheg.

Yn ardal Harlech cofnodir gweirglodd o'r enw *Gwern Amod* yn 1621 ac mae enw cae ar fferm Tŷ Mawr, Llandanwg yn llygriad o'r enw, sef *Wern Amnod* yn y Degwm. Yng ngwaelod allt serth Llech yn nhref Harlech ceir yr enw Gwern y Gongo ar weirglodd yn perthyn i fferm Tanllech. Cofnod cynnar arall yw *Gwern y Cymer*, Llanbedr yn 1623, un a esblygodd yn enw fferm, Gwern Cymere rywbryd ar ôl 1840. Yn Rhentol 1776 gwelir yr enwau diddorol *Gwern Enyon Du*, Llanfair, Gwern Einion erbyn y Degwm, a *Gwern Gau wrth Gaer Wrach* yn Llanfair.

Hyd yn oed yn Negwm 1840 ceir enwau hynafol eu sain megis ffermydd Gwern Maestrefor, Llanaber a Gwern yr Ieirch, Maentwrog. Ceir hefyd enwau caeau megis *Tir Gwern y Person*, Eithinfynydd a *Gwern Gelli Rydd*, *Gwern y Gwrlid*, Llanaber ac un sy'n dangos gwaith mor galed oedd troi gwern yn dir ffrwythlon, sef *Gwern Batain* (batin/betin) yn Llandanwg.

Ar hyd y canrifoedd, mae gwerni Ardudwy wedi bod yn destun diddordeb annisgwyl, ac mae hynny'n parhau. Ceir yn eu henwau awgrym o'u gwerth cynhenid ar hyd y canrifoedd.

Llwyn

Cymharol ychydig o enwau llwyn a gofnodwyd yn y Degwm ac mae'n annisgwyl braidd. Felly hefyd yn AMR. Ond yn Ardudwy, yn amlach na pheidio, cysylltir yr enw llwyn ag enw unigolyn neu deulu. Y cofnod hynaf yw *Gavel y Llwyn ynn*, yn Stent 1420 a'r nesaf ymysg casgliad Maesyneuadd yn 1542, sef *Lloyn Ithel Bag* [Bach] *in a place called Blaith bull*, Blaidd Bwll neu Breibwll ar lafar. Mae'n rhan o fferm Wern Gron, Llanbedr bellach. Mae fferm Llwyn Ithel y Degwm wedi colli'r Bach, ond mae'r enw llawn i'w weld ar fap y clawr yn 1630. Ceir yr enw *Llwynykymro* yn Llanenddwyn yn 1550. Yna ceir tyddyn Llwyn Hwlcyn, Llanfair, Llwyn Tegwared, Llanenddwyn ac mae cae ar fferm Coety Mawr, Llandecwyn o'r enw *Llwyn y Meibion*. Mae GPC yn nodi hefyd defnydd yr enw *llwyn* ar gyfer *tylwyth* neu *hiliogaeth*.

Mewn gweithred briodas yng nghasgliad Elwes yn 1553 gwelir yr enw *Llwyn Bvdagh*, Llandecwyn. Diflannodd yr enw erbyn 1840 ond gwelir pedwar cae o'r enw *Llwyn Beddach* yn fferm Tallyn ac un yn y fferm nesaf ati, yr Onnen, Llandecwyn. Awgryma hyn fod tir a thyddyn yno yn 1553. Mae hefyd ddau gae o'r enw *Buarth Llwyn Dafydd* ar fferm gyfagos, Llennyrch, yn 1840. Ceir *Llwyn Evan Troyn*, Moel y Glo, atgof o enw ar afael hynafol, *Gafael Einion Trwyn* yn Stent 1420. Cesglir felly fod arwyddocâd arbennig gynt i'r enw llwyn a'i fod yn hynafol pan gysylltir ef ag enw unigolyn, o bosibl gan gyfeirio at hawliau tyddyn neu dir. Mae'r enw Llwyn Du yn un cyffredin ac weithiau'n cyfeirio at leoliad yr arferiad hynafol o droi coed yn olosg.

Mae'n nodweddiadol o sut y cliriwyd darn o goedlan a llafurio'n galed yno i greu cae. Eto mae'r mwyafrif llethol yn enwau syml diaddurn ac wedi eu cofnodi yn yr unfed ganrif ar bymtheg ac yn dilyn hynny.

HENEBION A HANES

Gwasgerir yr enwau hyn yn eang yng Nghymru ac mae'r awch am eu hegluro yr un mor gyffredin, weithiau'n lliwgar a chreadigol iawn! Hyd at heddiw, prin yw'r ymdrech i gydnabod gwerth enwau a'u defnyddio wrth ymchwilio i archaeoleg neu hanes y tir. Ond mae ambell enghraifft megis yn Ystumgwern, Ardudwy lle gwnaed y cysylltiad rhwng enw cae a hen ffordd ar y tir. Gwelir yr enw *Cae Pen Sarn* ar heneb lle mae olion sarn hynafol wedi ei chloddio ar safle we Coflein ac mae hyn yn galonogol. Mae'n hanfodol bod defnyddwyr gwefan megis hon ac arbenigwyr ym maes enwau yn cynnig adborth a chywirdeb i sefydliadau fireinio'u cofnodion. Mae pethau'n gwella a chafwyd sawl enghraifft yn ddiweddar o Gymdeithas Enwau Lleoedd Cymru yn cael eu holi am dystiolaeth enwau. Yn araf hefyd, mae'r ymddiriedolaethau archaeolegol yn manteisio ar wasanaeth y gymdeithas i ateb cwestiynau. Gyda chydweithrediad Ernest a Christine Evans, Haf Meredydd ac Elfed Gruffydd, paratowyd mapiau yn cynnwys enwau caeau a nodweddion tirweddol Enlli i Ymddiriedolaeth Archaeolegol Gwynedd a chynorthwywyd mentrau bychain sy'n datblygu'n lleol i gynnwys enwau yn eu deunyddiau. Mae gan bob plwyf a chwmwd enwau diddorol sy'n crefu am ymchwil.

Un grŵp diddorol yw'r enwau sy'n dynodi arferiad sydd bellach wedi ei lwyr anghofio, megis safle crocbren, a man cyfarfod ar ffiniau cymydau neu arglwyddiaethau. Cynhaliwyd cydfodau ar Fwlch yr Oerddrws a Bwlch Maen Gwynedd am ganrifoedd lawer i gymodi. Enw arall yw *Cae'r Meini Hirion*, ar lan yr afon Artro yn Llanbedr (SH5833027000). Yma mae dau faen hir, yr un talaf yn 3.3 metr o uchder ac yn nodi man cychwyn y llwybr Oes Efydd i Moel Goedog, Bryn Cader Faner ac ymlaen i dde Lloegr.

Yn Negwm Ardudwy, ceir nifer o enghreifftiau ag iddynt sawr hanesyddol.

Ffermydd:

Caerwych, Llandecwyn.
Drws yr Ymlid, Llanfair.
Hendref Bryn Crogwydd, Trawsfynydd.
Merthyr, Llandanwg.
Maes y Caerau, Llandecwyn.

Caeau:

Bryn Perfedd Mawr, Rhiw-goch, Trawsfynydd.
Golygai perfedd y tir canol.

Mae *G/Orsedd,* yn enw gweddol anghyffredin ar gae yn Ardudwy. Mae'n cyfeirio at hen ystyr bryncyn, cnwc, neu boncen. Mae'n arbennig o arwyddocaol pan fo thri chae cyfochrog yn dwyn yr un elfen *Orsedd* fel mae'n digwydd yn fferm Llanfair Isaf, Llandanwg. Gwelir yno *Pen yr Orsedd, Pen yr Orsedd bach* a *Pen yr Orsedd Eithin*. Mae'n awgrymu bod yma hen ddarn o dir o faint sylweddol wedi ei enwi'n *Orsedd* a hynny cyn ffurfio'r caeau. Mae'n godiad tir fel arfer. Mae *Castell* yn enw arall eithaf cyffredin ond ddim o reidrwydd yn gastell yn yr ystyr confensiynol. Tueddai'r hen bobl gyfeirio at olion fferm o'r Oes Haearn oddi mewn i gylch cerrig a buarth fel castell, gan roi statws uwch iddi a morio mewn balchder. Yn aml, codwyd y rhain ar fryncyn i'w gwneud yn haws i'w hamddiffyn a gellir deall pam y'i gelwid '*castell*'.

Yn aml gwelir cofnodi heneb, maen neu gromlech fel arfer, mewn enw cae. Weithiau mae cae maen heb heneb, sy'n awgrymu na fu gwarchod effeithiol, ond mae'n awgrymu lleoliad blaenorol. Erys meini hirion yn amlwg yn y dirwedd megis y saith sydd o fewn milltir i'w gilydd ar hyd y *Fonllech Hir* (*Fonllach* ar lafar ac weithiau wedi ei gofnodi yn *Fonllef*), ger fferm Merthyr, Llandanwg. Weithiau ceir heneb wedi ei defnyddio heb ei symud, maen hir yn bostyn giât, cromlech yn ddarn o gorlan neu wal a maen capan ar bostyn giât.

113. Llun o'r cae Y Gaer ym Myrllysg, Llanenddwyn. AP_2005_0369. Gyda chaniatâd CBHC.

Ceir tystiolaeth o henebion hefyd yn yr enwau *Cae Maen Llwyd*, yn fferm Borthwyn Bach, *Buarth y Maen* yng Nghefn Gwyn, *Maen Carreg y Frân*, Cefn Trefor Fawr, y cyfan yn Llanfihangel-y-traethau. Mae ffermydd hefyd, sef Brynmaenllwyd, Trawsfynydd a Maen y Fferam, sef Heol Maenofferen heddiw ym Mlaenau Ffestiniog. Y mae maen eithaf arbennig ar ymyl llwybr y Gyrn, rhwng Caerwych a Bryn Cader Faner, sy'n dwyn yr enw *Maen Traed yr Ych* oherwydd yr olion arno yn ôl traddodiad lleol. *Maen Dôl yr Ych* sydd gan Edward Lhwyd ac mae hefyd yn nodi enw lleol arall, sef *Murie Hanner Ffordd* sydd ar y llwybr Oes Efydd, uwchben Moel y Glo.

Bedd

Enw arall amlwg a chyffredin yw bedd. Gwelir yn Nhrawsfynydd *Cae Maes y Bedd*, Llechidris, sy'n nodi *Bedd Porius,* a *Gweirglodd y Beddi*, Ty'n Twll. Mae'n werth pori yn AMR am enghreifftiau lleol ymysg pentwr o enwau beddau.

Caer

Weithiau, defnyddid yr enw caer am olion annedd gaerog ac mae'r enw *Y Gaer*, a *Cae Bryn y Gaer* sy'n gyfochrog, ym Myrllysg, Llanenddwyn yn enghreifftiau da. Ewch i www.cymruhanesyddol.gov.uk i weld hanes y gaer a'r ddelwedd ddigidol ac oddi yno at Coflein. Croesawodd John a Heather Jones ddisgyblion yr ysgol gynradd leol i'w cartref yn y Byrllysg i glywed hanes hynafol y tŷ ac i gael cerdded i'r gaer fel rhan o brosiect Adnabod Ardudwy. Cofnodwyd *Y Gaer* yn y Degwm.

Carnedd

Mae'r enw carnedd hefyd yn gyffredin. Gwelir ym mhlwyf Llanaber *Cae Carneddi* yng Nghwm Mynach Isaf ac yn Hafod Ucha. Ym mhlwyf Llanddwywe ceir *Ffridd Maes Carneddi* yng Nghorsygedol, *Caer Carneddog* yn Llecheiddior Isa *a Buarth Carnedd Fawr* ym Maesgwm. Nid yn yr ucheldir yn unig y ceir yr enw carnedd. Mae enghreifftiau tebyg yn Ro-wen, Talwrn Fawr a Phentre Uchaf, Llanddwywe ar y glannau.

Cromlech

Enwau prin yw'r rhai sy'n cynnwys yr elfen cromlech yn Ardudwy fel yng Nghymru gyfan. Mae tyddyn o'r enw Cromlech yn Llanenddwyn, cae o'r enw *Cromlechydd* yn

Rhydyreirin, Llanfair; ac mae *Cae'r Gromlech* yn Nhŷ Mawr ac ym Mron y Foel Isa, Llanenddwyn. Cofnodir pedwar enw yn yr unfed ganrif ar bymtheg yn AMR, *Kromlech hwva ynglyn lledr*, Dolwyddelan yn 1545; *Y Kromlechai wrth y tedrawe eneparke bach*, Llanelli 1588; a *Y gromleth* 1551 hefyd *Cromleghe*, 1558, Llanfechell, Môn.

Hanes

Yn Llanenddwyn mae dwy fferm o'r enw *Bryn Heddwch, a Bryn Rhyfel* ac mae *Tyddyn Rhyddid* yn Llanfair. Gall yr olaf fod yn lygriad o'r enw personol Rhirid. Gwelir yn y Degwm ddau gae, sef *Hen Gastell Uchaf* a *Hen Gastell Isaf* yn Rhiw-goch, Trawsfynydd. Does dim cofnod archaeolegol ar gyfer y safle. Enwir *Hen Gastell* yn Nhrawsfynydd mewn dogfen yng nghasgliad Nannau yn 1420–21 pan wnaeth rhydd-ddeiliad drosglwyddo'r tir i un o fwrdeiswyr Harlech. Yn y Degwm, ceir tri chae yn Nhrawsfynydd o'r enw *Castell Hen* sydd ymhell oddi wrth ei gilydd, a phedwar cae sydd yn gyfagos ac yn dwyn yr enw *Castell Coch* ym mhlwyf Llanenddwyn. Er nad oes cofnodion archaeolegol ar eu cyfer, mae'n bosib iawn fod yno anheddau hynafol iawn a bod iddynt amddiffynfa. Gan eu bod mor lluosog, nid ydynt wedi denu sylw a does dim adnoddau i'w harchwilio. Mae cae o'r enw *Coed Castell Coch* yng Nghefndeuddwr a *Bryn Castell* yn Gelli Goch, Trawsfynydd ond does dim cofnodion archaeolegol iddynt hwythau chwaith, heblaw am y term annelwig, *Enclosure*. Serch hyn, mae llawer o lwybrau hynafol pwysig yn croesi'r ardal ac yno byddent yn cynhyrchu haearn mewn cyfnodau cynnar. Hawdd credu bod amryw o anheddau cynnar yma a'r rheini wedi eu hamddiffyn yn erbyn gelynion neu hyd yn oed i ddangos statws a sylwedd y trigolion a oedd yn byw ynddynt. Ond mae caeau Blaen y Castell a *Cae'r Castell* ym Mrynclynog, Prysor, Trawsfynydd yn sicr yn deillio o'u lleoliad yng nghysgod Castell Prysor.

Mae'n amlwg oddi wrth y cofnod archaeolegol nad cestyll mawr oedd yma, heblaw am Gastell Prysor, ac mai anheddau bychain a hynafol gyda rhagfuriau oedd y mwyafrif ohonynt. Yn ôl GPC, defnyddid y gair *castellum* am dref neu bentref wedi ei amddiffyn. Mae Colin Gresham yn *History of Merioneth*, cyfrol 1, tt. 187–206, yn nodi enghreifftiau nodweddiadol o anheddau wedi eu hamgáu, yn cynnwys Moel y Glo, Llanfihangel-y-traethau, Coety Mawr, Llandecwyn, Cefn y Filltir (Muriau Gwyddelod), Llandanwg a Tyddyn Du, Llanfair. Nid damwain yw bod y rhain bron i gyd yn enwau ar ffermydd hynafol yn Ardudwy neu ar eu tir.

Mae miloedd o enwau yng Nghymru sy'n cofnodi hanesyn, traddodiad neu chwedl. Ysywaeth, does dim lle yma i'w cynnwys ond gall pawb chwilio am enwau fel hyn yn eu milltir sgwâr a chael pleser wrth eu holrhain.

Llestr

Cysylltir yr enw llestr â chladdfa mewn cromlech neu gylch cerrig. Yn ôl cofnodion niferus AMR, ceir *Bwlch y Llestri* a *Ffridd Bwlch y Llestri*, Llanycil, *Craig y Llestri* a hefyd *Llestrey Kongloge*, Llandecwyn (1592), sef enw hen gomin a ddenodd sylw'r Goron gan fod unigolyn wedi ceisio amgáu darn ohono. Yn Llangynog, Sir Drefaldwyn ceir *Gwaun y Llestri* (1795). Cofnodwyd *Gyven y Llestry* yn Ysbyty Ifan yn 1559 a *Pant Llestry* yn Llaneilian, hefyd yn Sir Ddinbych. Yr olaf yw *Nant y Llestri* ym Mrychciniog, a'r holl enwau'n awgrymu safleoedd yn yr uwchdir. Gellir cysylltu nifer fawr ag olion archaeolegol.

Yn Ardudwy cafwyd tystiolaeth lafar amhrisiadwy gan Ieuan Jones, Dyffryn Ardudwy wrth drafod tir y mynydd uwchben Llandecwyn. Gwyddai am bob twll a chornel. Holais am unrhyw hanesyn a oedd yn perthyn i Fryn Cader Faner (SH6482335321), heneb go arbennig, cylch cerrig a chladdfa yn dyddio o'r Oes Efydd, ychydig lathenni o lwybr Oes Efydd Uwch Artro. Nid oedd yn gyfarwydd â'r enw o gwbl er syndod mawr i mi. Pan ddangosais lun iddo, meddai, '*O, Bryn Llestri Cynfal ydi hwnna. Dyna fyddwn ni'n ei alw yn yr ardal yma.*' Chlywais i ddim tystiolaeth gan neb arall yn yr ardal ac mae'n rhyfeddol bod enw mor bwysig ar fin diflannu a'i fod, drwy hap a damwain, yn cael ei gofnodi a'i warchod.

114. Llun o Gwyn Thomas ym Mryn Llestri Cynfal (Bryn Cader Faner). © RhP

115. Bryn Llestri Cynfal ar y grib o'r de. © RhP

Ar fryncyn ym mhlwyf Trawsfynydd, yn agos iawn at yr A470, i'r gorllewin, mae clwstwr o dri chae bychan o'r enw *Bryn Llestr*. Rhyngddynt a bryn bach arall yn nes i'r ffordd fawr, mae pedwar cae o'r enw *Bryn Eden Owen* ac yma rhed afon Eden dan Bont y Grible. Gerllaw, mae fferm Orsedd Las. Awgryma'r enwau hyn safle go hynafol ac arbennig. Ffurfiwyd y caeau, a welir ar fap y Degwm, lawer yn ddiweddarach na'r tir hynafol, ond mae'r ddau enw wedi eu cadw ar y caeau bychain hyn.

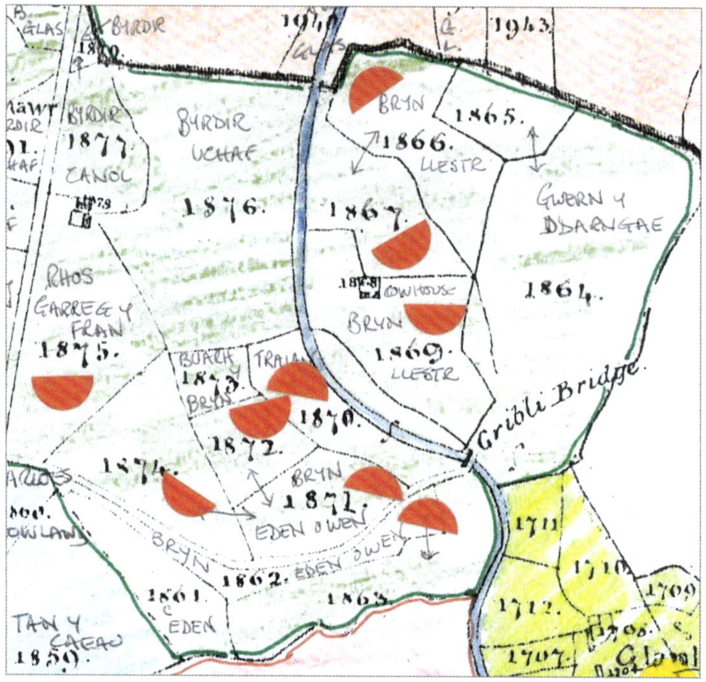

116. Darn o fap Degwm Trawsfynydd sy'n dangos lleoliad caeau Bryn Eden Owen a Bryn Llestr. © RhP

DOD I ADNABOD CYFNOD YR ENWAU

Daw'n amlwg wrth ddysgu am enwau a'u harwyddocâd lleol fod rhai enwau'n perthyn i gyfnodau penodol ac yn adlewyrchu cyfnod hanesyddol neu economaidd yn hanes y fro. O dipyn i beth daw rhywun i adnabod enw a'i gyfnod. Gwelwyd fod yr enw *Acre* yn nodweddiadol ar diroedd y Saeson ym mwrdeistrefi Edward I ar hyd gogledd Cymru. Awgrymu tir rhydd y mae'r enwau *erw, maes a talar* a dynodi ffin o bwys y mae'r enw *cefnfaes*.

Mae cysylltiadau hanesyddol ychwanegol i rai enwau am iddynt fod yn gysylltiedig ag unigolion adnabyddus, rywbryd yn ystod eu hanes. Ceir enghreifftiau ym mhob ardal yng Nghymru. Mae enw'r fferm Maesygarnedd ynghlwm â hanes arbennig un o enwogion Ardudwy, sef y Cadfridog John Jones, y Breninladdwr. Yn yr un modd, mae enw Ellis Wynne ynghlwm wrth y Lasynys, Huw Llwyd a Morgan Llwyd â Chynfal a hefyd Edmwnd Prys â Thyddyn Du, Maentwrog. Rhaid cofio bod yr enwau'n hŷn na'r hanesion. Cofnoda'r enw Plas Captain gartref Capten John Morgan, y milwr brenhinol, un a fforffedodd ei ystad i'r Wladwriaeth. I bob pwrpas, disodlwyd yr enw hynafol Gelli Iorwerth yn 1653 pan chwalwyd a gwerthwyd yr ystad, er bod Edward Lhwyd yn cyfeirio ati yn 1701. Yn fwy diweddar ac yn yr un modd, cysylltwn yr enw Hedd Wyn â'r Ysgwrn, y fferm wrth ymyl Plas Captain.

Mae adnabod cyfnod a natur enw yn allweddol ac o gymorth mawr i wybod lle i ddechrau a pha ffynonellau ysgrifenedig i'w chwilota. Wedi cael gafael ar hanes enw mewn un cyfnod, gellir symud yn ôl drwy'r canrifoedd gan olrhain yr enw drwy fapiau a dogfennau ystad neu lys.

Pan welwn nifer o enwau ochr yn ochr ar fap, datgelir rhai o ddirgelion y llecyn, fel y gwelwyd yn achos Gyffylliog ar dudalen 97 a map Degwm Penarth ar dudalen 35. Gwelir arwyddocâd yr enwau mewn perthynas â'i gilydd ac wrth blicio'n ôl haenau amser cawn syniad sut yr edrychai'r dirwedd amaethyddol ganrifoedd yn ôl. Gellir canfod lleoliadau melinau ac odynau, tiroedd cymunedau bychain a theuluoedd hynafol, enwau hen drefgorddau a gweld pryd yr amgaewyd y tir. Yr un mor hanfodol yw cerdded y caeau gan sylwi ar nodweddion y tir ac ystyried yr enw.

Cofnodwyd casgliad cynhwysfawr o enwau lleoedd gan yr Athro Melville Richards yn y chwedegau, cyn i dechnoleg hwyluso'r llafur. Dyma gymwynas enfawr i'r genedl. Mi drosglwyddwyd y data i gronfa ddigidol ym Mhrifysgol Bangor dan ofal yr Athro Hywel Wyn Owen. Cyfeiriwyd at y gwaith hwn eisoes ac mae'r gronfa yn un amhrisiadwy heddiw. Casglodd Terry James a chyfeillion enwau Sir Gaerfyrddin ac mae'r casgliad hwn wedi ei gyflwyno gan Heather James i Gymdeithas Enwau Lleoedd Cymru, i'w arddangos ar eu gwefan ac i'w ddatblygu'n lleol. Yn yr un modd, trosglwyddwyd ymchwil y diweddar Ken Lloyd Gruffydd ar enwau Sir y Fflint i'r Gymdeithas. Mae'r dadansoddiad o ddata fel hyn yn brin iawn. Un o amcanion y llyfr hwn yw dangos mor werthfawr yw data enwau i'n galluogi ni i ddatgelu hanes y dirwedd. Gobeithio y bydd yr enghreifftiau uchod o'r dull newydd hwn o fapio enwau yng Nghymru yn ysgogi pobl i fynd ati i ddadansoddi'r data a gasglwyd. O'i ddefnyddio, gellir darganfod hanes mewn enwau yn y cymdogaethau. Gall osod seiliau cadarn i unrhyw drafodaeth ar enwau ffermydd a chaeau.

Dangoswyd ei bod yn bosib trosglwyddo'r patrwm hwn o weithio i gylchoedd eraill, mewn dwy gyfres deledu yn 2014 a 2015, sef *Caeau Cymru*. Dadansoddwyd enwau 12 fferm i ddatgloi hanes y tir, megis yn Ardudwy. Felly, gellir awgrymu bod y fethodoleg yn effeithiol ar draws Cymru.

SUT I GASGLU A CHOFNODI ENWAU FFERMYDD A CHAEAU

Pwy allai ddychmygu bod enwau caeau mor ddiddorol? Yn achlysurol, daw i'm dwylo restr o enwau caeau gan un sydd wedi eu sgrifennu'n daclus a gofalus. Mae fy nghalon yn suddo. Sut mae diolch am lafur cariad sydd bron yn ddiwerth, heb ymddangos yn anniolchgar? Heb gyfeirnod grid neu fap i ddangos lleoliad enwau, does fawr o ddefnydd y gallwn ei wneud ohonynt. Rhaid felly wrth ffordd syml o gofnodi enwau, un sy'n effeithiol a hawdd mynd ati. Mae cronfa ddata a map digidol cysylltiol yn gweithio i'r dim.

Eisoes, dechreuodd aelodau CELIC ar y gwaith o gasglu a chofnodi mân enwau ar y map digidol, gwybodaeth sydd ar yr un pryd yn creu cronfa genedlaethol. Bydd hon yn eiddo i bawb ac yn hygyrch ar y we. Bydd o gymorth i warchod enwau ac yn adnodd i'r Arolwg Ordnans ac eraill. Ysywaeth, nid oes deddf i warchod enwau.

Cofnododd Ifor Williams enwau pyllau pysgota ar afonydd Teifi, gyda chymorth Caradog Jones, cyn-feili. Lluniwyd map arbennig gan Idris a Beryl Mathias gydag enwau o bob math ar hyd darn sylweddol o afon Teifi. Cafwyd hawlfraint ar y map gan y gymdeithas, y Llyfrgell Genedlaethol a Chyngor Ceredigion, diolch i waith amhrisiadwy yr Athro David Thorne. Cofnodwyd enwau pyllau afon Lledr gan Pierino Algieri ac Euwyn Williams, Pencafnau Dolwyddelan a darn uchaf afon Conwy gan y diweddar Gruff Ellis, Pentrefoelas. Cofnodwyd enwau pyllau afonydd Saint a Rhythallt, rhwng Llyn Padarn a Chaernarfon, gan Ifor Williams, Dafydd Whiteside Thomas a Tony Lovell. Maent hefyd wedi cofnodi enwau a ddefnyddir gan bysgotwyr y Fenai.

Cafwyd enwau llethrau'r Moelwyn a Chwmorthin gan Steffan ab Owain a hen ffriddoedd a ffermydd Cwm Croesor gan Edgar a Gwenda Parry Williams. Casglwyd enwau nodweddion chwareli Blaenau Ffestiniog a phyllau afon Dwyryd gan Geraint Vaughan Jones. Cofnodwyd enwau creigiau a phyllau yn aber afon Hafren gan Dylan Jones gyda chymorth Martin Morgan a'i gyfeillion, sy'n dal i bysgota yn y ffordd draddodiadol gyda'r rhwydi *lave* tair congl. Mae'n rhaid dychwelyd y pysgod i arbed y stoc.

117. Martin Morgan yn cofnodi enwau mannau pysgota yn afon Hafren gyda Dylan Jones ac Ifor Williams. © RhP

Mae aelodau Cymdeithas Bysgota Dyffryn Ogwen wedi casglu enwau pyllau a nodweddion ar hyd yr afon ac wedi eu lleoli ar y map digidol mewn gweithdy llwyddiannus a ddenodd dros 70 o ymwelwyr ym Methesda. Cofnodwyd enwau Cwm Idwal a'r Carneddau gan Guto Roberts a'r Prifardd Ieuan Wyn. Cawsom fap o eiddo Dr Dafydd Roberts ac ynddo enwau ponciau Chwarel y Penrhyn, llawer ohonynt bellach wedi diflannu a bu sgyrsiau hynod ddifyr drwy'r dydd. Ni fyddai'r fath lwyddiant yn bosibl heb gymorth lleol i hybu'r digwyddiad a chroesawu'r gymdogaeth. Mawr yw'r diolch hefyd am waith casglu a chofnodi clodwiw felly i John Llywelyn Williams, Gwynfor Ellis, Cynrig Hughes, y Prifardd Ieuan Wyn a chyfeillion y papur bro, *Llais Ogwan*. Gyda chefnogaeth wych y cyfryngau, rhoddwyd hysbysrwydd i'r digwyddiad hwn.

Trosglwyddwyd dros fil o'r enwau a gasglwyd yn yr ardal i fap digidol CELlC gan Irene Williams, gwaith manwl a llafurus. Yn dilyn ymhen y flwyddyn, yn Chwefror 2020, bu ail gynhadledd i gloriannu'r gwaith ac i ddiolch i'r casglwyr, gyda'r Athro Hywel Wyn Owen yn cadeirio, Ifor Williams yn gofalu am arddangos y mapiau a Dilwyn Llwyd a Manon Williams staff Neuadd Ogwen yn gofalu am y gwaith technegol a'r wledd. Darlledwyd y cyflwyniadau difyr ar raglen nos Sul wych Dei Tomos a gellir eu clywed ar wefan y gymdeithas. Y cyfranwyr oedd Thelma Morris am *Gae Deintir Bach* fferm Pandy, Tre-garth; Gwynfor Ellis am *Gae'r Ffens Lechi*, fferm Glan y Môr Isaf, Aber Ogwen; Cynrig Hughes am *Gae Masant Llwyd*, Pentir; Ieuan Wyn am *Waun Fflogun*, fferm Gwern Gof Isaf, Nant y Benglog; ac yn olaf, John Llywelyn Williams am *Gae Gwilym Ddu*, Ty'n Hendre, Aber Ogwen. Mae'r enwau a'r hanesion amdanynt rŵan ar gof a chadw a gellir eu trysori a'u mwynhau yn lleol ac yn genedlaethol. Dyma enghraifft o ymdrech gymunedol ragorol sydd yn gosod y safon ar gyfer gwaith o'r fath.

Yng Ngwlad Llŷn, cynhaliwyd gweithdy undydd ym Mhlas Glyn y Weddw, Llanbedrog yn ystod Mis Bach 2016 er mwyn rhoi cyfle i unigolion a thrigolion y fro ddod ynghyd i gofnodi enwau ar fap digidol CELIC a Chyfoeth Naturiol Cymru. Dilynwyd hyn ym mis Medi gyda gweithdy tebyg yn Aberdaron a hefyd mewn gweithdy prysur yn Amgueddfa

118. Llun o weithdy yn Aberdaron. © RhP

119. Dadlau iach a hel atgofion am enwau ponciau Chwarel Dinorwig yn Amgueddfa Lechi Cymru, Llanberis. © RhP

Forwrol Llŷn yn Nefyn. Cafwyd pentwr o ddeunyddiau a mapiau ym Môn yn ystod yr Eisteddfod Genedlaethol yno yn 2017 a gosodwyd pob enw ar y map.

Profiad newydd oedd bod yn Eisteddfod Caerdydd yn 2018 ac annisgwyl braidd oedd prysurdeb anghyffredin y stondin. Diolch i nifer o aelodau lleol ac arweiniad Siân Gruffudd, cafwyd stondin fywiog a ddenodd lu o aelodau newydd. Llwyddodd Angharad Fychan ac eraill i ddygymod â'r nifer fawr o holiadau yn dilyn yr eisteddfod a phenderfynwyd llogi stondin yn Eisteddfod Llanrwst.

Mantais fawr yw cydweithio gyda chymuned leol neu gymdeithas a daeth cyfle i gydweithio gyda Gareth Roberts, Menter Fachwen a Cadi Iolen yn Amgueddfa Lechi Cymru yn Llanberis ddechrau 2019. Gwahoddwyd teuluoedd a oedd â chysylltiadau â Chwarel Dinorwig i weithdy i gofnodi enwau ponciau a nodweddion eraill. Daeth 90 i'r gweithdy cyntaf, bron hanner canrif ar ôl i'r chwarel gau. Gwelsom fwrlwm bro a chawsom lu o atgofion i'w cofnodi. Mae'n amlwg fod y min a hogwyd ar ddiwylliant yn ardaloedd y chwareli wedi ymestyn yn ddi-dor tan heddiw. Daeth nifer o wahoddiadau pellach, a buom yn Aber-soch, Abergwyngregyn, Porth Swtan, Môn, Ynys Enlli ac yn Nhrefdraeth, Sir Benfro.

Mae'n hollol ryfeddol sut mae mân enwau hynafol yn dal ar gof gwlad. Mae'n drysorfa wych a'r her yw eu cofnodi, a hynny ar frys. Rydym yn hynod o ddiolchgar am y gefnogaeth wych i'n hymdrechion ac am barodrwydd pobl leol i ddal ati wrth y gwaith.

Nid aelodau CELlC yn unig sydd yn casglu a chofnodi enwau wrth reswm. Mae un enghraifft odidog o gasglu enwau ffermydd a chaeau mewn cymdogaeth, ymdrech a arweiniodd at gyhoeddi llyfr swmpus *Blaenau Tywi – Enwau yn y Tirwedd*. Gwnaed y gwaith ymchwil a chyhoeddwyd y llyfr gan wirfoddolwyr grŵp hanes Blaenau Tywi dan arweiniad Handel Jones, Sarah Fox a Dafydd Tomos yn ystod 2012–13. Canolbwyntiwyd ar ddau blwyf, sef Llanfair-ar-y-bryn a Chil-y-cwm yn Sir Gaerfyrddin. Yr hyn sy'n amlwg wrth ddarllen y gyfrol ddifyr hon yw'r pleser a'r diddordeb a ddaeth i ran grŵp o bobl wrth ymchwilio, trafod a rhannu eu canfyddiadau. Bu'n gyfraniad gwych at godi ymwybyddiaeth o'r enwau, yn arbennig i'r newydd-ddyfodiaid, ac yn destun balchder i'r ardalwyr hynny â'u gwreiddiau'n ddwfn yn y fro. Hefyd, casglwyd enwau yn Llandyrnog a'r cylch gan grŵp o haneswyr lleol, dan arweiniad doeth Nora a Menna. Dyma weithgaredd cymunedol gwerthfawr ac, ar yr un pryd, cofnodwyd eu data o'r Degwm, map ystad ac atgofion lleol ar CD. Cyhoeddwyd rhestr o enwau murddunnod ym mhlwyf Trawsfynydd gan Ferched y Wawr. Hefyd, cyhoeddodd MYW lyfr yn genedlaethol o'r enw *Caeau a Mwy: Casgliad Merched y Wawr*.

Cyfeiriwyd droeon at gronfa enwau caeau sylweddol iawn ar safle gwe cyn-brosiect Cynefin, https://lleoedd.llyfrgell.cymru a gellir gweld delweddau o Restri Pennu'r Degwm a'r mapiau Degwm yno. Mae hwn yn adnodd gwych ond dylid cywiro'r enwau a drawsgrifiwyd a hefyd lenwi ambell fwlch yn y mapiau. Defnyddiol iawn yw cael gosod haenen o fap y Degwm dros haenen o fap Arolwg Ordnans hanesyddol. Ond, mae bylchau sylweddol lle na chofnodwyd enwau caeau yn y Degwm yn 1840, megis ym mhlwyf Aberdaron a'r rhan helaethaf o Ynys Môn ac mae brys i gasglu'r rhain ar lafar ac mewn delwedd cyn iddynt fynd yn angof.

Bu nifer o bobl yn tynnu lluniau o adfeilion ac yn rhoi enw iddynt. Colli tyddyn, colli enw. Mae enghreifftiau ar dudalen 147.

120. *Cell Fechan, Llanaber. Llun: Hugh G Roberts 2007*

121. *Talrhos, plwyf Llandecwyn. Llun: Arwyn Roberts*

122. *Bryn Melyn, Coety Mawr, Llandecwyn. © RhP 2007*

123. *Pant Corlan yr Ŵyn, plwyf Llanaber yn 1997. Llun: Elfed Lewis, Tal-y-bont, Ardudwy*

124. *Cefn Gwyn, Ysbyty Ifan yn 2015. Llun: Helga Martin*

Yn ychwanegol at yr enwau sydd ar gof gwlad, mae nifer fawr iawn o ffynonellau eraill ar gael. Cyfeiriwyd at rai eisoes ac mae rhestr gyflawn yng nghefn y gyfrol hon ynghyd ag ambell enghraifft i ddangos eu gwerth.

Ar lefel bersonol gellir casglu holl enwau ein milltir sgwâr, dyweder, a'u gosod mewn cronfa enwau ar gyfrifiadur. Yna, gellir astudio'r enwau a thrwy hyn ddod i adnabod y cyffredin er mwyn gweld yr anghyffredin. Gellir dadansoddi'r dystiolaeth yn wyddonol. Daw hynafiaeth â chyd-destun hanesyddol yr enw i'r amlwg, a gellir olrhain o ddyddiad cynharaf gofnod yr enw hyd at y Degwm a gweld sut mae'r enw wedi newid a phryd yn fras y bu unrhyw newid.

Lle mae cychwyn?

Dechrau gyda'r Degwm

Gan fod enwau caeau heddiw mewn cyflwr bregus, llawer wedi mynd yn angof, rhai caeau wedi eu colli a thai wedi eu codi ar gaeau eraill, mae'n rhaid mynd at gofnodion dros gan mlynedd a hanner yn ôl i gael sylfaen gadarn i'n casgliad. I'r rhan fwyaf ohonom, mae'r rhestri enwau sydd yn Negwm 1840 yn ddigonol i'n pwrpas. Dyma sylfaen dda i gasglu a chofnodi ac i ddechrau creu cronfa enwau. Ceir copïau hwylus o fapiau a Rhestri Pennu'r Degwm lleol yn yr archifdai sirol ac mae casgliad Cymru gyfan bellach ar wefan y Llyfrgell Genedlaethol. Gellir trosglwyddo enwau ffermydd a chaeau'n milltir sgwâr i'r gronfa, gan gofio defnyddio'r cofnodion gwreiddiol, nid y trawsgrifiadau. Mae'n hynod o bwysig nodi enw'r plwyf fel yr oedd yn 1840.

Ymlaen at ystadau

Yr ail gam, neu'r cyntaf os nad oes enwau wedi eu cofnodi yn y Degwm, yw mynd yn ôl hanner canrif ynghynt gan edrych drwy ddogfennau yng nghasgliad yr ystadau lleol.

Fel rheol ceir nifer sylweddol o ffermydd unigol yn rhan o'r ystadau hyn a hynny dros gyfnod o ddwy ganrif a mwy. Mae'r casgliadau hyn yn feysydd cyfoethog iawn i'w lloffa ac i'w cael fel arfer yn yr archifau lleol neu Lyfrgell Genedlaethol Cymru. Mae canfod enw'r ystad yn eithaf hawdd ac, yn aml, mae enw perchennog yr ystad leol ar gyfer enw'r fferm yn y Degwm, hyd yn oed os nad yw enwau'r caeau wedi eu nodi. Os ydynt wedi eu lleoli mewn casgliad arall, ceir arweiniad parod gan y staff.

Ceir rhai casgliadau hefyd mewn archifau prifysgolion, megis Prifysgol Bangor yn y gogledd a hefyd gan deuluoedd, ond mae'r mwyafrif yn y Llyfrgell Genedlaethol. Mae catalog o gasgliadau ystadau, gan gynnwys mapiau ar hafan gwefan y Llyfrgell Genedlaethol. Ysywaeth, rhaid mewnbynnu yn Saesneg yn y catalog gan nodi er enghraifft:

estate maps manuscript Llangristiolus, gan ychwanegu: *yn y llyfrgell* yn yr ail flwch. Mae dewis ar ochr dde'r dudalen, dewiswch – *Trefnu yn ôl teitl neu ddyddiad yn ôl y galw.*

Ar hyn o bryd, nid yw'r mapiau eu hunain i'w cael ar-lein. Byddai hynny'n adnodd gwych! Ond, mae'r catalog yn nodi pan fo enwau caeau wedi eu nodi ar y mapiau.

Mae Llyfrgell Genedlaethol yr Alban hefyd wedi digido'u casgliad o fapiau Cymru. Arolwg Ordnans 25 modfedd o'r copïau sydd ganddynt. Gwych pe bai ein Llyfrgell Genedlaethol ni'n llenwi'r bylchau ond mae angen clustnodi arian gan y llywodraeth ar gyfer hyn. Ewch at: https://maps.nls.uk/estates. Mae Cymru ar ei hôl hi.

Arolygon o dir yr ystad, a gomisiynwyd gan eu perchnogion tua 1790, yw casgliadau Cymru yn bennaf ac maent yn cynnwys mapiau cywrain ac yn rhestru enwau'r caeau gan amlaf. Gwelir map *Gafael Crwm* yng nghasgliad Maesyneuadd ar dudalen 44. Dyma fan da i gychwyn ar y daith yn ôl drwy'r blynyddoedd ac i lenwi darn cyntaf y bwlch rhwng 1790, mapiau ystadau ac 1840, y Degwm. Yng nghasgliadau'r ystadau ceir hefyd weithredoedd priodas a rhestri o'r rhent sy'n enwi tiroedd hynafol. Mae hon yn drysorfa go iawn.

Wrth ychwanegu'r enwau hyn, ynghyd â ffynhonnell a dyddiad eu cofnodi, at enwau'r Degwm yn ein cronfa, amlygir cychwyn llinell amser a hanes y tir. Gwelir hefyd pan fo enw'n amrywio, a phryd yn fras y digwydd unrhyw newid. Dyma enghraifft o gronfa enwau Ardudwy gyda'r cofnodion wedi eu

Enw 1840	Plwyf	1300	1500	1600	1700	2019
Cefn y Filltir	Llandanwg	1390/1 Brogyntyn ETL/1/3 LlGC. (Gwerfyl verch Ieuan ap David, bwrdeiswraig, i Vivian Colier, bwrdeisiwr) Kefyn yfilldyr	1574/5 Brogyntyn ETD2/2/10 LlGC. têr Ririd Owen vocat Keven y filltir	1621 Crafnant Gerddi Bluog 5 LlGC. (Enwau tiroedd sy'n enwau caeau Cefn y filltir yn y Degwm.)	1781 Poole 3781 TT&H LlGC. Kefnyfilldir	Cefn y Filltir Yr enw'n parhau

trefnu fesul canrif hyd at heddiw. Mae fferm heddiw o'r enw Cefn y Filltir (SH587307) ar lethr uwchben tref Harlech a'r enw'n dal, yn wyrthiol, ers bron i saith can mlynedd. Cyfeiriwyd ati droeon uchod.

Darn o gronfa enwau Ardudwy

Daw'n amlwg hyd yn oed o'r darn byr hwn, fod rhai enwau ffermydd yn hynafol iawn a gellir profi hynny. Ceir manylion ychwanegol hefyd. Er enghraifft, cofnodwyd yn nogfen Brogyntyn yn 1390/1, yn y tabl, drosglwyddo *2 acres of arable land in a place called Kefyn yfilldy*r, rhwng dau o fwrdeiswyr cynnar Harlech ym Meirionnydd, un yn ferch ac yn Gymraes. Cyfeirir at un o'r enw Vivian Colier, sef disgynnydd i John le Colier a fu yn Harlech ers adeg codi'r castell ac a gofnodwyd yn y Dreth Leyg yn 1292–3. Gwelwn fod tir âr gwerthfawr yma, tir a fyddai'n denu sylw'r bwrdeiswyr awchus.

Yn ogystal â chofnodi'r enw, mae'r geiriad hefyd yn dangos mai enw ar ardal oedd Cefn y Filltir. Roedd hyn yn nodwedd gyffredinol yng Nghymru, yn enwedig trosglwyddo enw amlwd, sef pentref bach, neu drefgordd i'w phrif hendref. Gwelir Egryn (SH595203) ger Abermaw, Trewern (SJ135263) a Henfache (SJ124270), Llanrhaeadr-ym-Mochnant, Garth (SN647553), Llanddewi Brefi a Choedan, Llanfechell, Ynys Môn. Canfyddwn hefyd o'r cofnodion fod tri theulu dylanwadol yn lleol â chysylltiadau â'r tir. Dyma ffynhonnell werthfawr i chwilotwyr hanes teulu.

Drwy gofnodi ffynonellau'r enwau, gellir dychwelyd atynt am fwy o wybodaeth yn y dyfodol. Disgrifir rhai o'r ffynonellau hyn isod a thrwy ychwanegu enwau ffermydd cyfagos o'r Degwm, caiff hanes ardal ei amlygu. A dyna gychwyn cronfa hawdd ei chreu ar *spreadsheet xls*. Yna, y cyfan sydd i'w wneud wedyn yw ychwanegu pob enghraifft o'r enw, fesul canrif fel y dônt i'r golwg mewn dogfen, llawysgrif, rhentol y Goron, treth leyg, stent neu ar fapiau, gan nodi'r ffynhonnell, wrth gwrs. Syml! Y cwbl sydd ei angen yw dyfalbarhad ac amynedd. Gall pawb wneud hyn yn eu milltir sgwâr.

Er bod cynnwys casgliad o enwau pob ardal yn wahanol, mae rhai enwau ac elfennau creiddiol yn gyffredin. Mae'r dull gwyddonol hwn o gofnodi mân enwau a'u hastudio yng nghyd-destun y dirwedd yn newydd yng Nghymru ac yn gosod seiliau cadarn i unrhyw drafodaeth ar enwau caeau. Mae hefyd yn ein galluogi i olrhain a darganfod lleoliadau ein cymunedau amaethyddol hynafol. Dangoswyd fod hyn yn bosib yn nwy gyfres deledu *Caeau Cymru* yn 2013 a 2014. Mae hefyd yn dangos gwerth y grefft hon o drin enwau hynafol i archaeolegwyr a mudiadau cadwriaethol.

Drwy'r llyfr hwn, pwyswyd ar gronfa o dros 1,000 o enwau ffermydd a thros 14,000 o enwau caeau yng nghwmwd hynafol Ardudwy, sef deg o'r 14 plwyf gan fod enwau caeau'r plwyfi hynny wedi cael eu cofnodi yn y Degwm. Ni chofnodwyd enwau plwyfi Ffestiniog, Maentwrog, Llanelltud na Llanfrothen. Mae'n gasgliad digon sylweddol i roi canfyddiadau cadarn ac mae ymchwil pellach wedi dangos

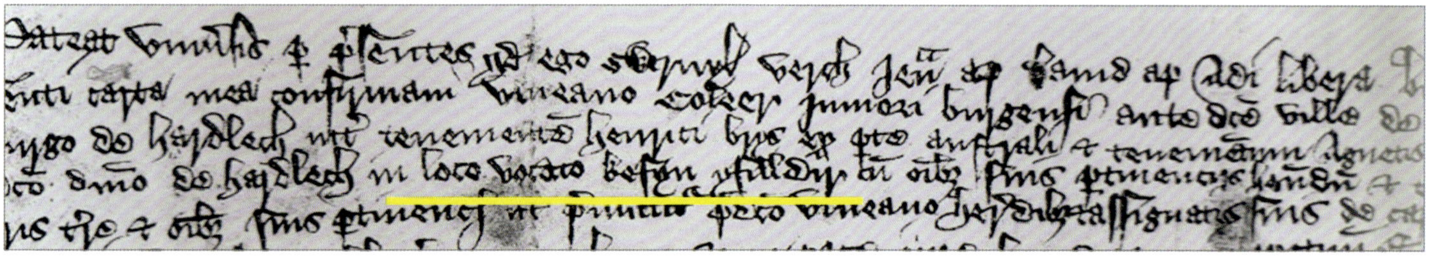

125. Yr enw Kefyn yfilldyr wedi ei gofnodi yn Brogyntyn ETL 1.1.3 yn 1390/1. Gyda chaniatâd LlGC. Hefyd yr enw heddiw a'r olygfa i lawr am Cae Pen y Bryn, Cae Canol a Cae Crach.

126. Llun wedi ei dynnu o'r castell yn edrych tuag at Gefn y Filltir a chaeau hwylus y dref. Aeth y tiroedd hyn dros amser i ddwylo'r bwrdeiswyr. © RhP

bod y fethodoleg yn gweithio gydag enwau tiroedd ar draws Cymru. Hyd y gwn i, dyma'r unig gronfa enwau ffermydd a chaeau cwmwd yng Nghymru sydd yn dangos dyddiadau cofnodi enwau tiroedd o 1286 hyd heddiw.

Dyna ni wedi llunio cronfa enwau cwmwd, plwyf neu filltir sgwâr. Ond, fel enau, mae cronfeydd fel hyn yn fregus ac yn gyfyngedig eu cylchrediad. Drwy eu cyflwyno, yn enwau unigol neu fel rhan o gasgliad, i gasgliad digidol Cymdeithas Enwau Lleoedd Cymru, medrwn greu adnodd cenedlaethol amhrisiadwy. Anogaf bawb i gyfrannu.

DEFNYDDIO TYSTIOLAETH ENWAU

Mae casglu a chofnodi mân enwau yn bleserus a difyr ond mae weithiau yn cymryd blynyddoedd! Hawdd iawn yw cyfyngu ein hymdrechion i hyn heb fynd ati i ddefnyddio'r dystiolaeth i ddarganfod mwy am ein milltir sgwâr neu am ardal sy'n ymddangos yn ddiddorol. Gall fod yn brofiad creadigol a gwyddonol yn yr un gwynt a gall cronfa ddata a gwybodaeth arwain at astudiaeth fanwl a thalu ar ei ganfed am yr ymdrech i gasglu enwau. Yn y gorffennol, bu tueddiad i ddiystyru hanes lleol fel astudiaeth o safon. Ond mae edrych ar sawl maes fel archaeoleg, hanes, iaith a thraddodiad llafar mewn ardal fechan mewn dull academaidd yn dwyn ffrwyth. Gallwn edrych ar y bylchau sydd rhwng y meysydd hyn a gweld cysylltiadau. Dyma'r hyn a wnes i yn Ardudwy a heb greadigrwydd ac ymddiriedaeth goruchwyliwr fel yr Athro Gwyn Thomas ni fyddai'r astudiaeth hon wedi cychwyn. Daeth y ffordd hon o ymchwilio yn fwy cyffredin heddiw mewn ymchwil academaidd a diau y caiff hanes lleol fwy o barch. Dyma ychydig o enghreifftiau o'r hyn sydd i'w ganfod wrth ddefnyddio tystiolaeth cronfa ddata fel y gwnaed yn Ardudwy.

Tiroedd Harlech (Tiroedd Coll Harlech)

Yn y ddeunawfed ganrif ac wedi hynny mae nifer o gyfeiriadau ysgrifenedig at Diroedd Harlech ac weithiau at Diroedd Coll Harlech. Mae sôn iddynt gael eu colli a'r dref ei hamddifadu o dir a budd y rhenti. Bu lleoliadau ac enwau'r tiroedd hyn yn ddirgelwch. Oes modd eu canfod?

Rhaid ystyried yr hyn a wyddom eisoes am diroedd a oedd yn gysylltiedig â bwrdeistref Harlech yn ei hanes cynnar. Cyfeirir atynt yn fynych drwy'r llyfr hwn gan eu bod yn ymwthio i hanes y cwmwd fel gwythiennau ar hyd y canrifoedd. Dyma lle mae cronfa ddata yn ddefnyddiol iawn. Gallwn olrhain yr hen diroedd yn hwylus drwy gofnodion amrywiol sydd wedi eu cadw yn y gronfa.

Tiroedd y tywysogion Cymreig yn Harlech a thu hwnt yn Ardudwy

Gwyddom am diroedd y llys ym Mhrysor (*yr havotreffrith*) ac Ystumgwern a bod *carucate* o dir âr yng nghyffiniau'r olaf wedi ei roi ar gyfer y taeogion a symudwyd yno o Harlech. Awgrymwyd eisoes fod y *carucate* hwn, tua 120 *acre,* wedi ei rannu'n bedair gafael gaeth, yr hyn a elwir yn *afaelion Dominicales* yn Stent 1420. Lleolwyd ambell un, fel *Gafael Gwyn y Moch* yn ardal Uwchlaw'r Coed.

Yr oedd yn ogystal diroedd yn perthyn i Lywelyn ap Gruffudd, gan gynnwys tir pori yn Nantcol a ffermiwyd gan Madog ap Robert, y Lasynys, ynghyd ag ychydig o diroedd âr ar wasgar yn Ardudwy. Cyfeirir yn Stent 1286 Meirionnydd at *3 Bovates* (bufedd, tua 30 *acre*) o dir sied yn Nhrawsfynydd a berthynai i Iorwerth Moyldonyok, a fu farw'n ddietifedd. Ym Mhrysor, yr oedd tir sied a berthynai gynt i Lywelyn ab Adda, un a ymladdodd yn erbyn brenin Lloegr. Ychwanegwyd at y tiroedd sied hyn gan y Goron rhwng 1316 ac 1536 yn dilyn effeithiau blynyddoedd o bla a gwrthryfel Glyndŵr. Gwelir, er enghraifft, yn Stent 1420, fod nifer o afaelion caeth yn wag. Roedd yn gyfle i'r rhai a oroesodd y cyfnod i ffoi am fan gwyn, fan draw.

Yr *Acre* Hen a'r *Acre* Newydd

Yn Harlech, yr oedd rhywfaint o diroedd y tywysogion lle y llafuriai'r taeogion arnynt, tua *carucate* o faint, a barnu oddi wrth faint y tir a gawsant yn Ystumgwern i'w digolledu. Rhoddwyd y tir hwn yn Harlech i'r bwrdeiswyr er mwyn cynnal y dref. Felly, rhaid chwilio am dir o faint 120 *acre* neu lai yng nghyffiniau'r dref a hwnnw'n gymysgedd o dir âr a thir pori. Yn 1310–11, dyfarnwyd 91 *acre* o dir âr i'r bwrdeiswyr at gynnal y dref ac ychwanegwyd 32 *acre* ychwanegol o dir pori yn 1312–13, sy'n gwneud cyfanswm o 123 *acre*, digon agos at *carucate*. Mesurwyd y tir hwn yn ôl yr *acre*, sef term dieithr iawn yn lleol. Yn 1312–13, ychwanegwyd 46 *acre* at y 32 *acre* i wneud 78 *acres* o weirgloddiau a thir pori. Dyna'r ffeithiau moel yng nghofnodion y Goron. Does dim awgrym o leoliad yr *acres* hyn.

Awgrymir fod y darn tir âr hwn yn cyfateb i'r caeau *acre* wrth droed y castell ac yn Glan y Môr lle roedd y tir yn uwch na'r morfa.

Mae cyfanswm mesur y caeau *acre* hyn yn dod i oddeutu 90 *acre,* sef bron yr un maint â'r 91 *acre* a ddyrannwyd dros bum can mlynedd cyn y Degwm. Cafwyd fod lleoliad y 78 *acre* o dir pori a gweirgloddiau yn yr un lle â lleoliad caeau rhwd y Degwm. Yn ôl y gronfa ddata, cyfeirid at ardal y caeau *acre* a'r caeau *rhwd* fel yr *Acre* Hen a'r darn cul rhyngddynt a Morfa Harlech fel yr *Acre* Newydd hyd at 1792 o leiaf. Gwelir eu lleoliad ar fap sy'n awgrymu ffiniau Libart Harlech ar dudalen 72.

Down i'r casgliad mai'r tiroedd hyn gyda'i gilydd oedd tiroedd caeth y tywysogion yn Harlech. Gallwn olrhain hanes y mwyafrif ohonynt drwy ddogfennau ystadau hyd at y Degwm. Erbyn 1840, mae dros eu hanner ynghlwm wrth ffermydd sydd yn eiddo i ystad y Glyn, gan gynnwys y rhai a ddaeth o ystadau Clenennau, Maesyneuadd a Chorsygedol.

O ganlyniad i wrthryfel Madog ap Llywelyn yn 1294, amddifadwyd y bwrdeiswyr o diroedd pori'r tywysogion yn y Lasynys a Nantcol, a'u cyfran o elw melinau'r cwmwd. Yn ôl petisiwn yn 1315, roedd y tiroedd hyn yn eu dwylo ac yn cynhyrchu digonedd o fenyn, caws a chig i ddiwallu anghenion y dref a'r castell. Y ddadl hon a arweiniodd at roi'n ôl iddynt yn 1316 gyfran o felinau'r cwmwd yn Ardudwy a thiroedd y tywysogion, sef eiddo'r Goron Seisnig bellach. Gwelir fod y dref wedi dal ei gafael arnynt am oddeutu dau gan mlynedd, yn ôl nifer fawr o brydlesi lleol.

127. Glan y Môr a phen gorllewinol Ynys Llanfihangel-y-traethau, Tywyn a Phenrhyn Ithel o gyfeiriad Harlech am y Traeth Bach.

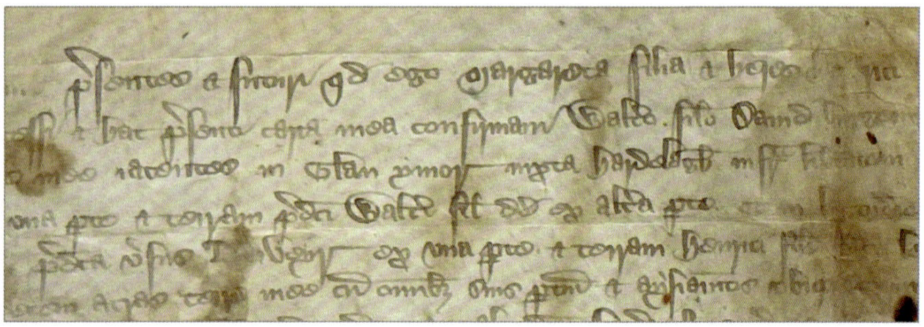

128. Yr enw Glan y Môr mewn dogfen Mostyn (Bangor) 3518 yn 1341, yn ardal Tywyn Hen, (Towyn yn y Degwm) pan gyfnewidiodd dau o fwrdeiswyr y dref 18 acre o dir yno. Gyda chaniatâd Archifau a Chasgliadau Arbennig, Prifysgol Bangor.

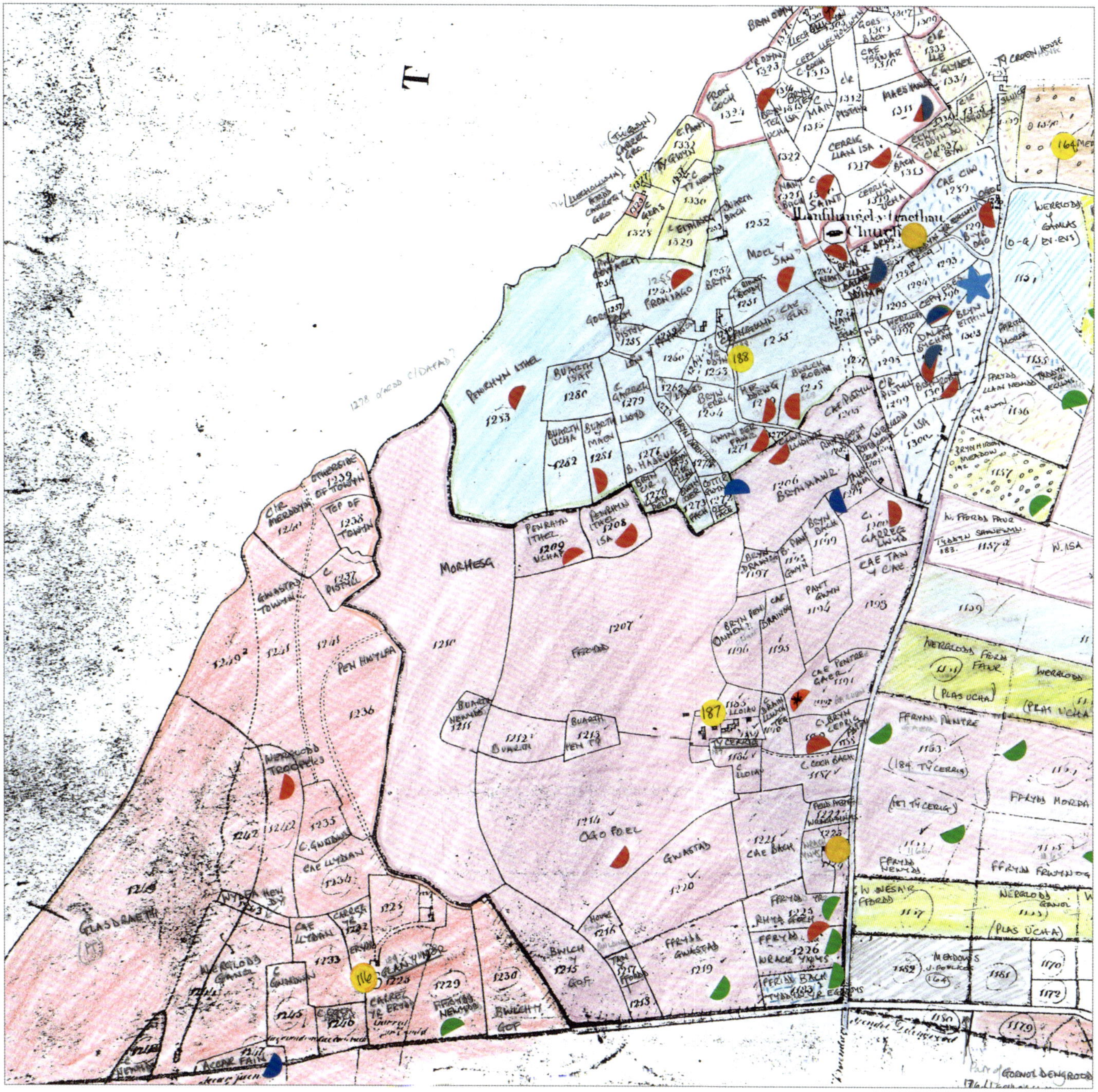

129. Map Degwm Glan y Môr yn dangos tri chae gyda'r elfen towyn [sic]. O bosibl, yma mae lleoliad Le Towyn Hen [sic] sydd yn ymddangos yn nogfennau cynnar Harlech. Yma ar y ffin â phlwyf Llandanwg mae'r caeau acre. © RhP

Yr oedd hefyd diroedd âr yn Nhrawsfynydd, Maentwrog, Llanenddwyn, Llanaber, Llanddwywe, Llandecwyn a Ffestiniog, sef tiroedd Llywelyn ap Gruffudd a aeth yn diroedd i'r Goron Seisnig. Ceir cyfrif amdanynt yn yr Archifau Cenedlaethol yn Lloegr (TNA) SC 6/1231/10. Fe roddwyd y rhain a'r tiroedd uchod ar rent o £19 18s 0½c gan y Goron yn 1315 at gynnal y fwrdeistref. Ac, yn 1316, fe droswyd y cwbl yn un rhent *fee farm* am swm blynyddol o £22, am byth. O ganlyniad, nid oedd angen manylu nac enwi tiroedd unigol o fewn y fferm i'r Goron wedi hynny. Celwyd eu henwau unigol a'u lleoliadau. Er bod hyn yn destun cynnen ac archwiliadau cyson am gyfnod o chwe blynedd, ni lwyddodd y Goron i amddifadu'r dref o'i thiroedd na'i breintiau.

Cawn wybod, felly, fod tiroedd y fwrdeistref yn 1316 yn cynnwys tiroedd y caeau *acre*, y caeau *rhwd*, tiroedd trigolion rhydd Tywyn Dryslech, tiroedd âr y tywysogion ar wasgar yn Ardudwy a'r tiroedd pori, sef yr *havotreffrith*. Gan na chafodd tiroedd eraill eu hychwanegu'n swyddogol at *fee farm* y fwrdeistref ar ôl y dyddiad hwn, dyma, mae'n rhaid, oedd tiroedd coll Harlech. Dros y canrifoedd cyntaf, fe'u gosodwyd ar brydlesi i gychwyn, o fewn cylch cyfyng y bwrdeiswyr. Dyma felly'r cam cyntaf o golli tiroedd Harlech. Mae tystiolaeth bod y dref hefyd wedi colli ei gafael ynddynt dros amser wrth iddynt roi prydlesi ar y clytiau bychain hyn a hwythau'n mynd i ddwylo ystadau ymhen amser.

Os nad yw hyn yn ddigon cymhleth, aeth nifer o fân diroedd ychwanegol yn ardal Harlech ac ar draws Ardudwy yn dir sied i'r Goron Seisnig. Cyfeirir at rai unigolion a gollodd dir yn dilyn rhyfeloedd yn erbyn y Goron Seisnig yn Stent 1420, er nad oes lleoliad i'w tiroedd. Ychwanegwyd y rhain at y potes.

Tiroedd y Goron

Rhwng 1530 ac 1590, gosodwyd tiroedd y Goron ar brydlesi i unigolion, gan gynnwys aelodau o deuluoedd mwyaf dylanwadol Ardudwy. Yr oedd rhai o'r bobl hyn yn fwrdeiswyr, neu'n dal swyddi'r Goron eu hunain erbyn hyn ac yn gallu manteisio ar hawliau bwrdeiswyr a swyddogion eraill y fwrdeistref i osod tir. Ymddiriedwyd yn y bwrdeiswyr i reoli'r prydlesi ond mae hanesion yn y llysoedd yn dangos nad oeddynt bob amser yn ddilychwin yn y ffordd y gweithredent.

Yn 1592 mae cofnod yn Llys y Syllty sy'n cyfeirio at achos y Goron yn erbyn nifer o benaethiaid ystadau lleol ynglŷn â thiroedd yn Harlech, melinau ac anheddau a aeth yn sied i'r Goron. Cofnodir fod y Goron wedi eu rhoi, drwy fraintlythyrau yn oes Edward I, am rent blynyddol o £22. Ceir gwybod, felly, mai'r rhain oedd y tiroedd a ychwanegwyd at yr *Acre* Hen, yr *Acre* Newydd, a'r corsydd yn *fee farm*. Cyhuddir yr unigolion a enwyd o gipio'r braintlythyrau a dogfennau'r dref a'i sêl, a chymryd y tiroedd iddynt eu hunain:

> *The said town is so impoverished in consequence, that it cannot pay the said rent* [i'r Goron].

Ymysg y rhai a gyhuddwyd roedd Edward Humphrey, Maesyneuadd, John Lewis ap Ievan ap David, Pengwern, John Evans, Tan-y-bwlch (Bwlch Coed Dyffryn yn 1541) a Morgan Vaughan, Gelli Iorwerth, Trawsfynydd. Cofnodir enwau rhai o'r tiroedd dan sylw yn Llys y Syllty, gan gynnwys tiroedd yn Llandecwyn, Ffestiniog, Maentwrog, Llanenddwyn a Llanddwywe. Dyma rai o'r tiroedd âr gwreiddiol, ar wasgar drwy Ardudwy, a roddwyd i'r bwrdeiswyr yn 1316 a gellir adnabod llawer ohonynt heddiw gan fod yr enwau wedi eu cofnodi mewn dogfennau amrywiol, ac mae rhai wedi goroesi. Tiroedd cynnar Harlech a enwyd yng nghofnodion Llys y Syllty yn 1592/93:

Plwyf	Enw'r tir yn 1592
Ffestiniog	Tal-y-pont Diffwys, De yr henlasse, Mays Athel y doll Y Ddol Haidd
Llandecwyn	Garth Byan
Llanddwywe	Mascum, Durlwyney Als. Maygaynne
Llanenddwyn	Tythin y Brenner, Havod Gai
Maentwrog	Cum Bowyn,Gurrage Dduinghivell

Mae dogfen SC6/1231/10 yn yr Archifau Cenedlaethol yn Kew yn rhestru'r tiroedd eraill oedd yn rhan o diroedd y tywysogion a aeth i ddwylo'r Goron Seisnig pan sefydlwyd y fwrdeistref.

Ar ddechrau'r ail ganrif ar bymtheg, codwyd amheuon ynglŷn â'r cytundebau rhwng y Goron a'u tenantiaid ond, erbyn hyn, roedd gafael yr ystadau ar y tiroedd yn rhy dynn i'w colli. Penodwyd Syr William Maurice, Clenennau yn un o feilïaid Harlech a maer y dref. Mae dogfennau'r teulu hwn yn dangos iddynt hwythau gymryd degau o fân diroedd ar brydlesi gan fwrdeistref Harlech yn gyson yn ystod yr unfed ganrif ar bymtheg. Dinistriwyd breinlen wreiddiol Harlech a dogfennau eraill mewn ymgais lwyddiannus i gelu tystiolaeth. Nid cyd-ddigwyddiad oedd y ffaith fod boneddigion Ardudwy ac Eifionydd yn ymgyfoethogi fel y dirywiai Harlech.

Gan nad yw cofnodion cynnar Harlech yn hygyrch i'w hastudio, rhaid dilyn eu trywydd yn ôl drwy ddogfennau mwy diweddar. Y ffynonellau gorau yw'r dogfennau yng nghasgliadau ystadau Corsygedol, y Glyn, Clenennau, Maesyneuadd ac eraill. Er enghraifft, gwelir yma gopi'r ystad o enwau'r tiroedd sy'n eiddo i fwrdeistref Harlech *c.*1600 ac ar brydles i ystad y Glyn. Heblaw am y tri cyntaf, clytiau bychain ydynt, gan gynnwys *Cae Bach*, *Cae Crach* a fferm Cae Adda Goch, Llandanwg a drafodwyd ar dudalennau 53-55.

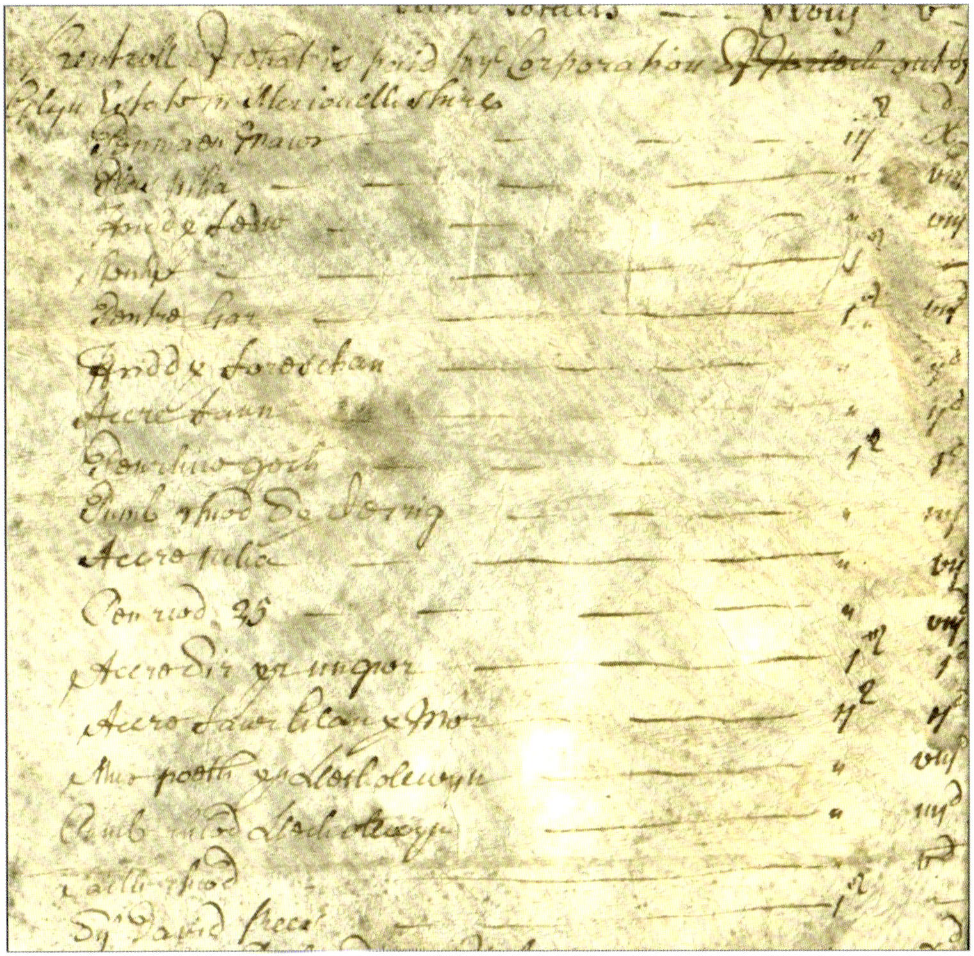

130. Darn uchaf o restr rhent tiroedd Harlech oedd yn cael eu dal gan ystad y Glyn yn yr 1600au cynnar. Ceir y darn gwaelod yn llun 46 ar dudalen 55 XM/483.
Gyda chaniatâd Gwasanaeth Archifau Gwynedd, Caernarfon.

Bychain yw'r rhenti hefyd ac mae'n amlwg oddi wrth ystod eu maint mai copi'r ystad o renti hynafol y Goron yw'r rhain. Gan nad ydynt wedi eu cynnwys yn Rhentol y Goron Ardudwy yn 1623, cesglir fod y taliadau hyn yn mynd yn syth i fwrdeistref Harlech at dalu rhent y *fee farm*. Yn wir, maent i gyd yn ymddangos yn Ardreth Gwŷr Harlech isod ac yn yr union drefn. Dyma drawsgrifiad o'r ddogfen gyfan gyda nodiadau a lleoliadau a enwir yn y Degwm neu mewn dogfennau gan ystad y Glyn.

Rentroll paid to ye Corporation of Harlech out of Glyn Estate in Merionethshire [*c.* 1600]
Penmaen Mawr – fferm Penmaen
Plas Ucha – yr hen enw arno oedd Tyddyn Maesyneuadd
Ffridd y Fedw – dwy fferm ger y Glyn ym mhlwyf Llanfihangel-y-traethau
Pentre – tyddyn yn Twtil, Harlech
Pentre Gar – *Pentre Gaer* – cae a ffridd ar fferm Tŷ Cerrig, Ynys Llanfihangel-y-traethau, 1840
Ffridd y Fucheschan – fferm Fuches Wen
Acre Fawr – cae yn fferm Glan y Môr
Penrhiwgoch – fferm uwchben Harlech
Pumb rhwd dy Cerrig – Tŷ Cerrig, Ynys Llanfihangel-y-traethau
'Accre ucha' – pedwar cae yn fferm Morfa, Llandanwg
Pen pumrhwd ar hugain – dau gae arall yn Morfa o'r enw Pumrhwd ar hugain
Acre dir yr ungwr – collwyd
Acre Fawr Glan y Môr – fferm Glan y Môr, Llandanwg
Mur poeth y Llechollwyn – fferm yn Ynys Llanfihangel-y-traethau
Pumb rhwd Llechollwyn – fferm Llechollwyn. Dim ond *Part of Gornol dengrood* sydd ar ôl erbyn 1840
Saith rhwd – cae yn Nhyn y Morfa, Llandanwg
Dy David Rees – collwyd
Dy Ellis Richard ar Hall – collwyd
Cae bach a 25 rhwd Ellis Richard. Cyfeiriwyd at hanes Cae Bach. Collwyd 25 rhwd Ellis Richard
Corsydd – amryw gaeau wrth droed y castell
Cae Crach – cae yn fferm Cae Ardd Goch, uwchben Harlech
Maesgwyn – o fewn tref Harlech
Y Felyn ar dy – melin Harlech a thŷ'r felin
Nant y tylkie – *Nant* bellach, ger gorsaf Harlech
Cae Adda Goch – fferm Cae Ardd Goch
Cae pen y bryn – tyddyn yn Harlech
Mur yr Stabl – collwyd
Gardd wrth y Plas – collwyd
Dy Robt John or Gorsydd – amryw gorsydd
Waun Fawr – tyddyn yn Harlech
Tir Robert Edward – collwyd
Pumb rhwd Acre Newydd, Graig Fforchog Ucha – Llanenddwyn, dros Fwlch Tyddiad!
Graig fforchog issa – llyncwyd gan Graig Ucha a Chraig Isa, erbyn 1840, Llanenddwyn
Gorllwyn bach – Llanaber
Daw'r cyfan i £2 5s 4c

Mae'r rhan fwyaf o'r tiroedd hyn ar gyrion tref Harlech a gellir eu lleoli'n weddol hawdd gan fod y mwyafrif ohonynt i'w cael yn enwau ar ffermydd a chaeau'r Degwm. Yn eu plith mae nifer o gaeau *acre*, caeau *rhwd* a chorsydd a'r cyfan, ac eithrio'r tair fferm olaf, oddi mewn i Libart Harlech.

Ymhlith casgliad papurau ystad Llanfair a Brynodol, mae amryw o ddarnau o rentolion sydd yn debyg iawn i rentolion y Goron o ran eu ffurf a'u rhenti bychain. Unwyd teuluoedd Brynodol a Thaltreuddyn yn 1748 a throsglwyddwyd tiroedd yn Harlech i'r teulu. Roeddent felly yn talu rhent y Goron i'r fwrdeistref a dyma'r rheswm pam bod ganddynt gopïau o'r rhentolion rhwng 1740 ac 1792. Y rhentol hynaf yw'r un yn 1740 o dan y pennawd *An Account of Ardreth Gwŷr Harlech*. Rhestrir cyfran o diroedd ar draws deg o blwyfi Ardudwy. Daw cyfanswm rhenti Harlech i £26 8s 7c.

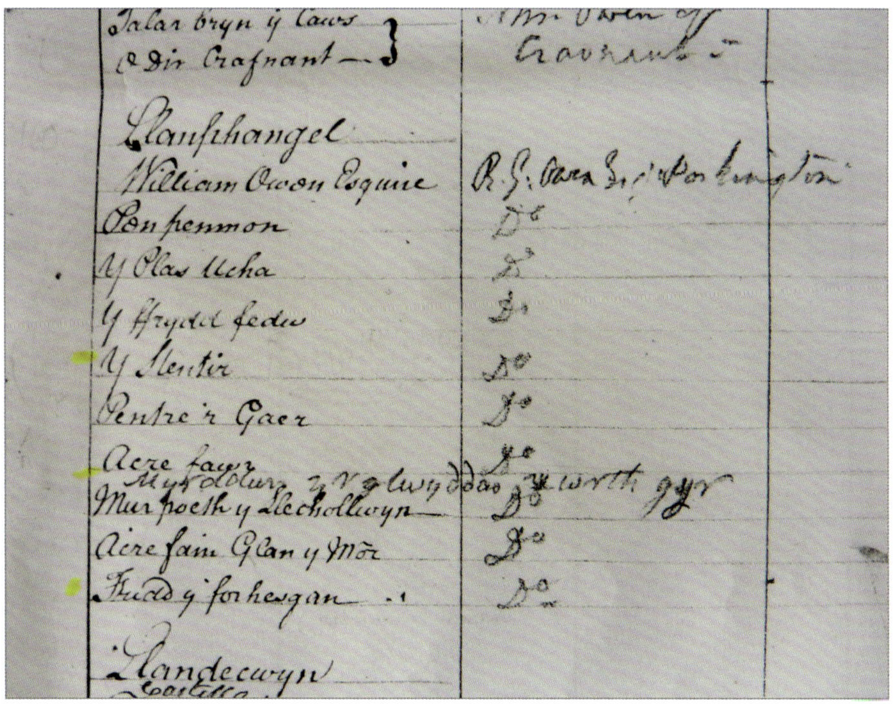
Talar bryn y Caws a Dir Crafnant — } | Mr Owen of Cravnant
Llanfihangel
William Owen Esquire | R. J. Owen Esq. Porkington
Penpennon | D°
Y Plas Ucha | D°
Y Ffrydd fedw | D°
Y Llentir | D°
Pentre'r Gaer | D°
Acre fawr | D°
Mur poeth y Llechollwyn | D°
Acre fain Glan y Môr | D°
Ffridd y forhesgan | D°
Llandecwyn

131. Darn o Ardreth Gwŷr Harlech 1740, yn rhestru rhai o diroedd y Glyn sydd hefyd yn ymddangos yn yr un drefn yn rhestr circa 1600. Llanfair a Brynodol M35. I'w weld yn LLGC. Gwnaed pob ymgais i ddarganfod deiliad hawlfraint y gwaith/perchennog y casgliadau, ac rwyf yn cymryd unrhyw gyfrifoldeb.

Mae pob un o'r tiroedd, y talai'r Glyn rent i Harlech amdanynt yn 1600, i'w cael yn Ardreth Gwŷr Harlech dan enw William Owen, y Glyn ac mae'r rhent unigol am y gwahanol diroedd yn union yr un fath.

Ym mhlwyf Llandanwg mae dros hanner tiroedd yr Ardreth a'r gweddill wedi eu gwasgaru ar draws deg o blwyfi Ardudwy. Mae'n rhaid bod rheswm da dros eu rhestru ar wahân i'r tiroedd rhydd sydd yn Rhentol y Goron 1623. Beth felly oedd Ardreth Gwŷr Harlech?

Dim ond 38, sef dim ond 5% o'r enwau sydd wedi parhau yr un fath â Rhentol 1623 Ardudwy. Felly, mae'n ymddangos bod dros 700 o glytiau o dir â chysylltiad â Harlech mor ddiweddar â 1792 a bod y dref yn dal i gasglu taliadau'r rhent y Goron arnynt.

Yng nghasgliad Llanfair Brynodol mae ychwaneg o rentolion blynyddol sy'n enwi'r un tiroedd a'r un rhenti a gofnodwyd uchod ac yn yr un drefn. Gwelir un yn 1759-79 sydd â'r pennawd, *Account of Harlech Chief rent commonly called Ardreth Gwyr Harlech*, ac un arall yn 1792 â'r pennawd *King's Rents due from the Ville of Harlech in the County of Merionydd in the Collection of the Bailifs*, y ddau bron yn gopïau o'r cyntaf. Daw cyfanswm y rhenti yn £20 2s 8c, sydd yn hynod o debyg i rent y *fee farm* yn 1316. Yn ogystal, dengys y cyfeiriadau at y beilïaid a Harlech mai hwy a gâi'r rhent yn hytrach na'i fod yn mynd yn uniongyrchol i'r Goron yn ôl yr arferiad. Rhenti'r Goron yw'r rhain, rhai a dalwyd yn syth i Harlech i'w cynnwys yn rhent y *fee farm*. Tiroedd Harlech oedd y rhain.

Mae rhai o'r enwau a welir yn y rhentolion hyn wedi hen ddiflannu, megis *Corsydd Tir yr Un Gŵr*, *Acre Tir yr Un Gŵr* a

Y Deng Rwd Tir yr un Gŵr, *Cae Acra Goch*, *Pum Rwd yr Eglwys*, *Murie Holland* a'r *Acre Gam*. Cofnodwyd yr enwau gan Gymro ac mae acen lafar Harlech yn drwm ynddynt.

Yn yr unfed ganrif ar bymtheg ac wedyn, daeth mwy o Gymry lleol yn fwrdeiswyr Harlech a chymhlethwyd y darlun gryn dipyn. Gosodwyd tiroedd sied diweddar y Goron ar brydlesi byrion, ac yna eu cyfnewid ymysg ei gilydd. Gwerthwyd rhai tiroedd i'r ystadau lleol. Wrth ddilyn trywydd Tiroedd Coll Harlech mae'n hawdd baglu dros rai o'r tiroedd sied hyn.

Tiroedd personol y bwrdeiswyr

Yr unig enghraifft o dir yn cael ei greu o'r wast yw'r un mewn cofnod yn 1327 ymysg casgliad Brogyntyn pan mae Robert de Oxon. (Rhydychen) yn trosglwyddo tir i fwrdeisiwr arall, Vivian Colier (Capelano), sef *acre* o dir newydd ei ennill, *yn Le Pre/i/sterers*. Mae'r enw'n annelwig yma a gall gyfeirio at dir offeiriad (*presteres*), prydles (*prestaria*), pobyddion (*pistores*) neu at dresmasiad (*purpestre*). Diolch i Dr Susan Davies a Hilary Peters am eu cymorth efo'r dehongliad dyrys hwn.

Er hir chwilio, ni chafwyd sicrwydd o ystyr yr enw, nac union leoliad y tir hwn yn Harlech.

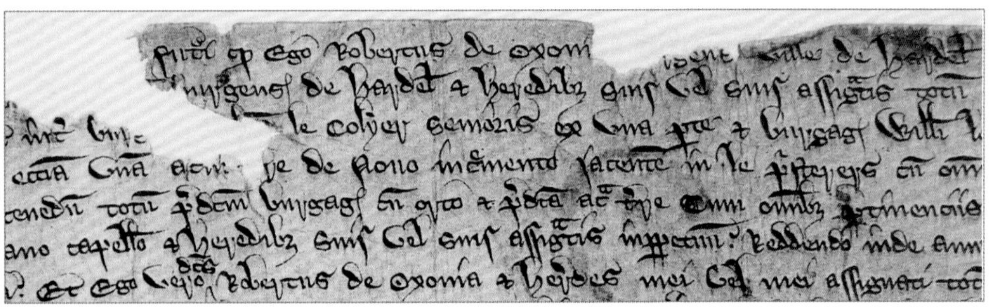

132. Darn o ddogfen Brogyntyn ETL1/1/1 yn 1328 yn nodi'r tir newydd ei ennill. Gyda chaniatâd LlGC.

Yn ystod y bymthegfed ganrif, dechreuodd y bwrdeiswyr awchu am berchnogi tiroedd cyfagos a chafwyd rhai drwy dir prid. Gwelir enwau nifer o diroedd a bwrdeiswyr mewn dogfennau yn trosglwyddo tir. Yn 1420, gwelir John Salghall, Harlech, yn cymryd *Hen Gastell*, Trawsfynydd, sef yr enw ar ddau o gaeau fferm Rhiw-goch, ar dir prid gan Goronwy ap Llywelyn ab Adda. Yn 1424 mae John Salghall, hefyd, yn cymryd *Tythyn David Bagh ap David ap Grono* yn Llanaber, ac yn 1457 mae dogfen yng nghasgliad Peniarth yn cysylltu Vivian Palgus, un o deuluoedd y fwrdeistref, â Hafod y Fudda, Trawsfynydd ac yn 1529 gwelir Owen ap William ap Hugh, bwrdeisiwr arall, yn cymryd *Cay Alis* a *Cay Mergh Ierwerth* yn Llanbedr. Yn y man, prynwyd nifer o'r rhain ganddynt wrth iddynt grynhoi sylfeini eu gwaddol.

Mae hanes yr ymrafael am dir yr un mor drawiadol yn achos ardaloedd gwledig Ardudwy ag yw yn achos Harlech. Ar ôl 1536 gwerthwyd gafaelion caeth Ardudwy i wŷr busnes a boneddigion pwerus fel John Lloyd a Thomas Myddelton, fel yn achos *Gafael Gwyn y Moch*. Prynwyd gafaelion caeth eraill gan ystadau Corsygedol a'r Glyn a buont yn eu meddiant hyd at 1840 o leiaf.

Y Goron a lwyddodd i gadw'r taliad o wrogaeth a âi i ddwylo'r tywysogion Cymreig. Cymry a chanddynt ystadau oedd y rhai a lwyddodd i berchnogi'r tiroedd a gollodd Harlech a'r Goron Seisnig. Pitw iawn oedd unrhyw fanteision i'r werin bobl. Mae'r darlun cliriaf i'w gael yn y Degwm. Yn 1840 roedd dros 65% o diroedd Uwch Artro yn nwylo llai na dwsin o dirfeddianwyr a'r rhan fwyaf o diroedd hen Libart Harlech yn nwylo'r tair ystad leol.

A thiroedd coll Harlech? Aethon nhw ddim ymhell. Gwyddai'r bwrdeiswyr yn iawn amdanynt a chasglwyd rhent y Goron arnynt am ganrifoedd cyn llithro'n raddol i berchnogaeth yr ystadau lleol. Y tiroedd hyn oedd, yn bennaf, y rhai a gynhwysid yn y pecyn y cyfeirid ato fel *fee farm* ar rent crwn o £22 y flwyddyn.

CODI YMWYBYDDIAETH Y CYHOEDD

Prosiect Adnabod Ardudwy

133. Delwedd a ddefnyddiwyd ar gyfer y prosiect. © RhP, Elgan Griffiths

Prosiect yn perthyn i Gymdeithas Hanes a Chofnodion Sir Feirionnydd oedd hwn, un a oedd yn seiliedig ar fy ymchwil yn Ardudwy. Gweler y map ar dudalen 20 sydd yn dangos ei ffiniau yn yr hen Sir Feirionnydd. Ar ddiwedd yr ymchwil, awgrymodd yr arholwr allanol, yr Athro Gruffydd Aled Williams, y byddai'n bechod rhoi'r mapiau a'r deunyddiau a gynhyrchwyd yn yr ymchwil ar silff mewn llyfrgell i hel llwch! Ar ddiwedd cyfnod o flynyddoedd o astudio, cerdded y caeau a hel gwybodaeth leol, doedd ailddechrau ar waith ymarferol ddim yn rhy apelgar! Ond, wedi meddwl, roedd yr Athro yn llygaid ei le ac mae rhywfaint o gyfrifoldeb gan ymchwilydd i rannu gwybodaeth a chodi ymwybyddiaeth am bwysigrwydd enwau ffermydd a chaeau mewn cymdogaeth. Yn sicr, roedd digon o hanes ynddynt i greu cynllun cymunedol. Yn y man, dyma ofyn i bwyllgor y gymdeithas hanes am eu barn, cymdeithas â'i golygon ar waith academaidd.

Ymatebodd y cadeirydd, Gerallt Hughes, a'r ymddiriedolwyr yn frwdfrydig gan ddod yn bwyllgor llywio ffyddlon ac effeithiol. Cymerwyd y baich gweinyddol gan Barry Gregson-Allcott a golygwyd dau gylchlythyr lliwgar a difyr gan Rheinallt Llwyd yn 2008 a 2009. Fe'u gwelir ar y wefan sydd bellach wedi ei harchifo gan UKWA a LlGC ond gallwch gael blas arni drwy'r ddolen sydd yng nghefn y llyfr ar dudalen 195. Os na fedrwch ddefnyddio'r we, cysylltwch â fi am gopïau papur o'r cylchlythyrau.

Cewch glywed am chwilota am hanes llong hwyliau'r *Blodwen*, wedi dod o hyd i'w llun wedi ei grafu ar wal hen dŷ Caerwych. Roedd yn arferiad i iwmyn Llandecwyn brynu cyfran o long hwylio ym Mhorthmadog. Cofiaf i J F Owen, Caer adrodd ei hanes yn hwylio ar y *Blodwen* i Labrador pan oedd yn llanc, a minnau'n rhyfeddu.

134. Ffermdy hynafol Caerwych, Llandecwyn

135. Llun o'r Blodwen, sgwner a adeiladwyd ym Mhorthmadog yn 1891 gan David Jones, wedi ei ysgythru ar wal hen dŷ Caerwych

Gyda chymorth arian Cronfa Dreftadaeth y Loteri, llwyddodd pwyllgor llywio'r gymdeithas i greu cynllun bywiog a difyr gan gysylltu â'r gymuned yn Ardudwy. Bu swyddogion y loteri yng Nghaerdydd yn gyson gefnogol gan weithredu'n gyfan gwbl yn Gymraeg.

Nid wyf yn meddwl ei bod yn ormodiaith dweud bod yr enw Ardudwy wedi dod yn gyfarwydd ar ôl canrifoedd o esgeulustod. Roedd hen gwmwd wedi crebachu i filltir sgwâr uwchdir plwyf Llanfair yng nghof y genedl. Nid felly mwyach.

Cyfres deledu *Caeau Cymru*

136. Criw hapus o wirfoddolwyr Adnabod Ardudwy ar lwybr Oes Efydd Uwch Artro uwchben Moel y Glo. © RhP

Gweledigaeth Gwenda Griffith, perchennog Cwmni Fflic, oedd y gyfres, *Caeau Cymru*. Datblygodd ei syniad drwy gynnal sgwrs a chael trafodaeth greadigol o'r cychwyn, heb y llyffethair arferol o fframwaith rhaglen barod. Sylweddolai fod enwau'n llawn hanes a bod digon o ddeunydd i'w drafod yn yr enwau mewn un fferm ar y tro. Galluogodd hyn i ni fynd dan groen y testun. Dilynwyd hyn gan ddeufis o ymchwilio ar gyfer y gyfres gyntaf, dod o hyd i ffermydd addas, gwŷr neu wragedd difyr eu sgwrs ac wrth gwrs, enwau caeau ac iddynt hanesion diddorol. Er bod y deunydd a'r trywydd yn newydd i aelodau'r tîm cynhyrchu, buan iawn y deallwyd yr anghenion a thynnwyd hwy i mewn i gydfwynhau gwneud ymchwil academaidd. Yn dilyn yr ymchwil roedd ymweliad â'r ffermydd a chawsom groeso arbennig iawn a phob cymorth.

Enwau'r caeau a roddai arweiniad i themâu'r rhaglenni unigol, pob un ac iddynt flas gwahanol.

137. Ffilmio Caeau Cymru *– pleser pur. Llun: Lois Dafydd*

Wedi i ni ymweld â'r ffermydd i baratoi a threfnu, roedd pawb yn adnabod ei gilydd ac awyrgylch gartrefol wedi ei chreu. Gwnaeth y tîm cynhyrchu gynnal hyn wrth gysylltu'n gyson gyda'r teuluoedd. Fe'm trawyd mor broffesiynol a chwrtais oedd y tîm ifanc hwn, yn ymateb i bob math o amgylchiadau, yn delio efo cyfranwyr, ymchwiliwr a chyflwynwyr. Yn ogystal â hyn, roeddynt yn deall eu gwaith i'r dim. Cyfarwyddwyd a chynhyrchwyd gan Rhodri Davies, Lona Llewelyn Davies, Catrin Honeybill a Lois Dafydd. Y gŵr camera oedd Steve Kingston a'r gŵr sain oedd Steve Jones. Dysgais lawer ganddynt. Brychan Llŷr oedd yn cyflwyno ac yn cyfweld.

Cawsom groeso ardderchog yn y Llyfrgell Genedlaethol a diolch i'r staff am eu hynawsedd a'u hamynedd wrth i ni ffilmio mapiau gwreiddiol y Degwm ac ambell fap ystad. Bu staff amrywiol amgueddfeydd ac archifau sirol a Phrifysgol Bangor hefyd yn barod eu cymorth.

Roedd yn bwysig dethol ffermydd ar draws Cymru er mwyn deall yr hyn oedd yn gyffredin a'r hyn oedd yn wahanol mewn enwau caeau. Cawsom groeso heb ei ail ym mhob man, amser i sgwrsio'n braf ac i roi stamp bersonol y cyfranwyr ar y rhaglenni. Daeth dau beth yn amlwg, sef bod y teuluoedd yn ystyried eu swyddogaeth fel ymgeleddwyr eu tiroedd yn

138. O'r chwith i'r dde, Steve (sain), Catrin (Cynhyrchydd), Steve (camera), Lona (cyfarwyddwr), Dafydd yr Hafod a Brychan yn ystod rhaglen Carnguwch. © RhP

hytrach na pherchnogion yn unig a bod cyfrifoldeb arnynt i drosglwyddo'r tir i'w hetifeddion mewn cyflwr da. Yn ail, roedd ganddynt gariad at eu tir a diddordeb yn enwau eu caeau.

Er gwaethaf pob trefn, ni ellid dewis tywydd. Buom yn ffilmio mewn rhew ac eira yn Plas Captain, Cwm Prysor, efo Geraint a Nest; mewn dilyw gyda Tegwyn ym Mallwyd, yn Llanllwni a Llanuwchllyn, ac mewn niwl yng Ngwlad Llŷn. Cawsom haul braf yn Llanfechell, Llanrhaeadr-ym-Mochnant ac yn Ynys Deullyn, Tremarchog, yng nghwmni braf Dafydd. Braf oedd hi hefyd gyda Rolant yn Dolcletwr, gyda Ken a Lisa yn Llanfihangel-y-Pennant (Dysynni), yn Llandysul ac Ysbyty Ifan. Daw clytwaith o atgofion o'r ddwy gyfres: eistedd gydag Arwyn a'r tîm ar lethr heulog *Cae Bola Haul* yn Pen-lan, Llandysul; clywsom hanesion am fleiddiaid gan Cledwyn Fychan; hanes ysbryd a chladdfa Oes Efydd yn *Cae Lili* gan David Thorne; dotio at y coed criafol yn llawn aeron cochion a chlywed hanes y Doctor Coch gan Nia Powell ger wal derfyn ei ystad a thir Gwern Hywel Uchaf; hanes un o hynafiaid Abraham Lincoln ym Mryn Gwyn, gan Eirian Roberts. Cawsom hanes

139. Fforddd hynafol yn ardal Ysbyty Ifan. © RhP

Llanllwni

Cafwyd hanesion amrywiol iawn, weithiau o fewn un rhaglen. Yn Llanllwni, adroddodd David Thorne hanes John Christmas y masiwn gonest, saer maen yn y ddeunawfed ganrif, un a fu'n byw mewn tŷ ger *Cae Nesaf Tŷ Christmas* yn ôl y Degwm. Llosgwyd ei dŷ i'r llawr a does dim olion ohono heddiw. Mae ei stori yn drist ac er iddo farw heb garreg ar ei fedd, mae enw'r cae yn sicrhau bod y cof amdano'n dal yn fyw.

Hanes meddyg gan Janet Howells a geir yn *Cae Clun Meddyg*, yn fferm Gelli. Mae *clun* yn dynodi gwaun neu brysglwyn a'r defnydd wedi ei gofnodi yn Sir Gaerfyrddin er y nawfed ganrif. Mae David Thorne wedi ymchwilio i'r elfen *meddyg* mewn enwau lleoedd yn Nyffryn Teifi, gair sydd wedi ei fenthyca o'r Lladin *medicus* ac wedi ei ddefnyddio yn y Gymraeg er y drydedd ganrif ar ddeg. Erbyn hyn mae wedi cyhoeddi'r hanes hwn yn llawn. Yn yr un rhaglen adroddodd chwedl am ddau gawr, hanes a gofnodwyd yn enw dau gae yn fferm Noethlwyn Pur (yn 1785 ac 1841), ond Llwyn Pur bellach. Yno gwelwyd *Banc Llundain Gawr* (1785) a hefyd *Cae Llundain Gawr*.

cau'r tir comin ar fynydd Carnguwch, Gwlad Llŷn gan Sianelen Pleming, hanes y diweddar John Preis y trempyn lleol gan Paul Worsley yn fferm Carnguwch Fawr, manylion adfail Llech Engan gan John Dilwyn a hanesion trist *y tlodion yn y Barics* gan Dafydd yr Hafod. Clywsom am hanes y forwyn fach a lofruddiwyd gan Wylliaid Cochion Mawddwy yn *Cae Ann* gan Huw Jones; gweld mapiau llaw amhrisiadwy Tom Jones, Llwyn Gwilym, yng ngofal Tegwyn Jones; clywsom Dafydd Wyn, Blaen Plwyf yn adrodd hanes yr ysgubor ddegwm leol a gwelsom yr hen ywen a'r eirlysiau yn Cae'r Fynwent, Tŷ Mawr, Blaen y Cwm, Mallwyd. Does dim lle yma i wneud cyfiawnder â phob rhaglen. Dyma flas.

140. David Thorne a Brychan yn trafod yr enw ar Fanc Llundain Gawr. © RhP

141. Pwll Llundain Gawr ar afon Teifi. © RhP

Yn ogystal, mae pwll a physgodfa ar afon Teifi islaw o'r enw Pwll Llundain Gawr. Byddai afon Teifi yn ffurfio ffin wleidyddol bwysig yn y cyfnod cynnar, ffin rhwng Ystrad Tywi a Cheredigion.

Yn ôl cofnod Siôn Dafydd Rhys (1534–1620) roedd Eurbryd (neu Oerbryd) yn trigo yng Nghastell Pŷr (bryngaer sylweddol o gyfnod yr Oes Haearn) ond roedd Cymryd yn trigo yn y mwnt ger yr eglwys. Mae'r mwnt yn gwarchod rhyd bwysig dros afon Teifi ar y llecyn hwn. Hawdd iawn oedd i ni gredu'r hanes wrth sefyll ar Fanc Llundain Gawr islaw Castell Pŷr. Ond, diflannodd y chwedl swynol hon pan ddywedodd David Thorne nad oedd cawr o'r enw Llundain ac mae'n gofyn, 'Ai Llyn+dau+cawr a geir yma?' A dyna hanes sy'n nodweddiadol o rai enwau, yr awydd cynhenid i frodio chwedl i'w hegluro.

Ynys Deullyn, Tremarchog

Ar adegau, roedd ymdeimlad o gyffwrdd â hanes a *hen bethau anghofiedig teulu dyn*. Buom yn ffilmio yn Ynys Deullyn, Tremarchog, Penfro gyda Dafydd Williams, lle mae enwau hynafol i'r perci (caeau). Gwelwyd yno *Parc Carreg Carian* lle mae henebion a ddehonglwyd i ni gan Ed Davies; *Parc y Dindir* lle disgrifiodd Dyfed Elis-Gruffydd sut y defnyddid deintur ar brennau i sychu a thynhau brethyn cyn mynd ag ef i'r pandy;

142. Dafydd wrth y ffynnon. Llun: Kay Williams

a *Cnwc Llygod Bach*, sy'n cynnwys elfen wedi ei benthyca o'r Wyddeleg yn y canrifoedd cynnar. Yno hefyd roedd *Waun Cobler*, enw fydd yn aros yn y cof i ni fel tîm.

Cyffyrddwyd â ni i gyd wrth i Dafydd adrodd hanes hapus ei blentyndod yn eistedd wrth ymyl y man lle mae'r nant yn tarddu o'r ffynnon.

Llifai'r dŵr yn gyson araf o'r ddaear a thorrai swigod bychain ar wyneb y dŵr, arwydd sicr o ffynnon. Wrth i Dafydd ddisgrifio'r teimlad o lonyddwch a heddwch a gâi yno, cawsom ninnau hefyd ymdeimlo â naws ysbrydol braf y lle, yn sŵn y nant a dail y coed.

Llwyn Gwern, Llanuwchllyn

Yn Llanuwchllyn, ar fferm hynafol a sylweddol Llwyn Gwern, cawsom brofiad tebyg ar y llwybr sy'n arwain at afon Dyfrdwy ifanc iawn a ffridd o'r enw *Bryn Eurych*. Ystyr eurych yw un yn gweithio metelau drudfawr megis aur neu arian. Gof ydyw neu un sy'n addurno'r aur a'i harddu. Fe'i ceid yn y drydedd ganrif ar ddeg. Gall hefyd olygu ysbaddwr ond mae tystiolaeth bod gwaith aur yma yn y 19 ganrif ac mae'n debyg ei fod yn bodoli yno hefyd mewn oes gynhanesyddol. Mae i'r llecyn yma hefyd hynodrwydd tirweddol a hanesyddol. Yn Ffridd Bryn Eurych mae tri lle ag iddynt arwyddocâd defodol, crefyddol a chysylltiad â marwolaeth yng nghyfnod yr Oes Efydd. Yno mae tair carnedd, un y tu mewn i gylch o gerrig. Dewisid y mannau hyn yn ofalus, fel arfer wrth ymyl cefnffordd y masnachwyr, wedi ei amgylchu â bryniau yn gylch o'i gwmpas ac o fewn cyrraedd i gyflenwad o ddŵr. Yma, nant yw afon Dyfrdwy a'i tharddiad ar y Dduallt, lle mae'n byrlymu o grombil y ddaear.

Yn nes at y fferm, ar yr un llwybr, mae ffynnon sy'n llithro i'r wyneb o dan y creigiau, sef Ffynnon Madyn. Yma hefyd roedd teimlad bod i'r dŵr arwyddocâd ysbrydol, arbennig fel yr ymwthiai allan o'r ddaear. Yn wir roedd cred deuluol bod gan y dŵr hwn rinweddau arbennig iawn i gleifion.

Mae Hywel Wigley a'i deulu wedi gwarchod enwau eu caeau a gallai adrodd enwau'r 65 o gaeau wrth i ni deithio ar hyd a lled y fferm. Bu un teulu yn denantiaid yma i ystad Plas Gwyn, Pentraeth ers 1551 pan adawodd yr aeres gyntaf i briodi. Roedd parhad y teulu hwn i ffermio'r tir yn esbonio sut y trosglwyddwyd yr enwau o genhedlaeth i genhedlaeth.

143. Map o ystad Plas Gwyn a Llwyn Gwern yn 1773. Maps MS Vol 94. Gyda chaniatâd LlGC.

Mae'r teulu presennol yr un mor warchodol o'r enwau ar y tir a ychwanegwyd at y fferm ac a brynwyd ganddynt.

144. Rhai o gaeau hyfryd Trewern Ganol. © RhP

Trewern Ganol, Llanrhaeadr-ym-Mochnant

Cafwyd ail gyfres a dilynwyd yr un patrwm ond gan ychwanegu enghreifftiau gwahanol o enwau. Yn Nhrewern Ganol, Llanrhaeadr-ym-Mochnant cawsom leoliad hen felin a ffos y felin, neu'r *argen* yn ôl Tom Morris.

Daethom o hyd i ddogfen 342 yng nghasgliad Castell y Waun yn 1600 gyda disgrifiad perffaith o leoliad y felin a map Thomas Boydel.

> *water woakemill & fulling mill in Trewerne which were the mill of Robert ap John – in Trewern, lying between the highway which leadeth from the fords there called Rhyd y Porthmyn* [Pont Trewern bellach] *on the river of Yough* [Iwrch] *towards the parish church of Llanrhaeadr in Mochnant on the south side and the highway leading from the said river at a place called Pont Llyvorion* [Pont Cefn Hir bellach] *towards the said church of Llanrhaeadr in Mochnant on the north side and in length toward the said River of Yowch at the east and the west unto another highway which leadeth toward Mays Mochnant in the west end.*

Yn y darn yma fe welir fod enw ar y rhyd a'r bont sydd yn croesi'r ddwy briffordd ac sy'n creu ffin i ddarn o dir Trewern Ganol wrth ymyl y ffermdy.

Gwelir mai un o ffyrdd y porthmyn rhwng Llanrhaeadr-ym-Mochnant a Lloegr oedd un ohonynt. Eglura hyn arwyddocâd enwau caeau cyfagos, *Wern Fach (Gwern y Swllt* yn 1581) a *Cae Maes y Sarn.* Cawsom ddarlun byw iawn o fywyd y porthmon gan Iorwerth Davies ac eglurhad cyfoethog o offer melin gan Alwyn Hughes.

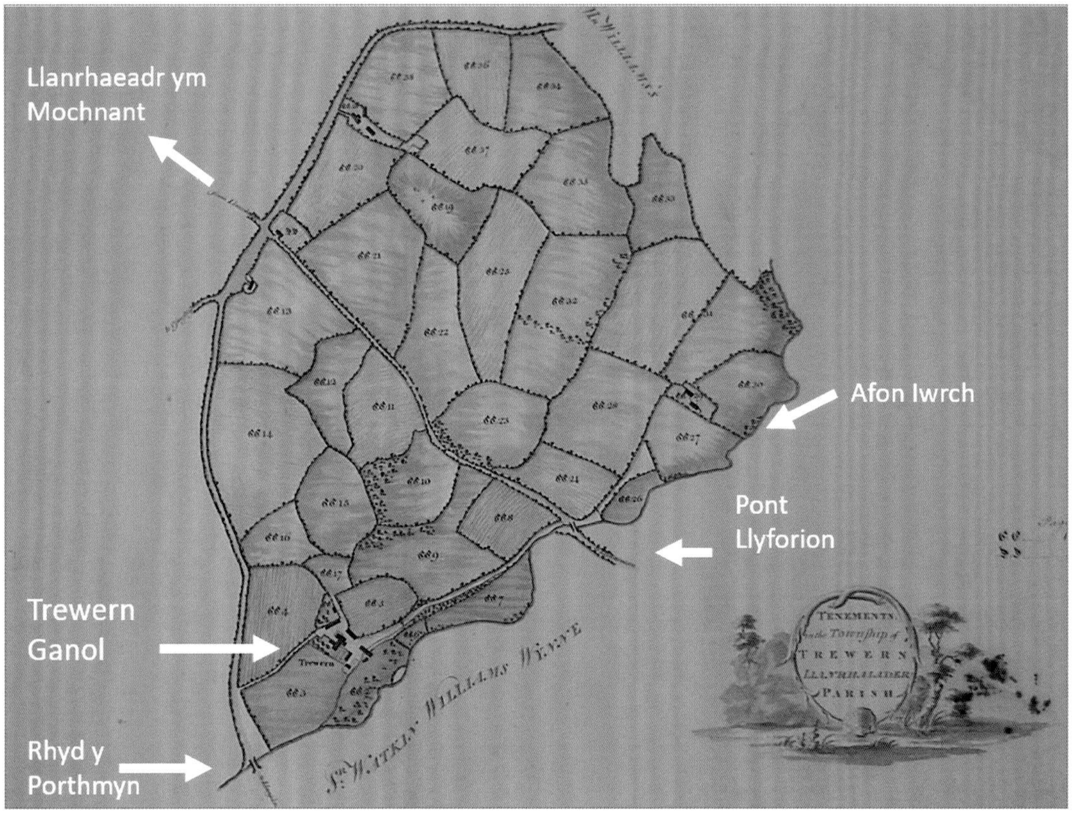

145. Map Thomas Boydel 1772 o fferm Trewern Ganol yn dangos y ddwy ffordd. Maps MS Vol 83 1772–74. Gyda chaniatâd LlGC.

ffermydd. Felly mae hi weithiau ac mae'n ychwanegu at y wefr pan ddown o hyd i ragor o wybodaeth.

I'r adwy daeth y Parchedig Ddr Dafydd Wyn Wiliam, gyda chyngor, gwybodaeth ac ysgolheictod. Gŵyr pawb am ei arbenigrwydd ar draddodiad barddol a ffynonellau cynnar eraill Môn, ei waith trwyadl ar ddyddiaduron William Bwcle a'i ddulliau ymchwil manwl. (Ceir blas o'i waith a thystiolaeth o enwau hynafol yn *Tlysau'r Hen Oesoedd*, sef cyhoeddiad chwemisol Cymdeithas Morrisiaid Môn.) Gwyddwn na fyddwn yn dod o hyd i unrhyw wybodaeth ychwanegol na wyddai'r bonwr hwn amdano. Ac yn wir, felly y bu a da iawn oedd ei gynnwys yn y rhaglen. Daethpwyd o hyd i fap gan Richard Owen yn 1805 pan oedd 42 fferm yn rhan o'r ystad ac yna restr o enwau caeau *demesne* (oddi amgylch y plasty) Brynddu oedd yn cyfateb. Roedd bwlch arall wrth ymchwilio i enwau ar y fferm gyfagos, Brynclynni, un a fu'n rhan o'r ystad ac un oedd yn cysylltu Brynddu â Choedan, cnewyllyn yr ystad wreiddiol. Ni fodolai map ac iddo enwau cyfatebol ym Mangor na Llangefni. Erbyn hyn, roeddwn innau wedi dal y chwilen a doedd dim modd troi'n ôl.

Rhaid oedd troi at ddyddiaduron William Bwcle am enwau. Maent i'w cael yng nghasgliad Henblas yn Archifau a Chasgliadau Arbennig Prifysgol Bangor ac ar-lein ar wefan

Brynddu a Choedan, Llanfechell

Roedd gwneud rhaglen am Frynddu a Choedan, Llanfechell, Ynys Môn yn gamp go fawr. I ddechrau, doedd dim enwau caeau wedi eu cofnodi yn Negwm plwyfi Llanfechell, Llanbadrig nac Amlwch i'r dwyrain ac roedd ystad William Bwcle (1691–1760) yn ymestyn i'r tri phlwyf. Ond, cartref William Bwcle oedd hwn ac roedd mapiau'r ystad ar gael yng nghasgliad ystad Plas Coch (Llanedwen) yn Archifau Prifysgol Bangor. Roedd rhai mapiau a dogfennau ym Mangor ond roedd bylchau ym mapiau cynnar Brynddu. Daethpwyd o hyd i gasgliad o fapiau o'r flwyddyn 1875 yn Archifau Môn. Erbyn hyn, roedd maint yr ystad wedi cynyddu i 3,875 erw ond, er mawr siom nid yw'r enwau hynafol wedi goroesi mewn rhai

Prifysgol Bangor, fesul blwyddyn o 1734 i 1743 ac o 1747 i 1760. Dyma adnodd gwych. Tir symol iawn oedd yn y rhan hon o Fôn, yn wahanol i'r tir âr cyfoethog a berthynai i'r llys hynafol yng Nghemaes, nid nepell i ffwrdd. Gweledigaeth William Bwcle a gwaith ei fywyd oedd gwella ansawdd y tir ar ei ystad enfawr. Dechreuodd drwy agor ffosydd enfawr, codi waliau cerrig sylweddol a gwrteithio'r darnau amgaeedig drwy glwydo ei wartheg yno dros nos. Mewn cyfnod pan fyddai anifeiliaid yn crwydro'n rhydd, roedd hyn yn arloesol, er efallai'n ymddangos yn rhyfedd i'r trigolion lleol.

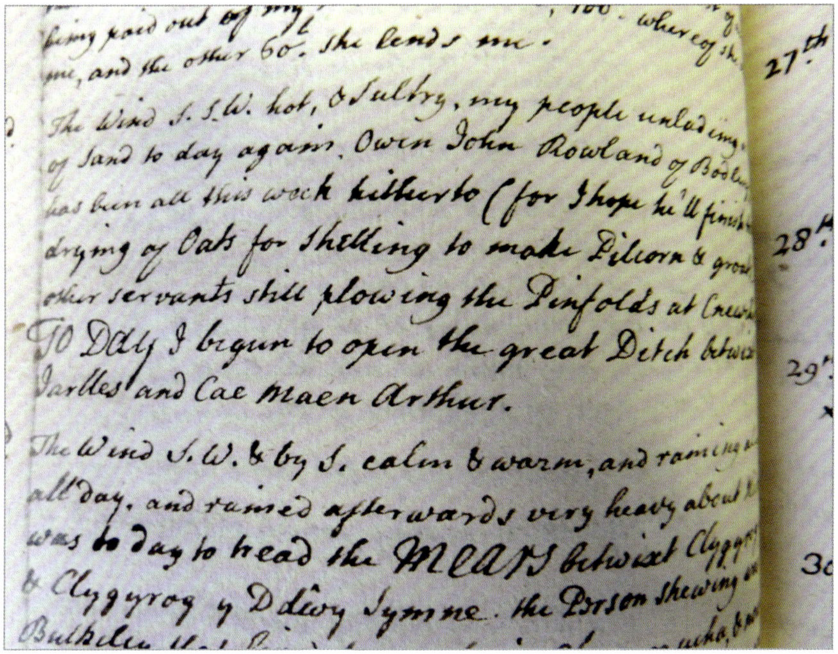

146. *Rhan o ddyddiadur William Bwcle yn disgrifio cychwyn agor y ffos fawr. Henblas 18, (22 Mehefin 1737). Gyda chaniatâd Archifau a Chasgliadau Arbennig, Prifysgol Bangor.*

Un o deulu bonheddig ydoedd William Bwcle, yn cymysgu gyda byddigion a swyddogion y Goron yn ne'r sir, ond eto'n ffermwr a gymerai ddiddordeb ymarferol yn ei fferm o ddydd i ddydd. Dyma a ddengys y dystiolaeth yn ei ddyddiaduron. Fel y digwyddodd i'w gymydog, Edward Wynne, Bodewryd (1681–1755), un oedd yn swydd Canghellor Eglwys Gadeiriol Henffordd, daliodd y chwilen genedlaethol i wella'r tir. Agor ffosydd, walio, gwrteithio, cludo tywod yn llawn cregyn cocos o Draeth Coch a thrin y tir oedd prif alwedigaeth y fro yng nghanol y ddeunawfed ganrif. Roedd yn rhyfeddol. Ceir blas o hyn yn llyfr ardderchog y Parchedig Emlyn Richards, Cemaes, *Bywyd Gŵr Bonheddig*.

O ddarllen y dyddiaduron, cawn ddod i adnabod enwau tiroedd yr ystad a chawn ychydig o hanes eu datblygiad. Un enw a wnaeth dynnu fy sylw yn arbennig oedd *Cae'r Iarlles* ym Mrynclynni. Mae sôn cyson amdano ac mae'n amlwg yn dir âr sylweddol a phwysig. Ond, bu ei leoliad yn ddirgelwch ers dwy ganrif. Does dim sôn am yr enw ar unrhyw restr na map ond mae cofnod yn y dyddiadur ar 22 Mehefin 1735:

> *To Day I begin to open the great Ditch betwixt Cae Iarlles and Cae Maen Arthur.*

Digwyddiad o bwys mae'n rhaid a rhoddir priflythyren i'r ffos, a bron na ellir gweld William Bwcle yn taro'r enw i lawr yn ei ddyddiadur. Mae'n cyfeirio at dyddyn Cae Maen Arthur droeon dros y blynyddoedd, tyddyn rhwng Coedan a Brynclynni ac a fu unwaith yn rhan o'r ystad. Gwyddom fod cae o'r enw *Maen Arthur* yn ffinio ar *Cae'r Iarlles* gan fod sylwadau yn y dyddiaduron yn nodi hynny. I selio'r ddadl, gwelir ar fap Richard Owen o'r ystad yn 1805, mewn llawysgrifen yr enw *Cae Arthur* y tu draw i'r ffos fawr. Arweiniwyd ni at y ffos fawr gan Robin Grove-White, disgynnydd i William Bwcle ac un sydd yn dilyn traddodiad ei gyndaid wrth gynnal cysylltiad agos iawn â'r gymuned leol.

Dyna ddatrys y dirgelwch am leoliad *Cae'r Iarlles* ac o gerdded caeau Brynclynni, gwelwn fod y *Great Ditch* yn dal yno ac yn dal i lywio'r dŵr tuag at y nant islaw.

Neilltuwyd ail ran yr un rhaglen i fferm Coedan oherwydd

147. Llun o'r ffos fawr. © RhP

bod aeres Coedan a Brynddu wedi priodi un o hynafiaid William Bwcle. Cafwyd hen hanesyn gan Liz Rogers. Darllenodd ddarn o gerdd farwnad gan Mab y Clochyddyn i Gwenhwyfar, gwraig Hywel ap Tudur ap Gruffudd, Coedan sydd i'w chael yn *Llyfr Coch Hergest*. Er nad oes cyfeiriad at Coedan, mae'n cyfeirio at yr olygfa dros y Drum. Mae fferm Drum yno heddiw ar derfyn Coedan. Mae'r Athro Ann Parry Owen yn awgrymu dyddiad i'r gerdd yn ail chwarter y bedwaredd ganrif ar ddeg. Mae'n debygol fod Gwenhwyfar wedi marw ychydig flynyddoedd cyn i swyddogion y Goron dderbyn tystiolaeth gan ardalwyr cwmwd Talybolion yn Coedan yn 1352. Mae Dr Dafydd Wyn Wiliam yn tynnu sylw at enw eu mab, Tudur ap Hywel, Coedan yn y Stent honno, gan awgrymu felly bod ei dad wedi marw cyn 1352.

Mae copi digidol o'r gerdd i'w chael yn: https://iiif.bodleian.ox.ac.uk/iiif/viewer/9bf187bf-f862-4453-bc4f-851f6d3948af

Jesus College MS. 111. 337r 337v (colofnau 1350-2)

148. Cowrt Mawr Coedan. © RhP

Yn *Cae Lloriau* eglurodd Wyn Rogers fod y graig yn hollti'n hawdd ac fe'i defnyddiwyd i lorio adeiladau'r fferm.

149. *Un o'r creigiau ar ganol Cae Lloriau, Coedan. © RhP*

150. *Ken Markham yn dangos lleoliadau enwau hanesyddol i'r cyfarwyddwr, Rhodri Davies yn Nancaw. © RhP*

Pennant a Bodilan

Roedd Llanfihangel-y-Pennant, Meirionnydd yn blwyf yng nghwmwd Tal-y-bont, ar y ffin â Chwmwd Ystumanner. Yma, mae olion Castell y Bere, un o gestyll y tywysogion Cymreig. Mae'n dal yn safle sy'n eich cyffwrdd. Wrth ei ymyl mae fferm Bodilan Bach, lle mae Ken a Lisa Markham yn ffermio, a bellach maent wedi prynu fferm hynafol Pennant ychydig yn uwch i fyny'r dyffryn. Yn gynwysiedig yn y fferm mae darn sylweddol o Gader Idris a hefyd fferm fynyddig a hynafol Pencoed. Mae'r ddau'n trysori'r etifeddiaeth a ddaeth i'w rhan ac yn manteisio ar wybodaeth hanesyddol ac amaethyddol Goronwy Williams, sydd yn dal i'w cynorthwyo. Cawsant hefyd enwau'r tir ganddo ac mae llyfr o fapiau ac enwau caeau Bodilan yn drysor teuluol.

Dewiswyd y lleoliad am nifer o resymau. Dyma leoliad Ffridd Pennant, un o ffriddoedd neu *vaccariae* y tywysogion oedd yn gysylltiedig â Chastell y Bere. Yma ger Bodilan Bach mae tir y fferm yn ymestyn i Gwm Nancaw, sef enw'r hen drefgordd, un y daethom i'w hadnabod yn ddiweddarach fel tref Pennant. Disgrifiwyd Llywelyn ap Gruffudd fel *llurig Nancaw* gan Gruffudd ab yr Ynad Coch yn ei farwnad iddo. Tybir mai yn y Bere y canwyd yr awdl, rywbryd tua gwanwyn 1283.

151. *Ffridd Pennant. © RhP*

152. Rhyd hynafol. © RhP

153. Pont gyfochrog ar y ffordd sydd yn arwain at Ffridd Pennant. © RhP

Buom yn ddigon ffodus i fedru manteisio ar sgwrs gan yr Athro J Beverley Smith, prif arbenigwr Cymru ar gyfnod a bywydau'r tywysogion. Hyfryd oedd cael gwers hanes yn fyw yn y fan a'r lle a hynny o fewn golwg i Ffridd Pennant. Clywsom am bwysigrwydd y gwartheg a'r ffridd i'r economi a'r tywysogion a sut y defnyddid Ffridd Pennant gan ffermwyr lleol yn ôl y defnydd traddodiadol ohoni, rhwng Calan Mai a Chalan Gaeaf.

Cyfeiriwyd at achos yn Llys y Syllty/Siecr yn 1613 pan ddaeth ffermwyr tri phlwyf cyfagos at ei gilydd gan fynnu bod ganddyn nhw hawliau cynhenid i bori'r cytir ar Ffridd Pennant. Erbyn i'r achos gael ei glywed, cawsai'r ffridd ei gosod i deulu lleol. Casglwyd yr anifeiliaid i gotel neu loc mawr gerllaw, ac mae'n bosibl mai'r un ar dir Pencoed ydyw. Ceir disgrifiad yn y llys o'r ymrafael ffyrnig a ddigwyddodd yno wrth i'r teulu lleol hwn werthu'r anifeiliaid yn ôl i'w perchnogion! Pwysleisiodd yr Athro'r angen am waith archaeolegol ar ffriddoedd y tywysogion er mwyn i ni ddysgu mwy am y defnydd a wneid ohonynt.

Arferid cyflogi bugail i'r plwyf i ofalu am hyn. Fel Parc mae wedi ei gofnodi ar fap yr ystad.

Gwefr oedd gweld gyr o wartheg yn cerdded o'r dyffryn i fyny heibio Pencoed am ochr y Gader i bori am yr haf y prynhawn hwnnw. Atgoffwyd ni o'r hen arferiad hwn. Mae traddodiad yn Pennant o gael y gwartheg dieithr yma i besgi ar lystyfiant maethlon y llethrau, sy'n tyfu yma oherwydd daeareg benodol y rhan yma o'r Gader, yn ôl Rhys Gwynn. Mae Rhys, Myfyr Tomos a Paul Williams, cyd-weithwyr iddo, wedi bod yn ddyfal yn casglu a chofnodi mân enwau ar y Gader ac yn holi amaethwyr yr ucheldir, gan gynnwys Goronwy, am dystiolaeth a hanesion.

Yr oedd yma fwy nag un dirgelwch hanesyddol i'w datrys yn ystod y rhaglen hon. Gwyddys bod *carucate* (tua 120 *acre*) o dir âr a dôl ger y castell, yn ôl Stent gyntaf Meirionnydd

154. Y lloc, ffald neu'r gotel ar dir Pencoed lle clwydid defaid crwydrol o'r mynyddoedd cyfagos hyd at ganrif yn ôl er mwyn i'w perchnogion eu casglu. © RhP

yn 1284–6. O'u cwmpas, roedd coed trwchus yn rhan o amddiffyniad y castell. Ble felly roedd y tir âr hwnnw? Does dim enwau caeau i'w cael yn y Degwm a rhaid oedd pwyso ar lyfr mapiau'r teulu, dyddiedig 1872, a oedd yn rhan o ystad Llangelynnin. Cafwyd ynddo enwau caeau Bodilan Bach, Bodilan Fawr ac eraill. Ymysg caeau'r ddwy fferm yn 1872 mae 64 *acre*/hanner *carucate* yn dir âr a gwelir yr enwau a ganlyn yn eu plith: *Caeau Cochion*, *Maes Uchaf*, *Maes Isaf*, *Dôl Ddeudir*, *Dôl y Maen*, *Dôl y Gors*, *Werglodd Stent* a *Cae Werglodd Stent*. Cysylltir yr enw *stent* â thir caeth y Goron ac mae'n awgrymu mai hyn sydd yma. Mae'r caeau âr hyn mewn clwstwr taclus ac yn diroedd amaethyddol da. Mae tir âr cyfagos yn Cae Berllan a Tyn y Bryn hefyd yn dir da a thybed nad oedd rhan o'r rhain yn cyfrannu hanner *carucate* pellach o dir âr y tywysogion? Mae'n bechod nad yw'r Degwm yn cofnodi enwau'r caeau hyn.

Dim ond blas o rai rhaglenni sydd yma. Gellir gwylio'r rhaglenni cyfan yn Ystafell Ddarllen y Llyfrgell Genedlaethol a hefyd ym Mhorth Llyfrgell y Celfyddydau ac Astudiaethau Cymdeithasol, Rhodfa Colum, Cathays, Caerdydd CF103EU. Ysywaeth, does dim porth yn y gogledd. Mae'n syndod faint o ddysgwyr sydd wedi cydio yn y rhaglenni ac mae is-deitlau wedi ehangu'r gynulleidfa.

Pe bai trydedd gyfres wedi ei chaniatáu yn ôl ein cytundeb, byddem wedi ffilmio yn Swydd Henffordd, gan gynnwys tiroedd cartref merch Glyndŵr a dangos cymaint o enwau Cymraeg sydd ar gaeau'r sir. Hefyd, bwriedid mynd i Lynebwy lle bûm yn gweithio gyda chyn-weithwyr dur y cwm i olrhain enwau Cymraeg ffermydd a chaeau'r cwm. Cyn cychwyn ar y gwaith haearn, roedd 29 fferm yno. Pan werthwyd y tiroedd i'r meistri haearn, lluniwyd mapiau a rhestru enwau'r caeau (y cyfan yn Gymraeg). Gellir ymweld heddiw â'r caeau hynny sydd ar y llethrau a cherdded i *Gae Saffrwn*, fferm Dyffryn Uchaf. Bwriedid ymweld hefyd â'r canlynol: Pant Glas, Llansilin; Llwyn, Llanddewi Brefi; Plas ym Mhowys, Treuddyn, Sir y Fflint a fferm Cefn Coch Uchaf yn Eifionydd.

155. Ffilmio ger Parc yn sŵn y gog. Goronwy, Brychan, Ken, Steve a Rhodri. © RhP

CRYNHOI

Wrth fynd ar drywydd enw, datgelwn ein gwreiddiau. Dewiswyd enwau ffermydd a chaeau'n ofalus a phwrpasol i ddisgrifio eu lleoliad, eu ffurf, ansawdd y tir, perchnogaeth neu ddigwyddiad hanesyddol lleol. Wrth reswm mae'n amhosibl bod yn siŵr beth yw oed enw. Gwyddys bod y traddodiad llafar, ein barddoniaeth a'n llên yn hŷn na'r cofnodion ysgrifenedig. Felly hefyd enwau. Mae'n amlwg fod enw o leiaf cyn hyned â dyddiad ei gofnod cynharaf, a llawer, yn hŷn fyth.

Gwelwn fod enwau ffermydd a chaeau dros Gymru yn dal eu tir hyd at ddechrau'r bedwaredd ganrif ar bymtheg a dyma'r rheswm pam fod tystiolaeth y Degwm mor bwysig. Mae'n un trothwy rhwng cyfnod y tywysogion Cymreig a'n cyfnod ni. Mae'n feincnod hwylus i ymchwilwyr ac yn sylfaen gadarn i gychwyn casgliad o enwau.

Dengys yr ymchwil hwn fod enwau'r Degwm wedi eu cadw'n rhyfeddol pan fo'r olyniaeth deuluol wedi bod yn sefydlog er hynny. Ar ôl 1840, gwelwyd cyfnod o newidiadau cymdeithasol ac economaidd sylweddol yng nghefn gwlad. Daeth y chwalfa fawr a chollwyd y cyfle i drosglwyddo enwau o genhedlaeth i genhedlaeth. Lle na fu toriad yn olyniaeth perchnogaeth neu denantiaeth dros ganrifoedd, fel yn Llwyn Gwern, ger Llanuwchllyn, diogelwd yr enwau yn rhyfeddol. Yn Nhyn y Braich, Dinas Mawddwy, cadwyd yr olyniaeth am gyfnod o fil o flynyddoedd yn ôl traddodiad y teulu a thystiolaeth eu cart achau a ddiogelwyd yn y llyfr gweddi. Y tristwch yw mai ychydig o deuluoedd sydd wedi ymgartrefu ar yr un tir am gyfnod di-dor hyd yn oed ers cofnodi Degwm 1840. Heddiw yw'r amser i gasglu a chofnodi tystiolaeth mân enwau ar lafar yn ein cynefin ac i lenwi'r bylchau.

Heddiw, daeth her newydd. Daeth nifer o gwmnïau o Loegr, sydd heb gysylltiad ag amaethyddiaeth, i brynu ein tir i blannu coed. A hyn, er mwyn diwallu eu hôl troed carbon. Wrth chwalu ffiniau caeau a ffriddoedd, byddant yn claddu nifer fawr o enwau fel y gwnaeth y Comisiwn Coedwigaeth yng nghanol y ganrif ddiwethaf. Dal i ymledu mae'r arferiad masnachol o ddisodli enwau hynafol gan enwau Saesneg sy'n amherthnasol ac yn chwithig yn ein cymdogaethau.

Heddiw mae'n rhaid i'n llywodraeth ddeddfu i achub ein henwau, dim yn unig am eu bod yn hen a diddorol, ond am eu bod yn rhan annatod a chynhenid ohonom fel cenedl, ac o hunaniaeth a chymeriad ein milltir sgwâr.

Dangosodd yr ymchwil hwn fod y rhan fwyaf o enwau ffermydd a chaeau'n hynafol, llawer hyd at saith canrif oed a mwy. Maent yn trosglwyddo i ni ein hanes, ein diwylliant a'n hetifeddiaeth.

Dyma waddol na allwn ei golli.

RHAI FFYNONELLAU ENWAU A'U GWERTH

Cyfeirir at nifer o ffynonellau yn y llyfr hwn. Dyma grynodeb ohonynt a'r hyn y gallent ei ddatgelu.

Siarter Llywelyn Fawr i Abaty Cymer 1209

Un ddogfen gynnar sy'n cynnig tystiolaeth am enwau Ardudwy yw Siarter Llywelyn Fawr i Abaty Cymer yn 1209. Gwelir erthygl a thrawsgrifiad K Williams-Jones yn CCHChSF, cyfrol 3, 1957–60. Rhestra enwau'r tiroedd a waddolwyd i'r abaty. Drwy eu gosod ar fap, gwelir ffiniau tiroedd Cymer. Ymhlith rhestr Ardudwy, mae llawer sy'n eithaf cyfarwydd heddiw ac sydd wedi goroesi wyth can mlynedd drwy eu defnyddio'n gyson. Er enghraifft, mae *Moylysbryn* (Moel Ispri), *Kesseylgum* (Gesel Gwm Bach, yn y Degwm), *Cummeneych* (Cwm Mynach), y cyfan yn ffermydd ym mhlwyf Llanelltud. Ysywaeth, mae'n anodd dod o hyd i dystiolaeth ysgrifenedig yn cynnwys enwau caeau Cwm Mynach ar ochr ddwyreiniol y cwm gan na chofnodwyd hwy yn y Degwm. Ond, diolch i anogaeth Bruce Lawson, y cyn-filfeddyg, mae ffermwyr plwyf Llanelltud wedi llenwi rhai o'r bylchau hyn drwy gasglu tystiolaeth lafar ac yn eiddgar i sicrhau nad aiff yr enwau'n angof.

Mae gweddill enwau Ardudwy sydd yn y siarter, sef *Gwynuenyht* (Gwynfynydd), *Dolgeyn* (Dolgain yn y Degwm), *Yueydyawc* (Y Feidiog), *Ykerryclluydyon* (Y Cerrig Llwydion), *Iralltlhwyt* (Yr Allt Lwyd), *Bethycoydhur* (Bedd Coediwr), y cyfan ym mhlwyf Trawsfynydd. Mae'r cyfan heblaw am *Ykerryclluydyon* yn enwau ar ffermydd a enwir yn y Degwm. Adlewyrchir yma batrwm sydd hefyd i'w weld yn y Degwm, sef bod enwau ffermydd plwyf Trawsfynydd yn fwy cyfoethog nag unrhyw blwyf arall yn Ardudwy yn eu defnydd o liwiau. Ceir hefyd siarteri eraill yng Nghymru ac mae cynnwys Siarteri Ystrad Marchell (Marcella) ar gael ar-lein yn y Llyfrgell Genedlaethol.

Stent Gyntaf Meirionnydd 1284–6

Yn 1284–6 gwnaed Stent (*Extent*), sef arolwg gan y Goron o dir rhydd a thir tenantiaid Llywelyn ein Llyw Olaf ym Meirionnydd. Mae'n rhoi bras ddarlun o'r dirwedd drwy ddangos y taliadau a'r rhent dyledus gan y rhydd a'r caeth. Mi welir cyfieithiad a sylwebaeth fanwl gan yr Athro Tony Carr yn *The History of Merioneth*, cyfrol II. Roedd swyddogion y Goron yn awyddus i wybod hyd a lled y tiroedd a berthynai i'r tywysogion Cymreig er mwyn hawlio'r rhenti a'r taliadau arnynt. Yn ddigon naturiol, roedd rhesymau da gan lawer o'r brodorion dros beidio â chynnig gwybodaeth rhy fanwl o'u trethi na'r hyn a oedd gynt yn ddyledus i'r tywysogion! Ceir hefyd drawsgrifiad G Rex Smith o Stent Môn 1284 yn TCHNM 2009. Am fwy o wybodaeth, trowch at wefan y Llyfrgell Genedlaethol a rhowch: *extents Wales* ym mlwch y catalog. Cewch arweiniad drwy erthyglau a llyfrau yn eu trafod a gallwch wedyn gyfyngu eich ymchwiliad. Gwelwch ar dudalennau 126 a 127 fod stentiau o gyfnodau gwahanol mewn sawl ardal yng Nghymru.

Cofnodion sy'n ymwneud â bwrdeistref Harlech a'r Goron

Ceir yn yr Archifdy Gwladol gasgliad o ddogfennau yn SC6/1170/3;SC1170/8 a SC1211/5 rhwng 1310 a 1313 sydd yn cofnodi nifer yr *acre* a ddyrannwyd i'r fwrdeistref. Hefyd, mae trawsgrifiad o ddeiseb gan rydd-ddeiliaid Harlech yn *Calendar of Ancient Petitions*, t.97 yn dilyn eu symud o *Tywyn Dryslech* a gwelir *RecCaern* 217.

Mae cofnodion blynyddol swyddogion Harlech, y siryf a'r beilïaid, pen-swyddogion y bwrdeiswyr, yn llenwi bylchau pan fyddant ar gael. Cofnodant dderbyniadau'r taliadau sydd yn y stentiau a rhestrant fwy o unigolion. Yn ogystal, mae arolwg Iarll Caerlŷr o diroedd y Goron a amgaewyd yn anghyfreithlon, sy'n dyddio o'r unfed ganrif ar bymtheg, ar gael i ni ac yn ychwanegu enwau'r tiroedd a ddygwyd. Diolch i Dr Colin Thomas am ei nodiadau. Ysywaeth, mae'n rhaid dilyn y trywydd hwn yn yr Archifdy Gwladol yn Kew. Mae'r tiroedd hyn yn cynnwys nifer yn Ardudwy ac mae gan lawer ohonynt gysylltiad â'r bwrdeiswyr. Gresyn na fyddent yn fwy hygyrch a bod copïau o leiaf yn y Llyfrgell Genedlaethol. Hefyd mae rhai dogfennau ystadau ar ddechrau'r ail ganrif ar bymtheg yn cofnodi enwau'r tiroedd sied hynny yn Ardudwy, rhai oedd wedi eu trosglwyddo drwy brydles. Drwyddynt, gellir llenwi rhai bylchau mwy diweddar yn y dystiolaeth.

Treth Leyg 1292–3 (*The Merioneth Lay Subsidy Roll*)

Rhestrir ynddo enwau'r rhai oedd yn talu'r dreth newydd ar eiddo symudol, personol. Ni threthid yr offeiriaid, fel yr awgryma'r teitl. Cofnodir enwau'r unigolion a'u trefgorddau neu raniadau plwyfol. Ond gwir ogoniant y llyfr yw'r cyflwyniad ynghyd â dadansoddiad manwl ac ysgolheigaidd o'i gynnwys gan y golygydd, Keith Williams-Jones. Ceir ynddo amcangyfrif bod poblogaeth Meirionnydd yn 1292–3 hanner yr hyn a gofnodir yng nghyfrifiad 1801, ond yn fwy annisgwyl, ei fod yn sylweddol uwch na'r hyn ydoedd yn yr 1550au.

Gwelir galwedigaethau rhai o'r bobl a drethid yn Ardudwy. Yn eu plith, roedd pum saer, un golosgwr, *Johannes Carbonarius*, yn Harlech, meddyg, naw crydd, deuddeg gwehydd, dau of, *Cadugan fabro* yn Harlech a thri gof aur, sef *Yerword aurifabro,* Llandecwyn, *Ririd aurifabro,* Llandanwg ac un arall, dienw, yn Nhrawsfynydd. Roedd gwyliwr a phorthor, cigydd yn Harlech, pannwr, sef *Heylin Pannor, Kethugalc*, ei leoliad yn anhysbys, pysgotwr, *Einion Duy piscatore* yn *Kethugalc* a bardd o'r enw *Heylin Predith* (prydydd) o Faentwrog. Yn rhyfeddol, does dim sôn am borthmyn, na phobyddion, na bragwyr, tair galwedigaeth hanfodol, ond eto fe geir cipolwg ar sefyllfa economaidd y cwmwd.

Ceir hefyd enwau tiroedd Abaty Cymer: *Coumgwynnin* (Cwm Gwnnin), *Mocbrin* (Moel Ispri) a *Kessoylgoum* (Cessel Cwm Bach yn y Degwm; Ceseilgwm ar lafar) ym mhlwyf Llanelltud heddiw a *Winvenith* (Gwynfynydd) ym mhlwyf Trawsfynydd.

Dywed Keith Williams-Jones fod cofnodion o'r trethi lleol a chynnar hyn yn brin ryfeddol yng Nghymru. Goroesodd y canlynol: Aberffraw, Nefyn, Creuddyn a Chafflogion, ynghyd â darn o Benllyn sydd heb ddyddiad ac sydd wedi ei gynnwys ganddo gyda chofnodion Meirionnydd. Mae ambell enghraifft o'r unfed ganrif ar bymtheg a'r ail ganrif ar bymtheg i'w cael yng nghatalog LlGC ar-lein. Rhowch: *Subsidy Rolls* yn y catalog a hefyd *yn y llyfrgell.*

Stent 1420 Meirionnydd

Cyfeiriwyd uchod at y darlun cymdeithasol cynnar a geir o Ardudwy yn Stent 1420. Ceir y wybodaeth mewn casgliad o ddogfennau yn Lladin y cyfnod ac fe'i cyhoeddwyd mewn llyfr yn 1838, *The Record of Caernarvon*. Yma hefyd mae Stent 1352 Môn a Chaernarfon.

Gan fod y wybodaeth mor allweddol, dyma enghraifft o'r hyn y gellir ei ddysgu wrth bori yng nghynnwys y Stent. Yn fras, roedd yn Ardudwy 31 gwely ac 167 gafael yn 1420. Roedd tri chwarter y tiroedd hyn yn rhydd a llawer ohonynt, yn ôl eu taliadau i'r Goron, yn unedau bychain. Gwneid y taliadau gynt i'r tywysogion ac yna i'r Goron Seisnig a hynny bron yn ddigyfnewid am ganrifoedd. Fel y gwelwyd eisoes, mae cyfanswm y taliadau cyson hyn yn fodd i olrhain rhai enwau tiroedd mewn dogfennau yn yr unfed ganrif ar bymtheg. Roedd nifer sylweddol o'r tiroedd caeth yn wag. Y gred yw bod gwrthryfel Glyndŵr wedi rhoi'r cyfle i lawer ddianc o'u llyffetheiriau ac yn aml o'r ardal.

Ond rhestrir enwau sefydlwyr y gwelyau a'r gafaelion eraill, yr etifeddion a'u taliadau. Anaml iawn y bydd enwau'r sefydlwyr a'r etifeddion o gymorth mawr i'r rhai sy'n olrhain hanes teulu! Yn rhyfeddol, mae enw ambell wely neu afael wedi goroesi mewn enw cae neu fferm.

Yn Stent 1420, ym mhlwyf Llanfihangel-y-traethau, gwelir *Gafael Eignon Trwyn*. Cofnodwyd yr enw Ieuan Trwyn yn y Dreth Leyg yn 1292–3. Yn Rhentol Ardudwy yn 1623 gwelir *Llwyn Ifan Drwm* yn Eisingrug a'r un ffurf ar yr enw yn 1790 yn gysylltiedig â map ystad Maesyneuadd. Ond yn 1840 gwelwn mai *Llwyn Evan Dreoen/Drwen* yw'r enw ar yr un cae ym Moel y Glo, yn Eisingrug, plwyf Llanfihangel-y-traethau yn y Degwm.

Dro arall ceir enw'r afael mewn cofnod yn yr unfed ganrif ar bymtheg. Gall y ddolen hon gysylltu enw'r afael â'r enw cyfoes. Er enghraifft, gellir olrhain *Gavell Hulkyn*, Llanddwywe, a gofnodir yn Stent 1420, drwy ddogfennau llys ac ystad. Mae'r camau isod yn dangos y trywydd.

Gafael Hulkyn / Hwlcyn

Er mwyn dangos sut mae dod o hyd i leoliad defnyddiwn *Gavell Hulkyn* fel enghraifft.

1420: Yn Stent 1420 mae *Gavell Hulkyn*, Llanddwywe yn gaeth ac yn wag. Telid 2s 8c yn chwarterol a 10s 8c yn flynyddol.

1575: Gwelir trosglwyddo prydles, a roddwyd drwy fraintlythyrau (*Letters Patent*) a rhent y Goron o 10s 8c. Yn dilyn achos yn Llys yr Ychwanegiadau, ar *Gavel Hulkyn*, Llanddwywe caiff ei throsglwyddo i Richard Fychan (Vaughan), Corsygedol.

1587: Yn ôl dogfen yn 1587, ymysg papurau Corsygedol, gosododd Richard Fychan 12 mlynedd olaf y brydles i William ap Ieuan ap Rees a Lewes ap William ap Ieuan ap Rees ei fab. Disgrifir y darn tir: *of that part and parcel of gavel hwlkyn lying in a place called y ganllwyd in the township of llanthoywey.* Dyma dystiolaeth go gref o leoliad yr afael hynafol. Mae Lewis hefyd yn talu am Gefn Cam, hafod hynafol ochr Ganllwyd i'r Llethr a'r Rhinog Fach. Gwahenid Cefn Cam gan hen ffriddoedd a chomin oddi wrth fferm Maesgwm, sydd ychydig i'r dwyrain.

1592: Yn Llys y Syllty, cofnodir fod *Mascum, Llanddowaye* yn rhan o'r *fee farm* a roddwyd gan Edward I i fwrdeistref Harlech yn 1316 drwy fraintlythyrau.

1594: Mi gofnodwyd sawl trosglwyddiad o'r un brydles hyd at 1594 gan Huw Nannau i Gruffudd Fychan, Corsygedol. Er hyn, mae'n ymddangos nad oedd newid tenant.

1623: Yn Rhentol Ardudwy yn 1623 mae Lewis ap William yn talu 1s 4c am *Terra Hwlkyn*, swm gostyngol sy'n awgrymu bod yr afael wedi crebychu'n sylweddol ers 1575.

1776: Yn Rhentol 1776 (Llanfair Brynodol) gwelir *William Wynne Clk per Terra Hwkin* [sic] *Maes Cwm, 1s 4c* ffaith sy'n awgrymu bod fferm *Maes Cwm*, y Ganllwyd wedi cymryd enw ardal a bod *Gavel Hulkyn* yn rhan o'r ardal hynafol honno.

1840: Mae enw cae ym Maesgwm, y Ganllwyd o'r enw *Buarth Lewis*, efallai'n cofnodi'r enw teuluol *Lewis*. Diflannodd yr enw *Hwlkyn* rhwng 1776 a'r Degwm yn 1840 ac mae'r enw Maesgwm yn cael ei adfer heddiw.

Yr hyn y mae Stent 1420 yn ei gyfleu yw arwyddocâd ac amlygrwydd yr uned deuluol yng nghymdeithas Ardudwy. Er gwaethaf y goresgyniad a'r gweinyddiad newydd, erys rhai pethau'n ddigyfnewid. Mae gwydnwch rhai enwau dan warchae yn rhyfeddol ac efallai'n gysur i ni heddiw mewn cyfnod o newid. Fesul cam, canfuwyd tri chwarter lleoliadau hen welyau a gafaelion Ardudwy.

Bu un darn o'r Stent yn ddirgelwch i haneswyr gan greu blynyddoedd o grafu pen. Ni ellid dod o hyd i leoliad Uwch

Cefn y Clawdd, enw y cyfeiriwyd ato ar hyd y canrifoedd, ond heb fap bu'n ddirgelwch llwyr. Nid yw'r enw yn ymddangos yn y Dreth Leyg yn 1292–3. Yn ôl Keith Williams-Jones mae'n atsain o gyfnod cyn ffurfio plwyfi.

Chwilio am Uwch Cefn y Clawdd

Rhannwyd plwyf Trawsfynydd yn ddau yn Stent 1420, efallai er mwyn hwyluso gweinyddu'r plwyf enfawr hwnnw. Rhwng y pennawd *Trawsfynydd* a *Maentwrog* ceir *Uwch Cefn y Clawdd*, sef rhaniad ac ynddo un ar bymtheg o welyau caeth ond roedd y tenantiaid i gyd wedi ffoi. Diflannodd yr enw'n llwyr erbyn heddiw. Nid yr un lle yw hwn ag ardal fferm bresennol Cefn y Clawdd. Er hyn, mae'r enw yn ddisgrifiad allweddol.

Bu cryn ddyfalu ynglŷn â lleoliad y lle hwn, fel y gwelir mewn erthygl gan Colin Gresham yn CCHChSF, cyfrol 10 yn 1986. Ni ddaeth goleuni.

Eisoes, awgrymwyd lleoliad ffin ddeheuol Uwch Cefn y Clawdd ger fferm Goppa a gwelsom fod fferm Tyddyn y Felin i'r gogledd o'r ffin honno. Ond ble mae'r ffin ogleddol a pha dystiolaeth ychwanegol sydd yn y gronfa ddata a ffynonellau eraill?

Enwir gwelyau Uwch Cefn y Clawdd yn Stent 1420: *Gwely Dittris, Gwely Daywyn, Gwely Atha (*Adda*) Bache, Gwely Morvran,* tri gwely o'r enw *Tir y velyn* [felin], *Gwely David Grom, Gwely Madog Gryth, Gwely Gwyn Hossan, Gwely Cochyn ap Talboeth, Gwely Ieuan ap ytalboeth, Gwely y Penloun, Gwely y Glewgrath, Gwely Eignion Alayn* a *Gwely Gwion Gam.*

Awgrymwyd eisoes leoliad *Tir y Felin*. Drwy ddefnyddio cronfa ddata Ardudwy gellir olrhain rhai o'r enwau uchod drwy ddogfennau llys ac ystad hyd at o leiaf 1595. Ceir yr enwau *Welle Dettrys, Welle Gwine Hossan, Welle Penlloyn* a *Welle Eignon Alayne in Uchkevyn y Clawith* yng nghofnodion Llys yr

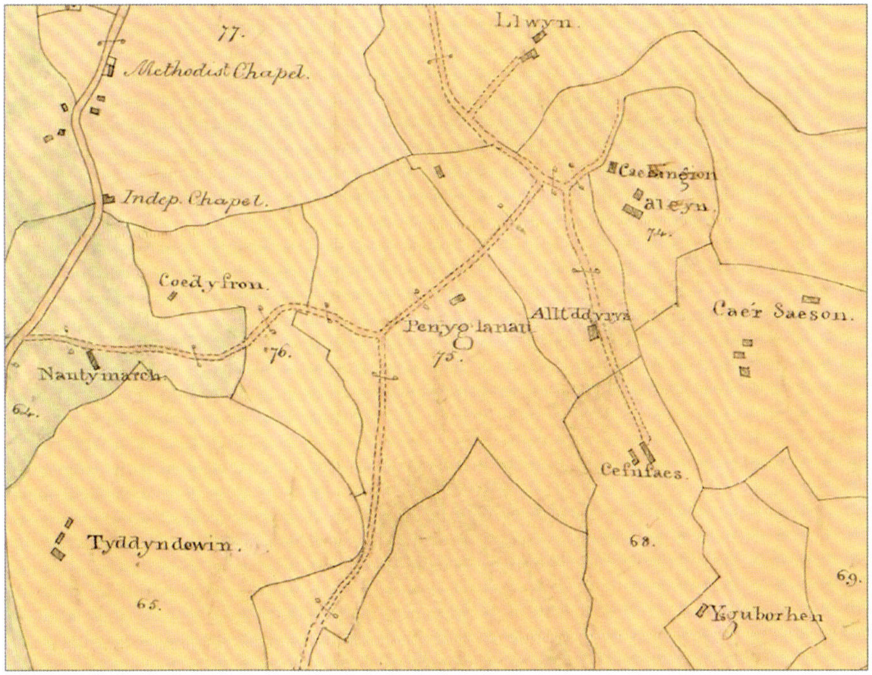

156. Darn o fap Degwm Maentwrog sydd yn awgrymu lleoliad rhai o'r gwelyau uchod yn Uwch Cefn y Clawdd.

157. Map AO yn 1901 yn dangos 'Cae Einion Alun'. Gyda chaniatâd Llyfrgell Genedlaethol yr Alban.

Ychwanegiadau (*Court of Augmentations*) yn 1593 pan gafodd Maurice Lewis fraintlythyrau, a rhoddwyd iddo welyau sied ar brydles o 5s 4c yr un, sef yr un swm yn union â'r hyn sydd yn Stent 1420. Ceir yr enwau *Welle Morvran, Welle Cossin y Talbreth* a *Welle Gwyon Gam* hefyd mewn prydles i Richard Poole. Mae chwarter y gwelyau a enwir yn 1420 i'w cael yng nghasgliad ystad Peniarth hyd at 1627.

Cofnododd Edward Lhwyd erbyn 1701 enwau tyddynnod yn Ardudwy ac iddynt atseiniau o enwau gafaelion Stent 1420. Yn eu plith mae Tyddyn Deuwyn (Wele Daywyn yn 1420 a Thyddyn Dewin yn y Degwm ac yn 2021). Ceir un neu ddau yn ymddangos yn rhentol y Goron hynod werthfawr 1776 ymhlith casgliad Llanfair a Brynodol lle nodir yr hen enw a'r un newydd.

Yna, yn Negwm Maentwrog, yn yr ardal a adwaenir heddiw fel Gellilydan, gellir adnabod ffermydd *Cae Eingion Aleyn*. Mae amryw sillafiad dros y blynyddoedd, (Cae Einion Alun erbyn 1901), Tyddyn Dewin, Cangen Adda, Allt Ddyrys, Llwyn a Thyddyn Gwyn. O osod yr enwau hyn oll ar fap, gellir dod o hyd i ffiniau Uwch Cefn y Clawdd ar ôl canrifoedd o'u colli. Gwelsom uchod fod *Tir y Felin*, un o dair melin y cwmwd, yno hefyd ac felly dyma safle melin swyddogol Uwch Artro wedi ei lleoli, a'r cyfan drwy olrhain enwau ffermydd a chaeau. Mae'r ardal gyfan i'r gogledd o'r *Cefn* a welir yn y llun ar dudalen 99.

Llys yr Ychwanegiadau (*Court of Augmentations*) (1536–1553)

Yng nghofnodion Llys yr Ychwanegiadau y mae'r ffynhonnell orau am fanylion diddymu'r mynachlogydd yng nghyfnod y Tuduriaid, ac mae'n drysorfa o enwau hefyd. Roedd unrhyw achos a oedd yn gysylltiedig ag eglwysi yn denu sylw'r llys hwn. Yma hefyd ceir manylion achosion a chwynion tenantiaid ynglŷn â thiroedd y Goron a roddwyd ar brydles, hawliau tenantiaid ac ymdrechion i gipio'r tiroedd hyn gan deuluoedd dylanwadol. Yn 1542 diwygiwyd ac ehangwyd hawliau'r llys i gyfarfod ag anghenion y Goron. Ond mae'r cofnodion yn hŷn o lawer na'r bymthegfed ganrif gan iddynt gynnwys archifau llysoedd hyd at bedair canrif ynghynt yn Lloegr. Yn ychwanegol, cynhwysa cofnodion Llys yr Ychwanegiadau achosion hyd at ganrif ar ôl diddymu'r Llys.

Mae cofnodion Ardudwy yn deillio o'r cyfnod rhwng 1550 ac 1596, y mwyafrif ohonynt mewn dau glwstwr, yn 1550 ac 1580. Mae'n ffynhonnell gyfoethog iawn i'r rhai sy'n olrhain hanes tiroedd ac mae'n pontio rhwng Stent 1420 a thystiolaeth Rhentol Ardudwy yn 1623.

Oherwydd bod tir wedi ei waddoli i gynnal capel ger Ystumgwern, fel y gwelwyd eisoes, daeth achos *gafaelion Dominicales* i sylw'r Llys yn 1550. Gwelir yma dystiolaeth o'r ymrafael am diroedd o'r fath gan deuluoedd mwyaf dylanwadol Ardudwy a thu hwnt. Ceir cofnodion sy'n ymwneud â Meirionnydd a siroedd eraill Cymru yn llyfr E A Lewis a J Conway Davies, *Records of the Court of Augmentations Relating to Wales.*

Gwelir drwy gofnodion Llys yr Ychwanegiadau fod enwau nifer o welyau a gafaelion yn dal ar arfer rhwng 1550 ac 1596, er enghraifft:

Ardudwy Uwch Artro

Plwyf	Gwelyau a gafaelion
Llandecwyn	*Gwely glan graghe (Glewgrath).*
Llanfihangel-y-traethau	*Gavell Ieuan Goghe, Gavell Garthe gilla, Gavell Ieuan Shonk, Gavel y Trowin* a *Gavell y Pedester.*
Uwch Cefn y Clawdd, Trawsfynydd	*Teere y velyn (Tir y felin), Welle gwine hosan, Wele Detrys, Wele Penlloyn, Wele Eignon Alayne, Wele Daywyn, Wele Morvran, Wele Cosin Y Talbreth,* a *Wele Gwyon Gam.*

Is Artro

Plwyf	Gwelyau a gafaelion
Llanddwywe	*Gavell Hulkyn* a *Gavell Gwenlian tewe.*
Llanenddwyn	*Gavell Cochholyth, Gavell Inyon, Grono y lloc, Gavell yevan ap Grono y lloc* a *Gavell Gwyn y moghe, Gavel Maddock ap Ieuan Moell,* a *Gavell David Gwynne.*

Tiroedd caeth neu rai a aeth yn sied i ddwylo'r Goron oedd y rhain i gyd. Mae'n amlwg o'r cofnodion hyn fod enwau'r gafaelion a'r enw gafael a gwely ar arfer hyd at 1596 o leiaf.

Llys y Seren

Ceir hanes ymrafael pellach ynghylch tiroedd yn *A Catalogue of Star Chamber Proceedings Relating to Wales*, Ifan ab Owen Edwards. Mae'r achosion yn dyddio'n fras rhwng 1558 ac 1625. Diddymwyd y llys yn 1641.

Yn Llanuwchllyn yr ysgrifennodd Ifan ab Owen Edwards ei gyflwyniad deifiol i'w gyfrol. Pwrpas y llys hwn oedd torri crib unrhyw aelod Cymreig o'r dosbarth newydd o uchelwyr oes y Tuduriaid a gamddefnyddiai'r grymoedd lleol newydd a ddaeth yn sgil Deddfau Cymru yn 1536 ac 1543. Llwyddodd llawer i dyfu'n gyfoethog ac yn bwerus ar draul eraill, fel mae'r cofnodion hyn yn dangos. Aiff Ifan ab Owen Edwards ymlaen i ddweud:

> *This uncontrolled sphere of local government became the happy hunting-ground of Welsh gentry and upstarts. They hunted mainly for land but they fell on any prey. And so was established in Wales the Tudor squire and his estate by means of local government offices and the opportunities afforded him by his official position to intimidate, oppress and trick a monoglot people, harassed by changes in land tenure and law, bewildered by the changes in religion and by the dissolution of the monasteries, and harassed by a strange official language. Such is the heartbreaking account given by these Proceedings.*

Drwy lais Syr Ifan, teimlwn wewyr safle a bywyd y tyddynnwr brodorol yng nghysgod y rhai trachwantus a oedd am gymryd y tir yn eiddo iddynt hwy. Mae'n ffasiwn heddiw glodfori a rhamantu ynglŷn â rhai o'r teuluoedd hyn a'u cartrefi, heb ystyried yr hyn a fu'n sylfaen i'w cyfoeth. Yng nghofnodion Llys y Seren gwelir yn achosion Ardudwy eiriau fel: *perjury, abuse of power, cattle thieving, misdemeanours, corruption, rioting, murder, armed assembly, attempted disinheritance, refusal of sheriff to execute a writ* a *misdemeanours in office.* Ceir yma gyhuddiadau yn erbyn Edmwnd Prys, Robert Lloyd, Rhiw-goch, Morgan Vaughan, Gelli Iorwerth, William Wynne, Llandecwyn ac eraill a oedd yn berchen tiroedd ym Mhrysor a Ffestiniog. Ceir achosion o ddwyn gwartheg a chwalu terfynau. Cydnabyddir bellach fod cofnodion y llys hwn yn tueddu i fod yn orliwgar. Er hyn, mae'n ddarlun byw iawn o'r oes gythryblus hon.

Rhentol y Goron 1623 Ardudwy

Pwyswyd yn drwm ar dystiolaeth y rhentol hwn drwy'r gyfrol. Damwain lwyr oedd canfod y Rhentol ymysg nifer o gopïau o gywyddau marwnad a moliant cynnar ymhlith papurau ystad y Glyn, Llanfihangel-y-traethau yn Llawysgrifau Ychwanegol, LlGC. Mae'r darn helaethaf o blwyf Llanaber wedi ei gofnodi yn 1637.

Gwelir disgrifiad a thrawsgrifiad o Rentol 1623 Ardudwy yng nghylchgrawn Cymdeithas Hanes a Chofnodion Sir Feirionnydd yn 2009. Rhestrir y tiroedd fesul plwyf, yn aml iawn mewn trefn ddaearyddol fel bod ffermydd cyfagos yn dilyn ei gilydd yn y rhestr, ffaith a ddaeth yn amlwg pan fapiwyd enwau'r tiroedd. Weithiau, datgelir lleoliad tir hynafol sydd wedi ei lyncu gan fferm gyfagos neu wedi newid ei enw. Yn ogystal, gwelir fod clwstwr o diroedd cyfagos yn nwylo'r un perchennog a dyma gychwyn ar ffermydd ac ystadau. Mae yma hefyd ddarn bychan o rentol arall sydd yn rhestru tiroedd Harlech yr oedd ystad y Glyn yn eu dal tua 1600. (Cyfeirir at hwn yn yr is bennod, *Tiroedd Coll Harlech.*)

Mae'r rhentol hwn yn un o'r rhai pwysicaf yn Ardudwy a'r dystiolaeth ynddo yn amhrisiadwy i hanesydd tirwedd. Mae'n camu ar draws y bwlch rhwng Stent 1420 a'r Degwm.

Rhentol 1776 sydd yng nghasgliad Llanfair a Brynodol

Mae'r patrwm yn hwn yn debyg iawn i Rentol 1623 Ardudwy ac yn cynnwys yr un enwau, yn yr un drefn a chyda'r un rhenti i bob pwrpas. Nid yw'n cynnwys y darn helaethaf o blwyf Llanaber. Fe'i ceir yn LlGC, Llanfair a Brynodol M45. Awgryma hyn fod y rhentolion yn dilyn trefn arbennig a chyson. Ond mae gwybodaeth hanfodol a newydd ynddo. Yn bennaf, mae ynddo gyfeiriadau at enwau hynafol ochr yn ochr â'r enwau newydd a ddisodlwyd fel y gwelwyd ar dudalen 30. Hefyd, gwelir oddi wrth enwau'r perchnogion mai disgynyddion yr un teuluoedd sydd yma yn 1776 â'r rhai a restrwyd yn 1623 yn y rhan helaethaf o'r tiroedd. Ar ddiwedd y rhestr mae darnau byr sy'n cofnodi tiroedd bwrdeistref Harlech rhwng 1740 ac 1792 ac fe'u ceir hwythau hefyd yng nghasgliad Llanfair a Brynodol.

Rhentolion eraill Ardudwy

Darnau o rentolion eraill yn unig a gaed hyd yma, a'r rheini yng nghasgliad Llanfair Brynodol yn bennaf. Ceir darnau o Ardudwy, heblaw am Nanmor, Llanfrothen a Llanbedr, yn 1740, 1756, 1776 ac 1792. Dilynant yr un patrwm ac mae'r rhenti yr un fath o ardreth i ardreth. Mae 207 darn tir i'w cael ynddynt, ond dim ond 38 sydd yn ymddangos hefyd yn Rhentol 1623 ac mae'r gweddill yn diroedd yn Harlech a'r cyffiniau. Mae pob ardreth yn dechrau gyda'r penawdau amrywiol ond arwyddocaol, *An Account of Ardreth Gwŷr Harlech*; *Harlech Vill Rental*; *King's Rents due from the Ville of Harlech in the County of Merionydd in the Collection of the Bailifs*; *Account of Harlech Chief rent Commonly called Ardreth Gwŷr Harlech* ac *An Account of Ardreth Gwŷr Harlech in the following parishes*. Cyfanswm y taliadau yw £25 yn 1740 a £23 yn 1792, swm agos iawn at y £22 a dalodd y fwrdeistref i'r Goron yn *fee farm rent* yn 1317. Mae'r cyfan felly yn wahanol i'r rhentolion arferol ac yn nodi mai Harlech oedd yn gyfrifol am gasglu ac nid y Goron yn uniongyrchol.

Yr hyn y mae'r Rhentolion a'r Stentiau yn eu datgelu wrth eu cymharu

Cyfanswm taliadau holl welyau a gafaelion Ardudwy yn 1420 oedd £64 7s 4c o'i gymharu â chyfanswm tebyg iawn yn Rhentol 1623 Ardudwy, sef £67 0s 10c. Gellir dod o hyd i ambell rent a'r swm yn union yr un fath yn y Stent a'r Rhentol. Gwelir, er enghraifft, dir caeth *Gafael y Gornant*, Llanenddwyn yn talu dau swllt y flwyddyn yn 1420 a'r un swm yn Rhentol 1623.

Ond, gwelir fod oddeutu 200 uned o dir rhydd a chaeth Stent 1420 wedi eu datgymalu'n 800 o ddarnau o dir erbyn Rhentol 1623 a'r rhenti wedi eu rhannu rhwng eu parthau. Adlewyrcha Rhentol 1623 y newid a fu ym mherchnogaeth tiroedd y cwmwd dros ddau gan mlynedd, ond sylwer nad oedd y Goron ar ei cholled. Dengys y rhentolion mor llwyddiannus y bu strategaeth Edward I i hawlio'r arian hwn i'r Goron Seisnig.

Wrth gymharu taliadau tiroedd unigol rhentolion 1623 ac 1776, gwelir fod rhaniadau tir a rhenti'r Goron wedi parhau'n sefydlog dros gyfnod maith. Cymharer, er enghraifft, rent y Goron ar gorstir *Towyn Meyrion* [sic] yn rhestr rhent Ardudwy yn 1623, sef 13s 4c, gyda rhestr rhent yn 1776, sef *The Parishoners of Llanenddwyn per Towyn Meirion 13s 4c*. Enwir *Tyinmeyron* yn y Dreth Leyg yn 1292–3 pan mae'r rhent yn 16 swllt a 6¼ ceiniog a chwe thenant yn ei rannu.

Roedd yr hen bunt yn werth 20 swllt, a'r *morc* (*mark*) yn ddwy ran o dair o'r hen bunt, sef 13s 4c. Gwelir yn aml iawn daliadau o 6s 8c (sef hanner *morc*) a 3s 4c (chwarter *morc)* yn rhedeg yn gyson drwy'r ddau rentol. Adlewyrcha'r symiau hyn hefyd yr arfer o rannu tiroedd yn gyfartal rhwng y meibion a hwythau'n talu eu cyfran o'r rhent gwreiddiol.

Rhestri rhent ystadau

Mae rhestri rhent ystad sydd yn cofnodi rhenti ei thenantiaid yn hollol wahanol i restr rhent y Goron. Gellir gwahaniaethu rhyngddynt fel arfer drwy'r termau a ddefnyddir: *Tenantiaid y Goron*, sef y rhydd-ddeiliaid, ac *is-denantiaid*, sef tenantiaid ystadau.

Gwelir y gymhariaeth rhwng rhenti'r ystad i'r Goron yn 1623 a rhenti'r tenantiaid i'r ystad yn 1690 yng nghasgliad Brogyntyn.

Enw'r tir	**Rhenti blynyddol a dalwyd gan ystad y Glyn i'r Goron yn 1623**	**Rhenti'r tenantiaid a dalwyd i ystad y Glyn yn 1690**
Caerwych, Llandecwyn	1s 0c	£26 0s 0c
Ffridd y Fedw, Llanfihangel-y-traethau	3c	£16 0s 0c
Glan y Môr, Llanfihangel-y-traethau	2s 6c	£32 0s 0c
Llechwedd Du, Llandanwg	1s 0c	£9 12s 6c
Sylfaen, Llanaber	7s 4c	£50 0s 0c

Sylwer ar y tabl uchod fod yr arian a delir i'r Goron yn fach iawn o'i gymharu â'r hyn a delir gan yr is-denantiaid i'w hystad.

Treth Aelwyd 1662

Trethid pob aelwyd mewn tŷ rhwng 1662 ac 1688 pan ddisodlwyd y dreth gan y Dreth Ffenestri. Gosodid taliad blynyddol o ddau swllt yr aelwyd. Cofnodir enwau'r tai ac weithiau'r perchennog. Amrywia nifer yr aelwydydd rhwng un ar ddeg, fel yn achos Richard Jones a'i denantiaid yn Nol Goch, pum aelwyd gan John Lloyd, Dduallt, a dwy yr un gan Hywel Lloyd ym Modlosgad ac Alis ferch Morgan ym Mryn Cyfergyd, Ffestiniog. Ond, ysywaeth, bylchog yw'r trawsgrifiad o'r cofnodion hyn ar gyfer Meirionnydd. Gwelir y trawsgrifiad yn CCHChSF 2.1 (1953).

Parochialia Edward Lhwyd, 1698–1709

Cofnododd Edward Lhwyd enwau'r prif dai, nodweddion tirwedd ac enwau henebion Ardudwy a gweddill Cymru, fesul plwyf. Er bod bylchau yn y trawsgrifiadau, mae darnau Ardudwy'n hynod o ddiddorol. Roedd Edward Lhwyd yn gofnodwr craff, gan iddo anfon llu o gwestiynau i'r plwyfi yn ymwneud ag arferion ac enwau lleol. Mae'n rhoi cipolwg o'r cyfnod mewn rhannau o Ardudwy a chofnodwyd ambell sylw personol gan rai o'r teuluoedd a holwyd. O gofio'r hanesion uchod am hawliau ar diroedd, roedd yn amlwg yn parhau'n destun llosg yn 1709. Un o'r rhain yw'r cofnod o Lech y Cŵn, Maentwrog, sef tŷ un o gyndeidiau John Lloyd, *y Twrne Llwyd* ar lafar. Dyma un o'r tri *Chief Houses*, neu'r *Tai Cyfrifol*:

> *Llech y kwn (Al. Llech y Kwin so call'd by deeds above 500 years).*

Y rheswm am yr ymateb pendant oedd bod hirhoedledd hawliau'r teulu hwn ar y tir wedi bod yn fodd i'w ddiogelu rhag crafangau'r Goron, bron ddwy ganrif ynghynt. Yng nghyfnod arolwg Robert Dudley, Iarll Caerlŷr a'i archwiliad o diroedd y Goron yng ngogledd Cymru, roedd profi hawliau teuluol yn hanfodol. Mae'r enw *Llech y Cŵn* yn rhestr enwau Degwm Maentwrog. Os yw honiad y teulu'n gywir, bu'r tir yn dir rhydd am 800 mlynedd o leiaf.

Hefyd, cofnodwyd enwau tyddynnod fel *Mirie'r Gwidhil*, *Hendre Engan* a *Gwastad Annes* yn Llandecwyn, sydd bellach yn furddunnod. Felly, mae *Parochialia* Llwyd yn adnodd hynod o bwysig. Mae'n ddolen arall rhwng yr Oesoedd Canol a'r Degwm.

Cyfeiria Edward Lhwyd at y ffaith fod plwyf Llandecwyn wedi ei rannu'n ddau ddarn, sef *Parsel y Coed*, sef mwy na thebyg, coedydd derw dyffryn Maentwrog heddiw a *Parsel Blaen y Plwyf* Cesglir oddi wrth yr elfen *blaen* mai'r ucheldir rhwng pen uchaf Ceunant Llennyrch ac Eisingrug oedd yr ail. Rhennir y plwyf yn Nhreth Leyg 1292–3 hefyd, er nad oes enwau penodol ar y ddau ddarn.

Yr hyn sydd hefyd o ddiddordeb yma yn Llandecwyn yw'r cyfeiriad yn *Parochialia* at glawdd penodol, sef *yr hen glawdh* y gellir ei leoli'n fras drwy'r disgrifiad a ganlyn:

> *Avon Rhosigor (this hath many names) rises at cors dan bwlch yr hen glawdh in ye parish of Llandeckwyn and falls into traeth bychan in this parish.*

Mae'r enw Hen Glawdd felly'n cyfeirio at yr un clawdd trawiadol sydd yn ymestyn i'r dwyrain i Drawsfynydd, i'r gogledd o'r llyn ac ymlaen at Domen y Mur. Afon y Glyn yw'r afon dan sylw gan ei bod yn llifo o Landecwyn, heibio tir Rhosigor, ac i aber afon Dwyryd a'r Traeth Bach. Dyma ail gofnod gan Edward Lhwyd, a disgrifiad mwy manwl o daith afon Rhosigor:

> *Moel y dinas first so call'd rises at cors dan bwlch yr hen glawdh in ye parish of Ll. deckwyn and changes its name often, a little lower `tis call'd Avon Aberddeunant, then Avon Kaerwych, then gwastad Annes, then Avon y garth byrr, then Avon Dolorkan, at last `tis call'd Avon Rhosigor and so falls into ye sea at Kamlas y tŷ gwyn in Ll' hiangle parish. All these names in ye same parish, save ye last which is in Ll'ihangle.*

Gellir dilyn y cyfarwyddiadau sydd yn *Parochialia* ar fap y Degwm ac ar fap hanesyddol yr Arolwg Ordnans. Ceir enwau ar ddarnau o'r afon sydd i'w gweld yn y Degwm, naill ai'n enwau ffermydd neu'n enwau caeau bellach. Mae'n ddisgrifiad o rediad Afon y Glyn o'i tharddiad yn y gors *dan bwlch yr hen glawdh* i'r

158. Afon y Glyn yn agos i'w tharddiad yn croesi llwybr Oes Efydd Uwch Artro gyda Nyth C'lomen yn y pellter. Nith y Glomen a gofnododd Edward Lhwyd. © RhP

môr. Ceir y nodwedd hon yn gyffredin ar daith afon. Ger Nant Pascan Bach, newidiwyd ei chwrs yn ystod cyfnod o ddiwydiant lleol ac yn y ganrif ddiwethaf gan ailgyfeirio un rhan i'r dwyrain mewn ffosydd tuag at Bandy'r Ddwyryd. Daw nant gyfochrog o'r Hen Fwlch i lawr am Hendre Gerrig ac Aberdeunant bellach, gan ddod yn Afon y Glyn.

Casglodd a chofnododd Edward Lhwyd rai o enwau'r tiroedd comin ac afonydd yn ogystal. Ymysg enwau'r tiroedd comin a gofnodwyd ganddo mae: *Gwyllt Teckwyn*, Llandecwyn, *Morva'r Velyn*, *Mynydh yr Yglach*, *Gwyllt y Penrhyn*, *Kevn Koch*, *Morfa Du*, *Y Graig Ddrwg*, *Llestrey Conglog* yn Llanfihangel-y-traethau, *Mikneint* a *Helig y Moch* yn Ffestiniog. Mae'r enw *Gwyllt y Llan* yn Negwm Trawsfynydd ac amryw eraill yn Ardudwy.

Prin y byddai'r tystion lleol wedi ystyried, wrth iddynt ateb cwestiynau Edward Lhwyd, yr âi enwau mor gyffredin â hyn yn angof. Dengys gweledigaeth a thrysorfa Edward Lhwyd mor hanfodol yw cofnodi'r pethau bychain, y manion a'r cyffredin.

159. Rhan o Afon y Glyn wedi ei throi am Nant Pascan Fawr dan y bont garreg i gyfeiriad Pandy'r Ddwyryd. © RhP

Casgliadau a phapurau ystadau

Ar wahân i rentolion y Goron, rhestri rhent tenantiaid yr ystad, cerddi moliant a marwnad, ceir ymysg casgliadau'r ystadau nifer o ddogfennau cyfreithiol sydd yn ymwneud â thiroedd. Yn eu plith mae cytundebau priodas, dogfennau trosglwyddo prydlesi tiroedd a llythyrau. Cyfeiriwyd at rai o'r papurau hyn eisoes. Ceir catalogau o gynnwys bras y rhan fwyaf o gasgliadau sydd yn y Llyfrgell Genedlaethol ar-lein bellach ac mae hyn yn hwyluso'r chwilio am enw. Rhoddwyd cyfarwyddiadau penodol eisoes a gwelir hefyd Ffynonellau Digidol Defnyddiol ar dudalen 194. Mae archifdai sirol gogledd Cymru ac Archifdy Prifysgol Bangor hefyd yn dal casgliadau sy'n ymwneud ag Ardudwy ond mae llawer ohonynt eto heb eu rhoi ar y we oherwydd diffyg adnoddau. Dangosodd Covid 19 a'r cyfnodau Clo mor bwysig yw digido adnoddau o'r fath.

Mapiau ystad *c.* 1790

Yn 1790, gwnaed llawer o fapiau ffermydd ystadau, megis rhai o ffermydd Maesyneuadd, Corsygedol a Bachymbyd. Ysywaeth, does dim mapiau ystad y Glyn ymysg casgliadau Brogyntyn. Mae stôr gyfoethog o fapiau ystad yng Nghymru gyfan, gan eu bod yn arwydd o falchder perchnogion yr ystadau. Erys llawer o'r mapiau hyn, yn cynnwys ffermydd unigol yn Ardudwy ac mewn rhannau eraill o Gymru. Maent yn enghreifftiau hardd o waith llaw crefftus, fel yr un o Gae Nest, Llanbedr gan Richard Owen. Fe'u gwelir ar dudalen 184. Gwerth arbennig y mapiau hyn yw'r darlun y maent yn ei roi o ffermydd cyn cau'r tiroedd comin a chyn rhyfeloedd Napoleon a'u heffeithiau ar y diwydiant amaethyddol. Wrth eu cymharu â mapiau'r Degwm o'r un ffermydd yn 1840 dangosant yn eglur y modd yr ychwanegwyd tir atynt yn 1806 drwy'r Deddfau Amgáu.

Yn cydredeg â'r mapiau mae rhestri enwau caeau ac mae'r rhai sydd wedi goroesi yn ein galluogi i'w cymharu â'r enwau yn y Degwm. Gwelir enghraifft yma. Mae'r mapiau weithiau'n dangos ychwanegiadau mewn llawysgrifen, er enghraifft, pan fo darn o'r tir wedi newid dwylo neu derfyn wedi newid, fel yn achos Cae Nest.

160. *Map hardd Richard Owen o Gae Nest, Llanbedr, eiddo i deulu Poole yn 1790. Casgliad Bachymbyd, Thorowgood, Tabor & Hardcastle. I'w weld yn LLGC. Gwnaed pob ymgais i ddarganfod deiliad hawlfraint y gwaith/perchennog y casgliadau, ac rwyf yn cymryd unrhyw gyfrifoldeb.*

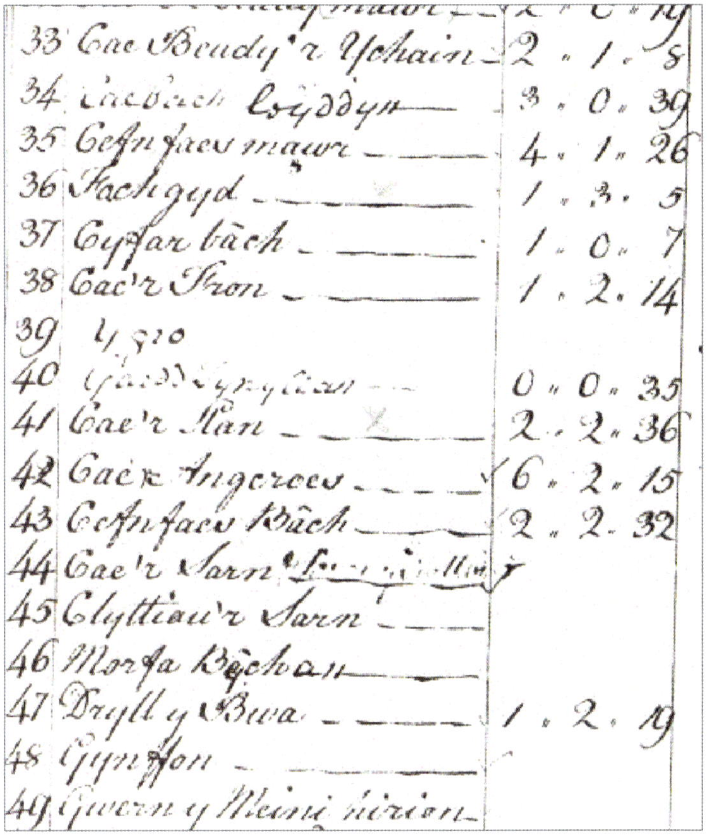

33	Cae Beudy'r Ychain	2 . 1 . 8
34	Caebach [illegible]	3 . 0 . 39
35	Cefnfaes mawr	4 . 1 . 26
36	[illegible]	1 . 3 . 5
37	Cyffar bach	1 . 0 . 7
38	Cae'r Fron	1 . 2 . 14
39	[illegible]	
40	[illegible]	0 . 0 . 35
41	Cae'r Llan	2 . 2 . 36
42	Cae'r Angcroes	6 . 2 . 15
43	Cefnfaes Bach	2 . 2 . 32
44	Cae'r Sarn [illegible]	
45	Clyttiau'r Sarn	
46	Morfa Bychan	
47	Dryll y Bwa	1 . 2 . 19
48	Gynffon	
49	Gwern y Meini hirion	

161. *Darn o restr enwau caeau Cae Nest yn 1790 sy'n cyd-fynd â'r map. I'w weld yn LLGC. Gwnaed pob ymgais i ddarganfod deiliad hawlfraint y gwaith/perchennog y casgliadau, ac rwyf yn cymryd unrhyw gyfrifoldeb.*

Yn cyd-fynd â'r map mae rhestr enwau caeau, y rhan fwyaf wedi eu cadw yn ddigyfnewid yn y Degwm, fel y gwelir gyferbyn. Yn y rhestr, ceir dau gae cefnfaes sydd yn dynodi ffin y plwyf, *Cae'r Ancroes* a *Gwern y Meini Hirion*.

Cofnodion festri plwyf

Ymysg y cofnodion plwyf diddorol mae cyfrifon wardeiniaid a goruchwylwyr y tlodion. Yr archifdy lleol yw'r lle i holi amdanynt. Er enghraifft, rhwng 1811 ac 1818 ceir nifer o atebion i ymholiadau gwladol ymysg cofnodion plwyf Llandecwyn. Ar wahân i gyfrifiad, sy'n nodi oedran plwyfolion a nifer y tai cyfannedd, sef 90, cawn wybod nad oes yr un tŷ newydd wedi cael ei adeiladu a bod 97 o deuluoedd y plwyf yn gweithio yn y diwydiant amaethyddol. Roedd 56 plentyn o dan bump oed a chyfanswm o 202 gŵr a 244 o wragedd yn byw yn y plwyf. Talwyd i wŷr am ladd cigfrain, belaod a llwynogod ac i'r gof am gylchoedd newydd i'r gloch. Manion yw'r gweddill ond manion difyr iawn sy'n cofnodi enwau tiroedd a thyddynnod ac yn cynnig darlun o fywyd cymdeithasol y cyfnod. Cawn wybod enwau'r tai cyfredol a faint oedd yn byw ym mhob un ohonynt. Aeth nifer ohonynt yn adfeilion bellach ond mae enwau rhai wedi eu cadw yn enwau'r caeau o'u cwmpas.

Y Cyfrifiad Cenedlaethol

Ceir copïau rhwng 1841 ac 1911 mewn archifau sirol ac ar-lein am bris. Mae'r cyfrifiad cyntaf yn 1841, er yn denau o ran manylion, yn werthfawr i'r hanesydd i gymharu enwau anheddau â'r enwau yn y Degwm.

Cofrestri plwyf

Mae cofrestri plwyf a cherrig beddau weithiau'n gallu bod yn ffynonellau da o ran enwau ffermydd a thyddynnod. Ceir y cofrestri yn y Llyfrgell Genedlaethol ac fe'u rhestrir yn hwylus a chynhwysfawr yn *Cofrestri Plwyf Cymru*. Ceir copïau o gofrestri plwyf mewn archifau lleol a'r Llyfrgell Genedlaethol, ar *microfiche*, ond maent ar gael yn fwy hwylus ar-lein, am dâl fel arfer. Cofnodwyd yr arysgrifau ar gerrig beddau nifer fawr o blwyfi gan Gymdeithas Hanes Teuluoedd Gwynedd. Maent i'w cael mewn llyfrynnau hwylus ond, ysywaeth, ddim eto ar-lein.

Y Degwm

Erbyn blynyddoedd cynnar y bedwaredd ganrif ar bymtheg, roedd galw cynyddol am adolygu system y Degwm a fu'n weithredol ers yr Oesoedd Canol. Arferid talu degfed ran o gynnyrch amaethyddol a chynnyrch arall, yn bennaf mewn nwyddau, i gefnogi clerigwyr yr eglwys ac yn ddiweddarach unigolion a sefydliadau lleyg. Yn 1836, gyda Deddf Cymudo'r Degwm, bu'n rhaid talu mewn arian parod a gwnaed arolwg o diroedd y Degwm drwy Gymru a Lloegr. Erbyn 1841 cwblhawyd y rhan fwyaf o'r gwaith a lluniwyd mapiau'r Degwm. Cofnodwyd ansawdd y tir, yn dir âr, porfa, coed a dôl, a mesurau manwl y caeau unigol, er mwyn pennu'r taliadau arnynt. Ychwanegwyd enwau'r perchnogion a'r tenantiaid, y cyfan mewn Rhestr Pennu'r Degwm a gydredai â'r mapiau.

Cyflogid prisiwr i bennu gwerth y tir ac yn aml, roedd yn brisiwr lleol, fel ym mhlwyfi Ffestiniog a Maentwrog (George Casson, Blaen y Ddôl, Ffestiniog), ac ym mhlwyfi Llanbedr a Llanfihangel-y-traethau (Richard Humphreys Richards, Llanfair Isaf, Llanfair) – y ddau yn berchnogion tir lleol hefyd. Yn ogystal â phrisio caeau unigol, ar ddiwedd y rhestr nodai'r prisiwr werth y plwyf yn grwn ar gyfer y dreth. Ceir gwybodaeth lai amlwg ynddo hefyd. Ceir ar adegau gofnod ysgrifenedig o'r iaith lafar leol yng nghanol y bedwaredd ganrif ar bymtheg.

Yn achos Ardudwy, ni chofnodwyd enwau caeau plwyfi Llanelltud, Llanfrothen, Maentwrog, Ffestiniog na threfgordd Nanmor, felly nid oedd yn bosibl cynnig enghreifftiau manwl o'r plwyfi hynny yn yr ymchwil na'r llyfr.

Ysywaeth, mae bylchau mawr yng nghofnodion enwau caeau plwyfi ambell sir, megis Môn gan mai dim ond 18% o'r enwau a gofnodwyd. Ond, mae grwpiau ac unigolion yn brysur yn eu casglu a'u cofnodi ar gyfer map digidol Cymdeithas Enwau Lleoedd Cymru. Cymerir gofal wrth gasglu i nodi a chofnodi pob tystiolaeth yn ogystal â chynnwys ffynhonnell. Mae rhai hefyd yn chwilio am fapiau ffermydd ac enwau caeau mewn casgliadau ystadau tua 1790 a phapurau sêl ar ddechrau'r ugeinfed ganrif. Mae'r gwaith hwn yn bwysig dros ben ac mae brys i'w gwblhau yn Ardudwy a thu hwnt.

Mae amrywiaethau enfawr yn ansawdd y cofnodion gwreiddiol. Er enghraifft, dirywiodd yr inc yn Rhestr Pennu'r Degwm plwyf Llandanwg ac anodd yw darllen yr enwau hyd yn oed gyda chymorth peiriant uwchfioled. Cafwyd copi clir o'r Archifau Cenedlaethol ar gyfer rhai plwyfi i hwyluso gwaith prosiect Cynefin.

Mewn unrhyw astudiaeth ar enwau ffermydd a chaeau mae Degwm 1840 yn hollol hanfodol, gan ei fod hefyd yn arwain yr ymchwilydd at berchennog y tir a'r ystad leol. Ymysg casgliadau'r ystad honno mae tystiolaeth hŷn ar gael am ddarn o dir, fferm neu denant. Mae'r Degwm yn adnodd gwirioneddol werthfawr ac fe wnaeth prosiect Cynefin gymwynas fawr drwy ei wneud yn fwy hygyrch arlein. Arbennig o werthfawr yw'r lluniau digidol o'r Rhestr Pennu wreiddiol a'r mapiau, gan eu bod yn dystiolaeth wreiddiol a chywir.

Da yw gweld ymdriniaeth â'r Degwm a'i werth fel ffynhonnell yn llyfr tra gwerthfawr Rheinallt Llwyd a D Huw Owen, *Olrhain Hanes Bro a Theulu*. Ceir hanes manwl y Degwm a disgrifiadau o'r hyn sydd ar gael ym mhob plwyf yn llyfr cynhwysfawr a hollol hanfodol Robert Davies, *The Tithe Maps of Wales*.

Mae'n rhyfeddol na chafodd y rhestri pennu a'r mapiau hyn fwy o sylw mewn ymchwil hanesyddol. Heb os, mae'r rhestri'n pontio rhwng enwau ein dyddiau ni a'r rhai sydd yn y stentiau a'r rhentolion. O'u defnyddio wrth gychwyn olrhain hanes enw, mae'n sylfaen gadarn wrth i ni wneud camau ansicr ac yn llawer llai peryglus na dechrau gydag enwau heddiw! Mae'r rhain yn aml yn dangos bod newidiadau enfawr er 1840 a'r rheini'n mynd law yn llaw â'r newidiadau cymdeithasol ac economaidd.

Gogoniant y Degwm yw y gellir ei ddefnyddio fel meincnod, sef cofnod o enwau a gofnodwyd yr un pryd ar draws y wlad, a hynny cyn i rai enwau gael eu colli neu eu newid. Mae'r

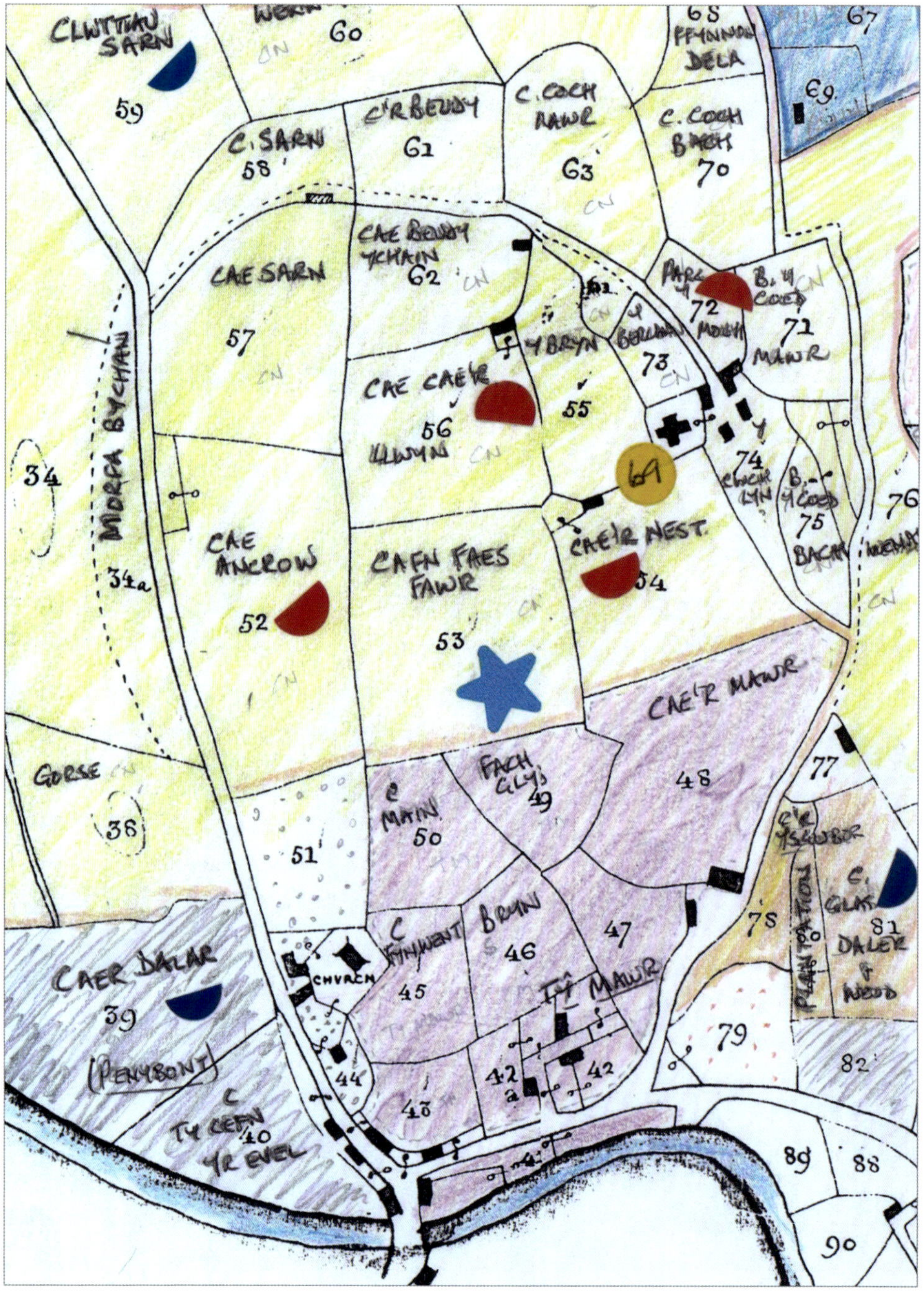

162. Map Degwm o Gae Nest. © RhP

mwyafrif llethol o enwau'r Degwm yn Ardudwy yn rhai a gofnodwyd fwy na thair canrif yn ôl. Er 1840, bu newidiadau mawr ac ni ellir bod mor ffyddiog bod enwau heddiw mor hynafol a dibynadwy ar gyfer ymchwilio os nad ydynt wedi eu cynnwys yn y Degwm. Er yr holl ddulliau anghyfarwydd o sillafu, yn aml iawn, cofnodwyd yr hyn a glywodd y clerc wrth gasglu tystiolaeth lafar, ac mae i'r sillafiad werth ychwanegol i'r hanesydd.

Mapiau Degwm

Amrywia ansawdd y mapiau gwreiddiol a'r rhestri ac mae Ffestiniog yn enghraifft dda. Mae mapiau Llanfrothen a Maentwrog o leiaf yn dangos ffiniau ffermydd unigol, fel y gwelir isod. Mewn achosion o'r fath, mae'n rhaid chwilio am dystiolaeth amgen mewn mapiau ystad a wnaed tua 1790, neu hyd yn oed mapiau sêl ystadau bychain ar ddechrau'r 1900au. Mae gwir angen casglu ac ychwanegu at yr hyn a wnaed gan wirfoddolwyr yn Ardudwy a mannau eraill yng Nghymru. Gellir llenwi rhai o'r bylchau a rhoi'r canlyniadau ar fap digidol Cymdeithas Enwau Lleoedd Cymru er mwyn diogelu'r enwau a rhannu'r wybodaeth. Serch y diffyg manylder, mae mapiau'r Degwm, fel rhai Maentwrog, yn gallu cyfrannu darnau o dystiolaeth annisgwyl, fel y gwelwyd. Maent weithiau'n pontio'r bwlch rhwng stentiau cynnar a heddiw.

Argraffwyd mapiau Degwm Trawsfynydd, yn groes i'r arfer, ben i waered gyda'r gogledd ar waelod y map. O ganlyniad, mae'n amhosibl gosod haenau o fapiau cyfredol yr Arolwg Ordnans drostynt ar gyfrifiadur heb fod y rhifau a'r enwau ben i waered. Morgan Lloyd, mab galluog fferm Cefngellgwm, Trawsfynydd, oedd y mesurydd tir a luniodd y mapiau. Gweler tudalen 98.

Cylchgrawn Cymdeithas Hanes a Chofnodion Sir Feirionnydd

Cyhoeddwyd y cylchgrawn anrhydeddus hwn er 1949 ac er 1987 bu dan olygyddiaeth gadarn a gwych Arwyn Lloyd Hughes. Bu hefyd yn Olygydd Cynorthwyol o 1964 hyd 1986. Rhoddodd wasanaeth rhyfeddol felly. Ymhlith yr erthyglau mae amryw gyfeiriadau ac ymdriniaethau sy'n ymwneud â thiroedd Ardudwy a'u hanes. Mae mynegai newydd a manwl o'r cynnwys hyd at 1989 ar gryno-ddisg ac mae'n werthfawr iawn. Mae'n werth nodi ysgrifau manwl gan Lewis W Lloyd, *Corsygedol, Ardudwy's Principal Estate* Cyfrolau 8:1 ac 8: 2 yn 1977 a 1978. Ceir nifer o drafodion sirol o'r fath.

Yn 2001 cyhoeddwyd ail gyfrol, *History of Merioneth volume II,* sydd yn cynnwys ffrwyth llafur nifer o arbenigwyr blaenllaw dan olygyddiaeth ysgolheigaidd J Beverley Smith a Llinos Beverley Smith yn ogystal â'u cyfraniadau hwythau. Ni ellir gorbrisio gwerth y gyfrol hon. Mae ei chyfraniad at ein dealltwriaeth o Feirionnydd ac o Ardudwy mewn sawl maes yn enfawr. Cyfeirir at hanes Harlech ac ystadau Ardudwy yn gyson drwy'r gyfrol. Gwelir ynddi waith manwl ac ysgolheigaidd Colin Thomas ar ddatblygiad ystadau, pennod Gruffydd Aled Williams ar y Traddodiad Llenyddol a llawer mwy sydd yn berthnasol.

Mapiau'r Arolwg Ordnans

Cyfeiriwyd eisoes at fapiau cynnar yr Arolwg Ordnans a'u gwerth i'r hanesydd. Fe'i sefydlwyd yn 1791 a chyhoeddwyd y mapiau cyntaf, modfedd i'r filltir a dwy fodfedd i'r filltir, yn 1819. Ceir copïau papur Cymru yn Llyfrgell Genedlaethol Cymru ac mewn archifau lleol. Rhinwedd y mapiau cynnar yw bod enwau nifer o nodweddion lleol wedi eu cofnodi, enwau a gollwyd ar lafar. Mae mapiau'r Arolwg Ordnans, *c.* 1888-1901, graddfa 25 modfedd i'r filltir, yn addas at gofnodi mân enwau fel creigiau, ffynhonnau a murddunnod. Ond, does dim gwell na chofnodi Rhif Grid Cenedlaethol (NGR) manwl. Erbyn 2019 mae mapiau ar-lein gan Lyfrgell Genedlaethol yr Alban yn adnodd gwych, er bod bylchau mawr yng Nghymru ac mae angen eu cau. Gweler y cyfarwyddiadau ar dudalen 195. Gellir defnyddio rhai gwefannau sydd hefyd yn rhoi lleoliad (NGR) yr hyn yr ydych am ei gofnodi. Rhaid rhybuddio rhag rhoi gormod o bwys ar sillafiad a ffurf enwau ar fapiau Arolwg Ordnans unrhyw ddyddiad. Dengys yr enghreifftiau o Faes Imper, Trawsfynydd ar dudalen 78 mor fympwyol oedd y cofnodwyr. Hyd yn oed heddiw, clywir y gri fod enwau mapiau AO yn swyddogol neu'n safonol ac yn feincnod. Gochelwch rhag syrthio i'r pydew hwn!

Tystiolaeth lafar

Yn ystod yr ymchwil, cofnodwyd ar dâp lawer o enghreifftiau o unigolion yn cynanu enwau a drosglwyddwyd gan y teulu dros ganrifoedd. Cyfeiriwyd at rai achosion uchod. Yn aml, nid oedd y siaradwyr yn ymwybodol o arwyddocâd hanesyddol enwau a ddefnyddiwyd ganddynt mewn sgwrs naturiol braf. Weithiau, daeth enw hollol annisgwyl wrth ymddiddan.

Adroddodd y diweddar Iorwerth Edwards, Llanelltud hanes cae o'r enw *Bryn Gosber* yn y Ganllwyd, plwyf Llanddwywe-uwch-y-graig. Mae'r enw wedi ei golli yn y fro erbyn heddiw. Yn ôl y traddodiad, i'r cae hwn y deuai offeiriad y plwyf, unwaith y flwyddyn yn unig, i gynnal gwasanaeth. Cerddai yno dros y mynydd o'r glannau ac o eglwys y plwyf yn Nhal-y-bont (Llanddwywe-is-y-graig). Diau nad aeth yn angof i'r plwyfolion yn y Ganllwyd mai i eglwys Llanddwywe roedd eu teyrngarwch ysbrydol ac ariannol. Mae'r cae wedi ei enwi yn *Bryn* (rhif 796), Tŷ Cerrig, y Ganllwyd, yn y Degwm. Wrth golli'r enw yn llawn, collwyd darn o hanes lleol. Ond, diolch i dystiolaeth lafar un dyn, gellir dweud mai dyma leoliad *Bryn Osper* a gofnodwyd yn nogfen Peniarth DA299 yn 1654. Mae *Bryn Gosber* led cae ar ochr dde ffordd yr A470 wrth ddod am Ddolgellau, cyn cyrraedd neuadd y pentref. Mae'n foncyn amlwg na ellir ei anwybyddu – fel yr offeiriad blinedig hwnnw ganrifoedd yn ôl.

Mae unigolion hefyd yn gallu cyfrannu gwybodaeth a thystiolaeth ac yn ffynhonnell bwysig sy'n hawdd ei hanwybyddu. Un â chof fel lastig oedd Ceinwen Roberts, Gellilydan. Byrlymai o hanesion difyr am Geunant Llennyrch a Llech y Cŵn. Cefais lond trol o wybodaeth a thystiolaeth lafar am blwyf Llandecwyn gan Ieuan Jones, y bardd. Go brin y byddwn wedi cael gwybod am olion pont Ffordd Cennad ar draws Ceunant Llennyrch, pont oedd yn eiddo i deulu'r fferm ers canrifoedd. Dyma eu *ffordd fawr* i blwyf ac eglwys Maentwrog, lle roedd eu braint. Rhaid oedd i eraill ofyn am ganiatâd i'w defnyddio. Un traddodiad yw bod y bont wedi dymchwel yn dilyn angladd yr olaf yn y teulu.

164. Llwybr Cennad. © RhP

of land commonly called Bryn osper
William [illegible] also all that [illegible]

163. Darn o ddogfen Peniarth DA299 yn 1654 yn dangos yr enw Bryn Osper. Gyda chaniatâd LlGC.

165. *Pentan Pont Llennyrch.* © *RhP*

sgwrs ddiweddar gyda Miss Catherine Richards, dywedodd fod yr enw yn hollol ddieithr iddi ac i gyfeilles o Gwm Bychan gynt. Doedd yr enw ddim yn nhraethawd ei thad ychwaith wedi iddi ei ailddarllen. Dirgelwch!

Un a wyddai am hanes ac enwau plwyf Llandecwyn yn dda oed Ieuan Jones, y bardd, Tyn y Coed, Dyffryn gynt. Cawsom oriau o sgwrsio ar dâp wrth iddo gyflwyno ei wybodaeth yn ogystal â'i gariad at ei fro. Yn dilyn pob sgwrs gydag ef awn ar daith gerdded yn yr uwchdir, Eisingrug, Moel y Glo a Chwm Moch, gan ddilyn llwybr Oes Efydd Uwch Artro, drwy Gors y Ddwyfil hyd at Adwy Gwŷr Llŷn rhwng Moel Dinas a Chraig y Gwynt.

Mae casgliadau gwerthfawr, niferus o dapiau mewn archifau lleol sy'n cynnwys enwau tiroedd mewn sgyrsiau. Wrth wrando, clywir acenion lleol a chynanu hynafol. Cyfeiriwyd at sgwrs Ieuan Tomos a Thir y Felin, Uwch Cefn y Clawdd ar dudalen 125.

Yn ogystal, cofia rhai ardalwyr storïau am hen dyddynnod a ddiflannodd ers y Degwm – megis un o'r enw Pen Cae'r Gof, Llandecwyn. Mae'r enw i'w weld ar bedwar cae ar fferm Gelli Gwial yn y Degwm.

Cefais hanes ar lafar gan aelod o deulu'r Graig Ddu (*Greigddu* ar lafar), Trawsfynydd. Mae'r hanes hefyd yn *Llais Ardudwy* yn 1975. Adroddir ynddo fod John Richards wedi ei eni yn fferm y Greigddu ym mhlwyf Trawsfynydd ond bellach mae'n byw yng Nghwm yr Afon, Llanbedr, sef ffermdy sylweddol o bwys mawr yn lleol. Capel Salem, Cefncymerau, Llanbedr oedd addoldy'r teulu ac maent yn dal i ofalu'n ffyddlon amdano heddiw. Pan fu farw mam John Richards yn y Greigddu yn 1916 cludwyd ei harch dros *Fwlch yr Ardrethiad*, sef Bwlch Tyddiad (Roman Steps), i Gwm Bychan lle roedd hers a cheffyl yn aros i'w chario ymlaen i Salem. Dyma enw na chlywais erioed o'r blaen a thybed beth oedd y rheswm am yr enw anghyffredin? Gwyddom ystyr *ardreth* ond beth tybed yw'r cysylltiad? Mewn

166. *Bwlch Tyddiad. Clayton, ID 106618, D2113_2729. Gyda chaniatâd CBHC.*

167. Erchwyn y llwybr Oes Efydd i'w weld yn glir yn croesi Cors y Ddwyfil, ger Bryn Llestri Cynfal (Bryn Cader Faner). © RhP

Mae'r llwybr yn llydan ac yn fwy diweddar na'r llwybr pwn cyfochrog a welir yma o hyd mewn ambell le.

168. Darn o'r llwybr pwn. © RhP

169. Dod i olwg Cwm Moch o Fryn Cader Faner. © RhP

Holodd Ieuan fi unwaith a oeddwn wedi dod ar draws ffynnon hynafol ar ymyl y llwybr yng Nghwm Moch. Ni wyddai ei henw. Er gwaethaf chwilio'n daer amdani wedyn, bu blwyddyn neu ddwy cyn i mi ei chanfod a chael gwybod ei henw. Gwelais yn ddiweddarach ymysg papurau Morris Davies, Trawsfynydd, nifer o enwau nodweddion tirweddol rhwng y plwyf hwnnw a Llandecwyn. Yno, yn eu mysg yn celu, roedd *Ffynnon y Bywyd yng Nghwm Moch*.

170. Pentref cynhanesyddol Cwm Moch a'r bont fach. Gyda chaniatâd CBHC.

171. Y bont fach yng Nghwm Moch. © RhP

Erbyn hyn, roedd o'r golwg dan groen o dyfiant, yn llawn o figwyn ond roedd yn wefr ei chanfod a hynny efo grŵp bach o gyfeillion Adnabod Ardudwy. Aethom ati i'w glanhau ond cymerodd sawl tro a chymorth dau gyfaill sydd yn trysori ffynhonnau i'w hadfer. Nid dros nos mae glanhau ffynnon fel hon sydd wedi ei hanghofio ac mae'n cymryd amser iddi ail-lifo'n naturiol unwaith eto. Fel gydag iaith ac enwau, mae'n rhaid wrth ddefnydd cyson i'w chadw'n fyw ac iach.

Wedi i'r dŵr groywi, deallais ystyr yr enw, Ffynnon y Bywyd, wrth flasu'r dŵr oer, melys. Byddai wedi bod yn fodd i ddiwallu syched teithwyr ers dros ddwy fil o flynyddoedd a phob un wedi ei glanhau wrth ymadael. Dyna'r arferiad gyda llwybrau hefyd, trwsio wrth basio, traddodiad hyfryd a gollwyd.

Mae cysylltu tystiolaeth lafar fel hon ac astudiaeth o fapiau ystadau, mapiau'r Degwm a mapiau OS ac astudiaeth o'r dirwedd ei hun yn werthfawr. Mae darnau bach yn cysylltu â'i gilydd ac yn cynnig darlun mwy cyflawn na'r hyn a geir drwy ganolbwyntio ar un agwedd yn unig.

172. Yr hafn a'r llwybr i fferm Cefn y Clawdd. Llun: Arwyn Roberts

173. Llun o Ffynnon y Bywyd newydd ei darganfod. © RhP

FFYNONELLAU DIGIDOL DEFNYDDIOL

Mae nifer fawr o ffynonellau defnyddiol i'w cael ar y we. Rhestrir yma rai o'r rhai mwyaf defnyddiol yn 2019. Mae'n werth taro golwg drostynt cyn cychwyn gwaith i'n hatgoffa o'r hyn sydd ar gael yn hwylus. Mae angen gofal wrth ddefnyddio rhai gwefannau sydd heb eu gwirio o ran cywirdeb enwau.

Gwefannau yn perthyn i sefydliadau

www.e-gymraeg.co.uk/enwaulleoedd/amr/cronfa_en.aspx
Archif Melville Richards, un o drysorau'r Genedl, ym Mangor.

Archifau sirol: Gwelir fel arfer yn rhan o wefannau'r Cynghorau.

https://archwilio.org.uk/arch
Mynediad i'r pedair ymddiriedolaeth yng Nghymru a dolenni defnyddiol at nifer o gyrff cyhoeddus yn y maes hwn.

https://coflein.gov.uk/cy
Ceir yma fynediad i gronfa CBHC. Gellir ymweld hefyd â'r swyddfa a'r llyfrgell yn Llyfrgell Genedlaethol Cymru.

www.comisiynyddygymraeg.cymru/Cymraeg/Comisiynydd/EnwauLleoedd
Mae Comisiynydd y Gymraeg yn gyfrifol am ddarparu cyngor i unigolion a sefydliadau o bob math ar ffurfiau safonol enwau lleoedd yng Nghymru. Mae 3320 o enwau ar y rhestr o ffurfiau safonol enwau pentrefi, trefi a dinasoedd Cymru.

https://cpat.org.uk
Ymddiriedolaeth Archaeolegol Clwyd a Powys. Mae hon yn wefan ddifyr iawn ond does dim fersiwn Cymraeg.

https://cymruhanesyddol.gov.uk
Mapiau ac arnynt nifer o haenau o leoliadau henebion a nodiadau amdanynt. Weithiau mae delweddau ar gael.

https://www.dyfedarchaeology.org.uk
Gwefan Ymddiriedolaeth Archaeolegol Dyfed. Mae'r wefan yn ddwyieithog ond ychydig o'r tudalennau sydd wedi eu cyfieithu. Mae'n wefan ddifyr serch hyn.

Mae hon yn adnodd gwych iawn, yn hawdd i'w defnyddio, a'r cyfan ar gael yn Gymraeg.

https://enwaulleoeddhanesyddol.cbhc.gov.uk
Ymateb y llywodraeth oedd sefydlu'r rhestr hon wedi iddynt wrthod gwarchod enwau lleoedd ym Mesur ac yna Deddf yr Amgylchedd Hanesyddol yn 2016. Does dim grym cyfreithiol i'r rhestr. Hyd yma mae'r enwau heb eu safoni yn unol â'r canllawiau a arddelir gan arbenigwyr ym maes enwau lleoedd. Noda'r wefan fod miloedd o gofnodion wedi eu cywiro a rhagor i'w gwneud.

www.genuki.org.uk
Mae hon yn wefan ddefnyddiol iawn ac yn agor drysau at adnoddau lleol, yn ôl hen siroedd a'r plwyfi yn 1840.

www.ggat.org.uk
Gwefan Ymddiriedolaeth Archaeolegol Morgannwg-Gwent.

Mae rhai taflenni lleol ar y wefan a gwybodaeth am eu gwasanaethau masnachol i gyd yn Saesneg.

www.heneb.co.uk
Ymddiriedolaeth Archaeolegol Gwynedd.
Gwefan gwbl ddwyieithog ddifyr, deniadol a chynhwysfawr.

https://lleoedd.llyfrgell.cymru
Rhan o wefan Llyfrgell Genedlaethol Cymru yw'r wefan hon ac mae'n ffrwyth llafur prosiect Cynefin. Ceir yma ddelweddau o fapiau Degwm Cymru ar ffurf ddigidol ynghyd â Rhestri Pennu'r Degwm sy'n cyd-fynd. Mae'r olaf wedi eu trawsgrifio ac yn ddefnyddiol wrth chwilio am enw unigol ond dylid cymharu'r enw â'r gwreiddiol er mwyn cywirdeb.

https://maps.nls.uk
Dyma wefan wych Llyfrgell Genedlaethol yr Alban. Mae cyfoeth o fapiau Arolwg Ordnans, mapiau ystad a hanesyddol ar gael, gan gynnwys rhai o fapiau Cymru. Byddai'n wych cael mapiau ystadau Cymru wedi eu digido fel hyn yn ein Llyfrgell Genedlaethol. Mae eu map hanesyddol '*geo-referenced*' yn ddefnyddiol er mwyn darganfod Rhif Grid Cenedlaethol lleoliad, os nad oes gennych becyn mapio'r Arolwg Ordnans ar eich cyfrifiadur neu ffôn.

Gwefannau yn perthyn i gymdeithasau neu unigolion

Mae nifer cynyddol o'r rhain, a rhai yn fwy lleol na'i gilydd. Ymysg y rhai defnyddiol a difyr mae:

www.cymdeithasenwaulleoedd.cymru
Ceir yma hanesion gweithdai a theithiau cerdded, erthyglau a chyfeiriadau at y *Bwletin*, sef cylchgrawn aelodau'r gymdeithas. Mae cyfeiriadau ar y wefan at nifer fawr o ffynonellau enwau lleoedd ychwanegol a'r map digidol fydd ar gael i'r cyhoedd yn y man.

https://www.hanes-meirionnydd.cymru
Cymdeithas Hanes a Chofnodion Sir Feirionnydd. Gwefan syml sydd yn rhoi blas ar raglen y gymdeithas a'i chwmpas.

https://hanesdyffrynogwen.wordpress.com
Ceir yma ffrwyth ymchwil ddifyr iawn ac erthyglau sydd yn deillio o ymchwil arbennig John Llywelyn Williams a Lowri Williams

https://tairllan.wordpress.com
Dyma wefan dda sy'n eiddo cymdeithas hanes fywiog yn ardal Caernarfon. Ynddi mae cyfeiriadau pellach i ymchwilwyr a lluniau o ddigwyddiadau lleol sy'n denu aelodau newydd.

https://www.flickr.com/photos/abermaw/albums
Yma ceir gasgliad gwych Hugh Griffith Roberts, Henddol, Abermaw o hen luniau tref y Bermo

https://www.webarchive.org.uk/wayback/archive/*/http://www.adnabodardudwy.org/
Dyma wefan Adnabod Ardudwy sydd wedi ei harchifo. Copiwch y ddolen i'ch porwr. Pan fydd y sgrin yn ddu, dewiswch unrhyw fis ac yna, ddyddiad yn y calendr, clic. Gallwch newid i'r Gymraeg neu'r Saesneg a mynd at y tudalennau cefn. Nid yw'r ffilmiau 3D ar gael bellach. Mae'r ddau gylchlythyr yno hefyd ac yn y ddwy iaith.

http://wtp2recorder.appspot.com/wheresthepath.htm
Gwelir yma awyrlun ochr yn ochr â'r map AO o'ch dewis.

ACRONYMAU/BYRFODDAU A LLYFRYDDIAETH

AMR	Archif Melville Richards.
Bangor	Casgliad Cyffredinol Prifysgol Bangor.
BBCS	*The Bulletin of the Board of Celtic Studies / Bwletin y Bwrdd Gwybodau Celtaidd,* Caerdydd.
Brogyntyn	Casgliad Brogyntyn, LlGC (catalog ar-lein).
CAL	*Calendar of Ancient Petitions relating to Wales,* gol. William Rees, Caerdydd, 1975.
CCHChSF	Cylchgrawn Cymdeithas Hanes a Chofnodion Sir Feirionnydd.
CDT.LlC	Adran Cartograffeg, Daearyddiaeth a Thechnoleg Llywodraeth Cymru.
CELlC	Cymdeithas Enwau Lleoedd Cymru.
CBHC	Comisiwn Brenhinol Henebion Cymru.
CNC	Cyfoeth Naturiol Cymru.
CSCPW	*A Catalogue of Star Chamber Proceedings relating to Wales,* gol. Ifan ab Owen Edwards, BBCS, Caerdydd, 1929.
CWP	*Calendar of Wynn (of Gwydir) Papers*, LlGC, 1926.
Dolfriog	Casgliad Dolfriog, LlGC (catalog ar-lein).
DPNW	Hywel Wyn Owen, Richard Morgan, *Dictionary of the Place-names of Wales*, Gomer, 2007.
Elwes	Casgliad Elwes, LlGC (catalog ar-lein).
EVWAT	Ebbw Vale Works Archival Trust.
ExAng.	G Rex Smith, 'The Extent of Anglesey 1284', yn TCHNM, 2009.
ExchProc Henry VIII-Eliz	*Exchequer Proceedings (Equity) concerning Wales, Henry VIII-Elizabeth,* gol. E G Jones, Caerdydd, 1939.
ExchProc James I	*Exchequer Proceedings concerning Wales in tempore James I,* gol. T I Jeffries Jones, Caerdydd, 1955.
ExMer	'The First Extent of Merionethshire', A D Carr, gol., yn HM2, tt. 702–716.
GAG-Dolg	Gwasanaeth Archifau Gwynedd - Dolgellau.
GPC	*Geiriadur Prifysgol Cymru*, Caerdydd, 1950– (ac ar-lein).
HEYM	Glenda Carr, *Hen Enwau o Ynys Môn*, Gwasg y Bwthyn, 2015.

HM2	*History of Merioneth volume II*, gol. J Beverley Smith a Llinos Beverley Smith, Caerdydd, 2001.
LSMW	*Landscape and Settlement in Medieval Wales, gol.* Nancy Edwards Oxbow Publications, 1997.
LlB	Casgliad Llanfair Brynodol, LlGC.
LlC	*Llyfr Colan*, gol. Dafydd Jenkins, Caerdydd, 1963.
LlGA	Llyfrgell Genedlaethol yr Alban.
LlGC	Llyfrgell Genedlaethol Cymru.
LG	Frances Lynch, *A Guide to Ancient and Historic Wales – Gwynedd* HMSO, 1995.
MBS	E A Lewis, *The Medieval Boroughs of Snowdonia*, Llundain, 1912.
MLSR	*The Merioneth Lay Subsidy Roll 1292–3,* gol. Keith Williams-Jones, Caerdydd, 1976.
Mostyn B	Casgliad Mostyn, Prifysgol Bangor.
MDT, LlC	Adran: Mapio, Daearyddol, Technegol, Llywodraeth Cymru
MWS	*Medieval Welsh Society, Selected Essays, T Jones Pierce*, gol. J Beverley Smith, Caerdydd.
Nannau	Casgliad Nannau, Prifysgol Bangor.
OTE	Andro Linklater, *Owning the Earth: The Transforming History of Land Ownership,* Bloomsbury, 2013.
Peniarth	Papurau ystad Peniarth, LlGC.
Poole	Casgliad Poole, Prifysgol Bangor.
RecAugm.	*Records of the Court of Augmentations relating to Wales and Monmouthshire,* gol. E A Lewis a J C Davies, Caerdydd 1954.
Rec.Caern.	*Registrum Vulgariter Nuncupatum the Record of Caernarvon* (Llundain, 1838), gol. H Ellis.
TCHNM (T.A.A.S.)	*Trafodion Cymdeithas Hynafiaethwyr a Naturiaethwyr Môn.*
THO	*Tlysau'r Hen Oesoedd*, gol. y Parchedig Ddr Dafydd Wyn Wiliam.
TNA	*The National Archives. Yr Archifau Cenedlaethol*
TTH	Thorowgood, Tarbor & Hardcastle.
UKWA	United Kingdom Web Archive
WMR	Helen Watt, *Welsh Manors and Their Records,* LlGC, 2000.
Wynnstay	Casgliad Wynnstay, LlGC.

MYNEGAI

RHESTR LLUNIAU A MAPIAU

157 131 Darn o Ardreth Gwŷr Harlech 1740, yn rhestru rhai o diroedd y Glyn sydd hefyd yn ymddangos yn yr un drefn yn rhestr circa 1600. Llanfair a Brynodol M35. I'w weld yn LLGC. Gwnaed pob ymgais i ddarganfod deiliad hawlfraint y gwaith/perchennog y casgliadau, ac rwyf yn cymryd unrhyw gyfrifoldeb.

158 132 Darn o ddogfen Brogyntyn ETL1/1/1 yn 1328 yn nodi'r tir newydd ei ennill. Gyda chaniatâd LlGC

159 133 Delwedd a ddefnyddiwyd ar gyfer y prosiect. RhP, Elgan Griffiths

169 134 Ffermdy hynafol Caerwych, Llandecwyn.

160 135 Llun o'r Blodwen, sgwner a adeiladwyd ym Mhorthmadog yn 1891 gan David Jones, wedi ei ysgythru ar wal hen dŷ Caerwych.

160 136 Criw hapus o wirfoddolwyr Adnabod Ardudwy ar lwybr Oes Efydd Uwch Artro uwchben Moel y Glo. ©RhP

161 137 Ffilmio Caeau Cymru – pleser pur. Llun: Lois Dafydd

161 138 O'r chwith i'r dde, Steve (sain), Catrin (Cynhyrchydd), Steve (camera), Lona (cyfarwyddwr), Dafydd yr Hafod a Brychan yn ystod rhaglen Carnguwch. ©RhP

162 139 Ffordd hynafol yn ardal Ysbyty Ifan. ©RhP

162 140 David Thorne a Brychan yn trafod yr enw ar Fanc Llundain Gawr. ©RhP

163 141 Pwll Llundain Gawr ar afon Teifi. ©RhP

163 142 Dafydd wrth y ffynnon. Llun Kay Williams

164 143 Map o ystad Plas Gwyn a Llwyn Gwern yn 1773. Maps MS Vol 94. Gyda chaniatâd LlGC

165 144 Rhai o gaeau hyfryd Trewern Ganol. ©RhP

166 145 Map Thomas Boydel 1772 o fferm Trewern Ganol yn dangos y ddwy ffordd. Maps MS Vol 83 1772-74. Gyda chaniatâd LlGC

167 146 Rhan o ddyddiadur William Bwcle yn disgrifio cychwyn agor y ffos fawr. Henblas 18, (22 Mehefin 1737:) Gyda chaniatâd Archifau a Chasgliadau Arbennig, Prifysgol Bangor

168 147 Llun o'r ffos fawr. ©RhP

168 148 Cowrt Mawr Coedan. ©RhP

169 149 Un o'r creigiau ar ganol Cae Lloriau, Coedan. ©RhP

169 150 Ken Markham yn dangos lleoliadau enwau hanesyddol i'r cyfarwyddwr, Rhodri Davies yn Nancaw. ©RhP

169 151 Ffridd Pennant. ©RhP

170 152 Rhyd hynafol. ©RhP

170 153 Pont gyfochrog ar y ffordd sydd yn arwain at Ffridd Pennant. ©RhP

171 154 Parc, y lloc, ffald neu'r gotel ar dir Pencoed lle clwydid defaid crwydrol o'r mynyddoedd cyfagos hyd at ganrif yn ôl er mwyn i'w perchnogion eu casglu. ©RhP

171 155 Ffilmio ger Parc yn sŵn y gog. Goronwy, Brychan, Ken, Steve a Rhodri. ©RhP

177 156 Darn o fap Degwm Maentwrog, 'Cae Eingion Aleyn' sydd yn awgrymu lleoliad rhai o'r gwelyau uchod yn Uwch Cefn y Clawdd. Gyda chaniatâd LlGC

177 157 Map AO yn 1901 yn dangos 'Cae Einion Alun'. Gyda chaniatâd Llyfrgell Genedlaethol yr Alban

182 158 Afon y Glyn yn agos i'w tharddiad yn croesi llwybr Oes Efydd Uwch Artro gyda Nyth C'lomen yn y pellter. Nith y Glomen a gofnododd Edward Llwyd. ©RhP

183 159 Rhan o Afon y Glyn wedi ei throi am Nant Pascan Fawr dan y bont garreg i gyfeiriad Pandy'r Ddwyryd. ©RhP

184 160 Map hardd Richard Owen o Gae Nest, Llanbedr, eiddo i deulu Poole yn 1790. Casgliad Bachymbyd, Thorowgood, Tabor & Hardcastle. I'w weld yn LLGC. Gwnaed pob ymgais i ddarganfod deiliad hawlfraint y gwaith/perchennog y casgliadau, ac rwyf yn cymryd unrhyw gyfrifoldeb.

184 161 Darn o restr enwau caeau Cae Nest yn 1790 sy'n cyd-fynd â'r map. I'w weld yn LLGC. Gwnaed pob ymgais i ddarganfod deiliad hawlfraint y gwaith/perchennog y casgliadau, ac rwyf yn cymryd unrhyw gyfrifoldeb.

186 162 Map Degwm o Gae Nest. © RhP

188 163 Darn o ddogfen Peniarth DA299 yn 1654 yn dangos yr enw Bryn Osper. Gyda chaniatâd LlGC

188 164 Llwybr Cennad. ©RhP

189 165 Pentan Pont Llennyrch. ©RhP

189 166 Bwlch Tyddiad. Clayton, ID 106618, D2113_2729. Gyda chaniatâd CBHC

190 167 Erchwyn y llwybr Oes Efydd i'w weld yn glir yn croesi Cors y Ddwyfil, ger Bryn Llestri Cynfal (Bryn Cader Faner). ©RhP

190 168 Darn o'r llwybr pwn.© RhP

190 169 Dod i olwg Cwm Moch o Fryn Cader Faner. ©RhP

191 170 Pentref cynhanesyddol Cwm Moch a'r bont fach. Gyda chaniatâd CBHC

191 171 Y bont fach yng Nghwm Moch. ©RhP

192 172 Yr hafn a'r llwybr i fferm Cefn y Clawdd. Llun: Arwyn Roberts

192 173 Llun o Ffynnon y Bywyd newydd ei darganfod. ©RhP